エリザベス・A・ローガソン+フレッド・フランクル
Elizabeth A.Laugeson and Fred Frankel

監訳 山田智子+大井学+三浦優生
訳 山田智子

Social Skills for Teenagers with Developmental
and Autism Spectrum Disorders:
The PEERS Treatment Manual

# 友だち作りのSST

自閉スペクトラム症と
社会性に課題のある思春期のための
PEERSトレーナーマニュアル

Social Skills for Teenagers with Developmental and Autism Spectrum Disorders :
The PEERS Treatment Manual
Elizabeth A. Laugeson and Fred Frankel

Copyright © 2010 by Taylor and Francis Group, LLC
Authorized translation from English language edition published by Routledge,
an imprint of Taylor and Francis Group, LLC.
through Japan UNI Agency, Inc., Tokyo.

# PEERSが
# 思春期や青年期の社会性の課題のある人たちに
# 必要なわけ

辻井正次
中京大学教授

　このたび，UCLAのエリザベス・ローガソン先生たち，PEERSの研究チームによるプログラムのマニュアルが刊行されることになりました。プログラムの概要は，すでに金剛出版より『友だち作りの科学』として刊行され，多くのご家族や支援者からの好評を得ています。

　PEERSは，社会性に課題のある人たちが他者とうまくつながるための，世界的に最も評価された，エビデンスのあるプログラムです。エビデンスがあるということは，同様の手続きにもとづく丁寧な支援によって，確実に多くの人たちの生活の質を高めることができると証明されているプログラムであることを意味します。多くの同年齢の社会性に課題がない，一般の青年たちが行っている人とのつながり方を分析したうえで，教員などの支援者や保護者の協力のもと，有効な支援手法を開発したのがPEERSで，今回出版されるこのマニュアルは，PEERSプログラムの進め方を明確に示したものです。

　特別支援教育の推進のなかで，高等学校の通級指導も始まっていますが，実際には，中学生以降の社会性の支援は全国的にもうまくいっているとは言えない現状があります。PEERSプログラムの場合，中学校や高等学校の通級指導にそのまま導入可能です。PEERSの最も有効なところは，社会的スキルトレーニングなどをプログラム場面でやっておしまい，というプログラムのあり方とは異なり，実際に中学や高校でのクラスメートなどとの現実の人間関係のなかで，友人関係を構築していくことにチャレンジしていくプログラム内容となっています。

　特に発達障害，なかでも自閉スペクトラム症（ASD）の人たちの特徴として，社会的関係のなかで，多くの青年たちがさりげなくしている行動が自然にはできません。しかし，ちょっとしたコツがわかると，それなりに適応的な行動を選択し，仲間関係のなかに参加することができます。PEERSは，こうした社会性の支援を確実に進めていく有効なプログラムです。多くの青年が実際にPEERSプログラムに取り組むことで，今よりも充実した日常生活が得られることを祈念してやみません。

# はじめに

　本書は，Elizabeth Laugeson Psy.D. が，ポストドクターフェローシップ（大学院の優秀な学生に与えられる奨学金）を得て，Fred Frankel Ph.D.（ABPP：American Board of Professional Psychology）の指導を受けながら作成されたPEERSプログラムを実施する際の指導マニュアルです。Laugeson 氏のフェローシップは，National Institutes of Health Training Grant NIH T32-MH171140（Andrew Leuchter：代表研究者）から，Ruth L. Kirschstein National Research Service Award として授与されたものです。

　この介入プログラムは，マニュアルと同様にChildren's Friendship Training（Frankel & Myatt, 2003）のカリキュラムをベースに，実践研究を重ね完成したものです。Children's Friendship Trainingは，社会的にうまくやれている子どもたちがどのように友だちを作り，その良い関係を維持しているかという研究をもとに，臨床現場で患者に行った実験的な試験データなども取り入れて作られた，エビデンスのあるプログラムです。そしてどちらも，保護者を正式かつ重要な役割をもった参加者としてプログラムに組み込んでいます。ソーシャルスキルを改善していくために必須となる内容が盛り込まれ，マニュアル化もされています。また各セッションは，毎週の宿題の振り返りを通して，子どもたちの個別のニーズに応えられるようになっています。それぞれの社会的な場面で，苦手なことをどう克服すれば良いかがスキルやステップとして提示され，実際に取り組む際に難しいと感じられることについては，グループリーダーと参加者の間で話し合えるような流れになっています。

　Children's Friendship Trainingのカリキュラムは，150のグループの1,400以上の家族に実施し，3つの研究資金助成も受けて発展してきました。すでに80人以上のPh.D.やM.S.W.レベルのセラピストが，このマニュアル化されたプログラムの実施方法についてトレーニングを受けてきています。ソーシャルスキルには人生を通して使っていく中核となるものがあることから，このマニュアルの多くの章は，Children's Friendship Trainingを段階的に発展させたものになっています。その結果，2つのプログラムの各トレーニング内容・構成はとてもよく似ています（本マニュアルを作成するにあたり，それらのモジュールを使用することについては著者より許可を得ています）。たとえば，どの年齢であったとしても友だち作りのための最初のステップは，同年齢の仲間のグループに入っていくことになります。小さい子どもたちは，遊びの場に入っていくことが多いですが，10代から大人になってくると，会話の場に入っていく機会が増えるでしょう。本マニュアルは，中心となる内容としてChildren's Friendship Trainingから多くの要素を取り入れましたが，同時に10代の子どもたちが使えるプログラムにしていくために，必要に応じて修正しています（セッション1，2，6，8，9，10，14）。また，新しい内容も加えられています（セッション3，4，5，7，11，12，13）。

# 謝　辞

　いつも深い愛情をもって私を支えてくれている，私の家族や友人の存在がなければ，このPEERSマニュアルを完成させることはできなかったでしょう。私がこの仕事に打ち込み，人生を精一杯歩むことができるのは，彼らがいつも励ましてくれているおかげです。なかでもLance OrozcoとJanet Tate，この2人からの揺るぎない愛情が大きな力となりました。本当にありがとう。また，Jennifer Wilkerson，Carrie Raia，そしてBlair Paley，彼らの友情とサポートにとても感謝しています。

　私たちの研究チーム，この素晴らしい仲間の絶え間ない努力と貢献に，ここで御礼を言いたいと思います。Ashley Dillon，Clare Gorospe，Jennifer Sanderson，Ruth Ellingsen，Alex Gantman，Catherine Mogil，Jilly Chang，Martha Wang，皆さんのPEERSファミリーへの優しさと思いやりに，私たちはどれだけ支えられたことでしょう。

　University of California, Los Angeles（UCLA）とThe Help Groupの素晴らしい友人や同僚にも感謝したいと思います。この仕事に取り組む私を，いつも応援してくれました。本当にありがとう。そして，Andrew Leuchterの丁寧な指導と友情に心から感謝しています。彼はとても優しい指導者でした。彼の指導がなければ，この介入プログラムが今のように発展することはなかったでしょう。

　最後に，このPEERSをより良いものにしていくための研究に参加してくれた素晴らしい家族の皆さんに御礼を申し上げます。私たちにとって皆さんとの出会いは，人生の贈り物となりました。この研究は皆さんの粘り強い取り組みによって命が吹き込まれ，ここに誕生することができたのです。心から感謝しています。

*Elizabeth A. Laugeson*

　私の妻Suzan，3人の子どもたちSeth，Rachel，Sarahの深い愛情とサポートに感謝しています。そしてChildren's Friendship TrainingからPEERSを開発するにあたって，子どもたちと共にこの研究に参加してくださった家族の皆さんから，私たちは多くのことを学びました。皆さんのおかげで，私たちのプログラムが子どもたちにとって役立つものになりました。本当にありがとう。

*Fred Frankel*

# 著者について

**Elizabeth Laugeson, Psy.D.** は，自閉スペクトラム症や社会性に課題のある子どもや思春期の若者へのソーシャルスキルトレーニングを専門とする臨床心理学者です。Laugeson博士は，UCLA Semel Institute for Neuroscience and Human Behaviorの精神医学・行動科学学部のAssistant Clinical Professorであり，The Help Group-UCLA Autism Research Allianceのディレクターでもあります。また，UCLA Children's Friendship and Parenting Programのサブディレクターと UCLA Early Childhood Clubhouse Programのディレクターも務めています。彼女は，2004年にPepperdine Universityから博士号を授与されました。そして2007年にはUCLAでポストドクターリサーチフェローシップNHI T32を受け，博士研究員として研究を修了しています。博士は，自閉スペクトラム症，知的障害，胎児性アルコール症候群（FASD），注意欠如多動症（ADHD）の子どもたちへのソーシャルスキルトレーニングに関する数多くの効果研究の主席研究員であり，それらの共同研究にも取り組んでいます。

**Fred Frankel, PhD.** は，UCLA Semel Institute for Neuroscience and Human Behaviorの精神医学・行動科学学部の医療心理学専門の教授です。博士は，UCLA Children's Friendship and Parenting Programの創設者であり，ディレクターです。彼はADHDと自閉スペクトラム症の子どもたちのためのソーシャルスキルトレーニングに関する，National Institute of Mental Health（NIMH）から助成を受けた2つの研究の首席研究者であり，Centers Disease Control and Prevention（CDC）——胎児性アルコール症候群の子どもたちのためのソーシャルスキルトレーニングの研究の共同主任研究者です（PI（主席研究者）：Mary O'Connor）。そして子どもの精神病に関する学際的な研究への助成金を受けています（PI：Peter Tanguay）。またNIHの助成を受けた Autism Intervention Research Network Center（PI：Connie Kasari）とDrown Foundation-funded pediatric overweight prevention grant（PI：Wendy Slusser）の共同研究者でもあります。これまでに博士は，自閉症，ADHD，発達障害，胎児性アルコール症候群，小児肥満についての46本以上のレビュー研究論文を発表してきました。またJournal of Autism and Developmental Disabilities, Journal of Abnormal Child Psychology, Child Psychiatry and Human Development, Journal of Child and Adolescent Psychopharmacologyの特別査読者でもあります。博士は1973年にUCLAの教員となり，3人の子どもの父親です。

# 目　次

PEERSが思春期や青年期の社会性の課題のある人たちに必要なわけ（辻井正次）....... 3
はじめに ....... 4
謝　辞 ....... 5
著者について ....... 6

## I　はじめに ....... 13

### 1 | はじめに ....... 15
このマニュアルの使い方 ....... 15
必要とされるスタッフ ....... 16
PEERSの効果が期待できる人は？ ....... 17
マニュアルの構成 ....... 17
研究データ ....... 22
PEERSを学校環境で使用すること ....... 23
本マニュアルの成人期前期の若者（Young Adults）への使用 ....... 24

## II　プログラムを始める準備 ....... 25

### 2 | プログラムを始める準備 ....... 27
スクリーニング（参加者を選ぶ）....... 27
電話スクリーニングの流れ ....... 27
PEERS電話スクリーニング・データシート ....... 31
保護者と子どもへのインテーク面談 ....... 32
インテーク面談の終了 ....... 35
子どものインテーク面談チェックリスト ....... 37
PEERSにようこそ！（ウェルカム レターのサンプル例）....... 39
グループを作る ....... 40

# III
**セッション** ....... 47

- **3** | **セッション1：導入と会話のスキルⅠ──情報交換** ....... 49
  - 保護者 セッション・セラピストガイド ....... 49
  - 子ども セッション・セラピストガイド ....... 60
  - ジェパディ回答用紙 ....... 78

- **4** | **セッション2：会話のスキルⅡ──双方向会話** ....... 79
  - 保護者 セッション・セラピストガイド ....... 79
  - 子ども セッション・セラピストガイド ....... 86

- **5** | **セッション3：会話のスキルⅢ──電子通信コミュニケーション** ....... 106
  - 保護者 セッション・セラピストガイド ....... 106
  - 子ども セッション・セラピストガイド ....... 116

- **6** | **セッション4：自分に合った友だちを選ぶ** ....... 132
  - 保護者 セッション・セラピストガイド ....... 132
  - 子ども セッション・セラピストガイド ....... 139

- **7** | **セッション5：ユーモアの適切な使い方** ....... 150
  - 保護者 セッション・セラピストガイド ....... 150
  - 子ども セッション・セラピストガイド ....... 157

- **8** | **セッション6：仲間に入るⅠ──会話に入る** ....... 171
  - 保護者 セッション・セラピストガイド ....... 171
  - 子ども セッション・セラピストガイド ....... 178

- **9** | **セッション7：仲間に入るⅡ──会話から抜ける** ....... 197
  - 保護者 セッション・セラピストガイド ....... 197
  - 子ども セッション・セラピストガイド ....... 203

- **10** | **セッション8：一緒に遊ぶ** ....... 219
  - 保護者 セッション・セラピストガイド ....... 219
  - 子ども セッション・セラピストガイド ....... 227

**11** | **セッション9：スポーツマンシップ** ....... 242

  保護者 セッション・セラピストガイド ....... 242

  子ども セッション・セラピストガイド ....... 247

**12** | **セッション10：拒否Ⅰ——からかい言葉・とまどい言葉への対応** ....... 257

  保護者 セッション・セラピストガイド ....... 257

  子ども セッション・セラピストガイド ....... 264

**13** | **セッション11：拒否Ⅱ——いじめや悪い評判への対応** ....... 280

  保護者 セッション・セラピストガイド ....... 280

  子ども セッション・セラピストガイド ....... 286

**14** | **セッション12：思いのすれ違いへの対応方法** ....... 298

  保護者 セッション・セラピストガイド ....... 298

  子ども セッション・セラピストガイド ....... 305

**15** | **セッション13：うわさやゴシップへの対応方法** ....... 320

  保護者 セッション・セラピストガイド ....... 320

  子ども セッション・セラピストガイド ....... 328

**16** | **セッション14：プログラムの終了と卒業** ....... 339

  保護者 セッション・セラピストガイド ....... 339

  子ども セッション・セラピストガイド ....... 345

**17** | **ケーススタディ** ....... 348

  事例1：マーティン ....... 348

  事例2：ティナ ....... 349

  事例3：ダニエル ....... 351

文　献 ....... 353

# Appendices ....... 355

## 評価尺度

**Appendix A** ....... 357
　ソーシャルスキルに関する知識——子ども向け質問紙（TASSK）....... 358
　ソーシャルスキルに関する知識——子ども向け質問紙（TASSK）....... 361

**Appendix B** ....... 365
　遊びの様子に関する質問紙——保護者用（QPQ-P）....... 366
　遊びの様子に関する質問紙——子ども用（QPQ-A）....... 367
　遊びの様子に関する質問紙 ....... 369

## セッション資料

**Appendix C** ....... 371
　電話スケジュール表（保護者用）....... 372

**Appendix D** ....... 373
　欠席予定表 ....... 374

**Appendix E** ....... 375
　グループ内電話パートナー表 ....... 376

**Appendix F** ....... 377
　PEERS ポイント記録表 ....... 378

**Appendix G** ....... 379
　PEERS スポーツマンシップ・ポイント表 ....... 380

**Appendix H** ....... 381
　PEERS 宿題取り組み表 ....... 382

**Appendix I** ....... 383
　卒業パーティのお知らせ ....... 384

　　　監訳者あとがき（山田智子）....... 385
　　　「保護者向け配布資料」ダウンロード方法 ....... 389
　　　監訳者略歴 ....... 390

# 友だち作りの SST

自閉スペクトラム症と
社会性に課題のある思春期のための
PEERSトレーナーマニュアル

# I

## はじめに

# 1 はじめに

## ■このマニュアルの使い方

　PEERS（Program for the Education and Enrichment of Relational Skills）は，友だちを作ったり関係を維持したりすることが困難な中学生と高校生に焦点を当てた，保護者によるサポートを指導に取り入れたプログラムです。Children's Friendship Training（Frankel & Myatt, 2003）として知られ，その効果が実証されているトレーニングプログラムの発展版となっています。PEERSは，主には自閉スペクトラム症（ASD）の思春期の子どもたち，そして発達障害と胎児性アルコールスペクトラム障害の子どもたちを対象として効果検証の研究が実施されました。また，ADHDの思春期の子どもたちにも試行され，その効果が認められています。

　このプログラムでは，14週間にわたって毎週90分間，保護者と子どもたちが同じ時間に別室でセッションに参加します。活動内容には，会話をするためのスキル，たとえば，会話に入る・出る，電子通信機器によるコミュニケーション，自分に合う友だちの見つけ方，からかい・いじめ・社会的な場面での拒否への対応方法，思いのすれ違いへの対応方法，友だちと楽しく一緒に遊ぶ方法（友だちを招くホストとしての役割や，スポーツマンシップについてなどを含む）などがあり，マニュアルに従って指導します。プログラムが進むにつれ，セラピストは保護者から，「（自閉スペクトラム症の）我が子は，プログラムを受けたことによって自分の部屋にじっとすることが減り，外に出て積極的に友だちと関わるようになりました」というエピソードをよく耳にするようになります。このプログラムがすべて終わる頃には，多くのお子さんが少数の仲間と定期的に遊ぶようになっているでしょう。プログラムを受けた後によく見れる様子については，第17章の"ケース例"をご覧ください。

　PEERSは，このマニュアルにある全セッションを実施することで力が身につくように構成されたプログラムです。各セッションは，その前のセッション内容とつながるように組み立てられています。このプログラムは，本章で述べられているように医療機関で外来患者向けにも実践できますし，学校で子どもたちが授業の間や放課後に行なうプログラムとしても実施可能です。その場合，保護者には都合の良い時間を設定して集まってもらうことになります。

　PEERSは行動療法を基本としており，保護者や子どもたちがカリキュラムの流れにそって順番に取り組むような指導内容になっています。一番の大事なポイントは，保護者と子どもたちが宿題に取り組むことにあります（すなわち，セッションで学んだことを家庭や地域，学校などの実際の場面で般化するということです）。このプログラムは，その前身であるChildren's Friendship Trainingに基づいた，他に類のないユニークな構成で作られています。保護者が重要な役割を果

たし，子どもが友だちと"一緒に遊ぶ"ことに焦点を当てています。これらの特徴は他のソーシャルスキルのプログラムではあまり見られないものです。保護者向けの資料と，その配布の仕方については，Children's Friendship Trainingで150以上のグループで実施されたケースをもとに，何度も検討・修正されました。これらの技術は，セラピストの初心者や地域のメンタルヘルスの専門家や教育者に対して，UCLAの心理学や精神医学に関するトレーニングを通して指導されてきました。ソーシャルスキル，あるいは一般的なグループ指導を行なううえで，セラピストがそれに関して多くの経験を積んでいる必要はありません。しかし，発達障害のあるさまざまなタイプの若者や保護者について，その背景にある知識はもっているべきです。長いキャリアをもつセラピストは，心理士としての自分のオリエンテーションに基づく判断は少し保留し，このプログラムに効果をもたらしている行動療法を試してみてください。

## 必要とされるスタッフ

　保護者セッションと子どもセッションを同時に実施するためには，それぞれのグループリーダーが必要です。両方のリーダーは，対象としている子どもたち（例：自閉スペクトラム症，発達遅滞，ADHD）の家族と関わった豊富な経験をもっているべきでしょう。たとえソーシャルスキルグループを指導した経験がなくても，それは問題ではありません。一般的に，PEERSグループは，メンタルヘルスの専門家によって実施されていますが（例：心理士，精神科医，ソーシャルワーカー，夫婦や家族療法のセラピスト），先生や教育者が実践しているグループでも効果をあげています。子どもグループリーダーが，診断をもつ子どもたちのグループを進めていくためには，それまでに10代の子どもたちと関わった経験をもち，高機能の自閉症などグループメンバーの特性について知識が必要です。Hibbs et al.（1997）は，このマニュアルを実施するには，次のようなセラピストが向いていると薦めています。たとえば，心理教育的アプローチ（例：ペアレントトレーニング）に馴染んでいて，複数の分野にまたがる専門家（例：教師，スクールカウンセラー，プライマリーヘルスケアの専門家助手）などです。

　子どもグループリーダーと保護者グループリーダーに加えて，子どもグループを助けるコーチが1人か2人必要です。コーチは，問題行動を繰り返す子どもをうまく扱うトレーニングを受けていることが望ましいでしょう。毎週行われるセッションについてのケースカンファレンスでは，コーチは，リーダーからスーパーバイズを受ける必要があります。コーチは，問題行動について保護者や子どもたちと話し合って解決していく力が求められています。またコーチは，グループリーダーとロールプレイを通して，子どもたちにソーシャルスキルを使ってみせるという役割も担っています。そのため，発達障害や子どもの心理学についてのバックグラウンドがあり，子どもたちとの臨床経験（サマーキャンプのカウンセラーなど）のある大学生などが良いでしょう。コーチは，セッションの前に行われる毎週のケースカンファレンスの時間に，それぞれのロールプレイについて指導を受けます。各ロールプレイにどのような感情表現の要素が入っているのか理解できるようになるまで，シナリオをしっかりと読み込んでおくと良いでしょう（子どもセッションセラピストガイドに載せています）。スタッフの人数によっては，保護者セッションは一人のセラピストだけで実施する場合もあるでしょう。

## PEERSの効果が期待できる人は？

　このプログラムは，思春期の自閉スペクトラム症の子どもたちのために開発されました。PEERSは，ASDの若者が生涯使っていけるスキルを身につけさせるために有効であると確信しています。このプログラムを開発した研究チームは，思春期のADHDの子どもたちにも試験的実施を行ないましたが，良い結果が得られています。PEERSでは，彼らの社会的な振る舞いの間違いを修正することを通して，適切なスキルを身につけられるようになっています。発達障害などの診断の有無にかかわらず友だちを作り，その関係を維持していくためのステップは，基本的には同じです。つまりPEERSは実際には広範囲の対象者に適用可能なプログラムだと言えるでしょう。友だち作りとその関係を維持していくステップを知らない若者なら，誰にでも有効ではないかと考えています。PEERSのもとになったChildrens Friendship Programが，ADHDの子どものために作られたものだということも，そう言える証です。後の研究で，胎児性アルコール症候群（O'Connor et al., 2006）やASD（Frankel, Myatt, Whitham et al., 2009），また肥満（Frankel, Sinton, & Wilfley, 2007）の問題を抱えた子どもたちにも適応可能であることが示されています。

## マニュアルの構成

　PEERSでは，10代の子どもたちが友だちを作り，その関係を維持すること，そして仲間に広がっている評判を改善するときなどに必要なソーシャルスキルを，構造化された授業形式で指導します。全セッションの概要は，表1.1に示されています。このマニュアルは，各セッションの一つひとつの流れがわかりやすいように作られています。スクリプトよりアウトラインを示すほうが，セラピストが柔軟に内容に則したアドリブもできるので，場に応じて対応しやすいと言われています。セラピストがこのアプローチに慣れてきたら，資料の内容を加えていくと，それぞれのセッションに示されているメインポイントを押さえやすいでしょう。このマニュアルは，各セッションを実施する場で使用することを目的として作られていますが，内容を覚えておく必要はありませんし，覚えるように推奨しているわけでもありません。実施の際にセラピストがマニュアルを目の前に置いていても，参加している家族にとっては何も問題はないようです。それより大事なことは，必要なスキルの要素を見落とさないということでしょう。マニュアル自体を声に出して読むということはしません（保護者向け配布資料を除く）。保護者セッションと子どもセッションの指導のポイントガイドは，各章の最初にあります。レッスンの指導ポイントがずれないようにしっかりと構造化されていることが大切です。それぞれのセッションは以下のようなパートに分かれています。

### 保護者セッション・セラピストガイド

　各保護者セッション・セラピストガイドは，次のセクションに分かれています（セッション1を除く）。

I はじめに

表1.1 セッションの概要

| セッション | レッスンのテーマ | 宿題の復習 | アクティビティ | 準備物 | 宿題 |
|---|---|---|---|---|---|
| 1 | プログラム紹介<br>会話のスキルI：情報交換 | なし | ジェパディ | ホワイトボードマーカー、名札、ジェパディ回答シート、ハサミ、鉛筆 | 1. グループ内電話<br>2. 保護者との情報交換練習 |
| 2 | 会話のスキルII：双方向会話 | 1. グループ内電話<br>2. 保護者との情報交換練習 | ジェパディ | ホワイトボードマーカー、名札、ジェパディ回答シート、ハサミ、鉛筆 | 1. グループ内電話<br>2. 保護者との情報交換練習 |
| 3 | 会話のスキルIII：<br>電子通信コミュニケーション | 1. グループ内電話<br>2. 保護者との情報交換練習 | ジェパディ | ホワイトボードマーカー、名札、ジェパディ回答シート、ハサミ、鉛筆 | 1. グループ内電話<br>2. 保護者との電話での会話練習<br>3. 友だちが見つかる場所を探す<br>4. 自分の物を持ってくる |
| 4 | 自分に合った友だちを選ぶ | 1. グループ内電話<br>2. 保護者との電話での会話練習<br>3. 友だちが見つかる場所を探す<br>4. 自分の物を持ってくる | 情報交換：自分の物 | ホワイトボードマーカー、CDプレイヤー、スピーカー、ヘッドフォン、雑誌 | 1. グループ内電話<br>2. グループ外電話<br>3. 友だちが見つかる場所を探す<br>4. 自分の物を持ってくる |
| 5 | ユーモアの適切な使い方 | 1. グループ内電話<br>2. グループ外電話<br>3. 友だちが見つかる場所を探す<br>4. 自分の物を持ってくる | 情報交換：自分の物 | ホワイトボードマーカー、CDプレイヤー、スピーカー、ヘッドフォン、雑誌 | 1. グループ内電話<br>2. グループ外電話<br>3. 友だちが見つかる場所を探す<br>4. ユーモアの反応を見る<br>5. 自分の物を持ってくる |
| 6 | 仲間に入るI：会話に入る | 1. グループ内電話<br>2. グループ外電話<br>3. 友だちが見つかる場所を探す<br>4. ユーモアの反応を見る<br>5. 自分の物を持ってくる | 情報交換：自分の物 | ホワイトボードマーカー、CDプレイヤー、スピーカー、ヘッドフォン、雑誌 | 1. 会話に入る<br>2. グループ内電話<br>3. グループ外電話<br>4. ユーモアの反応を見る<br>5. 自分の物を持ってくる |
| 7 | 仲間に入るII：会話から抜ける | 1. 会話に入る<br>2. グループ内電話<br>3. グループ外電話<br>4. ユーモアの反応を見る<br>5. 自分の物を持ってくる | 情報交換：自分の物 | ホワイトボードマーカー、CDプレイヤー、スピーカー、ヘッドフォン、雑誌 | 1. 会話に入る<br>2. グループ内電話<br>3. 室内ゲームを持ってくる |

| セッション | レッスンのテーマ | 宿題の復習 | アクティビティ | 準備物 | 宿 題 |
|---|---|---|---|---|---|
| 8 | 一緒に遊ぶ | 1. 会話に入る<br>2. グループ外電話<br>3. 室内ゲームを持ってくる | 友だちと遊ぶ | ホワイトボード、マーカー、室内ゲーム | 1. 友だちと遊ぶ<br>2. 会話に入る<br>3. 室内ゲームを持ってくる |
| 9 | スポーツマンシップ | 1. 友だちと遊ぶ<br>2. 会話に入る<br>3. 室内ゲームを持ってくる | 友だちと遊ぶ<br>スポーツマンシップ | ホワイトボード、マーカー、室内ゲーム | 1. 友だちと遊ぶ<br>2. スポーツマンシップ<br>3. 会話に入る<br>4. 室内ゲームを持ってくる |
| 10 | 拒否Ⅰ：からかい言葉・とまどい言葉への対応 | 1. 友だちと遊ぶ<br>2. スポーツマンシップ<br>3. 会話に入る<br>4. 室内ゲームを持ってくる | 友だちと遊ぶ<br>スポーツマンシップ | ホワイトボード、マーカー、室内ゲーム | 1. 友だちと遊ぶ<br>2. スポーツマンシップ<br>3. からかい言葉を受けとめて流す<br>4. 屋外活動の用具を持ってくる |
| 11 | 拒否Ⅱ：いじめや悪い評判への対応 | 1. 友だちと遊ぶ<br>2. スポーツマンシップ<br>3. からかい言葉を受けとめて流す練習<br>4. 屋外活動の用具を持ってくる | スポーツマンシップ<br>屋外での活動 | ホワイトボード、マーカー、屋外活動の用具 | 1. 友だちと遊ぶ<br>2. スポーツマンシップ<br>3. いじめや悪い評判への対応<br>4. 屋外活動の用具を持ってくる |
| 12 | 思いのすれ違いの対応方法 | 1. 友だちと遊ぶ<br>2. からかい言葉を受けとめて流す<br>3. いじめや悪い評判への対応<br>4. 屋外活動の用具を持ってくる | スポーツマンシップ<br>屋外での活動 | ホワイトボード、マーカー、屋外活動の用具 | 1. 友だちと遊ぶ<br>2. からかい言葉を受けとめて流す<br>3. いじめや悪い評判への対応<br>4. 思いのすれ違いへの対応<br>5. 屋外活動の用具を持ってくる |
| 13 | うわさやゴシップへの対応方法 | 1. 友だちと遊ぶ<br>2. からかい言葉を受けとめて流す<br>3. いじめや悪い評判への対応<br>4. 思いのすれ違いへの対応<br>5. 屋外活動の用具を持ってくる | スポーツマンシップ<br>屋外での活動 | ホワイトボード、マーカー、屋外活動の用具 | 1. 友だちと遊ぶ<br>2. うわさやゴシップへの対応<br>3. からかい言葉を受けとめて流す<br>4. いじめや悪い評判への対応<br>5. 思いのすれ違いへの対応 |
| 14 | プログラムの終了と卒業 | 1. 友だちと遊ぶ<br>2. うわさやゴシップへの対応<br>3. からかい言葉を受けとめて流す<br>4. いじめや悪い評判への対応<br>5. 思いのすれ違いへの対応 | 卒業パーティ<br>卒業式 | 卒業証書、卒業プレゼント、食べ物、飲み物、室内飾り、TV、DVDプレイヤー、CD、CDプレイヤー | なし |

- **保護者セッションの指導のポイント**：各セッションには，いくつもの大事なテーマがあります。グループリーダーがセッションの主要なポイントを適切に強調できるように，またそのプロセスがわかりやすく提示されています。
- **宿題の復習**：各セッションのはじめに宿題の復習があるのは，宿題がとても重要であることを示し，もし問題が起こっていたら解決するのに必要な時間を確保するためです。この場面でそれぞれの家族のニーズに個別対応します。このセクションには，90分間のうちおよそ50〜60分を当てます。
- **今回の宿題の説明**：このセクションでは，グループリーダーがどのように保護者向け配布資料と次週の宿題を提示すべきか説明しています。使いやすいように，配布資料の内容はセラピストガイドにも記載しています。"保護者向け配布資料"には，宿題の概要とその週のレッスン内容が書かれています。また"保護者向け配布資料"には，そのセッションの大まかなポイントが書かれていて，宿題の保護者のパートについて詳しく述べられています。これに，90分間のうち20〜30分を当てます。残りの10〜20分が子どもと保護者の合流タイムと宿題についての話し合いの時間となります（"子どもセッション・セラピストガイド"参照）。

## 保護者向け配布資料

"保護者向け配布資料"は，コピーして使うと便利です。各セッションのなかで保護者に配布します。もし，セッションを欠席した場合，次週のセッションで配布するようにします。前のセッション時に渡すのは控えましょう〔訳注：保護者向け配布資料は金剛出版HPよりダウンロードできます〕。

## 子どもセッション・セラピストガイド

子どもセッション・セラピストガイドは，次のパートに分かれています（セッション1を除く）。

- **子どもセッションの指導ポイント**：保護者セッションと同じように，セッションの主要なポイントは，グループリーダーが最も重要なことを適切に強調できるように，またそのプロセスがわかりやすく提示されています。
- **ルールの復習**：グループのルールがこのパートに提示されています。ただし，2セッション目以降は，子どもたちがルールをしっかりと守れない場合にのみ，復習します。
- **宿題の復習**：保護者セッションと同様に，各セッションのはじめに宿題の復習があるのは，宿題がとても重要であることを示しており，もし何か問題が起こっていたら解決するのに充分な時間を確保することが重要だからです。そして，個々の子どものニーズに応じて，個別の介入をします。このセクションには，一般的に90分間のうち20〜30分を当てます。
- **今日のレッスン**：レッスンは，子どもたちがその課題に取り組むことで自信をもち，自分でルールを考え出したと思えるように，ソクラテス式問答法や，ロールプレイ，練習などを通して進められます。このセクションには，一般的に90分間のうち30分を当てます。

- **行動リハーサル**：子どもたちが学んだスキルを日常の生活に取り入れ実践するためには，グループリーダーやコーチからのフィードバックを受けながら，セッションのなかで練習することが必要です。このセクションでは，スキルの般化を促進するために指導をしながら練習させます。
- **宿題**：ここでは，次週までに取り組む宿題について簡単な説明をします。毎週，新しいレッスンや以前のレッスンに対応する宿題を課すことで，新しく学んだスキルをセッション以外の場で実践し身につけられるように，子どもたちが明確に示しています。
- **子どもたちのアクティビティ**：プログラムに参加しつづけるかどうかを決めるのは子どもたちです。つまり，もし彼らが，セッションをおもしろいとか，役立つと感じられなければ，途中で来なくなる可能性があるのです。このアクティビティタイムは，単に楽しい時間であるだけでなく，学んだスキルをさまざまなレベルで練習するもうひとつの機会にもなっています。指導者のための"子どもたちのアクティビティガイド"は，各セッションの最後にありますので，ご利用ください。
- **保護者との合流タイム**：セッションの最後に，子どもたちと保護者は同じ部屋に集まり合流します。子どもグループリーダーは，"バズワード（キーワード）"を使って，セッションで学んだことを復習するようにサポートします。"バズワード"は，マニュアルではわかりやすいように太字で表されています。"バズワード"は，保護者と子どもの両方に示され，各セッションの重要なポイントを学ぶために，明確でわかりやすい表現を使っています。レッスンやバズワードの復習は，子どもグループリーダーが次週の宿題について説明した後に行ないます。プログラムのチームメンバー（グループリーダーやコーチを含む）は，宿題を達成するために，どのように保護者と子どもが一緒に取り組めば良いかを個別で話し合います。これには，およそ90分間のうち10～20分を当てます。
- **ポイントの計算**：毎週子どもたちは，卒業パーティでのご褒美に向けてポイントをためます。ポイントは，宿題に取り組むこと，セッションへの参加，そしてルールに適切に従うことによって集めることができます。コーチは，個人とグループの両方のポイントを計算します（巻末付録F参照）。この計算は，子どもたちがいないところで行います。個人のポイントと合計ポイントは，子どもたちに公表しません。

## 子どもたちのアクティビティガイド

各セッションの最後には，社会性を育む活動をグループリーダーやコーチが効果的にサポートするための"子どもたちのアクティビティガイド"があります。

- **準備物**：準備物については，"子どもたちのアクティビティガイド"に示されています。セッションが始まる前に用意しておきます。
- **ルール**：アクティビティをどのように手助けすれば良いか，具体的な教示があります。コーチが活動の最中にどのようにポイントを与えれば良いか，また最後にどのように子どもたちにフィードバックすれば良いかなども書かれています。

## 研究データ

　定型発達の子どもたちは，周りの子どもたちの様子を観察したり，保護者からの具体的な指示などを受けたりして社会的なマナーの基本的なルールを学びますが（Gralinski & Kopp, 1993；Rubin & Sloman, 1984），一部の思春期の子どもたち（特に発達に遅れや，ASDの特性がある）には，より具体的な指導が必要です。ASDの特性をもつ思春期の子どもたちにとって，友だちを作り，その関係を維持することは容易ではありません。なぜなら，仲間関係で求められるエチケットは，一般的にポジティブな仲間との交流や，親友から学ぶものだからです。思春期のASDの子どもに起こりがちな孤立した状況は，仲間の間でどう振る舞うべきなのを学ぶ機会を失うことに等しいでしょう。さらに何も対応されなければ，多くの大人のASDの人たちは，定型発達の人には当たり前の地域でのつながりや友人関係が欠けたまま過ごすことになります（Baxter, 1997）。つまり友だちを作るスキルを身につけているか否かは，ASDの人の人生に長期にわたって影響を及ぼすかもしれないのです。

　定型発達の子どもの場合，だいたい4年生くらいまでには，安定した友だち関係がもてるようになります（Frankel, 1996；McGuire & Weisz, 1982）。1人か2人の良い友だちをもつことは，その後の適応にとても重要で，人生のさまざまな出来事におけるストレスを軽減することもつながります（Miller & Ingham, 1976）。また，自尊感情とはプラスの相関関係，不安傾向やうつ症状とはマイナスの相関関係があります。定型発達の子どもにとって，良い友だちは社会性能力の発達を促しますが，知人との対立は将来の社会的な関わりを制限することにもなります。

　ソーシャルスキルを思春期の子どもたちに教えることは，優先順位の高い重要な介入であることは明らかですが，ソーシャルスキルのトレーニングに関わる研究は，社会的な機能が未熟な幼い子どもを対象にしたものがほとんどです（Wolfberg & Schuler, 1993）。そして，高機能自閉症や，自閉スペクトラム症などの社会性に問題を抱えている思春期の子どもたちを対象にしているものは，とても少ないのです。しかしこれらの介入研究ですら，そのほとんどが社会性の能力がどれだけ改善したか，身近な友人関係がどれだけ広がったかを公式には検証しておらず，プログラム介入場面以外での社会的機能についても保護者や教員による評価をしていません。

　エビデンスに基づいた，思春期の発達障害や自閉スペクトラム症の若者向けの社会性能力や友だち関係をサポートするためのソーシャルスキルトレーニングがないことが，このマニュアルを作るための原動力となりました。2009年，初めてのPEERSのRCT研究が*Journal of Autism and Developmental Disorders*に発表されました（Laugeson, Frankel, Mogil & Dillon, 2009）。この研究では，13～17歳の思春期ASDの子どもたち17名が介入群としてプログラムを受け，16名の遅延群と比較されました。結果は，コントロール群と比べて，介入群はソーシャルスキルの知識が優位に改善し，自分が友だちを呼んで遊ぶ回数の増加，保護者の報告による全般的なソーシャルスキルが向上しました。教員が評価したプログラム参加者のソーシャルスキルの力は，かなり良い改善傾向を示しましたが，有意差が認めらえるレベルではありませんでした。これはおそらく，教員からの質問紙の回収率の低さに要因があったと思われます。本書を執筆している時点でPEERSの研究は，思春期後期のASDのための介入研究論文のなかでも，サンプル数が多い研究のひとつとなっています。

2つ目のPEERSの研究は，ASDの28人の中高校生のグループで行なわれました。1つ目の研究と同じ結果が出ており，社会対応性（responsivity）に関する自閉症症状が劇的に減少したことがわかっています。介入群では，遅延群と比較して，保護者の報告によるソーシャルスキルと社会対応性の改善，友だちと遊びの回数の増加，社会的な振る舞いに関する知識の増加などにおいて，明らかに有意差が出ています。遊びの回数以外のすべての質問紙によれば，このような良い変化は，プログラムの終了後3カ月経ったフォローアップ時期においても維持されていました。フォローアップ時期の子どもたちが報告する遊びの回数は，プログラム終了直後と比べると減っていましたが，プログラムを受ける前と比較すると，かなり回数が増えていたと12人中7人の保護者が報告しています。このデータから，保護者がその場にいるときに一緒に遊ぶほうが，地域や友だちの自宅で遊ぶより遊びの回数が増える，つまりスキルの改善がみられるのだろうと思われます。この結果から，フォローアップ段階でも効果を持続させるために，保護者の関わりを推奨しています。

　このような研究結果から，保護者がサポートするプログラムであるPEERSでソーシャルスキルを学ぶことは，思春期ASDの子どもたちの友だち作りのスキルを改善することにつながると言えるでしょう。61人の被験者への実験では，より説得力のある結果が出ています。プログラムのドロップアウト率は両方の研究とも低く，最初の研究では33人がすべてのセッションを終了し，6人がドロップアウト（14.6％），2つ目の研究では28人がすべてのセッションを終了し，4人がドロップアウト（12.5％）となっています。一方，FrankelとSimons（1992）の研究によると，外来患者のプログラムでは，43％～59％のドロップアウト率だと報告されています。

## PEERSを学校環境で使用すること

　PEERSは，Seattle, Washington, Lake Washington学校区にあるAutism Spectrum and Treatment（ASTAR）との共同研究として，2008年に学校現場での予備研究を実施しました。これはセラピストがファシリテーターをし，保護者がサポートする放課後プログラムの研究です。その結果は，これまでの成果を裏付けるものとなりました。

　本書の執筆中，ロサンゼルス地区のASDの子どもたちが通う，The Help Group's Village Glen Schoolで，PEERSの効果検証が行われました。この研究はThe Help Group-UCLA Autism Research Allianceの一部として，Nathan and Lily Shapell Foundationの資金援助を受け，ASDの中学生80人以上に対して友だち作りのスキルが改善したかを見るために実施されたものです。教員がファシリテーターとして行うモデルで，PEERSを応用した形となっており，毎日20分から30分間学校の教室でプログラムを実施します。保護者は，指導内容の概要と，子どもをどのようにサポートしたら良いか（友だち作りのスキルを身につけるために）について書かれた，心理教育的な内容の配布資料を毎週受け取ります。この14週間のプログラムの介入結果については，Village Glen Schoolの通常行われているソーシャルスキル・カリキュラムと比較されることになっています。

## ■本マニュアルの成人期前期の若者（Young Adults）への使用

　10代後半から成人期前期には，大学など高等教育機関への進学，就職先を見つけること，ソーシャルネットワークを広げること，家庭の役割の増加，そして恋愛関係を育むことなどの，人生において多くの挑戦すべき課題があります。これらのすべての領域において身につけておくことが求められているソーシャルスキルは，残念なことに多くのASDの若者には欠けています。何も指導がなければ，社会性の困難さは，うつ病，不安症，社会的な孤独，疎外感などにつながってしまう可能性もあります。ASDの研究は，子どもから思春期の広範囲にわたっていますが，成人期前期のASDを対象とした研究で，効果が認められたプログラムはほとんどありません。

　本書の執筆中，PEERSマニュアルの応用版を使った，18歳から23歳のASDの若者向けの友だち作りのスキルを改善するための効果検証研究が，The Help Group-UCLA Autism Research Allianceを通じて実施されていました。そのプログラムでは，若者に社会的な振る舞いのルールを教える授業に保護者（養育者も含む）も毎週参加します。14週間続くプログラムでは，社会的な場面でのコミュニケーションの取り方，友だちを作って関係を維持するのに必要なスキル，また社会的な活動を企画する方法，人から拒否された場合の対処方法，周囲からのプレッシャーや，人に利用されたときの対応方法，そしてデートの仕方などのスキルを学びます。

## プログラムを始める準備

# 2 プログラムを始める準備

## ■ スクリーニング（参加者を選ぶ）

　グループのメンバーとして承認する前に，プログラムが本人や保護者に向いているか，また実際に参加した場合，どんな姿勢が求められるかを説明するために，電話によるプレ・スクリーニングとインテークの面談（相談に訪れた人に最初に行う面談）を実施することを推奨しています。このようなスクリーニングと面談の第一の目的は，子どもがプログラムで教示されるレッスンの内容についていける言語能力があるか，本人が参加する意欲をもっているか，参加が難しくなるような問題行動（例：攻撃的な振る舞い）がないか，また保護者が毎週出される宿題に関わって，子どもをサポートしなければならないことに合意しているかなどを見極めることにあります。

　電話によるプレ・スクリーニング面談は，一般的にはおよそ10分から15分間で，必ずしも心理の専門家によって実施されなくても構いません（"電話スクリーニングの流れ"と"PEERS電話スクリーニング・データシート"参照）。このプレ・スクリーニング面談では，子どもがプログラム中の指導についていくための平均か，それ以上の言語理解力があるかを確認することが重要です。保護者や養育者に対して，この言語能力と参加意欲についての基準を明確に知らせることを強くお勧めします。以下にPEERSの"電話スクリーニングの流れ"の例があります。これは，子どもの背景情報を得るためだけでなく，PEERSを学ぶことでメリットがあると思われる子どもたちを選ぶためのものです。"PEERS電話スクリーニング・データシート"も載せていますのでご利用ください。これは，スクリーニングのプロセスを見落としなく進めるうえで役に立ちます。

## ■ 電話スクリーニングの流れ

「電話ありがとうございます」
　　　　　［保護者の名前を尋ねます］
Q：どなたからこのプログラムを紹介されましたか？（あるいは，「どのようにしてこのプログラムのことを知りましたか？」）

　　　　このプログラムのことを少しお話しします。PEERSは，友だち作りやその友だち関係を維持していくことが難しい中学生や高校生の子どもたちのための保護者がサポートしながら取り組むプログラムです。

　　　　保護者セッションと子どもセッションは毎週90分間同じ時間に行われ，14週間続きます。このグループでは，会話の仕方，たとえば会話への入り方・抜け方，電子通信コミュ

ニケーションの仕方，友だちへの電話のかけ方，また，自分に合った友だちの選び方から，からかい，いじめ，仲間からの拒否などへの対応の仕方，思いのすれ違いへの対応方法，また友だちと一緒に遊ぶ際の適切な振る舞い，スポーツマンシップなどテーマについて学びます。保護者はソーシャルコーチとして，子どもが友だちを作ってその関係を維持していくことを，プログラム以外の場面でどのようにサポートすれば良いかを学びます。子どものセッションでは，学習内容を提示されるだけでなく，習ったばかりのスキルを，行動リハーサルや社会的な活動，ボードゲーム，カードゲームなどの遊び，屋外の活動などで練習します。また，毎週学んだスキルを練習するように宿題が課されます。レッスンは，毎週（　　　）曜日，（　　　）時から始まり，プログラムは14週間続きます。次回のグループは（　　　）月（　　　）日から始まり，（　　　）月（　　　）日に終わる予定です。14週のうち，少なくとも11週は，同じ保護者に保護者セッションに参加していただかなければなりません。

→　もし，保護者が交代で参加しなければならないとか，3セッション以上欠席しなければならない，また最初の2セッションを欠席しなければならないという場合は，メンバーからは除外します。

Q：このプログラムに興味がありますか？
　　　　［「ない」という場合は，他のソーシャルスキルグループなどを紹介しましょう］
　　　　［「ある」という場合は，以下の質問を続けます］

Q：このプログラムに，あなたのお子さんは興味をもって参加できそうですか？
　　　　私たちはプログラムへの参加を，誰に対しても強制しないように気をつけなければなりません。子どもは主体的に参加すべきです。あなたはお子さんと，この点についてもう少し話し合う必要がありますか？
　　　　［問題がなければ，電話でのスクリーニングを続けましょう］
　　　　それは素晴らしい！　ではプログラムがお子さんに合っているかを決めるために，最初に，あなたとお子さんについていくつかの質問をさせていただきます。お話しされたことは，守秘義務で守られていますので，ご安心ください。その後，プログラム申し込みのための資料をご自宅に郵送することになります。

Q：お子さんの氏名を教えてください（漢字を確認します）。
Q：お子さんは何歳ですか？
Q：お子さんの誕生日は？
Q：今，お子さんは何年生ですか？
　　　　［中学生か高校生でなければなりません。もし子どもが大学生だったら，たとえ17歳だったとしても，メンバーからは除外します〔訳注：アメリカでは，州により6年生から中学生となりますので，日本では小学6年生から，プログラムに参加可能と考えられます〕］
Q：お子さんの学校名は何ですか？
Q：お子さんは，学校で何か特別な支援を受けていますか？
　　　　［もし，支援学級などに在籍している場合は「現在，何年生くらいの学習をしていますか？」と尋ねましょう］

　　　　［もし，子どもが6年生より下の学年の学習をしているという場合は，メンバーからは除外します］
Q：友だち作りとその友だち関係を続けていくことに関して，あなたのお子さんにはどのような課題がありますか？
　　　（例）
　　　学校に友だちがいない
　　　新しい友だちを作ることができない
　　　友だち関係を続けることが難しい
　　　友だちと遊ぶことがない
　　　からかわれたり，いじめられたりしている
　　　友だちに対して攻撃的に振る舞う
　　　友だちの家に呼ばれたり，誕生パーティに招待されたりしない
　　　周りの子どもたちに嫌われている
　→　もし以下の場合は，メンバーから外します。
　　　子どもの言語スキルが十分でない場合
　　　子どもに，主体的に参加したいという意思が見られない場合
　→　もし以下の場合は，メンバーから除外する可能性があります。
　　　子どもが他の子どもから離れ，一人でいることを強く好む傾向がある場合
　　　［それにもかかわらず，本人がグループへの参加に興味を示している場合は，参加の意思を確認します。そして，その意思がある場合は，メンバーとして受け入れます］
Q：お子さんは，学校に友だちがいますか？
Q：お子さんは，放課後友だちと一緒に過ごしていますか？　あるいは，友だちを家に呼びますか？
Q：お子さんが友だちと遊ぶとき，普段どんな様子ですか？
Q：お子さんはどんなゲームや活動をして遊びますか？
Q：お子さんは，スポーツをしますか？
Q：お子さんは，何かクラブや課外活動に所属していますか？
Q：お子さんには，家庭で何か重大な問題となる行動がありますか？
Q：担任の先生から，学校でお子さんに何か重大な問題行動があると言われたことがありますか？
　→　もし子どもに，以下のような重大な問題行動がある場合は，メンバーから外します。
　　　大人や子どもに対して，暴力的で，攻撃的な行動を取る
　　　個別で補助する大人がいないと，集団の場で周りと合わせた行動ができない
　　　グループ活動に参加することが難しい
　　　限界を定められても，それに従うことができない（ルールに従うなど）
Q：お子さんは，これまで何か心理的，あるいは医療的な診断を受けたことがありますか？
　→　もし，以下のことがある場合は，メンバーから外します。
　　　発話（スピーチ）や構音に関わる重い課題
　　　重度の自閉症

　　　　　身体的あるいは医療的な障害（スポーツ活動に参加することが困難）
　　　　　視覚的あるいは聴覚的な障害
　　　　　主要な精神病理（統合失調症，双極性障害，躁うつ病）
Q：お子さんは，何かお薬を処方されていますか？
　　　［薬の名前と量について尋ねます］
　　　これまで述べたように，私たちのプログラムでは，同じ保護者が継続的に保護者セッションに参加していただくことをお願いしています。もちろん，もう一人の保護者の参加が一緒に参加されることは歓迎しています。
Q：お子さんと一緒にこのプログラムに参加してくださるのは誰ですか？
　→　もし，保護者が交代で参加する必要がある場合は，メンバーから外します。
Q：（必要に応じて）あなたとお子さんの関係は？（例：あなたはお子さんの実母ですか？）
Q：両親のいる家庭ですか？　それとも母子（父子）家庭ですか？
Q：お子さんには，兄弟姉妹がいますか？
　　　［兄弟姉妹の年齢と性別を尋ねます］
　　　このプログラムに，あなたのお子さんは合っているように思います。お子さんがプログラムに申し込むために，まず記入していただきたい質問紙をご自宅に郵送します。記入するのにおよそ20分から30分かかります。書き終えたら，ご返送ください。それが返送されてきましたら，改めてあなたとお子さんにプログラムが合っているか，お子さんがプログラムから何か得るものがあるかを決めるための約1時間の面談を行います。そのスケジュールを決めるために，電話をさせていただきます。このインテーク面談が終わり，あなたがこのクラスに参加することはお子さんにとって有意義だと感じられたら，お子さんを正式に，次の登録可能な時期に始まるプログラムのウェイティングリストに載せることになります。質問紙が返送されて，インテークの面談が終わるまでは，ウェイティングリストに載せることはありません。
Q：何か他にお尋ねになりたいことはありますか？
　　　よかったです！　お電話ありがとうございました。数日後に郵送で質問紙などのパッケージをお受け取りいただけると思います。申し込み可能な人数には限りがあることを覚えておいてください。そのためパッケージはできるだけ早くご返送ください。もし何かご質問がある場合は，気軽にお電話ください。

# PEERS電話スクリーニング・データシート

Program for the Education and Enrichment of Relational Skills

| スクリーニング担当者： | | 記入日： | 年　　　月　　　日 |
|---|---|---|---|
| 子どもの名前： | （　男　・　女　） | 誕生日： | 年　　　月　　　日 |
| 年齢： | （　　　年生） | 学校名： | |
| 紹介者（機関）： | | | |

## 家族に関する情報

☐ 実父母　　　☐ 養父母　　　☐ 養育者　　　☐ グループホーム（施設入居）

☐ 両親　　　　☐ 片親　　　　☐ その他：＿＿＿＿＿＿＿＿＿＿＿＿＿＿＿

インテークに来る人：

☐ 実母　　　　☐ 実父　　　　☐ 義母　　　　☐ 義父

☐ その他：＿＿＿＿＿＿＿＿＿＿＿＿＿＿＿

## 本人に関する情報

| 保護者の名前： | | |
|---|---|---|
| 住所： | | |
| E-mailアドレス： | | |
| 電話（自宅）： | 電話（勤務先）： | 携帯電話： |
| 診断名： | | 処方薬： |
| IQスコア／分類： | | 学校での在籍： |
| 受け入れ項目（該当するものすべてにチェック） | | 除外項目（該当するものすべてにチェック） |
| ☐中学生・高校生<br>☐IQ＝70以上<br>☐社会性の課題<br>☐子どもと保護者の言語力<br>☐保護者／養育者の参加意欲<br>☐子どもの参加意欲 | | ☐主要な精神的病理（統合失調症等）<br>　具体的に：<br>☐身体的障害（屋外活動が制限されるもの）<br>　具体的に：<br>☐医療的な症状（参加が妨げられるもの）<br>　具体的に： |
| 行動面の問題（該当するものすべてにチェック） | | |
| ☐教室での不適切な行動<br>☐学校や家庭学習での問題<br>☐暴力／攻撃性<br>☐放火<br>☐盗み | | ☐器物損壊<br>☐理屈っぽい／癇癪／反抗的姿勢<br>☐保護者が子どもを恐れている<br>☐行動問題による入院歴<br>☐その他（具体的に）： |
| 社会的な問題（該当するものすべてにチェック） | | |
| ☐友だちと遊ばない<br>☐学校や地域に友だちがいない<br>☐社会的に孤立／引きこもり<br>☐社会不安症<br>☐友だち作りに課題<br>☐友だち関係の維持に課題 | | ☐不適切な仲間グループに所属<br>☐友だちに攻撃的，あるいは意地悪<br>☐からかわれる／いじめられる<br>☐仲間から拒否<br>☐社会的な振る舞いが不器用<br>☐社会的な手がかりの理解が困難 |
| コメント欄 | | |

## ▍保護者と子どもへのインテーク面談

　プログラムへの参加を承認する前に，保護者（あるいは養育者）と子どもの両方にインテーク面談を実施することを強くお勧めします。このインテーク面談は，一般的には50分以内で実施できるでしょう。面談は次のような流れで行います。まず，はじめの5分間で保護者（養育者）と子どもを迎え入れます。次に，20分間子どもと個別の面談をします。その後，保護者（あるいは養育者）と同じく20分間の面談をします。最後に，保護者（養育者）と子ども同席で，まとめの挨拶をします。それぞれが面談をしていて片方が待っている間は，プログラム前の質問紙への記入に当てると良いでしょう。

### 歓迎の挨拶

　インテーク面談は，家族をPEERSに歓迎する簡単な挨拶と，インテークの概要説明から始めるとスムーズです。次のように言って始めましょう。「最初に，今日何をするかについて簡単に説明します。まず，なぜ今日ここへ来ていただいたかについて，皆さん全員に知っておいていただきたいと思います。（子どもの名前）さん，今日なぜここへ来たかわかりますか？」。この時点では，子どもがここに来た理由をどう理解しているか，また何か誤解があるとすれば，それを説明する機会を与えましょう。もし，子どもがこの集まりの意味をしっかりとわかっていなかったら，次のように言います。「ここでは，友だち作りとその関係を続けていくためにはどうすれば良いかを学びます。あなたとほぼ同年齢の子どもたちのためのグループになっています。グループは週1回会い，それが14週間続きます。もしあなたがグループのメンバーになったら，保護者もプログラムに参加することになります。私たちは今日，このグループが皆さんに合っているかどうかを判断するために集まりました。今から，このプログラムがあなたと保護者に合うかどうかを見るために，あなたに，学校や友だち，好きなことなどを尋ねます。よろしいですか？」。

　子どもがあなたからの質問に答えることに同意したら，インテークの流れについて説明を続けます。こう言いましょう。「さあ，これでなぜここへ来たかわかりましたね。今から，それぞれ別々にお話をする時間を取りたいと思います。まず（子どもの名前）さんと20分間，その後（保護者の名前）さんと20分間，お話しします。それぞれ待っている間に，何枚かの質問紙に答えていただきます。この質問紙は，（子どもの名前）さんが社会的な場面でどのような様子なのかを，私たちが理解する手助けとなるものです。それでは1時間後，また皆で集まりましょう。そしてこのグループが皆さんに合うかどうかについてお伝えします。よろしいですか？」。

### 子どもの面談

　子どもの面談の最初に，子どもにプログラムの概要を説明する時間を取るとよいでしょう。次のように言います。「私は今から，あなたの学校のこと，友だちのこと，またあなたの好きなことなどについて尋ねます。質問を始める前に，私たちのグループについて，もう少し話しておきましょう。私たちのプログラムは，PEERSといいます。あなたが友だちを作り，その関係を続けて

いくのを学ぶサポートをすることが目的です。私たちは，あなたに友だち関係で必要な，重要なスキルについて教えます。たとえば，適切な会話の仕方とか，友だちの会話に入る方法，また友だちと一緒に遊ぶステップなどについてです。また，友だちとの揉めごとにどのように対応したら良いか，たとえば，からかいやいじめのような場面での対応方法，また友だちと思いがすれ違った時の解決方法，そして悪い評判があるときにどう変えれば良いかということも扱います。私たちは，単にあなたにスキルを教えるだけでなく，各セッションや，それ以外の場でも実際に練習をする機会を作っています。グループには，あなたと同じくらいの年齢の子どもたちが約8〜10人います。あなたが子どもセッションに参加している間，保護者は，別の部屋で保護者セッションに参加しています。保護者にもセッションがあるのは，皆さんが学んでいることを保護者に知らせ，あなたが新しい友だちを作ることができるような場所を探すのを手伝ってもらうためです。セッションはとても楽しいもので，PEERSに参加した多くの子どもたちは，14週間が終わるときには友だち作りのスキルを身につけることができています。このようなプログラムに，あなたは興味がありますか？　何か質問はありませんか？」。もし子どもたちから質問があれば回答し，それからインテーク面談に進んでください（"子どもへのインテーク面談チェックリスト"参照）。

　面談の際には，子どもとの信頼関係を築き，このプログラムに参加することはあなた自身が決めて良いということを明確に伝えましょう。つまり，グループのメンバーとして認められるためには，あなた自身が参加したいと思わなければならないということを明確に知らせます。もし，子どもが渋々参加しようとしているようだったら，グループのメンバーとして承認するのは，本人が心から同意するまで待つことを強くお勧めします。この場合は先に進む前に，プログラムに参加することに本当に興味があるのか，子どもが面談担当者に直接伝えることが必要となります。グループへの参加への意思がはっきりしない場合は，面談担当者はインテーク面談を中止し，保護者と子どもをもう一度集めて，このことについて話し合います。そして保護者に，子どもはグループに参加したくないと感じていることを伝え，子どもが参加したいと確実に思うまでは，面談をすることはできないと伝えましょう。そうなると，保護者が子どもに，参加を受け入れるようにプレッシャーをかけるということがよく起こります。その場合は，面談担当者はインテーク面談を続けるかどうか，慎重に判断する必要があります。子どもが嫌々参加している家族をグループのメンバーに加えると，グループのまとまりが欠けたり，途中でやめる子どもが増えたりすることになります。

### 保護者／養育者の面談

　保護者（養育者）面談では，子どもの社会的，心理的，医療的，また発達的な側面の生育歴に関する情報を得ることが大切です。特に，過去，および現在の精神医療的な診断，また総合的なアセスメントや治療についてのこれまでの所見など（処方薬に関する情報も含む）を尋ねます。その際，保護者（養育者）が，特に子どもの社会的な問題について話せる十分な時間を確保しましょう。その際面談担当者は，それぞれの保護者の心配がPEERSのカリキュラムに関わるものなのか，別の治療のことを言っているのか，また他のところを紹介する必要があるのかなどについて，検討しながら聞くことが大切です。

それから，面談担当者は，保護者（養育者）がプログラムに参加した場合，保護者の役割として何を期待されているか，以下の内容をおさえながら丁寧に説明します。

- できる限り，同じ保護者が毎回のセッションに参加してください。
- 子どもがこのプログラムの間にできた新しい友だちと一緒に遊べるように，子どものスケジュールに十分なフリータイムを確保してください。
- プログラムが始まったら，保護者には子どもが参加できる課外活動を探す責任があります。
- 保護者は，このプログラムは毎回明確なテーマが設定されていて，友だち作りを進めるための宿題があり，きっちりとした構成で組み立てられているということを理解しておきましょう。宿題に取り組むうえで生じる問題以外の保護者の役割については，話し合う時間はあまりありません。
- 保護者は，自分の子どもには，このプログラムを学ぶニーズがあると合意している必要があります。そうでない場合はグループの参加について再考しましょう。プログラムの目的やセッションの形式を，自分の子どもに合わせて変えることはできません。
- 保護者は，このグループの目的は，子どもに友だちを作るためのスキルを身につけさせることだということを理解しておきましょう。グループの他の子どもたちも，これらのスキルを練習するためにここに来ています。重要な理由から，PEERSの14週間は，グループ内の他のメンバーとセッション以外の場で関わることは禁止されています（詳しい説明はBox 2.1参照）。ただし，いくつかの宿題で，グループの他のメンバーに電話をかけることが必要なものがあることはお知らせしておきます。この宿題は，特定の会話のスキルを練習することが目的で，グループ内のメンバー同士で遊ぶ約束等をするためのものではありません。子どもたちが電話をする相手は，毎週変わります。この宿題は，最終的にはグループメンバー以外の人に電話をするという次の課題につながっていきます。Box 2.1にあるように，グループ内での社会的な交流の禁止は，同じ学校でPEERSが始まる前から互いに知っている場合にも当てはまります。このプログラム以前から知っているというメンバーがいる場合は，プログラム期間中一緒に遊ぶことは中断しておいたほうが良いでしょう。

保護者（養育者）面談の最後に，プログラムがその家族に適切かどうかを話し合います。プログラムに合っている場合は，子どもと合流する前に，保護者自身が参加するかどうかを決めていただくようにします。一方，子どもがプログラムに合っていないという場合は，その理由を説明してから，他の場についての情報提供をすると良いでしょう。

> ### BOX 2.1
> ### プログラム実施中はグループメンバー同士の交流を禁止する理由
>
> 1. 提示されるスキルと合わない場合がある。
>    a. 子どもたちのなかには，実際にはそれほどお互いが関わることを望んでいない子どもがいるかもしれない。（そういう子どもにとっては）グループ内での交流を禁止することは，あまり気が進まない状況を避ける良い方法となる。
>    b. 保護者のなかには，子どもたちがお互いに友だちになるべきでないと感じている人がいるかもしれない。
> 2. グループ間で，マイナス感情がもたらされる可能性がある。
>    a. セッション後に交流することで，一部の子どもたちの間に，仲間を作ることを通しての競争心や不快な感情が生じるかもしれない。
>    b. グループ内のメンバーと自宅で遊ぶプランをすることは，（そのためのスキルを身につける前なので）子どもたちの間で良くない関わり方をさせる結果になるかもしれない。
>    c. PEERSセッション以外の場所でのトラブルが，セッション時に緊張感をもたらしたり，プログラムを途中でやめたりすることにつながる可能性がある。
> 3. セッションとセッションの間の交流を禁止することで，保護者と子どもたちは，以下のことが可能になる。
>    a. 一部のメンバーに疎外感を感じさせるかもしれないということを気にせず，宿題について自由に報告できる。
>    b. "友だちになるかもしれない人"と関係が遠のいてしまうことを気にせず，お互い自分の思いを話せる。
>    c. 社会的場面での問題解決をするために，お互い助け合って努力することができる。
>
> （Frankel & Myatt, 2003）

## インテーク面談の終了

保護者（養育者）にプログラムへの参加が承認されたことを伝えたら，保護者（養育者）と子どもを一緒に集めます。そして子どもに対して，プログラムの参加の可否が決定したことと今後のことについて説明するために，数分間をとります。子どもがプログラムに受け入れられた場合は，次のように言うと良いでしょう。「あなたと保護者が，このプログラムに参加できることが決定しました。知っているかと思いますが，私たちは毎週90分間，14週間続けて会います。次のグループは〈＿＿＿月＿＿＿日〉から始まります。グループについて，伝えておきたいことがあります。何か質問があったら，遠慮なく尋ねてください」。この時点で，家族に"ウェルカム レター"を渡すと良いでしょう（プログラム参加決定と参加を歓迎する手紙）。その手紙には，具体的な開

始日，セッションの行われる場所と時間，教室への行き方や駐車場の情報，そして簡単なセッションで扱うスキルのリストなどを書いておきます。この"ウェルカム レター"には，毎週休まずに参加することや時間通りに集合することが，今回のプログラム参加を有意義なものにするために重要であることを知らせるメッセージも入れておきます（"ウェルカム レター"の例を参照）。また保護者（養育者）に，兄弟姉妹をセッションに連れてこないように段取りする必要があることも知らせます。このルールの例外は，参加者である子どもがスキルを身につけていくうえで，成人している兄や姉が何かサポートできると思われる場合です（例：保護者にとってセッションで使用される言語が母語でない場合に，その言葉を理解できる兄や姉が参加する）。

## ▌子どものインテーク面談チェックリスト

1. あなたの保護者は，今日あなたがなぜここに来るのかを伝えましたか？
   □正しい説明をした　　□知らなかった　　□間違った説明だった
2. 私たちは友だちを作り，その友だち関係を続けていく方法について教えます。あなたは，そのことに興味がありますか？
   □はい　　□いいえ　　□わからない
3. あなたが好きな活動について教えてください。学校で，あなたが他の子どもたちと自由に過ごす時間はありますか？
   □はい　　□いいえ（この回答になった場合は，4問目はスキップ）
4. あなたはその時間に何をしていることが多いですか？
   □他の子どもと過ごしている　　□一人でいる
5. あなたが学校で一緒に過ごす友だちはいますか？
   □はい　　□いいえ（この回答になった場合は，6〜9問目はスキップ）
6. その友だちの名前を教えてください。
   □名前を言わない　　□数名の名前を言う　　□4人以上の名前を言う
7. その友だちはあなたと同じ学年ですか？
   □同じ学年　　□上の学年　　□下の学年　　□大人
8. 普段あなたは，その友だちとどんな方法で会いますか？
   □一緒に決める　　□毎日同じ場所にいる　　□自分で相手がどこにいるか探す
9. あなたは学校外で友だちとどんなことをして過ごしますか？
   □おしゃべり／一緒に出かける　　□ショッピング／モールに行く
   □電話／インターネット
   □スポーツ／クラブ：＿＿＿＿＿＿＿　　□ゲーム：＿＿＿＿＿＿＿
   □その他：＿＿＿＿＿＿＿
10. これまで何かのチームやクラブに所属していますか？
    □いいえ　　□はい
11. あなたは家に自分の好きなゲームがありますか？　あるとすれば，それは何ですか？
    □ない　　□ボードゲーム／カードゲーム：＿＿＿＿＿＿＿
    □スポーツ：＿＿＿＿＿＿＿
    □コンピュータ（テレビ）ゲーム／ビデオゲーム：＿＿＿＿＿＿＿
    □その他：＿＿＿＿＿＿＿
12. あなたは，友だちと家で遊ぶことがありますか？
    □はい　　□いいえ（この回答になった場合は，ここで面談終了）
13. 友だちと一緒に遊ぶとき，どんなことをして遊びたいですか？
    □おしゃべり／一緒に出かける　　□ゲーム　　□テレビ／映画を観る
    □音楽を聴く　　□ビデオゲーム／コンピュータゲーム
    □スポーツ：＿＿＿＿＿＿＿　　□その他：＿＿＿＿＿＿＿

14. あなたが最後に友だちと一緒に遊んだのはいつですか？
    □1週間以内：　　　□1週間前　　　□1カ月以内　　　□1カ月以上前
15. その友だちの名前は何ですか？
    □名前：_____　　□覚えていない
16. 一緒に何をしましたか？（具体的な答えを促します）
    □いくつかの遊び　　　□主にコンピュータゲーム／ビデオゲーム／テレビ
17. 友だちを作り，その関係を続けていくための方法について教える授業に興味はありますか？
    □興味がない。たくさん友だちがいる。
    □授業についての質問すると興味を示す。
    □授業に興味があると言う。

## 全般的な印象

* 見当識はあるか？　□はい　　　　　□いいえ
  （見当識：自分の時間的・空間的・周囲の人や状況などについて正しく認識する力）
* 雰囲気や感情表現は場に合っているか？　□はい　　　□いいえ
* 面談者とのラポール形成ができたか？　□すぐに　　□最終的に　　□全く
* 認知能力は？　□平均以下　　□平均　　□平均より上
* 社会的成熟度は？　□年齢より1～2歳下　□年齢相応　□年齢より上

## ■PEERSにようこそ！（ウェルカム レターのサンプル例）

- ■あなたのPEERSグループへの参加が決定しました！
- ■プログラムは_____月_____日から始まり，時間は_____時から_____時です。
- ■毎回のセッションに参加すること，時間に遅れないように参加することは，このプログラムから多くのこと学ぶための必須事項です。もし，3回以上のセッションを欠席することがすでにわかっている場合，あるいは最初の2回のセッションを休む予定がある場合は，次期のグループまで待つことをお勧めします。私たちは毎週セッションを実施します。欠席予定報告シートとスケジュール表については，最初のセッションで配布します。
- ■同じ保護者が，毎回のセッションに参加することは重要です。子どもには毎週宿題が出され，保護者のスーパーヴィジョンが必要です（例：他のグループメンバーに電話をかけたり，電話を受けたり，会話の練習をするために友だちに電話をしたり，あるいは，グループ以外の友だちと一緒に遊ぶ機会をもったりする）。他の保護者が参加されるのは，いつも歓迎です。しかし，毎週交代で参加することはやめてください。
- ■グループセッションに，他の兄弟姉妹を連れてこないようにお願いします。
- ■_____が子どもセッションのリーダーで，_____が保護者セッションのリーダーを務めます。それ以外には，トレーニングを受けたセラピスト，大学院生などがスーパーヴィジョンを受けながら，グループのアシスタントを務めてくれます。

### 集合場所

- ■集合場所は_____です。
- ■毎週，同じ場所で会います。
- ■同封している地図をご覧ください。

### パーキング

- ■同封しているパーキング案内をご覧ください。

### 子どもが学ぶこと

| | |
|---|---|
| ・適切な会話スキルの使い方 | ・友だちと遊ぶ際のもてなし方 |
| ・会話で共通の興味を見つける方法 | ・自分に合う友だちを見つける方法 |
| ・仲間との会話に入る／抜ける方法 | ・スポーツマンシップ |
| ・適切はユーモアの使い方 | ・思いのすれ違いへの対応方法 |
| ・電子通信コミュニケーションの使い方 | ・悪いうわさを変える方法 |
| ・うわさやゴシップへの対応方法 | ・からかいやいじめへの対応方法 |

もし何かご質問がありましたら，スタッフまでお問い合わせください。
（TEL：_____）

## グループを作る

### グループのメンバー構成

　PEERSの理想的な1グループあたりの人数は，7～10人です。グループのメンバーの選定には，その精神病理の領域によっては制限が必要です。これまでPEERSのソーシャルスキルグループに参加しているASDの子どもたちは，同じASDの子どもたちと同志だと心地良く感じ，よりうまくいくという様子が何度も観察されています。つまり，ASDの子どもたちだけのグループにすることが望ましいと言えるでしょう。ADHDや他の社会的な行動問題を抱えた子どもは，一般的に集団の場でASDの子どもを受け入れにくいという様子が見られます。途中でプログラムからドロップアウトすることを防ぐためにも，ASDと他の特性の子どもたちは，別々のグループにする方が良いでしょう。年齢や学年に関しては，グループ構成として，時に各学年から一人以上がメンバーにいるというような広い年齢層となっていることがあります。性別について言うと，女の子と男の子が一緒であることは，全く問題ありません。これまでの参加者を見ると，男の子のほうがソーシャルスキルグループに参加することが多いので，PEERSのグループも，たいてい女子のほうが少ないです。ただ保護者が積極的な賛成が得られない限り，グループに女子が1人だけという状況は，避けるほうが良いでしょう。

### セッションを実施する場所・設備

　保護者セッションと子どもセッションの場所（子どもたちのアクティビティの場面以外）は，教室のような雰囲気があると良いでしょう。子どもセッションの部屋には，ホワイトボードとマーカー，そしてホワイトボードに向かって座るように置かれた子ども用の椅子とテーブルを用意します。保護者セッションの部屋では，椅子を大きなサークル状にして，保護者全員が少し余裕をもって座れるようにします。子どものセッション11～13では，屋外ゲームやスポーツに必要なスキルを教えるために，アクティビティは外にある遊び場で実施します。可能であれば，学校の運動場のような場が望ましいでしょう。また，バスケットボールゴール，サッカーゴール，バレーボールネットなどのスポーツ用具があり，安全のためには周りがフェンスなどで囲われていると良いでしょう。そのような屋外活動の設備を整えることが難しい場合は，セッション11～13の子どもの活動を，セッション8～10のように"屋内ゲーム"に変更して行う必要があります。また，屋外の遊び場は，子どもたちがセッション中に移動することを考えると，部屋から移動しやすい場所にあるとスムーズです。

### 問題行動をコントロールするための技術

　それぞれの子どもたちが抱えている行動面での問題の多くは，スクリーニングの過程で明らかになります。もし子ども自身がプログラムに参加することに積極的に同意していたら，彼らはグループでそれほど問題なく振る舞うことができるでしょう。それにもかかわらず，それでも，セッ

ション中に進行を妨害するような行動をし，その問題行動を修正するための対応を必要とする子どもがいるかもしれません。子どもグループリーダーは，以下のような3つのタイプの行動が見られた場合は，明確にその行動を制止します。1つ目は，他の子どもの邪魔をする行為（例：レッスンへの集中を阻害し，他のメンバーの邪魔をするような行動），2つ目は，グループリーダーや他の子どもたちを馬鹿にするような態度（例：からかう，いじめる，下品なコメントをする），そして3つ目は，攻撃的な行動や，相手を脅かすような振る舞いです。このような行動への対応方法については"子どもセッション・セラピストガイド（セッション1）"にガイドラインがありますので，そちらをご覧ください。

## セッションで必要な準備物

各グループで，以下のものが必要です。

- 電話スケジュール表──グループ内電話の宿題をスムーズに進めるために，メンバーの名前と電話番号を記載した表です。この表は，最初のセッションで保護者に配布します（Appendix C「電話スケジュール表」参照）。インテーク面談の際に，保護者から宿題で使用することが可能な電話番号を聞き，それを他のグループメンバーに知らせることの同意を得ておく必要があります。この表には，電話で話す日程（スケジュール）も書き入れます。
- 欠席予定表──最初のセッションで保護者に配布し，どのセッションを欠席する予定があるかを記入してもらいます（Appendix D「欠席予定表」参照）。保護者が参加するセッションを選ぶことを防ぐため，表には各セッションのレッスンテーマは載せないようにします。
- グループ内電話パートナー表──このシートは，セッション1〜6の宿題で必要になります。どの子どもが誰にかけたかという記録を取っておくと，誰が"受ける人"で，誰が"かける人"になるかを順番に割り当てることができます。そして毎回違う相手と電話ができるように組み合わせることが可能になります（Appendix E「グループ内電話パートナー表」参照）。
- PRESSポイント記録表──この表は毎週の子どもセッションで，個別／グループのポイントを記録するために必要です。この表は，子どもの名前，個別とグループの合計ポイントが記入できるようになっており，ポイントはセッション14の卒業プレゼントに向けてためていきます（ポイントを与える基準については"子どもセッション・セラピストガイド（セッション1）"参照）。「ポイント記録表」のサンプルがAppendix Fにあります。
- PRESSスポーツマンシップポイント表──子どもセッション9〜13で，この表のコピーを数枚用意しておきます。室内ゲームや屋外のスポーツ活動の場で，子どもがスポーツマンシップを使おうとしていたらポイントを与えます。何枚の表が必要かは，子どもセッションのスタッフの人数によります。スタッフは，子どもたちの様子をしっかりと見てチェックしましょう。「スポーツマンシップ・ポイント表」のサンプルは，Appendix Gにあります。
- 宿題取り組みシート──この表は毎週の宿題がどれだけ達成できたかを記録するものですので，必ず用意します。子どもセッション中に，グループリーダーやコーチが記録します。

保護者と子どもの名前はもちろんですが，リーダーにとって必要であれば，年齢や学年なども書き入れます。このシートは，将来振り返ってみたり，毎週のカンファレンスで，それぞれの子どもがどれくらいプログラムに取り組めているかをチェックしたりするために，保管しておきます。保護者と子どもグループ用「宿題取り組み表」は，Appendix Hにあります。

- ■ホワイトボードとマーカー――子どものポイントを書いたり，バズワードやレッスンの重要な内容を書いたりするために必要です。
- ■子どもセッションのアクティビティで使用する追加の準備物については，子どもセッションの最後にある"子どもたちのアクティビティガイド"に書いてあります。

## 食べ物／飲み物の提供

　食べ物や飲み物を提供することは，ASDや発達障害の子どもたちの外来患者向けの療育では普通に行われているようです。PEERSのソーシャルスキルグループでは，提供する場合としない場合の両方があります。提供することのメリットは，セッションを夕食の時間に設定することが可能になるということです。そして宿題の復習の間，子どもたちが席に座っていることの手助けにもなります。また，セッションの内容ではないけれど，食事のマナーについて指導することもできます。一方デメリットは，セッションの時間が食べ物を配ることに費やされたり，集中を妨げたりするということです。食事が提供されてもされなくても大事なことは，セッションをしっかりと進行するということです。

## プログラム開始段階で大切なこと

　プログラムを始めるプロセスで一番難しいのは，グループメンバーを決定していく最初の段階です。たとえば，参加者を紹介してきた先が，グループへの参加条件をあまり検討していないことがあります。また，これまでの情報がない場合や，情報があってもそれらが提供されていないこともあります。グループとして適切な定員の募集については，プログラムによる効果が見込める力が子どもにあるかどうかを検討するために，保護者は，開始の約2カ月前までに申し込むことが必要です。一方で，多くの保護者は，長く間が空くと待てなかったり，説明されたプログラムの効果について確信がもてなくなったりします。グループメンバーをリクルートする際には，これまで述べてきた参加者の基準に関して容易に妥協しないようにしましょう。ただし最低でも，1グループ6人は必要です。これは，参加者とグループリーダーの両者にとって，グループであると思える最低の参加人数となります。それ以上少なくなると，あなたが始めたばかりの臨床プログラムPEERSについての評判に影響を与える危険性があります。欠席者があっても最低必要定員を下回らないようにするためには，7人から10人でスタートするのが安全です。最大人数は10人です。この人数だと，90分のセッション中に，保護者や子どもたちが話し合いをする適切な時間を提供することができます。

## バズワード（キーワード）

　子どもセッションと保護者セッションの資料に使われている**下線付文字**の言葉は，カリキュラムの重要な概念を表しているバズワードです。バズワードは，複雑な社会的振る舞いを，簡単な言葉でわかりやすく表現しているものです。

　バズワードが，スタッフと保護者と子どもたちの間で共通の言葉となっていくように，リーダーはセッションのなかで何度も繰り返し使うように心がけます。保護者・子ども，その両方のセッションで，あなたが最初にセラピストガイドにあるバズワードを使うときは，その言葉を強調して発音するようにしてください。そして子どもセッションでは，バズワードをホワイトボードに書きましょう。

## プログラムによる効果のアセスメント（評価）

　介入プログラム（治療）には，標準化されたアセスメントが極めて重要です。というのも，評価することによって，プログラムの質を保つことができるからです。またこれは，プログラムの効果を客観的に判断するベストな方法なのです。グループリーダーは，もし参加者が効果を測るための評価をすることを知っていたら，できる限りマニュアル通りに実践をしようとするでしょう。ここに，私たちがこれまで発表した研究で使用した評価尺度を挙げます。どれも簡単に入手できるもので，私たちのプログラムに明らかな効果があることを示してくれています。また，これらの質問紙は，保護者や子どもが記入するに当たって，それほど負担をかけるものではありません。インテークの面談の前に自宅に郵送し，最初のセッションに記入したものをもってきてもらう，あるいは面談の際に記入をお願いします。そして最後のセッションの日には，同じ質問紙にもう一度回答してもらいます。

### Social Skills Improvement System（SSIS）（Gresham & Elliott, 2008）

　SSISは，Social Skills Rating System（SSRS）（Gresham & Elliott, 1990）の改訂版です。76の質問から構成されていて，記入時間は，およそ15分です。質問紙は，保護者向けと教師向けがありますので，両方に回答してもらえると良いでしょう。質問には，"全くない""時々""よくある"のいずれかで答えます。Gresham & Elliott（2008）は，保護者と教師向けの質問紙から，子どもたちの心理測定特性を報告しました。13歳から18歳の間では，保護者のアルファ係数は＞.77であり，教師のアルファ係数は＞.75となっています。再テスト信頼性は，保護者のほうは＞.73で，教師のほうは＞.75でした。Social Skillsのスコアが高いほど，社会的により適切に行動していると言えます。また，Problem Behaviorのスコアが低いほど，問題行動が少なく，良い行動ができていることになります。

## Social Responsiveness Scale（SRS）（Constantino, 2005）

SRSは，65の質問項目から構成され，自然な社会的場面で見られる自閉スペクトラム症の症状レベルを測っています。保護者と教師によって評価されるもので，記入にはおよそ15分を要し，子どもの社会性の障害についての状態像，社会的認識力，社会的な情報処理能力，相互の社会的なコミュニケーション能力，社会不安度，社会的回避，そして自閉的なこだわりや特性について評価します。4歳から18歳の子どもへの使用に適しています。

## Friendship Qualities Scale（FQS）（Bukowski, Hoza, & Boivin, 1994）

FQSは，子どもが親友の性質について評価するもので，子ども本人が回答します。リッカート尺度による23の質問からなり，1〜5で評価します。5つの下位項目（companionship, closeness, help, security, and conflict）があり，およそ5分の記入時間となっています。子どもたちは，まず自分の親友を挙げて，その友だち関係を心に留めながら，質問紙に答えます。たとえば，"私とその友だちは，自由な時間をいつも一緒に過ごします"というような項目があります。合計点は23点〜115点で，スコアが高いほど，より質の高い友だち関係を反映しています。著者によると，下位項目のアルファ係数は，＞.71から.86となっています。確証的因子分析は，下位項目の因子構造を，相互関係のある友人関係とない友人関係の比較は，弁別的妥当性を裏付けるものになりました（Bukowski, et al., 1994）。

## Test of Adolescent Social Skills Knowledge（TASSK）（Laugeson et al., 2009）

TASSKは，26の質問から構成されており，セッションのなかで教えられた具体的なソーシャルスキルについての知識を評価する，PEERSのために開発された質問紙です。13のセッションで扱っている重要な内容について，各セッションから2つずつ選んでいます。合計点は0〜26点で，スコアが高いほど，より多くのソーシャルスキルの知識があるということになります。TASSKのアルファ係数は，＞.56でした。この適度な内的整合性は，満足できる結果です。このTASSKは，およそ5分で記入できるもので，Appendix Aにあります。

## The Quality of Play Questionnaire（QPQ）（Frankel & Mintz, 2009）

QPQは12の質問からなり，保護者と子ども，それぞれに対して過去1カ月の間に友だちとどれくらい遊んだか，またその遊びの間に起こった友だちとの対立場面のレベルを評価するものです。およそ2〜3分程度で記入することができます。対立のレベルを評価する10の項目について，保護者と子どもそれぞれに尋ねる形になっています（例："お互いを批判したり，からかったりした"）。最後の2つの質問は，保護者と子どもそれぞれに，友だちと遊んだ回数（友だちから呼ばれた場合と，自分が友だちを呼んで遊んだ場合の回数を別々に）を尋ねています。QPQは，175人の男女の因子分析をして作成されました。conflict尺度のアルファ係数は＞.87でした。この尺度は，SSRS Problem behavior尺度と収束的妥当性を示していて（$rbo = .35, p < .05$），医療機関からリファーされた被験者と地域の被験者との間には有意差がありました（$p < .05$）。また，自分が招待した場合と，友だちに誘われた場合の遊びの回数にも，医療機関での被験者と，地域での被験者間には有意差がありました（$p < .005$）。子どもと保護者の，PEERSのRCT研究におけ

るベースライン時のSpearman順位相関係数は，conflict尺度が.55，自分が招待した遊んだ回数は.99，自分が誘われて遊んだ回数は.99でした（一緒に遊んだ回数が"0"については削除され，相関係数はそれぞれ.97と.94で，すべてのp値は＜.001）。子ども版と保護者版のQPQは，Appendix Bにあります。

## セッション

# 3 セッション1
## 導入と会話のスキルⅠ──情報交換

### 保護者 セッション・セラピストガイド

**保護者セッション──進行のポイント**

　保護者の第1セッションの目的は，このグループの概要について保護者にオリエンテーションをし，このプログラムを受けることで何が期待できるのかを明確にすることです。これが最初の保護者セッションの重要なポイントになりますので，レッスンの内容説明の時間は限られるでしょう。保護者にこのプログラムの骨子が伝わらなければ，各セッションの内容をしっかりと理解してもらうことは難しくなります。言い換えると，このプログラムの効果が小さくなってしまうということです。

　このマニュアルを書いている時点では，児童期・思春期の子どもたち向けの友だち作りを学べる効果的なプログラムは本当に少ないというのが現状です。エビデンスがあるものでも，実践者が広く使えるものにはなっていません。その結果，PEERSにやってくる若者の保護者の多くは，自分の子どもを助けようとしてがんばってはうまくいかないという経験を何年も重ねています。程度の差こそありますが，保護者は絶望感に襲われた状況でやってきます。また，子どもを助けられると期待している一方で，その効果を信じることに強い抵抗感をもっていることもあります。というのも，期待しても裏切られるということが，これまでも何度となく繰り返されてきたからです。時にそれが子どもに宿題をさせてもさほど効果はないだろうという保護者の思いになり，保護者自身もそれほど熱心に取り組めないことにつながる場合もあります。

　PEERSに申し込む保護者の多くは，あなたの助けを求めていて，子どものために何かに取り組むためにはサポートが必要だと気づいています。つまり，保護者はこのプログラムがあることに感謝しながらも，宿題をやりとげられるかどうかについては不安を抱えています。だからこそ，子どもが成長していく様子が見えてくると，大きな喜びとなるのです。保護者は，セラピストにとっても癒しであり，サポーターでもあると言えるでしょう。しかしながら，保護者のなかには，精神的な課題を抱えている方もいます。たとえば，ナルシシズムの要素をもっている人たちがいます。おそらく保護者セッションのなかで起こる問題の90%は，10%以下の少数の方が要因となっています。保護者セッションガイドの構成のなかで，この"進行のポイント"では，このような保護者の症状についても説明します。そうすることで，リーダーがどうサポートすると良いかがわかるので，子どもたちがPEERSに参加することによる効果が高まります。私たちが提供している望ましいグループのあり方にできるだけ沿っていただくことが，保護者も子どもたちもこ

のPEERSから多くのことを得ていただくための最も良い方法となります。この方針から外れてしまうと，グループが毎日の家族の問題をサポートすることになってしまい，何より子どもたちにとって一番良くありません。私たちは，治療のための実践（Frankel & Myatt, 2003）や，保護者や子どもたちと取り組んだ経験を通して，このような抵抗や陥りやすい落とし穴を克服するいくつかのテクニックを見つけ出してきました。

　まずは，これらの症状に気づいて早く適切に対応することが，難しい保護者がグループの流れから逸れていかないようにするために最も重要なポイントです。最近の研究では，パーソナリティ障害の多くの症状は，DSM-IVの症状があるかないかより，その結果が継続し，影響しあうことによって現れるといわれています（Marlowe, Kirby, Festinger, Husband, & Platte 1997）。保護者セッションでこのような傾向が現れた場合，適切に対応されなければセラピストが目指していることはかなり妨害されるという結果になります。BOX 3.1には，グループの介入プロセスに影響を与えやすい，ナルシシズムの人によく見られる症状が書かれています。

　このような理由から最初の保護者セッションでは，意図的にレッスンの講義内容が多くならないようにしてあるのですが，進行次第では，保護者向け配布資料を早く読み終わってしまうということもあります。そうなると，リーダーはセッションの終了予定時間より早く終わってしまって，子どもたちが部屋に入ってくるのを待つことになります。このことがナルシシズム傾向のある保護者に，BOX 3.1にあるような振る舞いをさせることにつながるもしれません。そうならないように，まずグループリーダーは保護者に，順番に配布資料を読んでもらいます。それから，そこに書かれていることについて，保護者に考えてもらいましょう。宿題についても少し詳しく説明します。詳しい説明は多くの保護者にとって，とても役立つものです。宿題の説明が終わったら，質問がないかを尋ねましょう。その際，配布資料に関する質問にだけ答えるようにします。後のセッションで取り上げられる質問については，その後のために保留にしておきます。たとえば「これはとても大切な質問ですね。あとでそれについてセッションを予定しています。それまでこの質問は置いておきますが，かならずお話ししますね」と言うと良いでしょう。このプログラムに全く関係のない質問（例：「自閉症の原因って何ですか」「治療の方法ってありますか」）については，次のように明確な姿勢で対応します。「良い質問ですが，ここでは，友だちを作るためのスキルを学ぶPEERSのプログラムに焦点を当てたいと思います。私たちの時間は限られていますので，このプログラムの内容から外れないように気をつけましょう」。この方向修正は，保護者にとっても，このグループで期待できることは何なのかが明確になり，またPEERSが提供している内容に焦点を当てやすくなります。

　完全に焦点がずれた質問については，次のように言いましょう。「今日はお話ししなければならないことがたくさんありますので，残念ながら今すぐその話をする時間が取れません」。それでも難しい保護者には，話し合うテーマについて，ホワイトボードに書くと良いでしょう。そうすれば，保護者に毎回「今日は話し合うことがたくさんありますので，集中していただくことが必要です。そうでないと皆さんがこのプログラムから十分なメリットを得ることができないでしょう」と言うことで，進行を妨げられることを防げます。もし，保護者がプログラムに影響するような問題について話そうとしていたら，グループの進行を変えるより，セッション以外の場で会うのが良いでしょう。場合によっては，他の専門機関を紹介することも必要かもしれません。

> ## BOX 3.1
> ### プログラム実践中にマイナス影響を及ぼす可能性のある保護者の行動
>
> ■ コントロールしようとする
>
> 　明らかな例は，すぐに子どものニーズに応えるセッションにしてほしいと主張する行動です。それほどはっきりとしない例としては，自分の子どものニーズに関わるトピックをいつ扱うかを尋ねる行動です。このような場合は，この保護者に最初の配布資料を見ることを薦めましょう。
>
> ■ 注目要求が強い
>
> 　この例は，やろうとしなかった宿題について慌てて言い訳をしようとしたり（宿題をやってきた人の話と重なるようなタイミングで），どれだけ日々の生活が大変かを話す保護者です。このような場合は，宿題をちゃんとやってきた親へ話を方向修正することが大切です。
>
> ■ 保護者の感情的なニーズを満たすため，自分の代役として子どもを必要としている
>
> 　このタイプの例は，セッションを子どもの不満を言う場にしようとする親です。私たちは，これに対して最初のセッションで，子どもの一番好きなところを言ってもらうことで対処していますが，親が好きなところを言わなければ，考えるように促します。
>
> ■ このグループの重要性をできるだけ小さくしようとする
>
> 　このタイプの例としては，宿題をしようとするのではなく，子どもが友だちと自宅で遊べていることを話す親がいます。あるいは，自分の子どもが学校の勉強で非常に忙しいので，宿題をする余裕がないことをほのめかしたりします。他の例としては，自分の子どもはあまり宿題をやりたがらなかったということを気軽に口にし，この宿題は保護者のサポートが必要であり，それは保護者の仕事であるという事実を軽く見ようとしている場合です。グループリーダーは，宿題をしてきた保護者に手を挙げてもらうように声をかけ，まずその親から話してもらうようにすることで，このような態度を最小限にとどめるようにします。これはグループの目的にフォーカスすることを助けてくれますし，宿題は実行可能なことであると示すことになります。

　最初の一連の宿題に，グループ内電話がありますが，それは最終的にはグループ外電話の宿題となります。これは，FrankelとMyatt（2003）によって考え出された方法をベースにしています。電話の宿題は，子どもたちがセッションで学んだ会話のスキルを般化し，それを保護者がモニターする手段として使われています。この練習は，子どもたちの会話のスキルを改善するために介入するように指導を受けた保護者の前，つまり，まさに"教えるのに最適な場面"で実行されます。このグループ内電話は比較的簡単です。というのも，事前に，お互いがいつ電話をかけるかを話し合っているからです。簡単に達成できる宿題を最初にもってくることで，子どもたちにプログ

ラム中の宿題について，課題はできるはずだし，自分はやり終えることができるだろうという期待感をもたせることにつながります。

## 1 プログラム開始にあたって最初の言葉

- グループに皆さんが集まってきたことを歓迎する言葉から始めます。
- 部屋を見渡し，次のことについて話してもらいます。
  - 保護者の名前
  - 子どもの名前と年齢
  - 自分の子どもの好きなところを1つ
- それぞれの親が自分の子どもの好きなところについて話し終わったら，そのつど手短に繰り返して伝えます。これによって，次の人が同じ流れを続けるサポートとなります。
- 保護者が子どもの良くないところを話そうとしたら，思いとどまらせます。
  （リーダーはさりげなく介入しましょう。そして子どもの好きなところを話す場であることをもう一度伝えます）
- セッション中の保護者同士のおしゃべりも最初にとどめます。
  （リーダーは，一人の保護者と話し込むことは避けます。そして，周りが気が散るようなおしゃべりをすることを許さないようにします）。
- 守秘義務について復習します。
  - 守秘義務の限界について復習します（これは，このプログラムを実施する地域によって異なります）。
    - もし子どもが，虐待（ネグレクト含む）を受けている場合や，自己あるいは他者を傷づけるような危険性がある場合は，その情報を適切な機関に報告します。
  - グループで聞いたことについても，守秘義務があることを伝えます。
  - 「保護者や子どもたちがグループセッションを通して知り得た情報（個人情報）についても守秘義務がありますので，グループ外の人に話してはいけません。ただし，このことについて，すべての人が従うようにコントロールすることはできないということも心にとどめておいてください」
- このグループの目的について説明します。
  - PEERSは，子どもたちが友だちを作り，その関係を続けていくためのソーシャルスキルを学ぶグループです。
  - 私たちは，以下のスキルを教えることに焦点を当てています。
    - 良い会話をするためのスキルは？
    - 電子通信（電話，テキストメッセージ，インスタントメッセージ，メール，インターネットなど）を使って適切にコミュニケーションするには？
    - 仲間の会話への入り方と抜け方は？
    - 自分に合う友だちの選び方は？
    - ユーモアを適切に使うには？

- 友だちと楽しく自宅で遊ぶには？
- スポーツマンシップとは？
- からかいやいじめにどう対応すればいいの？
- 悪い評判を変えるには？
- 友だちとの議論や意見の違いにはどうすればいいの？
- うわさ話にはどう対応すればいいの？
- これからの14週間，毎週1回90分会います。
- 子どもセッションと保護者セッションは同時に，別室で行われます。
- 保護者は，子どもたちが子どもセッションで学んでいることについて説明を受けます。
- 保護者は，子どもたちがPEERSで学んだスキルについて話をしたり，使っていくのを助けます。
- 14週目は，卒業式とパーティをします。

■ 保護者セッションの流れを説明します。
- セッションは〈宿題の復習〉から始まります（約50分～60分）。
  - 保護者と子どもたちは，毎週，新しく習ったスキルを練習する宿題を課されます。
  - 保護者がどの程度宿題に関わるかは，子どもがOKだと感じるレベルに合わせます。
    - これは，毎回セッションの最後にある親子合流の時間に，スタッフも一緒に話し合って決めることもあります。
    - 保護者は，少なくとも自分の子どもと，宿題にどう取り組むかを話し合わなければなりません。
  - セッションでは，やり終えられた宿題だけに焦点を当てます。
    - つまり，もし保護者が宿題に取り組まなかったとしても，何か問題解決しなければならないことがない限り，なぜできなかったかという話し合いには時間を費やさないということです。
    - プログラムの成功は，宿題をしっかりやり終えるかどうかにかかっています。
- 次は，〈宿題の説明〉です（約20分～30分）。
  - 保護者は毎週保護者向け配布資料を受け取り，レッスンの内容について簡単な説明を受けます。
    - このプリントは必ずバインダーなどに保管しておきましょう。
    - このプリントは，他の家族（子どもがソーシャルスキルを学ぶうえで助けてくれる人）にも目を通してもらうと良いでしょう。
- セッションの最後は，〈保護者と子どもの合流タイム〉です。今日のレッスンの復習をしてから，部屋を出る前に，親子で次の宿題の確認をします（約10分から20分）。

■ 子どもセッションの流れを簡単に説明します。
- 毎回の子どもセッションは〈宿題の復習〉から始まります。宿題に取り組むうえで何か問題があれば，この時に解決します（約20分～30分）。
- それから〈今日のレッスン〉が続きます（約30分）。
- 次に，以下のような場面に応じた，子どもたちが新しいスキルを学ぶための行動リハー

サルがあります。
- 社会的な活動
- 室内ゲーム
- 外遊び（ゲームやスポーツ）

— セッションは，保護者と合流してレッスンの復習をし，宿題について保護者やグループメンバーやスタッフと話し合いをして終わります（約10分〜20分）。

■ もし子どもたちがセッション中に問題行動をしたらどうなるかを説明します。
— 子どもグループセッションのリーダーは，PEERSの14週の期間中，必要に応じて，保護者とコミュニケーションを取ります。
— もし子どもがグループセッションの時間に間違った行動をした場合は，保護者は注意を受けます。
— その間違った行動が改善されない場合は，保護者はセッション以外の時間に呼ばれ，子どもとともにどうすれば良いかを，子どもセッションのリーダーやコーチと話し合うことになります。

■ もし子どもの間違った行動が続いたら，子どものグループリーダーは保護者とその問題を解決するための可能な方法を話し合います。その場合，トレーニングが早期終了となることもあります。

## 2 セッションの紹介

■ 保護者向け配布資料を配ります。
— プリントを配布したら，すぐに読みはじめます。そうしないと，各自で読み進めてしまって，説明を受けるときに集中することが難しくなります。

■ 保護者に，配布資料を順番に読んでもらいます。
— もし，保護者のなかに一人でも読むことが困難な方がいる場合は，保護者に読んでもらうことはやめます（これはインテークのインタビューの際にチェックします）。
— 太字で書かれた言葉は，配布プリントからそのまま取り上げています。
— **太字**の言葉は，PEERSのキーワードであり，カリキュラムの重要な概念を表しています。
  - このキーワードは，複雑な社会的行動を簡単な言葉で表現しています。

■ スタッフと保護者・子どもたちが共通の言葉をもてるように，可能な限りPEERSのバズワードを使います。

● **保護者はPEERSでどんなことを学ぶことができるのでしょう？**
1. 子どもが友だちを作ったり，友だち関係を続けていったりする方法を学ぶのをサポートするには？
2. 子どもが，自分に合った友だちを見つけるのをうまくサポートするには？
3. 子どもが新しい人と知り合ったり，友だち関係を深めたりするための力を育てるには？
4. 子どもが，社会的な場面での人との関わりを通して自立心を育むことをサポートする

には？

- **方法**
    1. 毎回の子どもセッションでは，子どもにとって少し難しい社会的な場面にどう対応したら良いかを端的に伝えます。
    2. 各セッションの内容は，保護者に知らせます。
    3. 各セッション時間中に，子どもは教えられたスキルを実際にリハーサルします。
    4. 学んだスキルを練習するために，毎週家庭や学校で行う宿題があります。
    5. 前週の宿題は，次の週の保護者／子ども，それぞれのセッションで振り返りをします。
    6. このグループでは，保護者に次の2つの大切な役割があります。
        a. 子どもが，他の子どもたちと出会える活動に参加できるよう協力する。
        b. 子どもが，友だちと学校外で遊ぶプランをサポートする。

- **PEERSでは扱わないこと**
    1. このグループは，心理的な病や発達の問題を見つけることを助けるものではありません。
    2. 保護者が定期的に保護者セッションに参加し，開始時間に遅れないように来なければ，子どもはスキルを上達させることはできません。
    3. 毎週の宿題をしようとしなければ，子どもはスキルを上達することはできません。
    4. あなたの子どもが，グループ内のメンバーと友だち関係を継続することはないかもしれませんが，それは問題ではありません。これはスキルのトレーニンググループであって，グループ内で友だちを見つけることが目的のグループではないからです。
    ひとつ大切な約束事は，<u>このセッションがすべて終わるまでは，グループ内のメンバーと一緒に遊ぶこと（メールなどのやりとりも）は許されていないということ</u>です。
    5. このトレーニングでは，子どものすべての問題を扱うのでなく，友だち関係に焦点を当てています。

## 3 良い友だち関係の特徴

■良い友だち関係の特徴を説明します。
　「グループの名前は，PEERS（ピアーズ）です。PEERSとは，友だちのことや，友だちになる可能性のある人のことをいいます。このグループの目的は，私たちの子どもたちが友だちを作り，その友だち関係を維持していくためのスキルを学ぶことです。つまりそのためには，私たち大人が，良い友だちであるために何が必要なのかについて意見が合っていることが大切です。そうすることで，子どもたちが，自分に最も自分に合った友だちを見つけていくことを助けてあげることができます」

■保護者と一緒に話をしながら，良い友だち関係の要素について説明します（保護者が話し合ったり，リストに要素を追加したりすることは認めます）。

- 共通の興味
  - 似た興味や好きなこと，趣味などがある（例：共通のものをもっている）。
- 自己開示・秘密を共有
  - 気軽に個人的な考えや感情・出来事などを話し合える。
- 理解
  - 相互理解（例：お互いに相手のことを理解している）。
- 問題解決
  - 友だち関係を傷つけずに，意見の対立や議論になりそうなことを解決できる（例：もし意見が違っても仲直りができ，友だち関係を保ちつづける）。
- 相互関係・共有・平等
  - 対等な双方向の友だち関係（例：二人の関係が平等であること。一方が他方を支配する関係ではない）。
- 愛情・思いやり
  - 友だち関係は，相手のことが好きであり，温かい気持ちでお互いを思いやってることなどが基本となっている（例：お互いが相手を思いやる関係がある）。
- 約束・忠誠・信頼
  - 友だち関係は，素直な偽りなく相手のことを思い，信頼感でつながっている（例：お互いが相手に対して誠実で，信頼している）。

### 今日のレッスン：「情報交換」

- 「今日，子どもたちが最初のレッスンで学んでいるのは，**情報交換**をする方法です（これが最初のバズワード）。情報交換は私たちが会話のなかで，自然にしていることです。考えや意見・興味あることなどを伝えたり，共有したりしています。情報交換の一番大事なことは，お互いの共通の興味を見つけることです。共通の興味が見つかれば，一緒に話したり，活動したりして楽しめることが見つかるからです」
- 保護者に順番に配布資料を読んでもらいます。

〈情報交換のルール〉

- **相手に，その人自身のことを尋ねる**（例：興味あることや趣味など）。
- **相手が話し終わったら，次は相手に尋ねた質問に答える。**
  - 自分のことを相手に話して，共有します（例：興味・好きなこと・趣味など）。
- **共通の興味を見つける。**
  - あなたが相手と話せるテーマを選んでおきます。
  - あなたが相手と一緒にできる活動を選んでおきます。
  - 相手が好きでないことはないかに注意を払います。もしあれば，それは避けましょう。
- **会話の独り占めをしない（一緒におしゃべりをする）。**

- 話している相手が，あなたに質問をしたり，意見を言ったりする機会を作りましょう。
    - ときどき話を止めて，相手の人が会話を進められるようにします。
    - もし相手の人が何も言わなかったら，別の質問をしたり，意見を言ったりしてみましょう。
- 相手があなたとのおしゃべりに興味をもっているかどうか，確かめることが必要な場合があります。
    - お互いが話していますか？
      （あなたに話しかけていますか？／質問をしますか？）
    - アイコンタクトは取れていますか？
    - どこかに行こうとしていませんか？
    - 身体表現（ボディランゲージ）からわかることは何ですか？
      （例：あなたのほうを見ていますか？／顔をそらしていませんか？）
- 自分の自慢話をしないようにします。
- 相手の話に途中で割り込みません。

■ **質問攻めにしない。**
- 次々と質問をしないようにします。
- 相手に質問したら，次に自分のことを話します。

■ **最初は，あまり個人的なことは話さない。**
- 最初から個人的な話をすると，相手を不快な気持ちにさせるかもしれません。
- これから先，あなたと話したいとはあまり思わなくなるかもしれません。

## 宿題の説明

■ 保護者グループリーダーは，宿題について説明し，起こりそうな問題について保護者と話し合います。
1. (子どもと保護者で) **情報交換**の練習をする。
    a．練習する前に，子どもと**情報交換**のルールについて復習します。
    b．次週のグループセッションで発表できる"共通の興味"を見つけます。
2. グループ内電話をする（あるいは，ビデオチャット）。
    a．電話の前
        i．保護者は，今日のグループセッションから帰る前に，電話をかける日程について話し合ってください（Appendix C）。
        ii．何日の何時にどちらから電話をかけますか？
        iii．電話の間，保護者はどこにいるかを子どもと話し合っておきます。
        iv．電話をかける前に，**情報交換**するときのルール（今日のレッスン）を復習しましょう。
    b．電話の間
        i．子どもたちは，この電話で**情報交換**をします。

　　　　　ⅱ．次のセッションで発表できるように**共通の興味を見つけます**。
　　　　c．電話の後
　　　　　ⅰ．保護者と子どもは，電話について振り返りながら**共通の興味**が何だったかを考え，何か問題があったら解決します。

〈宿題のサポートの仕方〉

■問題の解決
－もし子どもが新しいスキルを使うのに戸惑っているようなときは，方法を提案してあげてください。
・提案する場合は「○○○○はどうかな？」という形で伝えると良いでしょう。
　■例：「この次に**情報交換**するときは『○○さんは何をするのが好きなの？』とか聞いてみるのはどうかな？」
・子どもが何か間違ったことをしたとしても，そのことを言いすぎないようにします。
　■間違いを指摘しすぎると，子どもは自信を失ってしまうかもしれません。
　　例：「正しいやり方で**情報交換**してなかったよ」

◀═══ NOTE（注）═══
子どもが最初の宿題をするのが難しかったとき，その言い訳をする保護者には注意しましょう。一部の保護者は"ヘリコプターペアレント"あるいは"ホバリング（鳥が羽ばたいて空中停止している状態）ペアレント"で，子どもたちに代わって宿題をしてあげていたり，口出しをしすぎていたりしています。このような保護者には，最初は子どもを手伝う前に，少し離れて見守るようにしてもらいましょう。電話で話しているときに子どもたちをコーチしたり，話の流れのシナリオを与えたりするのはやめるように促します。電話をかけている間にいろいろ言うより，かける前に練習するほうが良いでしょう。

〈ソーシャルコーチングのステップ〉

・配布資料を使って，宿題を始める前にコーチする。
　－保護者は，子どもと練習すると良い。
・宿題をした後で，以下の"褒め言葉のサンドイッチ"のステップを使ってコーチする。
　1．バスワードを使って褒める。
　2．バスワードを使って正しいやり方をフィードバックする。
　3．褒め言葉で終わる。
・フィードバックは"褒め言葉のサンドイッチ"で行う。

## 運営上の注意

- ■電話当番表を保護者とチェックします（すべての保護者と子どもの名前と電話番号のリストを作っておき，最初のセッションが始まる前にしておく必要があります）。
  - －電話番号表は，グループ内電話のために使うことを伝えます。
  - －保護者は，毎週このシートに書かれている，いつ・誰に電話をするかに注意しなければなりません。
  - －グループ内電話の課題で違う番号を使ってほしい場合，あるいは番号がまちがっている場合は，保護者は事前に知らせる必要があります。
    - もし変更が合った場合は，次の週に正しい表を配布します。
- ■事前に休むことがわかっている場合は，欠席予定表にチェックします。
  - －毎回のセッションに休まず参加することが非常に重要であることを，保護者に，再度伝えます。
  - －もし，1回でもセッションを休む必要がある場合は，2週目までに欠席予定表に記入して提出してもらいます。
  - －もし同じ週に何人かの欠席が重なっている場合は，セッションのスケジュール変更を検討する必要があるかもしれません。

---

保護者向け配布資料は金剛出版ホームページよりダウンロードできます
（ダウンロードの方法は本書巻末をご覧ください）。

## 子どもセッション・セラピストガイド

### 子どもセッション——進行のポイント

　最初のセッションで一番大切なことは，子どもたちにこのプログラムの構成について説明するとともに，簡単に今日のレッスンや行動リハーサルをやってみて，グループをまとめることです。グループリーダーが，この最初のセッションで，グループに何を期待しているかを明確に示すことで，間違った行動を最小限にとどめるようにすることはとても大切です。

　インテーク時（インタビュー）に，プログラムの実施についてのガイドラインに沿ってメンバーをリクルートしていれば，グループの子どもたちはこのプログラムに自主的に参加しているはずです。このプログラムに参加したいと思っているメンバーを集めることで，グループの活動に集中して取り組めなかったり，問題行動が起こったりということを減らすことができます。セッションのはじめのほうでは，子どもたちが"自分は何でもわかっているんだ"という姿勢を見せることがよくあります。まるで，自分はこのプログラムに参加する必要ないかのように振る舞ったり，グループのメンバーではないような態度を見せたり，対面を保つためにふざけてみたりすることもあるでしょう。特に年齢の高いグループでは，このようなメンバーが1人か2人いるのは，普通のことです。このような子どもと，なぜこのプログラムに参加する必要があるのかを議論しようとするのは避けたほうが良いでしょう。というのも，そのような議論をすると，前向きに参加している他のメンバーを戸惑わせることになってしまうからです。それよりも，グループリーダーはそのように感じることも普通であると認め，友だちを作り，その関係を維持していくのは難しいもので，誰もが（保護者や，このチームのスタッフも含めて）そのプロセスを学んでいると説明しながら，友だち関係が良くなるとどんな良いことがあるか話します。

　参加者が各セッションのレッスンからできる限り多くのことを学べるように，リーダーは教室の環境が良くなるようにコントロールすることが重要です。子どもたちには，意見があるときは手を挙げるように指導します。周りの人と勝手におしゃべりしたり，自分のことを長くしゃべりつづけたりということを許してはいけません。グループのルールを提示することで，どんな姿勢を期待しているかをはっきりと伝えます。子どもたちがこのルールに従うようにするためには，なぜそれぞれのルールが大切なのかを子どもたちに説明させると良いでしょう。話し合いを通じてそのルールが必要な理由がわかると，積極的に守ろうとする姿勢が芽生えます。

　もし，一人の子どもが話し合いに関係のない話を始めたら，リーダーは「今，その話は，テーマに関係あることかな？」と投げかけて，話から逸れていかないようにします。また，リーダーは，質問に対する返答があまりに長くなりそうだったら，グループの集中を削がないようにさりげなく介入します。たとえば「そうだね，では，先に進みましょう。話し合わなければならないことがいくつもあるからね」と。もしその子どもがまだ話したいと主張するようだったら，「後で話しましょうね」と言ってはどうでしょう。しかし，そのテーマにもう一度戻ることは，脱線を強化してしまうので，あまりおすすめしません。

## BOX 3.2
## グループ内での良くない行動への対応方法

- PEERSの14セッション期間中，子どもセッションリーダーは保護者とコミュニケーションを取る必要があります。
- もし，子どもが間違った振る舞いをした場合は，警告します（たとえば「これは警告です。もしあなたが_____しつづけたら，保護者を呼ぶことになります」）。
- 子どもがその警告をある程度受け止めている場合は，保護者を呼ぶ前に，数回の警告をしてもよいでしょう。
- 繰り返し警告したにもかかわらず，子どもが間違った振る舞いを続けている場合は，最後の警告をします（たとえば「これが最終警告です。もしあなたが_____しつづけるのなら，保護者を呼びます」）。
- もし子どもの振る舞いが改善されなければ，その子どもの保護者を保護者セッションから呼びます。
- グループリーダー，またはコーチ（こちらのほうが望ましい）と，子どもだけになれる場所に行きます。
- 問題となっている振る舞いについて簡単に説明します。
- 子どもと保護者に，適切な行動ができる準備ができたら，部屋に戻ってくるのを待っていると知らせます（たとえば，「今から二人で話し合ってください。適切な行動を取る準備ができたら，いつでも部屋に戻ってきてくださいね」と言います）。

　リーダーが，メンバーにとって楽しい環境を作ることはとても重要です。楽しい雰囲気を作ることで，子どもたちがそのレッスンのルールを作るプロセスに活発に取り組むことができるのです。PEERSには，具体的なルールや社会的なマナーのためのステップを身につけるための特別なカリキュラムがあります。たとえば，ソクラテス式問答法や，行動リハーサル，ロールプレイなどです。最初のソクラテス式問答法というのは，あなたが求めている答えを引き出すための質問です。ロールプレイでは，適切な行動と不適切な行動をやってみせます。それは，実際場面でのより複雑な社会的な振る舞いのためのルールを考えるためのものです（たとえば，"会話の独り占め"はどんな振る舞いなのかをやって見せてから「この会話の何が間違っていましたか？」と尋ねます）。指導上でのこのようなテクニックは，レッスン中に子どもたちの注意を引くために使われていますが，それによって彼らはより積極的に教えられたスキルを受け入れることができるのです。子どもたちは，リーダーから一方的に教え込まれるより，自分達で作り出したルールのほうを積極的に使おうとするでしょう。

　適切な社会的な振る舞いをするためのルールやステップを提示するときには，オープンクエスチョン（自由回答質問）を使って，たとえば「良い会話をするためにはどうすればいいか，わかる人はいませんか？」というような聞き方をするのは避けます。このような質問は焦点が絞られ

ず，子どもたちはまだ社会的なマナーがどうあるべきかを知らないので，不適切な回答を引き出すことになりがちです。それよりも，できる限りこのマニュアルのレッスン内容に書かれている質問に沿って尋ねます。

　最後に，リーダーとコーチは，子どもたちをからかったり，ふざけたりすることは避けるべきだということを心にとめておいてください。というのも，このような行動は，グループをコントロールする力を失い，レッスンの流れから逸れてしまうことになるからです。

### 間違った行動に対処する

　間違った行動があったらどう対応するかについて，実際にそのような行動が見られる前に子どもたちに説明することはしません。それをすると，かえって子どもたちのそのような行動を引き出すことになってしまう可能性があるからです。そのような振る舞いがあったら，すぐどこまで許されているかを明確に伝えます。たとえば，もし子どもたちが順番を待たずにしゃべり出したら，こう言います。「手を挙げてください」。もし子どもが別の子どもの意見に対して不適切な笑い方をしたら，こう言いましょう。「お互いの意見を大事にしてください」。もし子どもが，冗談を言って"クラスの人気者"になろうとしていたら，「真面目にしてくださいね」と言います。このようなコメントによって，最初の段階で厳しく叱る代わりに，子どもたちにあなたが何を期待しているのかを明確に伝えて，方向修正することになるのです。もしその子どもが，執拗に限界を試す行動を続けた場合は，グループ全体に「どうして，手を挙げること，真面目にすること，相手の意見を尊重することが大事なのですか？」と投げかけて話し合いをさせるのも良いでしょう。このような方法を使うことで，間違った行動をしている子どもの名前を呼ばずに，仲間からのプレッシャーを利用することができるのです。10代の子どもたちにとって，はじめに限界を試すような行動をすることはある意味自然なことでしょう。しかし，あなたがこれらの場面に丁寧に対応することで，マイナスの影響を最小限に抑えることができます。

　またほかにも，すぐ対応すべき間違った行動が2つあります。暴言や暴力です。暴力を振るう真似をすることや，その振りをすることも含まれます。どんな場合でも，プログラム実施中に子どもがからかわれたり，いじめられたり，暴力を受けたり，脅したりすることは許されません。まれなことではありますが，そのような場合は，すぐその子どもはセッションの場から退室させます。保護者を保護者セッションから呼び出し，子どもの前で何があったかを知らせます。その出来事の重大さによりますが，何が問題だったかをしっかり伝えた後で，一度はグループに戻れるかもしれません。どの子も安心してグループにいられることは必須で，このような出来事はすぐに知らせるということが大切です。リーダーが他の子どもたちとセッションを続けている間，このような問題行動にうまく対応できるコーチがいることは重要です。

## 準備とはじめの言葉

　子どもたちが部屋に入るときには彼らの名前がホワイトボードに書いてあり，各セッションの終わりには，名前の横にそれぞれのポイントが書かれているはずです（ポイントは，宿題ができたり，活動に参加したりすることで与えられます）。これは毎週同じ方法で進められます。

　子どもたちはそれぞれ学ぶスタイルが違うので，社会的なマナーのルールを提示するときには，そのルールやステップに関連したバズワードや簡単な内容を箇条書きにします。これらのルールやステップは，そのセッションが終わるまで消さずに残しておきます。そうすることで，子どもたちは，行動リハーサルをするときなどに，必要であればそれを頼りにすることができます。すなわち，リーダーはホワイトボードにその日のレッスン内容がうまく収まるように配分して書かなければなりません。

　子どもたちはセッションの間，必ず席についていること，意見を言ったり，質問をしたりするときには手を挙げるようにします。そうでないと，セッションの進行をコントロールすることはできません。

### 開始のあいさつ

- 子どもたちを歓迎する言葉で始めましょう。
- リーダーの自己紹介とスタッフの紹介をします。
- 子どもたちに，以下のことについて順番に自己紹介してもらいます。
  - 名前
  - 年齢・学年
  - 通っている学校
- 指示に従って活動に参加できたら，ポイントを与えます。
  - 参加者の名前をホワイトボードに書き，その横にポイントを書きます（棒線を引く）。
- もし子どもたちがポイントについて質問した場合は，後で説明すると伝えます。

### グループのルール

- グループのルールを提示します（ホワイトボードに書く）。
- それぞれのルールについて「なぜ，このルールがあると良いのですか」と尋ねます。

〈グループのルール〉
1. 他のグループメンバーの意見を聞く（他の人が話しているときはしゃべらない）。
2. リーダーやコーチの指示に従う。
3. 意見があるときは，手を挙げる。
4. 相手を大切にする（からかったり，笑いものにしたり，悪口を言ったりしない）。
5. 身体に触らない（たたいたり，けったり，押したり，抱きついたりしない）。

## III PEERSの概略説明

### PEERSグループの目的
以下の説明をします。

- 「グループの名前は，PEERS（仲間）です」と伝えます。
- 「仲間って何でしょう？」と尋ねましょう。
  答え：同じ年代の友だちやクラスメート，同僚など。
- PEERSは，友だちを作り，その関係を続けていくのに必要なソーシャルスキルを学ぶグループです。
- このプログラムは，これからの14週間，毎週1回90分間行います。
- 子どもたちのセッションと保護者のセッションを，別々の部屋で同時に行います。
- 保護者には，毎週子どもたちが学んでいる内容を知らせます
- 保護者は，PEERSで学ぶスキルについて子どもたちと話し合ったり，助けたりします。
- 最後の14週目は，卒業の式とパーティをします。

### 各レッスンの流れ
以下の説明をします。

- 各レッスンは，先週出された宿題の復習から始まります（約20分～30分）。
  - PEERSで学ぶスキルを練習するために，毎週宿題が出ます。
  - 宿題は楽しいものですので，心配いりません。
  - 保護者が宿題を手伝うかどうかは，あなた次第です。
  - いずれにしても，宿題について保護者と毎週話し合いをします。
  - 保護者には，毎週セッションの最初に宿題の振り返りの時間があるので，あなたが宿題にどんな風に取り組んだか知っておく必要があります。
- 次に，その日のセッションのテーマについて学びます（約30分）。
- セッションで学んだスキルは，次のような活動場面で練習します。
  - 行動リハーサル
  - 室内ゲーム
  - 屋外でのゲームやスポーツ
- 保護者と合流し，その日のセッションで学んだバズワードと宿題について振り返りをします（約10分）。
  説明：「バズワードは，各々のソーシャルスキルを説明する言葉です。ソーシャルスキルのステップやルールについて話すとき，このバズワードが私たちの共通の言葉となります」

### ポイントの貯め方

- ポイントがもらえるのは，以下のようなときだと説明します。
  - ルールを守れたとき（例：聞くこと／相手を大切にできたとき／指示に従えたとき）。
  - 宿題をやってきたとき。
  - 活動に参加したとき。
  - セッションで学んだ新しいスキルを練習したとき。
- 毎回セッションが終わってから，グループ全体と個別のポイントを計算します。
- グループのポイントは，最後の卒業パーティに向けて貯めていきます。
  - 集めたポイントが多くなれば，より盛大なパーティになります。
- 個別のポイントは，最後の卒業プレゼントに向けて貯めます。
- 質問「ポイントを貯めることは，自分を助けることになりますか？　それともグループを助けることになりますか？　それとも両方ですか？」
  - 答え：両方です。

## PEERSとは

説明：「このグループの名前はPEERS（ピアーズ）といいます。PEERSとは，友だちとか，友だちになる可能性がある人のことを言います。このグループの目的は，友だちを作りや，その友だちと良い関係を続けていくための方法を学ぶことです。まず，良い友だちを作るためには何が必要かを考えておくことが大切ですね」

（子どもたちに以下の質問を投げかけて，簡単に話し合いをしながらブレインストーミングしましょう。子どもたちから出てきた意見を〈良い友だち関係の特徴〉の言葉と合わせるようにします）

- 友だちとは何ですか？
- 友だち関係になったということは，どのような様子からわかりますか？
- 友だちには，どんな共通点がありますか？
- 親友とはどんな友だちのことですか？

### 〈良い友だち関係の特徴〉

ブレインストーミングをした後で，以下のような友だち関係の特徴をまとめましょう。

- **共通の興味をもっている。**
  - 同じような興味や好きなこと，趣味などがある（例：共通のものをもっている）。
- **自分のことを話せる（自分の考えや気持ち，時には秘密を話せる）。**
  - 自然に自分の考えや感情・出来事などを話し合うことができる。
- **相手のことを理解する（お互いのことをわかり合える）。**
  - 相互理解している（例：お互いに理解し合っている）。

- **意見の違いがあっても，話し合って解決できる。**
  友だち関係を傷つけずに，意見の対立や議論になりそうなことを解決できる（例：相手の意見と同じでなくても，意見をすり合わせて，友だち関係を保ちつづける）。
- **お互いが対等の関係である。**
  平等で相互関係がある友だち関係（例：二人とも平等であること。一方が他方を支配する関係ではない）。
- **愛情・思いやりがある。**
  友だち関係は，相手のことが好きで，温かい想いや思いやりなどが基本となっている（例：二人ともが，相手を思いやっている）。
- **信頼できる。**
  友だち関係は，素直な偽りのない気持ちで相手のことを思い，信頼によってつながっている（例：相手に対して誠実に接し，お互いを信頼している）。

### 今日のレッスン：「情報交換のためのルール」

説明：「PEERSでは，毎週違うソーシャルスキルを学びます。今回は，会話の仕方について話し合いましょう。10代の友だち関係で大切なことのひとつは，会話を続ける力です。会話を続けるには，**情報交換**（お互いを知っていくときに情報を自然にやりとりしていくこと）が必要です。**情報交換**の一番大切なゴールは，お互いの共通点を探すことです。それが見つかれば，お互いに一緒に話したり，活動したりすることがあるかどうかわかります」

「情報交換」（最初のバズワード）のルールを提示します。

- **相手に，その人自身のことを尋ねる**（例：興味あることや趣味など）。
  a．説明：「情報交換の最初のルールは，相手のことを尋ねることです。たとえば，相手の興味をもっていることや趣味，週末に何をするのが好きなのかなどです。どうして相手が関心をもっていることを尋ねるのが大切なのでしょうか？」
  答え：なぜなら，そうすれば相手が何に興味をもっているのか，何が好きなのか，そしてあなたと**共通の興味**があるかがわかるからです。
- **自分が相手に尋ねた質問に自分で答える。**
  a．**相手が話し終わったら，あなた自身のことを話しましょう**（例：あなたの興味あること，好きなこと，趣味など）。
  b．「情報交換の次のルールは，自分もその質問に答える必要があるということです。自分が興味をもっていることや好きなこと，趣味などです。なぜ自分のことを話すことが大切だと思いますか？」
  答え：相手が自分に同じ質問をするとは限らないので，**情報交換**をするためには，あなたも自分について話す必要があるからです。

■ 共通の興味を見つける。
  a．説明：「情報交換の一番大切なゴールは，共通の興味を見つけることです。共通の興味が見つかれば，それについて一緒に話をしたり，一緒に楽しんだりすることができます。そしてそのとき，相手が好きでないことはないかに注意を払うことは，そのことを避けることができるので役立ちます。では，なぜ共通の興味を見つけることが大切なのだと思いますか？」
    答え：共通の興味があると，それについて話したり，一緒に活動したりして，会話を楽しめるからです。
  b．以下の説明をします。
    - 共通の興味は，友だち関係の基本となります。
    - 情報交換の目的は，共通の興味を見つけることです。
    - 相手と一緒に話したり，活動したりできそうなことを探しましょう。
    - 相手がしたそうなこと，あるいはしたくなさそうなことはないか注意を払います。

■ 一緒におしゃべりをする。
  a．説明：「情報交換の次のルールは，一緒におしゃべりをするということです」
  b．「なぜ一緒に会話をすることが大切なのですか？」
    答え：それが情報交換するということであり，お互いを知るということだからです。
  c．以下の説明をします。
    - 相手に，質問やコメントをする機会を与えます。
    - 相手の人が会話をリードすることができるように，時折，話の間（黙っている時間）を取ります。

■ 会話の独り占めをしない。
  a．リーダーとコーチは，**会話を独り占めする役（リーダー）**と不適切なロールプレイを見せます。
    ⅰ．「これを見て，私がしていることの何が間違っているかを教えてください」と言って始めます。

### 不適切なロールプレイの例

リーダー：こんにちは，＿＿＿＿＿＿（名前）。最近どう？
コーチ　：特に変わりないかな。毎日学校に行った，友だちと遊んだり。きみは？
リーダー：実は，この前の週末すごく楽しかったんだ。家族で映画に行って，＿＿＿＿＿＿（俳優の名前）の最近の映画を見たんだけど。
コーチ　：ああ，その映画，おもしろいって聞いたよ……
リーダー：（話を遮って）そうなんだ。おもしろかったよ。それから僕の好きなレストランで食事をして，一人でピザを一枚全部食べたんだ。それから，次の日にいとこ一緒にモールに行ったんだけど，これがなかなかおもしろいモールなんだよ。家に帰ってからは，一日中ビデオゲームをしてたかな。

コーチ　：そうか，ビデオゲーム好きなんだね……
リーダー：(話を遮って)いとこと家に帰って，いくつかDVDで映画を見たんだ。だいぶ遅くまで起きてたから，今日はかなり疲れてて。思わず，理科の時間に寝てしまいそうだったよ。
コーチ　：(退屈そうな様子)
リーダー：それでさ，明日は歴史でテストがあるんだけど，全然勉強始めてなくて。だから，今夜また遅くまで起きていないといけないなあ。
コーチ　：(よそを見ていて，退屈そうな様子)

 ii．「では，これで終わります。この会話のなかで，私がした間違いは何でしょう？」
  答え：リーダーは，会話を独り占めしていました。
 iii．〈相手の視点に立って考える質問〉をします。
  • この会話は_____さん（コーチの名前）にとってどうだったでしょう？
   答え：イライラする，退屈。
  • _____さん（コーチの名前）は，私のことをどう思っているでしょうか？
   答え：自己中心的，勝手，イライラする，嫌な感じ。
  • _____さん（コーチの名前）は，私とまた話したいと思うでしょうか？
   答え：いいえ。
 iv．コーチに対して，同じ〈相手の視点に立って考える質問〉をします。
  • この会話は_____さん（コーチの名前）にとってどうでしたか？
  • _____さん（コーチの名前）は，私のことをどう思いましたか？
  • _____さん（コーチの名前）は，私とまた話したいと思いますか？

b．説明：「**情報交換**のひとつのルールは，**会話を独り占めする人**にならないということです」
 • 一人でしゃべりつづけない。
 • 自分の自慢話をしない。
 • 人の話をさえぎらない。
 • 相手も話せるようにする。
 • 相手の好きなことを尋ねる。

■ **質問攻めにしない**
a．リーダーとコーチは，リーダーが**質問攻めにする役**になって，不適切なロールプレイをします。
 •「これを見て，私のしていることの何が間違っているか教えてください」と言って始めます。

### 不適切なロールプレイの例

リーダー：やあ，＿＿＿＿＿＿（名前）！ 元気？

コーチ ：元気だよ。きみは？

リーダー：うん，元気にしてるよ。ところで，＿＿＿＿＿＿（名前）はどんな映画が好き？

コーチ ：そうだなあ～，アクション系とかコメディがいいかな。＿＿＿＿＿＿（名前）は？

リーダー：うん，いいね。好きな映画は何？

コーチ ：最近のものでは，＿＿＿＿＿＿（映画名）かな。きみの好きな映画は？

リーダー：ああ，その映画いいよね。テレビ番組はどう？ どんな番組が好き？

コーチ ：僕は＿＿＿＿＿＿（番組名）が好きだよ。きみは？

リーダー：う～ん，きみがほかに好きな番組は？

コーチ ：＿＿＿＿＿＿（番組名）がいいなと思うけど（退屈そうな様子）。

リーダー：そしたら，好きな音楽は何？

コーチ ：まあ＿＿＿＿＿＿（音楽のジャンル）かな（よそを向きながら退屈そうな様子）。

b．「では，これで終わります。この会話で，私がした間違いは何だったでしょう？」
答え：リーダーは，次から次へと相手に質問をしていて，自分のことは話していませんでした。

c．〈相手の視点に立って考える質問〉をする。
- この会話は＿＿＿＿＿＿さん（コーチの名前）にとってどうだったでしょう？
   答え：イライラ，疲れる，大変，フラストレーションがたまる，退屈。
- ＿＿＿＿＿＿さん（コーチの名前）は，私のことをどう思っているでしょうか？
   答え：軍隊の指揮官，尋問する人，うるさい，変な人，イライラ，おかしい。
- ＿＿＿＿＿＿さん（コーチの名前）は，私とまた話したいと思うでしょうか？
   答え：いいえ，疲れすぎる，かなり労力がいる。

d．コーチに対して同じ〈相手の視点に立って考える質問〉をする。
- この会話は＿＿＿＿＿＿さん（コーチの名前）にとってどうでしたか？
- ＿＿＿＿＿＿さん（コーチの名前）は，私のことをどう思いましたか？
- ＿＿＿＿＿＿さん（コーチの名前）は，私とまた話したいと思いますか？

e．説明：「情報交換のひとつのルールは質問攻めにしないということです」
- 次から次へと質問しない。
- 相手に質問したり，自分自身について話したりする。
- あなたがする質問も，あなた自身のことも，今話しているテーマに関連する内容であること。

■ **最初は，あまり個人的なことは話さない。**
グループリーダーとコーチは，リーダーが**個人的な話をする**という不適切なロールプレイを見せます。

「これを見て，私のしたことの何が間違っていたかを教えてください」と言って始めましょう。

### 不適切なロールプレイの例

リーダー：やあ，＿＿＿＿＿＿（名前）さん，週末どうしてたの？
コーチ　：お父さんが再婚したので，会いに行ってたんだ。
リーダー：新しいお母さんってこと？　きみの両親って離婚したの？
コーチ　：（驚いた様子で）そうなんだ。
リーダー：いつ離婚したの？
コーチ　：（困惑した様子で）僕が12歳のときだったかな。
リーダー：どうして？
コーチ　：（不愉快な感じで）わからない。
リーダー：それって，辛かった？
コーチ　：（不愉快な感じで）覚えてないよ。
リーダー：なぜ離婚するのか，両親はきみに話したの？
コーチ　：ほかのこと話さない？
リーダー：お父さんとお母さん，どっちによく会うの？　片方がやきもち焼いたりしない？
コーチ　：（不愉快な感じで）別に。
リーダー：君の前で喧嘩したりするの？　それって戸惑う感じがする？
コーチ　：（とても嫌そうな様子）

a．「さあ，これで終わります。この会話で私のした間違いは何だったでしょう？」と尋ねます。
　　答え：あなたはとても個人的なことを尋ねていました。
b．〈相手の視点に立って考える質問〉をする。
　　• この会話は＿＿＿＿＿＿さん（コーチの名前）にとってどうだったでしょう？
　　　答え：不愉快，居心地の悪い感じ，戸惑っている，困っている。
　　• ＿＿＿＿＿＿さん（コーチの名前）は，私のことをどう思っているでしょうか？
　　　答え：嫌な感じ，ストーカーみたい，うるさい，気味が悪い。
　　• ＿＿＿＿＿＿さん（コーチの名前）は，私とまた話したいと思うでしょうか？
　　　答え：いいえ，とっても不愉快，すごく嫌な感じ。
c．コーチに対して同じ〈相手の視点に立って考える質問〉をする。
　　• この会話は＿＿＿＿＿＿さん（コーチの名前）にとってどうでしたか？
　　• ＿＿＿＿＿＿さん（コーチの名前）は，私のことをどう思いましたか？
　　• ＿＿＿＿＿＿さん（コーチの名前）は，私とまた話したいと思いますか？
d．説明：「情報交換の最後のルールは，最初はあまり個人的なことには触れないというこ

とです」
- 誰かに知り合ったばかりの頃は，あまり個人的な話題は避けます。
- 個人的な考えや感情，また個人的な質問をすることは避けます。
- あなたは相手の人を不快な気持ちにさせてしまうかもしれません。
- 相手と親しくなってきたら，少し個人的な話をしても大丈夫でしょう。

e．相手があなたと話すことに興味をもってくれているか判断する。
　相手が興味をもってくれているかを判断するために，自分に質問する。
- 相手は，あなたに対して話しかけていますか？
- 相手は，あなたのことを見ていますか？
- 相手は，あなたのほうに体を向けていますか？

もし，相手があなたと話すことに興味がないように見えたら，話をやめて，ほかに話す人を探しましょう。

### ロールプレイ

■ リーダーはコーチとともに，情報交換についての適切なロールプレイを見せます。
「では，今から適切な情報交換の仕方についてのロールプレイを見せます。様子をよく見て，終わったら何が良かったのかを教えてください」。

#### 適切なロールプレイの例

リーダー：（コーチのほうへ身体を向け，適度に視線を合わせる）やあ！＿＿＿＿＿＿＿君，元気？
コーチ　：元気だよ。＿＿＿＿＿＿＿君は？
リーダー：うん，元気だよ。ところで，週末どうしてた？
コーチ　：楽しかったよ。友だちと映画に行ったんだ。
リーダー：へ～，おもしろそうだなあ。何を見たの？
コーチ　：最近話題になってる新しいSF映画だよ。
リーダー：え～いいな！　僕もずっと見たいと思っているんだ。おもしろかった？
コーチ　：いや～なかなか良かったよ。もう一回見たいくらい。＿＿＿＿＿＿＿君もSF好き？
リーダー：うん！　大好き。それと，SFの本を読むのも好きだな。＿＿＿＿＿＿＿君は？
コーチ　：もちろん好きだよ。いつも何か読んでいる。
リーダー：僕も。SFのどの本が好き？

a．「では，ここで終わりにしましょう。さあ，この会話で何が良かったか教えてくれますか？」

答え：お互い質問したり，自分の質問に答えたりして，情報交換していました。共通の興味が見つかり，それほど個人的な内容には触れず，お互い話をしていました。
b．「二人は，また一緒に話したいと思っているでしょうか？」
　　答え：はい。
　　－「どんな様子から，それがわかりますか」
　　　答え：時々視線を合わせて，お互い相手に話しかけ，質問にも答えていました。身体も相手のほうに向いていて，その場を離れようとはしていませんでした。
c．〈相手の視点に立って考える質問〉をする。
　　• この会話は_____さん（コーチの名前）にとってどうだったでしょう？
　　　答え：楽しい，心地良い。
　　• _____さん（コーチの名前）は，私のことをどう思っているでしょうか？
　　　答え：楽しい，おもしろい，かなり良い。
　　• _____さん（コーチの名前）は，私とまた話したいと思うでしょうか？
　　　答え：はい。
d．コーチに対して同じ〈相手の視点に立って考える質問〉をする。
　　• この会話は_____さん（コーチの名前）にとってどうでしたか？
　　• _____さん（コーチの名前）は，私のことをどう思いましたか？
　　• _____さん（コーチの名前）は，私とまた話したいと思いますか？

### 行動リハーサル

- 「では，これで皆さんは情報交換のルールがわかりました。今から隣の人と情報交換の練習をしましょう。覚えていますか？　情報交換のゴールは，共通の興味を見つけることでしたね」
- 子どもたちに隣の人と情報交換の練習をさせます。
　　－リーダーがペアを決め，その組み合わせが適切でないときは，子どもの席を移動させます。
　　－もし全体の人数が偶数でない場合は，3人グループを作ります。
- リーダーとコーチは，必要に応じて練習をサポートします。
　　－何について話せば良いのかわからず困っている場合は，具体的な例を提示します。
　　　例「相手の人の学校のことや趣味のことを聞いてはどうかな」
　　　　「好きな本，映画，テレビ番組について話すのもいいね」
　　　　「相手の人に，週末何をするのが好きなのか尋ねてみたら？」
- もし何か問題が起こったら，リーダーとコーチは解決するためのサポートをします。
　　　例「最初は，あまり個人的なことに触れないというルールがあったよね？」
　　　　「会話を一緒に楽しみましょう」
　　　　「自分の質問に，自分でも答えましょう」
- この練習に2〜3分かけます。

- それから子どもたちに共通の興味が見つかったかどうか，尋ねましょう。
  「さあ時間になりました。いろいろな情報交換が行われているのが聞こえてきました。では順番に，何が共通の興味だったか聞いていきましょう」
- 子どもたちの努力を褒めます。

### 宿題の説明

- 今週の宿題について，簡単に説明します。
  「今週は，今日学んだ情報交換の練習を続けてください。以前お話しした通り，PEERSでは，学んだことについて，毎週宿題があります。今週の宿題は，次の2つです」
  - ①皆さんの保護者（保護者セッションに参加されている人が望ましい）と情報交換の練習をして，共通の興味を見つけてください（宿題1）。
  - ②グループのメンバーに電話をかけます（あるいは，ビデオチャット）（宿題2）。
    - 5～10分話します。
    - 来週，このPEERSで報告できるように共通の興味を見つけてください。
- リーダーとコーチは，今週誰が誰に電話をかけるのかを指名し，今後のために誰と誰がパートナーかを"グループ内電話パートナー表"に記録しておきます（Appendix E）。
  - もし全体の人数が偶数でない場合は，誰かに2人のパートナーになってもらいます。
    - この人は2人と電話で話します（一人はかける人，もう一人は受ける人になる）。
    - この人は1回多くかけるので，ポイントを1つ余分にもらえます。

### 子どもたちのアクティビティ：「自己紹介ゲーム"ジェパディ"」

> **NOTE（注）**
> ルールについては"子どもたちのアクティビティガイド"を見てください。

- 子どもたちは，活動を始める前にジェパディ回答用紙を書きます。
  - 時間を効率よく進めるために，グループセッションが始まる前に（ロビーで待っている間），回答用紙の記入をさせておくと良いでしょう。
- 子どもたちは，ジェパディを始める前にお互いに**情報交換**をし，質問をする練習をします。
  - 用紙に書かれたテーマをボードに書き，グループの子どもたちを2～3人のグループに分けます。
  - 数分間，グループのすべてのメンバーと**情報交換**をしたら，再び全員席について，ジェパディのゲームを始めます。
- 子どもたちは，**情報交換**の練習をしたときの質問について，正しい答えを見つけられたらポイントをもらえます。
  - 最初に手を挙げた子どもが，最初に答えることができます。
  - もし，その子どもが間違ったら，ほかの子が答えるチャンスを得ることになります（2

番目に手を上げた人）。
- 子どもたちは1つの質問に対して，1回だけ回答することができます。
- 子どもたちにヒントは与えません。
■ ゲームの間，互いに拍手をするように励まします。
■ 違う色のマーカーを使いながら，ボードにポイントを記録していきます。
■ ゲームの終わりにポイントを一番たくさん集めた人が，ジェパディチャレンジ優勝者です。

### 保護者との合流タイム

■ 子どもたちに保護者のいる部屋に移動することを知らせます。
- 子どもたちに保護者の横に座らせるか，立たせるかします。
- 合流タイムの前に，保護者の部屋では静かにして，話に集中するようにと話しておきます。
■ 「今日は**情報交換**について学びました。誰か情報交換のルールは何だったか教えてくれる人はいませんか？（子どもたちにすべてのルールを出させるようにします。必要であれば，思い出させるためのヒントを与えます）」
- **相手のことを尋ねる**（例：興味をもっていることや，趣味など）。
- **自分が相手にした質問に，自分が答える**（相手に尋ねたことについて，あなたのことを話す）。
- **共通の興味を見つける。**
- **一緒におしゃべりをする。**
- **最初は，個人的なことは話さない。**
■ 「グループの皆さんは，今日，情報交換の練習をとてもよくがんばりました。そして情報交換の練習のためのジェパディというゲームもしました。皆さん，お互いに拍手をしましょう。今日のゲームの優勝者は＿＿＿＿＿＿＿（名前）さんです。彼（彼女）に大きな拍手をしましょう」
■ 次週までの宿題について，もう一度簡単に説明します。
- グループ内電話の宿題で誰に電話をかけるのかを保護者の前で，読み上げます。
- 保護者に，誰が誰にかけるのか記録をしておくように伝えます。
■ 子どもが宿題の電話をする間，保護者がどこにいるかについて，コーチは，それぞれの家族と個別に話し合います。

### 宿題

1．保護者と子どもたちで，**情報交換**の練習をする
   ①保護者と子どもたちは，練習の前に**情報交換**のルールを復習します。
      a．次回のセッションで報告する**共通の興味**を見つけましょう。

2．グループ内電話（あるいは，ビデオチャット）
　①電話前：今日この部屋を出る前に，今回のパートナーと電話をする都合のよい時間を決めておきます。**情報交換**のルールを復習してから，電話をかけます。
　②電話中：この電話で**情報交換**します。そしてグループに伝えられるよう**共通の興味**を見つけましょう。
　③電話後：保護者と子どもたちは，電話の内容について話し合い，**共通の興味**を明確にします。
　※もし問題が起こったら，解決します。

## ポイントの計算

子どもたちのいないところで，個人およびグループのポイントを計算します。

### 子どもたちのアクティビティガイド

#### "ジェパディ"

**必要なもの**
- 黒板とチョーク／ホワイトボードとマーカー
- 回答用紙
- ハサミ
- ペン／鉛筆

**ルール**
- 子どもたちは，この**情報交換**をする自己紹介ゲームで，お互い競争します。
- テレビ番組"ジェパディ"のように，グループリーダーから何を尋ねているかが示され，子どもたちは質問の形で答えます。
  例：
  - グループリーダー「その答えは，ジミーの好きなスポーツです」
  - 子ども「野球ですか？」
- 子どもたちが興味をもちながら協力して取り組めるようにするため，グループリーダーは正しい回答にポイントを与えます。
- **情報交換**の練習をする前に，回答用紙を配ります。
- 子どもたちは，回答用紙に答えを書き，グループリーダーに返却します。
  ※時間を節約するために，セッション開始前のロビーで待っている間に記入してもらうと良いでしょう。
- 子どもたちに，2人1組，または3人1組で，それぞれがすべてのグループメンバーと**情報交換**ができるまで，約2〜3分間（残り時間による）**情報交換**の練習をさせます。

- グループリーダーは，**情報交換**をするための話題を提案し，ホワイトボードに書きます。
  - 名前
  - 住んでいる都市名
  - 好きなゲーム
  - 好きなスポーツ
  - 好きな映画
  - 好きな週末の活動

- 子どもたちがわかりやすいように，ホワイトボードにカテゴリーを書きます。
  - スポーツ＆レジャー
    - 回答用紙：好きなスポーツやレジャー
  - ゲーム
    - 回答用紙：好きなゲーム
  - 映画
    - 回答用紙：好きな映画
  - テレビ番組
    - 回答用紙：好きなテレビ番組
  - 住んでいるところ
    - 回答用紙：自分が住んでいる都市名
  - 音楽
    - 回答用紙：好きな音楽（曲やジャンル）
  - 週末の活動
    - 回答用紙：好きな週末の活動

- 子どもたちが**情報交換**をしている間，コーチの1人が次のことをします。
  - 回答用紙を一枚ずつ切り離し，それぞれの子どもに渡せるように準備します。
  - 回答用紙をカテゴリー毎に分類して，順番がランダムになるように混ぜます。
- グループリーダーとコーチは，必要であれば，子どもたちに新たなカテゴリーを考えさせます。
- 子どもたちが**情報交換**を終えたら，元の席に戻らせてジェパディゲームを開始します。
  - 今日ポイントを一番多く集めている子どもが，カテゴリーを選びます。
  - グループの子どもたちに，質問を尋ねられる前に手を挙げた人は，答えることができないということを知らせます。
  - 最初に手を挙げた人が，最初に答えるチャンスを与えられます。
  - もしその人が答えを間違ったら，2番目に手を挙げた人が答えるチャンスを与えられます。
  - 子どもたちは，1つの質問につき，1回だけ答えるチャンスがあります。
  - 子どもたちにヒントを出してはいけません。
- 各内容を読み上げるとき，リーダーはその内容に関係している人を手で示して誰のことか

わかるようにすると良いでしょう。そうすることで，子どもたちはお互いのことを知ることができます。
- 子どもたちが答えるのに長い時間がかかる場合は，時間制限を設ける必要があるかもしれません。
- もし，子どもたちが答え方の形式を間違ったとしても，正すことはしません（例："野球ですか？"という代わりに，"野球"と答えた場合など）。
  − 大事なことは，彼らが**情報交換**を通して得た情報を覚えていることなのです。
- 正しい答えを言った人が，次のカテゴリーを選びます。
- もし，誰も正しい答えが言えなかったら，最後の質問に関係していた人がカテゴリーを選びます。
- ゲームの間，正しい答えが出たときには，お互いを讃える拍手をするように促しましょう。
- 正しい答えにポイントを与えます。
- 色の違うマーカーを使って，ホワイトボードにポイントをつけていきます。
- ゲームが終わったときに，一番多くのポイントを集めた人がジェパディの勝者です。
- このセッションで扱わなかった回答用紙は，残りの2回のセッションのためにとっておきます。

（毎回，2〜3個のカテゴリーについて質問します）

## ジェパディ回答用紙

| スポーツ＆レジャー | ゲーム |
|---|---|
| 答え：＿＿＿＿＿＿＿＿＿＿＿＿＿＿＿は， <br>　　　（好きなスポーツ） <br><br>　　　＿＿＿＿＿＿さんの好きなスポーツです。 <br>　　　（名前） <br><br>質問：あなたの好きなスポーツ（レジャー）は何ですか？ | 答え：＿＿＿＿＿＿＿＿＿＿＿＿＿＿＿は， <br>　　　（好きなゲーム名） <br><br>　　　＿＿＿＿＿＿さんの好きなゲームです。 <br>　　　（名前） <br><br>質問：あなたの好きなゲームは何ですか？ |
| 映　画 | テレビ番組 |
| 答え：＿＿＿＿＿＿＿＿＿＿＿＿＿＿＿は， <br>　　　（好きな映画名） <br><br>　　　＿＿＿＿＿＿さんの好きな映画です。 <br>　　　（名前） <br><br>質問：あなたの好きな映画は何ですか？ | 答え：＿＿＿＿＿＿＿＿＿＿＿＿＿＿＿は， <br>　　　（好きなテレビ番組） <br><br>　　　＿＿＿＿＿＿さんの好きなテレビ番組です。 <br>　　　（名前） <br><br>質問：あなたの好きなテレビ番組は何ですか？ |
| 住んでいるところ | 音　楽 |
| 答え：＿＿＿＿＿＿＿＿＿＿＿が住んでいるのは， <br>　　　（名前） <br><br>　　　＿＿＿＿＿＿です。 <br>　　　（住んでいる都市名） <br><br>質問：あなたが住んでいるのはどこですか？ | 答え：＿＿＿＿＿＿＿＿＿＿＿＿＿＿＿は， <br>　　　（好きな曲名） <br><br>　　　＿＿＿＿＿＿さんの好きな曲です。 <br>　　　（名前） <br><br>質問：あなたの好きな曲は何ですか？ |
| 好きな週末の活動 | （　　　　　　　） |
| 答え：＿＿＿＿＿＿＿＿＿＿＿＿＿＿＿は， <br>　　　（好きな週末の活動） <br><br>　　　＿＿＿＿＿＿さんの好きな週末の活動です。 <br>　　　（名前） <br><br>質問：あなたの好きな週末の活動は何ですか？ | 答え：＿＿＿＿＿＿＿＿＿＿＿＿＿＿＿は， <br><br>　　　＿＿＿＿＿＿さんの（＿＿＿＿＿）です。 <br>　　　（名前） <br><br>質問：あなたの（＿＿＿＿＿＿）は何ですか？ |

# 4 セッション2
## 会話のスキルⅡ——双方向会話

### 保護者 セッション・セラピストガイド

**保護者セッション——進行のポイント**

　毎回のセッションの構成や進行がはっきりしていると，保護者はその流れに沿って安心して取り組めるようになります。このことはグループリーダーがセッションを進行していくうえで，各セッションを効果的に進めるためにとても重要なことです。宿題の復習，保護者の配布資料の説明，今週の宿題という流れが毎回明確なので，保護者はすぐ慣れることができるでしょう。前週のセッションを休んでしまった保護者がいたとしても，グループセッションのなかで説明して，余分な時間を取ったり，誰かに電話をかけさせたりすることは避けます。しっかり参加している人にとって，それは不公平なことになります。また，そのような特別な扱いは，毎回出席することが重要でないというメッセージを送ることにもなります。同様に，もし前のセッションで父親（普段は母親が参加してる場合）が代役として参加していたとしたら，宿題をサポートするのに必要なセッションの内容が，母親にしっかり伝わっていることは期待できないでしょう。それより，休んだセッションの配布資料を次のセッション時に渡し，他の保護者が宿題について復習するのを聞いてもらうほうが，欠席したセッションの内容を学ぶことができます。

　このセッションでは，会話のスキルを紹介します。友だちになりたい人に出会うために必要な最初のステップは，お互いの共通の場を探すことです（Frankel & Myatt, 2003）。このセッションの最初の焦点は，子どもに会話をする方法を教えることと，保護者がどのように子どもの会話をモニターすれば良いかを教えることにあります。友だち関係をスタートしたり，維持したりするために，このスキルはとても大切なものです。

　"誰かと友だちになる"ためのプロセスには，連続した流れがあります（cf. Frankel & Myatt, 2003）。しかし実際には，このプロセスは各段階に分けて説明するほうがわかりやすいでしょう。第1段階は，知らない相手を，少し親しみが感じられる知り合いにするというものです。第2段階では，お互いの関係がより親しくなっていきます。そして第3段階では，さらに仲よくなって，大切な友だちとなっていきます。各々の段階で，会話上の異なるルールが求められます。

　子どもたちは，このような友だち関係の段階に沿って，その関わり方を自分でコントロールしなければなりません（cf. Altman & Taylor, 1973）。うまくコントロールするためには，相手からの接触を受け入れるだけでなく，どれだけ自己開示するかということも考える必要があります。最初に誰かに出会ったときは，自分は何が好きで，何が好きでないかを話すという，どちらかと

いうと表面的な情報交換を中心に話します。否定的な見方でお互いを評価したり，相手に指示的に何かを言ったりすることは絶対に避けましょう。

　グループリーダーは，毎回のセッションを，まず宿題の復習から始めます。リーダーは，保護者がテーマに関係ない会話をする場合は，次のように伝えて，流れを方向修正します。「先週の宿題は，グループ内のメンバーに電話をすることでした。宿題ができた方から話していただきましょう。電話での会話ができた方，挙手していただけますか？」。

　このように，最初はうまくいったケースに焦点を当てることが有効です。というのも，これは保護者に対して，宿題をすることがとても大事であるという姿勢を示すことになるからです。宿題ができなかった子どもの保護者（子どもが約束した時間に電話をすることをサポートできなかった保護者）は，他の保護者がどうやって宿題を終わらせることができたかを聞くことになります。

　最も重要な宿題は，電話の練習です。まず，その復習から始めます。宿題をすることができた保護者から，どうだったかをしっかり聞くようにします。単純に，席の順番に発表させることは避けましょう。あなたが宿題をした保護者にフォーカスしているのに，それでも耳を傾けない保護者がいたら方向修正ができるように，心の準備をしておきます（例：「まず宿題ができた方から，お話をお聞きしますね」）。そして，従わない保護者には次のように伝えます。「今回の宿題ができなかった場合は，次回どうすればよいのかを考えてみましょう」。なぜ宿題をすることができなかったかという理由を聞くことは，手短に話され，解決策を見つけて終われる場合にのみ効果的です。宿題ができなかったことに対して，「すみません。今週はとても忙しかったので」という姿勢は，生産的ではありません。保護者がいかに忙しいか，また子どもたちがどれだけ多くのスケジュールに追われているかは，できないことの理由としては受け入れられません。そのような言い訳への対応策としては，このプログラムに参加して意味ある結果を出すためには，宿題がいかに重要であるかに目を向けるようにしていくことです。この段階で話される可能性のある別の問題には，子どもが電話で話しているのを聞いていない保護者から出されるものがあります。ある保護者は，宿題はしたけれど，セッションに参加していない父親が聞いていたというかもしれません。また理由は何であれ，電話を聞いてなかったという保護者もいるでしょう。これは，子どもと前回のセッション後に，そのようにしようと決めていない限り，宿題を完璧にしたことにはなりません。なぜなら，子どもが保護者の見ているところで会話スキルの練習をするという宿題のポイントを押さえていないからです。その代わり，この情報を，次週の宿題をより確実に取り組むための機会に活かします。家族がセッションを終えて帰る前に，保護者と子どもの両方がいる時間を，次の電話の予定時刻にするように確認しましょう。

　起こりうる他の問題としては，"台本"を書いている保護者がいるということがあります（事前に電話の流れを書いた台本）。台本を使って電話をすると，子どもが双方向会話をすることにならず，その電話の大切な目的を果たせなくしてしまうことは明らかです。グループリーダーは，「子どもたちに，より自発的な会話をする方法を学ばせる機会です」と言って，次回は台本を用意しないように促しましょう。グループリーダーは，セッション最後に行われる保護者との合流タイムに，もし電話が台本を使って行われたら，双方向会話のルール（相手の話に耳を傾ける）に従うことにならないと伝えます。つまり，それは宿題をしたことにはならないということです。

このセッションで見られる挑戦的な保護者の態度へのアプローチ
1．保護者への配布資料を説明している間，リーダーの指示を無視して，グループに関係のない質問をする保護者

　セッションではしなければならないことがたくさんあるので，前に進まなければならないことを伝え，軌道修正します。

2．グループリーダーのことを無視して，隣の席の保護者とおしゃべりをする保護者

　静かにするようにと説得しないようにします。少し間を置いて，おしゃべりしている保護者を見ながらおしゃべりを止めるかどうかを見ます。たいてい，あなたのほうに向き直り，おしゃべりをストップするでしょう。もし，この方法で効果がなかったら，こう言います。「みなさん，こちらを見ていただけますか？」。そして少し待ち，セッションを続けます。

3．自分の子どもは，セッションの学習内容の一部は不必要であるという保護者（例：友だちと放課後に家で遊ぶことはできているが，学校で友だちがいないという場合）

　このタイプの親は，自分の子どもがこのグループにいるべきかどうか迷っています。そして，グループをコントロールしようとしたり，グループリーダーに自分たちをグループに受けいれるように仕向けたりします。もし，メンバーを選ぶスクリーニングやインテーク面談の際にこのような思いが表れている場合は，参加をあきらめるようにもっていきます。多くの場合は，この段階まで保護者がその不安を口にすることはなく，ここで初めて口にされます）。その場合，保護者に対して，あなたの子どもはグループが必要であると説得しないことが大切です。他のグループメンバーは親切に関わっているかもしれませんが，それにより得られることはないし，むしろリーダーがその人にやめてもらえたらと望んでいます。グループセッションでない時間を取って，より適切な場を紹介しましょう。

4．遅れてくる保護者

　時々遅れてくる保護者もいれば，いつも遅れてくる保護者もいます。どちらにしても，保護者が遅れて入ってきたときに話が中断しないようにすべきです。もし，宿題の復習をしている時間に入ってきたら，その保護者は宿題について最後に話してもらいます（なぜなら，あなたは，その保護者が宿題をしているかどうかがわからないからです）。もし，保護者が配布資料を説明している途中で入ってきたら，遅れてきたことには触れず，資料を渡します。遅れてきた言い訳を言うようには促しません。というのも，セッションの貴重な時間を奪ってしまうからです。慢性的な遅刻者にはセッション後，保護者を待たせて，子どもとは離して話し合う必要があります。保護者にセッションの抜けてしまった部分に気づかせ，そのことがどれだけ，子どもたちがセッションで学ぶ機会を失っているかに気づかせます。

## III 宿題の振り返り

1. グループ内電話をする（あるいは，ビデオチャット）。
    a．電話で**情報交換**することを確認します。
    b．保護者は，子どもが情報交換を通じて見つけた**共通の興味**を明確にします。
    c．何か問題が起こっていたら，解決します。
2. 保護者は，子どもと**情報交換**の練習をする。
    a．子どもと**情報交換**の練習をしかたどうか尋ねます。
    b．**情報交換**を通して見つかった**共通の興味**を明確にします。
    c．何か問題が起こっていたら解決します。

## 今日のレッスン：「友だちを見つける場／双方向会話」

- 保護者向け配布資料プリントを配布します。
- 説明：「会話で情報交換することのゴールは，共通の興味を見つけることです。そのためには，まず自分が何に興味をもっていることかをわかっていることが大切です。それがわからなければ，共通の興味を見つけることや，相手の興味について話すことは難しいでしょう。親として大切な役割のひとつは，子どもが興味のあることを続けられる活動を探し，同じ興味をもっている人たちと出会うのをサポートすることです」。
- 順番に，保護者に次のことを挙げてもらいます。
    - 子どもが興味をもっていること。
    - その興味あることを続けていくために参加可能な活動。
    - 現在，あるいは過去，子どもが参加していた活動。
        - テーブル上の配布資料にある提案に目を通す。
        - 他の保護者が提案することを認める。
- 保護者の配布資料を順番に読んでもらいます。
    - 言語力に課題がある方が一人でもいたら，保護者に読んでもらうことはやめます。

● 友だちが見つかる場（活動）の例

| 子どもの興味 | 関連した活動の例 |
|---|---|
| コンピュータ | コンピュータクラブに入る，コンピュータキャンプに参加する<br>コンピュータのクラスを受講する，友だちとウェブサイトを作る |
| ビデオゲーム<br>コンピュータ<br>ゲーム | ゲームクラブに入る，友だちとビデオゲームをする，友だちとゲーム機やソフトが売っている店に行く |
| 将棋・囲碁 | 将棋・囲碁クラブに入る，友だちと将棋・囲碁をする，将棋・囲碁キャンプに参加する |
| 映画 | 映画クラブに入る，友だちと映画を見に行く，友だちとDVDを見る |
| テレビ | 友だちと一緒に好きな番組を見る，視聴覚クラブに入る |
| マンガ本 | マンガ本の大会に参加する，マンガ本の貸し借り／交換／一緒に読む，友だちとマンガ本の店に行く，アートクラスを受講する |
| スポーツ | チームに入る，リクリエーションセンターでスポーツをする，テレビでスポーツイベントを見る，友だちとスポーツイベントに行く，スポーツキャンプに参加する |
| 車 | 友だちと車の展示会に行く，車の店に連れて行く，友だちと車に関する雑誌を見る |
| 電車 | 友だちと交通科学館に行く，友だちと電車を見に行く，友だちと電車に関する雑誌を見る，友だちと電車に乗って出かける，電車好きの集まり（鉄会）などに参加する |
| 音楽 | 友だちとコンサートに行く，友だちと音楽を聞く，友だちと音楽ビデオを見る，友だちと音楽関連の雑誌を見る，学校でバンドやオーケストラに所属する，音楽教室に参加する，友だちとバンドを結成する |
| 科学 | 科学クラブに入る，サイエンスキャンプに参加する，友だちと科学博物館に行く，科学の講座を受講する |
| 写真 | 写真クラブに入る，学校のアルバム作成委員になる，フォトジャーナリズム（写真を提示して記事を書く）の講義を受ける，友だちと写真を撮る，友だちと写真に関するウェブサイトを作る |

● 双方向会話をするためのルール
■ 説明：「今日子どもたちは，仲間と双方向会話をする方法について学びます。**双方向会話をするというのは，両方の人が会話に平等に参加するということです。双方向会話をするための明確なルールがあります**。子どもたちは，その練習をします」
■ 保護者向け配布資料を順番に読んでもらいます。

〈双方向会話のルール〉
— **情報交換をする**（前回のセッションの復習）。
- **相手にその人自身のことを尋ねる**（前回のセッションの復習）。
- **自分が相手にした質問に自分が答える**（前回のセッションの復習）。
- **共通の興味を見つける**（前回のセッションの復習）。

- 会話の独り占めをしない（前回のセッションの復習）。
- 質問攻めにしない（前回のセッションの復習）。
- 最初は，あまり個人的なことは話さない（前回のセッションの復習）。

―なんでもあり質問をする（Open-ended questions）。
- 質問は，何でも答えられる形にすると，相手は話を広げて答えることができます。
    - なんでもあり質問：「どんな種類の映画が好きですか？」
    - 答え：「私は，アクション映画が好きです。たとえば……」
- 相手に簡単な答えだけを求める**オンリーワン質問**（Closed questions）を繰り返すと，インタビューしているかのようになり，会話が終わってしまいます。
    - オンリーワン質問：「あなたの好きな映画は何ですか？」
    - 答え：「ロードオブザリングです」

―追いかけ質問をする（Follow-up questions）。
- 追いかけ質問とは，会話を続けるために具体的な話題を尋ねるものです。
- 例：好きな映画のタイプについての追いかけ質問には「最近何かおもしろい映画を見ましたか？」とか，「最近の新しい（俳優の名前）の映画を見に行きますか？」などがあります。

―同じ話を繰り返さない。
- 同じことを何度も話さない。
- 少し違った話題で話すようにする。

―相手の話を聞く。
- あなたが質問したら，相手の返事をしっかり聞きます。
- 一度質問をしたことについては，あなたはその答えを知っていることになっています。
- 再び同じ質問をすべきではありません。
- 相手の話を聞くというのは，あなたがその友だちに興味をもっているということを示すことになります。

―取り締まりをしたり，からかったりしない。
- 人を批判したり，間違いを指摘したりしません。
- 人のことをからかうのは，友だちを作ったり，続けたりしていくうえではとてもリスクが大きいです。あなたはユーモアのつもりでも，相手は馬鹿にされていると思うかもしれないからです（特に，まだお互い知り合って間もないときにあてはまります）。

―まじめにする。
- 誰かに初めて出会ったときに，ふざけるのはやめます。
- 相手の人を不愉快にするかもしれません。
- 相手の人は，あなたのユーモア感覚がわからないかもしれないし，あなたが自分たちのことをからかっていると思うかもしれません。
- 下品な冗談を言ったり，脅したり，失礼な行動をしたりしてはいけません。

―声の大きさをコントロールする。
- 小さすぎたり，大きすぎたりする声で話してはいけません。

- 保護者は，必要に応じて子どもたちの声のボリュームが実際どうであるかを本人に伝えましょう（本人へのフィードバック）。

－**人との適切な距離を取る。**
- 人と話すときに，近づきすぎたり，遠すぎたりしないようにします（およそ腕一本の長さくらいの距離を取る）。
- 保護者は，必要に応じて，子どもたちの人との距離が実際どうであるかを本人に伝えましょう（本人へのフィードバック）。

－**適度なアイコンタクトを取る**（適度に視線を合わせる）。
- 女の子：相手の目を見て，適切な場面では笑顔を見せます。
- 男の子：あまりじっくりと見つめません。時々視線を合わせます。

〈追加ルール〉
　－自慢話をしない。
　－自分の意見にこだわりすぎない。

● 宿題の説明

　保護者のグループリーダーは，宿題について概略を説明します。何か問題がありそうなときは，対応方法を検討します。

1. <u>友だちが見つかるかもしれない場を探す。</u>
    a．保護者は，子どもの興味に基づいた新しい学校外での活動の場を，少なくとも1つは見つけて情報を集めます。
2. <u>保護者は子どもと，情報交換と双方向会話の練習をします。</u>
    a．子どもと双方向会話のルールを復習してから始めます。
    b．共通の興味を見つけます。
3. <u>グループ内電話をする（あるいは，ビデオチャット）。</u>
    a．電話の前
        i．グループセッションから帰る前に，誰といつ電話をするのかを確認します（Appendix C）。
    a．チームスタッフが電話の組み合わせを決めます。
        ii．電話をかけている間，保護者はどこにいて，どんな役割をするのかを話し合います。
    b．電話の間
        i．子どもたちは，情報交換と双方向会話をします。
        ii．次週のセッションで，発表できる共通の興味を見つけましょう。
    c．電話の後
        i．保護者と子どもは電話での会話を振り返り，共通の興味が何だったかを考えます。

## 子どもセッション・セラピストガイド

### 子どもセッション──進行のポイント

　このセッションでは，双方向会話をするために必要なルールを学びます。子どもたちがセッションにしっかりと取り組むようにすること，またこの時点ではプログラムにまだ少し不安を抱えている子どもたちを，引き込んでいくことはとても大切です。本セッションでは，子どもたちが楽しんで取り組める素晴らしい機会となる，いくつものロールプレイをします。子どもたちをこのプログラムにしっかりと取り組ませるベストな方法は，彼らにルールを考え出させることでしょう。会話の不適切な例を見せるロールプレイと，ソクラテス式問答法を組み合わせた指導法を使います。この悪い例（すなわち，何をすべきではないか）を見せる方法は，セラピストにとって直感的には受け入れにくいことかもしれませんが，子どもたちから社会的なエチケットのルールを引き出すうえでは，とても効果的だということがわかっています。これによって彼らは，教えられたことが正しいとより信じられるようになるのです。不適切なロールプレイは，次のように言って紹介します。「さあ，これを見て，私のしたことの何が間違っているかを教えてください」。そしてロールプレイが終わったら，「それでは，私がした間違いは何でしたか？」と尋ねましょう。ロールプレイの演技は，子どもたちにわかりやすいように少し大げさにします。そうすることで，子どもたちは楽しみながら，その意味を読み解くことができます。もちろんスキルやステップの提示に続いて，適切な会話の仕方についてのロールプレイも見せます。社会的に適切なロールプレイも，プログラムの効果を得るためにとても重要です。適切なロールプレイは，時にレッスンの最後にありますが，「これを見て，私のしている正しいことを教えてください」と伝えてから見せましょう。続けて「では，この会話で私がしていた正しいことは何でしょうか？」と尋ねます。

　社会的に間違った行動を示す不適切なロールプレイは，大げさすぎるくらい明らかにわかるものにしましょう（指導のわかりやすさと，子どもたちが楽しみながら学べるという理由から）。ただし，10代後半の子どもたちにとって大げさな演技は，上から目線で話されているような感じになってしまうので，少し控えめの演技のほうが良いかもしれません。不適切なロールプレイは，時にとてもおかしく見えるので，子どもたちがセッションに集中する手助けになります。子どもたちのなかにはこのことを利用してふざけたり，冗談を言ったりする子がいます。そのような場面でグループリーダーは，ロールプレイの何が間違っていたのかを子どもたちにしっかりと考えさせるために，真剣に振る舞うことが大切です。そうでないと，プログラムの進行をコントロールすることができなくなってしまう可能性があります。もし，ある子どもが，冗談のつもりでロールプレイについて不適切なコメントをし，みんなのなかで目立とうとしたら，グループリーダーはそのコメントがなぜ不適切なのかを本人と議論するより，コメントについて全体に一般的な質問をしましょう。たとえば，もし一人の子どもがあるロールプレイについて，「リーダーはコーチに，あなたには関係ないことだよ」と言うべきだったと言ったら，それについて議論をするより，グループ全体に「なぜ『あなたに関係ないよ』と言うのは良くないのでしょうか？」と言うことをおすすめします。子どもたちの不適切な行動に対するこのような対応方法は，その場の緊迫し

た状況を和らげ，他の子どもたちがその問題行動に追随することを避けるのに，かなり効果があります。これは，その子どもに恥ずかしい思いをさせることが目的ではありません。グループリーダーが真剣で，子どもたちにとって信頼できる存在でいることが大切なのです。仲間からのプレッシャーを適度にかけることで，その行動を強化しないようにすることを目指しています。これを終えられたら，次はすぐに適切な話題に移ることが重要です。

　双方向会話のためのルールの説明には，ロールプレイがないものがあります。その場合には，まずルールを提示して，すぐ後で「なぜ _____ というルールは大事なのですか？」と尋ねましょう。そのルールがなぜ必要なのかを問うことで子どもたちからルールを引き出す方法は，とても効果的です。それによって子どもたちは，学んだことをもっと信じられるようになるからです。10代の子どもたちは，自分が考え出したルールだと思えたら，あなたが教えたいと思っている内容を，より信じるようになるでしょう。

　最後に，人はさまざまな学び方をするので，各レッスンで多様な形式で教示することは有効です。言葉だけによる指導や，やって見せるという方法だけでなく，バズワード（下線付文字）を黒板に書くのも良いです。セッション中のルールやステップの概要が黒板に書いてあることで，子どもたちがそれを見て振り返りながら，レッスン内容を理解していくことができます。そして行動リハーサルの際には，バズワードを見えるようにしておき，セッションが終わるまで消さないようにしましょう。

### ルールの復習

　このルールは，グループのメンバーが守れていない場合に，もう一度説明します。

〈グループの5つのルール〉
1．他のグループメンバーの意見を聞く（他の人が話しているときはしゃべらない）。
2．指示に従う。
3．意見があるときは，手を挙げる。
4．相手を大切にする（からかったり，笑いものにしたり，悪口を言ったりしない）。
5．身体に触らない（たたいたり，けったり，押したり，抱きついたりなど）。

### 宿題の振り返り

- まず，宿題ができた人から始めましょう。もし時間があったら，なぜ他の人は宿題に取り組むことができなかったのかを調べます。そして，次週の宿題をするための問題解決を試みます。
- 宿題を振り返る際には，必ずバズワードを使います（例：**情報交換**と**共通の興味**）。
- ほとんどの時間をグループ内電話の振り返りに使います。というのも，これが前回のセッションの一番重要な課題だからです。

▶ NOTE（注）

宿題ができたことへのポイントを入れます（宿題ごとに1ポイントというわけではありません）。

1. <u>保護者</u>と**情報交換**の練習をする。
    a．「今週の宿題のひとつは保護者との情報交換でした。今週どちらかの親と情報交換の練習をした人は手を挙げてください」
        ⅰ．宿題をやってきた子どもから始めます。
        ⅱ．次のことを尋ねます。
            1．誰と情報交換の練習をしましたか？
            2．何を話しましたか？
            3．情報を交換しましたか？
            4．共通の興味を見つけましたか？
    b．共通の興味がわかったら，尋ねます。
        「もし親と出かけたとしたら，その情報を使って何ができますか？」
    c．もし時間が許せば，宿題をしてこなかった子どもについて，今週はどうすればよいかを簡単に話し合います。
2. <u>グループ内電話をする</u>（あるいは，ビデオチャット）。
    a．「今週もうひとつの宿題は，情報交換をし，共通の興味を見つける練習をするためにグループ内のメンバーと電話で会話することでした。できた人は手を挙げてください」
        ⅰ．電話をかけた子どもから始めます。
        ⅱ．次のことを尋ねます。
            1．誰と話しましたか？
            2．誰が誰に？
            3．情報交換しましたか？
            4．共通の興味を見つけましたか？
                a．共通の興味が見つかったら，尋ねます。
                    「その人と出かけるとしたら，その情報で何ができますか？」
            5．一般的な質問は避けましょう――「どうだった？」
        ⅲ．その電話の宿題をした相手の子どもに，そのすぐ後にポイントを与えます。ただし，同時にではありません。
            1．子どもたちに，相手の人がした間違いについて話すことは許してはいけません。
        ⅳ．何か問題が起こったときは，解決しましょう。
        ⅴ．もし時間が許せば，宿題をしてこなかった子どものことを検討し，今週するためにどうすれば良いかを検討しましょう。

〈話し合いのための質問〉

次の言葉から始めます。

「今週も会話のスキルについて話し合います。今日のテーマは，双方向会話についてです。双方向会話のルールを考える前に，皆さんが普段どんな話題について話しているかをいろいろと出してみましょう」

- ■質問します：「まわりの友だちは，どんなことを話題にしますか？」
- ■グループの子どもたちに，10代の子どもたちの会話でよく取り上げられる話題について，いろいろと出して考えさせましょう。
- ■もし，子どもたちが自分たちで考えられなかったら，下に挙げたようなテーマを紹介します。

| 学校の人々／学校の話／学校の行事 | 学校，先生，親や家族，友だちなどの問題 |
|---|---|
| デート | 車／オートバイ／自転車 |
| 友だちとの遊び | 映画，テレビ，芸能人 |
| 週末の活動 | 学校のスポーツ，チーム，クラブ |
| プロのスポーツ | 服装やファッション |
| 音楽や音楽アーティスト | メイクや髪型 |
| ビデオゲーム／コンピュータゲーム | 漫画本／アニメ／イラスト／アート |

## 今日のレッスン：「双方向会話のルール」

- ■説明：「さあ，今皆さんは，友だちと何を話すかについて，ある程度アイデアがもてましたね。次に，どのように友だちに話すかを考えましょう。はじめて誰かと知り合ったときは，会話を一緒に楽しむことが大切です。**双方向会話**をすると会話は楽しくなります」
- ■「双方向会話のルール」を提示します。
1. **情報交換をする**（第1セッションの復習）。
    a．説明：「先週，私たちは情報交換について話し合いました。情報交換のルールが何だったか，誰か話してくれる人はいますか？」
    答え
    - 相手に，その人自身のことを尋ねる。
    - 自分の質問に，自分で答える。
    - 共通の興味を見つける。
    - 一緒におしゃべりする。
    - 会話の独り占めをしない。
    - 質問攻めにしない。

- 最初は，あまり個人的なことは話さない。
  「双方向会話のルールには，この情報交換のルールも含まれています。それらはどちらも，楽しく会話するために必要なことだからです」と言いましょう。

2. **なんでもあり質問をする**（Open-ended questions）。
   a. 説明：「双方向会話の2つ目のルールは，**なんでもあり質問**をすることです。**なんでもあり質問**は，相手の返事の内容が広がって，より会話をはずませてくれるものです。それに対して，**オンリーワン質問**（Closed-ended questions）は，簡単な返答だけを求めています。でも，これは必ずしも**オンリーワン質問**をしてはいけないと言っているのではありません。両方を使ってあなたの会話の仕方を変えることで，相手にインタビューしているような感じにならないでしょう」
   「たとえば，もし**オンリーワン質問**が『あなたの好きな映画は何ですか？』だったら，**なんでもあり質問**は『どんな種類の映画が好きですか？』となります。**なんでもあり質問**をすると，相手から幅広い答えを引き出すことになり，会話が続きやすくなります」
   
   b. 相手が簡単な返事しか返ってこないような（たとえば，はい・いいえの返事）**オンリーワン質問**だけをすることのないようにしましょう。
      i. **オンリーワン質問**：「あなたの好きな映画は何ですか？」
         答え：「ロードオブザリングです」
         質問：「映画は好きですか？」
         答え：「はい」
      ii. 「**オンリーワン質問**だけをするのは，なぜ良くないのでしょうか？」
         答え：会話が続かないからです。
      iii. 「なぜ，**なんでもあり質問**を試してみると良いでしょうか？」
         答え：それは次に続く答えを引き出し，会話が続いていくからです。
   
   c. 子どもたちが**オンリーワン質問**を**なんでもあり質問**に変えることができるように順番にサポートしましょう。
      i. 例：もし，**オンリーワン質問**が「あなたの好きな映画は何ですか？」だったら，**なんでもあり質問**は何でしょうか？
         答え：「どんな種類の映画が好きですか？」
      ii. 例：もし，**オンリーワン質問**が「あなたの好きなテレビ番組は何ですか？」だったら，**なんでもあり質問**は何でしょうか？
         答え：「どんな種類のテレビ番組が好きですか？」
      iii. 例：もし，**オンリーワン質問**が「あなたの好きなバンドは誰ですか？」だったら，**なんでもあり質問**は何でしょうか？
         答え：「どんなタイプの音楽が好きですか？」

3. **追いかけ質問をする**（Follow-up questions）。
   a. 説明：「双方向会話をするための次のルールは，**追いかけ質問**をすることです。追いかけ質問とは，会話を続けるために今話されている話題に関連した内容について尋ねる

質問です。たとえば，もしあなたがどんな種類の映画を好きかを尋ねたとしたら，その人はあなたにコメディが好きだと言うかもしれません。そのときの良い**追いかけ質問**は「最近何かおもしろいコメディ映画見た？」とか，「最近の○○（コメディ俳優の名前）の映画見に行く？」となります。

　　b．「なぜ**追いかけ質問**をすることが大事なのですか？」と尋ねましょう。

　　　答え：**追いかけ質問**をすることで，その話題について少し長く話しつづけることができます。また話題が次々と変わっていくのを防ぐことになります。

　　c．一人ひとりの子どもたちに，以下の話題に続くような**追いかけ質問**を，順番に3つずつ考えさせましょう。
- どんな種類のテレビ番組が好きですか？
- どんな種類の映画が好きですか？
- どんな種類の音楽が好きですか？
- どんな種類の本が好きですか？
- どんな食べ物が好きですか？
- どんなスポーツが好きですか？
- どんなゲームが好きですか？
- どのビデオゲームが好きでうか？
- 週末には何がしたいですか？
- どの授業を取っていますか？

4．**同じ話を繰り返さない。**

　　a．説明：「双方向会話のもうひとつのルールは，"同じ話を繰り返さない"ということです。つまり，同じ話を何度も繰り返して話さないということです」

　　b．「何度も同じ話を繰り返して話すと，どんな問題がありますか？」と尋ねましょう。

　　　答え：たとえ，それが共通の興味であったとしても，相手にとっては退屈だからです。

　　c．「誰かと共通の興味が見つかったら，話すことはそれだけということになりますか？」

　　　答え：いいえ。他のいろいろなことを話すことができます。

　　d．次のことを説明しましょう。
- もしあなたが友だちを作って，その関係を続けたいなら，同じ話を繰り返すことはやめます。
- 楽しくおしゃべりができる相手との会話ではいくつかの話題を用意します。
- もしあなたが同じ話をずっと話していたら，相手は退屈になるでしょう。

5．**相手の話を聞く。**

　　a．説明：「双方向会話の他のルールには，相手の話を聞くということがあります」

　　b．「もしあなたが友だちに質問をしたら，あなたは答えを聞くべきだと思いますか？」と尋ねます。

　　　答え：はい。

　　c．「相手の答えを聞かなかったら，何が問題となりますか？」と尋ねます。

　　　答え：友だちは，あなたが自分の話すことには興味をもっていないと思うでしょう。

d．次のことを説明しましょう。
- 質問をしたら，答えを聞きます。
- あなたが相手に質問をしたら，あなたはその答えを知っているはずです。
- 同じ質問を，再びしてはいけません。
- あなたが相手の話を聞くということは，相手のことに興味をもっているということを示すことになります。

6. **取り締まりをしない。**

◎グループリーダーとコーチは，リーダーが取り締まりをするという不適切なロールプレイを見せます。

「これを見て，私のしたことの間違いを教えてください」と言って始めましょう。

**不適切なロールプレイの例**

リーダー：やあ，＿＿＿＿＿さん（コーチの名前），元気？
コーチ　：ああ，調子いいよ。
リーダー：それって，正しくは「調子はいいよ」だね。調子は主語だから，助詞の「は」がないとおかしいよ。
コーチ　：（ちょっとイライラした様子）うん，わかったよ。調子はいいよ。
リーダー：そうだね，きみのためになることだから，言ったんだ。
コーチ　：（イライラしている）きみの言う通りだよ。
リーダー：ところで，この週末何したの？
コーチ　：（反対方向を見て，その場を離れようとしている）覚えてないね。
（居心地の悪い無言状態が続く）

◎「それではこれで終わります。この会話で私のした間違いは何だったでしょう？」と尋ねます。

答え：相手の言葉の文法的な誤りを指摘し，何でも知っているかのように振る舞いました。**取り締まり**をしていました。

◎〈相手の視点に立って考える質問〉をする
- この会話は＿＿＿＿＿さん（コーチの名前）にとってどうだったでしょう？
  答え：イライラ，嫌な気分，困っている。
- ＿＿＿＿＿さん（コーチの名前）は，私のことをどう思っているでしょうか？
  答え：失礼，傲慢，何でも知っているような態度。
- ＿＿＿＿＿さん（コーチの名前）は，私とまた話したいと思うでしょうか？
  答え：いいえ，とてもイライラする，あまりにも失礼。

◎コーチに対して同じ〈相手の視点に立って考える質問〉をする。
- この会話は＿＿＿＿＿さん（コーチの名前）にとってどうでしたか？

- ＿＿＿＿さん（コーチの名前）は，私のことをどう思いましたか？
- ＿＿＿＿さん（コーチの名前）は，私とまた話したいと思いますか？

◎説明：「情報交換と双方向会話の次のルールのひとつは，相手の取り締まりをしないということです」
- 他の人の間違いを批判したり，指摘したりしない。
- 相手のことを取り締まるのは，その人をイライラさせ，あなたが何でも知っているかのように振る舞っていると思われるでしょう。

7．**からかわない。**

グループリーダーとコーチは，人を**からかう**不適切なロールプレイを見せます。
「これを見て，私のしていることの何が間違っているかを教えてください」と言って始めましょう。

### 不適切なロールプレイの例

リーダー：やあ，＿＿＿＿さん（コーチの名前），この週末どうしてたの？

コーチ ：親と一緒に出かけたよ。

リーダー：（からかう）え？ 親と出かけたって？ 週末に親と過ごす子なんているかなあ。

コーチ ：（落ち着かない様子で）さあ，どうだろうね。

リーダー：（からかう）きみのお母さんは，洋服をたたんでベッドに置いてくれたりするんだろ？

コーチ ：（不愉快そうに）そんなことしないよ。

リーダー：（からかう）お母さん，今きみがどこにいるのか知ってるの？ LINEで知らせたら？ きっと心配しているよ。

コーチ ：（戸惑いながら，よその方向を向く）

リーダー：（からかう）お母さんに居場所を知らせておくべきだよ。ママだからね。

コーチ ：（後ろを向いて，その場を離れようとしている）

◎「それではこれで終わります。この会話で私のした間違いは何だったでしょう？」と尋ねます。
　答え：相手のことをからかい，意地悪な態度でした。

◎〈相手の視点に立って考える質問〉をする。
- この会話は＿＿＿＿さん（コーチの名前）にとってどうだったでしょう？
　答え：イライラ，腹が立つ，傷つく，戸惑う。
- ＿＿＿＿さん（コーチの名前）は，私のことをどう思っているでしょうか？
　答え：意地悪，思いやりがない，薄情，失礼，イライラさせられる。
- ＿＿＿＿さん（コーチの名前）は，私とまた話したいと思うでしょうか？
　答え：いいえ，意地悪すぎる。

◎コーチに対して同じ〈相手の視点に立って考える質問〉をする。
- この会話は＿＿＿＿＿さん（コーチの名前）にとってどうでしたか？
- ＿＿＿＿＿さん（コーチの名前）は，私のことをどう思いましたか？
- ＿＿＿＿＿さん（コーチの名前）は，私とまた話したいと思いますか？

◎説明：「情報交換と双方向会話のルールのひとつは，他の人をからかわないと言うことです」
- あなたが友だちを作り，その関係を維持して行こうとしているのなら，からかったり，冷やかしたりすることは，大きなリスクがあります。
- 特に男の子たちは，お互いからかうのが好きです。しかし，相手をからかうと友だちを作り，良い関係を続けることは難しくなる可能性があります。
- あなたがおもしろいと思ったとしても，相手の気持ちを傷つけてしまうかもしれません。
- このことは相手とはじめて出会った場面では特に当てはまります。その人は，あなたのユーモアセンスをまだ知らないからです。

8. **はじめて会った人とはいつもより真面目にする。**

◎説明：「情報交換と双方向会話のもうひとつのルールは，はじめて会った人とは真面目に接するということです」

◎「はじめて誰かと出会ったときにふざけてしまうと何が問題ですか？」と尋ねましょう。
答え：彼らはあなたのことを変だと思うかもしれません。彼らはあなたのユーモアがわからず，あなたが自分たちのことをからかっていると思うかもしれません。

◎説明：「だから，はじめて会った人にふざけた振る舞いをしたり，笑わせようとしたりすることはやめましょう」
- 相手の人を不愉快にさせてしまうかもしれません。
- 人はあなたのユーモアがわからず，あなたにからかわれたと思うかもしれません。
- ユーモアは適切に使われないと，簡単に人を遠ざけることになります。

9. **声の大きさを調整する。**

グループリーダーとコーチは，リーダーがあまりにも小声でしゃべるという不適切なロールプレイをします。

◎「これを見て，私がしている間違いを教えてください」と言って始めましょう。

**不適切なロールプレイの例**

リーダー：（ささやくように）やあ，＿＿＿＿＿さん（コーチの名前）！　元気？
コーチ　：（聞き取ろうと耳をすます）なんて？
リーダー：（ささやくように）元気？
コーチ　：（少し戸惑っている様子で）ああ，元気だよ。
リーダー：（ささやくように）最近どうしてたの？
コーチ　：（聞き取ろうと耳をすまし，近づいてくる）なんて？

リーダー：（ささやくように）最近どうしてたかなって。
コーチ　：（よそを向きながら，退屈そうに）特に何もないよ。

◎「それではこれで終わります。この会話で私のした間違いは何だったでしょう？」と尋ねます。
　答え：あまりにも小さい声で話していました。
◎〈相手の視点に立って考える質問〉をする
- この会話は_____さん（コーチの名前）にとってどうだったでしょう？
　答え：混乱する，イライラする，疲れる，とても大変だ。
- _____さん（コーチの名前）は，私のことをどう思っているでしょうか？
　答え：変だ，少し恥ずかしがり屋，元気がない。
- _____さん（コーチの名前）は，私とまた話したいと思うでしょうか？
　答え：おそらく，思わないだろう。大変だ。

◎コーチに対して同じ〈相手の視点に立って考える質問〉をする。
- この会話は_____さん（コーチの名前）にとってどうでしたか？
- _____さん（コーチの名前）は，私のことをどう思いましたか？
- _____さん（コーチの名前）は，私とまた話したいと思いますか？

◎説明：「情報交換と双方向会話のルールのひとつは，適切な声の大きさで話すということです」
- 相手があなたの声を聞き取れないかもしれないので，小さすぎる声で話してはいけません。
- もし相手があなたの話を聞きとれなかったら，その人は将来あなたと話すことを避けるかもしれません。

グループリーダーとコーチは，リーダーが大声でしゃべるという不適切なロールプレイをします。
「これを見て，私のしていることの何が間違っているのか教えてください」と言って始めましょう。

### 不適切なロールプレイの例

リーダー：（とても大きな声で）やあ，_____さん（コーチの名前）！　元気？
コーチ　：（びっくりして後ろに下がる）ああ，元気だよ。
リーダー：（とても大きな声で）最近どうしてた？
コーチ　：（ちょっとイライラした様子で，また後ろに下がりながら）特に変わりないよ。
リーダー：（とても大きな声で）じゃあ，この間の週末はどうしてたの？
コーチ　：（よそを向きながら，その場を離れようとしている）大して何もしてないよ。

◎「これで終わります。この会話で私のした間違いは何だったでしょう？」と尋ねます。

　　答え：あまりにも大きな声で話していました。

◎〈相手の視点に立って考える質問〉をする。

- の会話は＿＿＿＿さん（コーチの名前）にとってどうだったでしょう？

　答え：イライラする，戸惑っている，困っている。

- ＿＿＿＿さん（コーチの名前）は，私のことをどう思っているでしょうか？

　答え：変だ，嫌な感じ，イライラさせられる。

- ＿＿＿＿さん（コーチの名前）は，私とまた話したいと思うでしょうか？

　答え：おそらく，思わないだろう。かなり変だ。

◎コーチに対して同じ〈相手の視点に立って考える質問〉をする。

- この会話は＿＿＿＿さん（コーチの名前）にとってどうでしたか？
- ＿＿＿＿さん（コーチの名前）は，私のことをどう思いましたか？
- ＿＿＿＿さん（コーチの名前）は，私とまた話したいと思いますか？

◎説明：「情報交換と双方向会話のひとつのルールは，適切な声の大きさに調整するということでしたね」。

- 相手の人がいらついたり，うるさく感じたりするかもしれないので，あまりにも大きな声で話すことはやめましょう。
- もし相手の人があなたに対していらついたり，うるさいと感じたら，将来あなたと話すことを避けるかもしれません。
- 公の場で誰かが大声で話していると，周りの人は戸惑います。

10. 相手と適切な距離を取る。

　グループリーダーとコーチは，リーダーがあまりにも近づきすぎるという不適切なロールプレイをします。

　「これを見て，私がしていることの間違いを教えてください」と言って始めます。

<u>**不適切なロールプレイの例**</u>

　　　リーダー：（かなり近づいて立つ）やあ，＿＿＿＿さん（コーチの名前）！　元気？

　　　コーチ　：（驚いて後ろに下がる）やあ，元気だよ。

　　　リーダー：（もっと近づく）最近どうしてた？

　　　コーチ　：（イライラした様子で，もっと離れる）特に何もないよ。

　　　リーダー：（再び，近づく）じゃあ，学校のほうはどう？

　　　コーチ　：（別の方を見ながら，離れようとする）変わりないね。

◎「それではこれで終わります。この会話で私のした間違いは何だったでしょう？」と尋ねます。

　　答え：グループリーダーは，コーチに近すぎるところに立っていました。

◎〈相手の視点に立って考える質問〉をする。
- この会話は＿＿＿＿＿さん（コーチの名前）にとってどうだったでしょう？
  答え：不愉快，イライラする，戸惑う。
- ＿＿＿＿＿さん（コーチの名前）は，私のことをどう思っているでしょうか？
  答え：変だ，嫌な感じ，ストーカーのようだ。
- ＿＿＿＿＿さん（コーチの名前）は，私とまた話したいと思うでしょうか？
  答え：絶対思わない，ゾッとする。

◎コーチに対して同じ〈相手の視点に立って考える質問〉をする。
- この会話は＿＿＿＿＿さん（コーチの名前）にとってどうでしたか？
- ＿＿＿＿＿さん（コーチの名前）は，私のことをどう思いましたか？
- ＿＿＿＿＿さん（コーチの名前）は，私とまた話したいと思いますか？

◎説明：「情報交換と双方向会話のルールのひとつは，相手と適切な距離を取るということです」
- 誰かの近すぎるところに立つのは，相手の人を不愉快な気持ちにさせる可能性があります。
- 相手の人は，あなたを避け，また話したいとは思わないかもしれません。
- 一般的な人との距離は，腕一本の長さくらい離れるということです（でも，実際に測ったりはしません）。

グループリーダーとコーチは，リーダーがかなり離れたところで会話するという不適切なロールプレイをします。
「これを見て，私がしていることの何が間違っているかを教えてください」と言って始めましょう。

### 不適切なロールプレイの例

リーダー：（部屋の端に立っている）やあ，＿＿＿＿＿さん（コーチの名前）！　元気？
コーチ　：（耳をすまして，少し戸惑っている）やあ，（名前）君。
リーダー：（まだ部屋の隅に立っている）最近どうしてた？
コーチ　：（戸惑っている様子）元気にしてるよ。
リーダー：（まだ部屋の隅に立っている）じゃあ，最近変わったことある？
コーチ　：（戸惑って別の方を見ながら，離れようとする）変わりないね。

◎「それではこれで終わります。この会話で私のした間違いは何だったでしょう？」と尋ねます。
　答え：グループリーダーは，コーチからかなり離れたところに立っていました。
◎〈相手の視点に立って考える質問〉をする。
- この会話は＿＿＿＿＿さん（コーチの名前）にとってどうだったでしょう？

答え：混乱する，おかしい，戸惑う。
- _____さん（コーチの名前）は，私のことをどう思っているでしょうか？
答え：奇妙，異常，変わっている，気づかないのかなあ。
- _____さん（コーチの名前）は，私とまた話したいと思うでしょうか？
答え：おそらく思わない，とても困惑してしまう。

◎コーチに対して同じ〈相手の視点に立って考える質問〉をする。
- この会話は_____さん（コーチの名前）にとってどうでしたか？
- _____さん（コーチの名前）は，私のことをどう思いましたか？
- _____さん（コーチの名前）は，私とまた話したいと思いますか？

◎説明：「情報交換と双方向会話のルールのひとつは，相手との適切な距離をとるということです」
- 離れたところで立ったまま話をするのはおかしいし，あなたの会話がとても堅苦しく感じられることになるかもしれません。
- 相手の人は，あなたが離れたところに立ったままで会話をしようとしているので，あなたのことをおかしいと思うかもしれません。
- 学校で，ホールを間に挟んで"こんにちは！"と挨拶するのはいいです。でも，その距離のまま長い話をするのは避けるようにします。
- もう一度言います。一般的なルールでは，腕一本の長さくらい離れて立ちます。

11. **適度なアイコンタクトを取る。**

グループリーダーとコーチは，リーダーがあまりアイコンタクトをとらないという不適切なロールプレイをします。

「これを見て，私のしていることの何が間違っているか教えてください」と言って始めましょう。

**不適切なロールプレイの例**

コーチ　：（リーダーと視線を合わせようとする）やあ，_____さん（コーチの名前）。

リーダー：（よそを見ながら）やあ，最近どうしてたの？

コーチ　：（少し混乱した様子で）まあまあかな。あなたは？

リーダー：（よそを見ながら）うん，元気にしているよ。この前の週末何してたの？

コーチ　：（アイコンタクトを取ろうとしながら）ハイキングに行ったよ。

リーダー：（よそを見ながら）へーそれはいいね。僕もハイキング好きだなあ。

コーチ　：（アイコンタクトを取ろうとしながら）うん，私も好きなの。

リーダー：（よそを見ながら）誰と一緒に行ったの？

コーチ　：（混乱した様子で）妹と行ったのよ。

リーダー：（よそを見ながら）それはいいね！

コーチ　：（ぎこちない雰囲気の無言の間が空く）

◎「それではこれで終わります。この会話で私のした間違いは何だったでしょう？」と尋ねます。
　　答え：グループリーダーは，コーチとアイコンタクトを取りませんでした。
◎〈相手の視点に立って考える質問〉をする。
- この会話は_____さん（コーチの名前）にとってどうだったでしょう？
　　答え：混乱する，おかしい，戸惑う。
- _____さん（コーチの名前）は，私のことをどう思っているでしょうか？
　　答え：自分に興味がないのかな，変だ，おかしい，ぼんやりしてる。
- _____さん（コーチの名前）は，私とまた話したいと思うでしょうか？
　　答え：おそらく思わない，興味があるように見えない。

◎コーチに対して同じ〈相手の視点に立って考える質問〉をする。
- この会話は_____さん（コーチの名前）にとってどうでしたか？
- _____さん（コーチの名前）は，私のことをどう思いましたか？
- _____さん（コーチの名前）は，私とまた話したいと思いますか？

◎説明：「情報交換と双方向会話のルールのひとつは，適度なアイコンタクトを取るということです」
- 適度に相手と視線を合わせることは，相手にあなたが興味をもっているということを示します。
- もし，あなたが相手とアイコンタクトを取らなかったら，相手の人はあなたが興味をもっていないと思うでしょう。

グループリーダーとコーチは，リーダーがアイコンタクトを取りすぎるという不適切なロールプレイをします。
「これを見て，私のしていることの何が間違っていたか教えてください」と言って始めましょう。

### 不適切なロールプレイの例

リーダー：（相手をじっと見る）やあ，_____さん（コーチの名前），最近どうしてる？
コーチ　：まあ，調子いいよ，あなたは？
リーダー：（じっと見つめながら）私も元気よ。先週の週末，どうしてたの？
コーチ　：（不愉快な様子で，少し視線を外しながら）ハイキングに行ったの。
リーダー：（まだじっと相手を見つめながら）それはいいね！　誰と一緒に行ったの？
コーチ　：（目をそらしながら）妹と。
リーダー：（まだじっと見つめている）いいわね。私も行きたいな。
コーチ　：（不愉快な様子で，よそを見ながら）そう？
リーダー：（まだじっと相手を見ている）私の家の近くに行きたいハイキングコースが

あるの。

コーチ　：（不愉快な様子で，よそを見ながら）いいわね。

（ぎこちない雰囲気の無言の間が空く）

◎「それではこれで終わります。この会話で私のした間違いは何だったでしょう？」と尋ねます。

　　答え：グループリーダーは，コーチをじっと見つめていました。

◎〈相手の視点に立って考える質問〉をする。

- この会話は＿＿＿＿さん（コーチの名前）にとってどうだったでしょう？
  答え：不愉快，落ち着かない，嫌な感じ，変だ。
- ＿＿＿＿さん（コーチの名前）は，私のことをどう思っているでしょうか？
  答え：ストーカーみたい，狙われているような感じ，嫌だ，気持ち悪い。
- ＿＿＿＿さん（コーチの名前）は，私とまた話したいと思うでしょうか？
  答え：いいえ，気持ち悪すぎる，気まずい。

◎コーチに対して同じ〈相手の視点に立って考える質問〉をする。

- この会話は＿＿＿＿さん（コーチの名前）にとってどうでしたか？
- ＿＿＿＿さん（コーチの名前）は，私のことをどう思いましたか？
- ＿＿＿＿さん（コーチの名前）は，私とまた話したいと思いますか？

◎説明：「情報交換と双方向会話のルールのひとつは，適度なアイコンタクトを取ることです」

- 目をそらすことなく，相手のことをじっと見つめるのは，気味が悪いです。
- 相手をじっと見つめていると，相手の人を不愉快な思いにさせてしまうでしょう。
- 適度なアイコンタクトを取りましょう。でもじっと見すぎるのはよくありません。
- 時折，目をそらします。

〈追加ルール〉＊可能であれば，ロールプレイも見せる。

12. 自慢話をしない。
13. 自分の意見にこだわりすぎない。

## ロールプレイ

　グループリーダーはとコーチは，双方向会話をするためのすべてのステップを使いながら適切なロールプレイを見せましょう。

　「これから行うロールプレイを見て，何が良かったのかを教えてください」と言って始めます。

### 適切なロールプレイの例

A：（片腕の長さくらい距離を空けて立ちながら，適度なアイコンタクトを取り，適切な声のボリュームで）こんにちは＿＿＿＿さん（名前），元気？

B：元気にしているよ。きみは？
A：元気だよ。最近どう？
B：う〜ん。あまり変わりないよ。勉強が忙しくて。あっ，でも週末に映画を見に行くんだ。
A：そうなんだ。何を見に行くの？
B：SF映画の○○を見ようと思っているんだ。＿＿＿＿さん（名前）は週末何するの？
A：実は，私も映画を見ようと思ってたんだ。でもそのSF映画はもう見たんだよね。
B：そう。良かった？
A：うん，なかなか良いよ。SF映画好きなの？
B：好きなほうかな。＿＿＿＿さん（名前）は？
A：私も好きなんだ！
B：それはいいね！　好きなSF映画って何？

◎「それではこれで終わります。この会話で私たちのした正しいことは何だったでしょう？」と尋ねます。

答え：何でもあり質問をしていました。追いかけ質問をしていました。同じ話を繰り返していません。相手の話を聞いていました。取り締まりをしませんでした。からかっていませんでした。適切な声の大きさに調整できていました。適度に相手との距離を空けていました。適度なアイコンタクトが取れていました。

「私たちはお互い話したそうでしたか？」
答え：はい。
「それはどのような様子からわかりましたか？」
答え：お互いに対して話をしていたし，相手を見て，体も相手のほうを向いていました。

◎〈相手の視点に立って考える質問〉をする。

- この会話は＿＿＿＿さん（コーチの名前）にとってどうだったでしょう？
  答え：楽しい，心地良い。
- ＿＿＿＿さん（コーチの名前）は，私のことをどう思っているでしょうか？
  答え：楽しい，おもしろい，なかなか良い。
- ＿＿＿＿さん（コーチの名前）は，私とまた話したいと思うでしょうか？
  答え：はい。

◎コーチに対して同じ〈相手の視点に立って考える質問〉をする。

- この会話は＿＿＿＿さん（コーチの名前）にとってどうでしたか？
- ＿＿＿＿さん（コーチの名前）は，私のことをどう思いましたか？
- ＿＿＿＿さん（コーチの名前）は，私とまた話したいと思いますか？

◎「それでは，ここで終わりにしましょう。この会話で正しくできたことは何ですか？」
答え：グループリーダーとコーチは双方向会話のルールに従っていました（子どもた

ちがロールプレイの場面をもとにルールを復習することができるようにします)。

### 行動リハーサル

- 「では，今皆さんは双方向会話のルールがわかりました。一人ひとり，今から隣の人と情報交換の練習をしましょう。覚えていますか？ ゴールは共通の興味を見つけることでしたね」
- 子どもたちに，隣の人と双方向会話の練習をさせます。
  - グループリーダーがペアを決め，組み合わせが適切かどうか見てまわります。
  - もし偶数でない場合は，3人グループを作りましょう。
- グループリーダーとコーチは必要に応じて練習をサポートします。
  - サポート例：「お互い，学校のことや趣味のことを聞いてはどうかな」「好きな本，映画，テレビ番組について話すのもいいね」「相手の人に，週末何をするのが好きなのか尋ねてみたら」
  - グループリーダーとコーチは，もし何か問題が起こったら，解決できるよう手助けをします。
    - サポート例：「最初は，あまり個人的なことに触れないというルールがあったよね？」「お互い話しましょう」「自分がした質問に，自分も答えましょう」「会話の独り占めはしません」「追いかけ質問をすることも覚えておきましょう」
- この練習に2〜3分かけます。
- それから，子どもたちに共通の興味が見つかったかどうか，尋ねましょう。
  「さあ時間になりました。たくさん情報交換が行われているのが聞こえてきましたよ。では，共通の興味が何だったかを順番に聞いていきます」
- 子どもたちの努力を褒めます。

### 宿題の説明

- 宿題について簡単に説明します。
  「今日学んだ双方向会話について，皆さんは今週練習を続けます。今週の宿題は，次の2つです」
  - ①保護者（保護者セッションに参加しているほうが望ましい）と双方向会話の練習をして共通の興味を見つけること。
  - ②グループ内電話をかけること（あるいは，ビデオチャット）。
    - 少なくとも5〜10分話します。
    - 来週，このPEERSで発表できる共通の興味を見つけてくることが必要です。
- グループリーダーとコーチは，今週誰に電話をかけるのかを指名します。今後のために，組み合わせをグループ内電話パートナー表に書いておきます（Appendix E）。
  - もし偶数でない場合は，誰かに2人にかけてもらうようにします。
    - この人は2人に電話をかけてもらいます（一人はかける人，もう一人は受ける人）。

- この人は1つ多くかけるので，ポイントも1つ余分にもらえます。

## 子どもたちのアクティビティ：「ジェパディ」

◀ NOTE（注）

"子どもたちのアクティビティガイド"を見ましょう。

a．活動を始める前に，子どもたちは，ジェパディ回答用紙を書き終えておく必要があります。
　　－時間を効率よく使うために，グループセッションが始まる前にロビーで待っている間に，シートを完成させていくと良いでしょう。
b．子どもたちは，ジェパディの前に**情報交換**をし，質問をする練習をする必要があります。
　　－テーマをボードに書き，グループの子どもたちを2～3人のグループに分けます。
　　－2～3分間で，グループのすべてのメンバーと**情報交換**が終わったら，グループとして再び集まり，ジェパディのゲームを開始します。
c．子どもたちは，ポイントを集めるために，**情報交換**練習での質問に対して，正しい答えを言ってポイントを得るために競争します。
　　－最初に手を挙げた子どもが，最初に推理します。
　　－もし，その子どもが間違ったら，次に手を挙げた人が，答えるチャンスを得ます。子どもたちは1つの質問に対して，1人1回だけ推理することができます。
　　－子どもたちにヒントを与えてはいけません。
d．ゲームの間，正解が出たら互いに拍手をするように励まします。
e．違う色のマーカーを使いながら，ボードにポイントを記録していきます。
f．ゲームの終わりにポイントを一番たくさん集めた人が，ジェパディチャレンジ優勝者です。

## 保護者との合流タイム

■子どもたちに保護者のいる部屋に移動することを知らせます。
　－子どもたちに保護者の横に座るか，立つかするようにします。
　－合流タイムの前に静かに，グループリーダーに注目するようにさせます。
　「今日は双方向会話について学びました。だれか双方向会話のルールとは何か教えてくれる人はいませんか？」
　［子どもたちにすべてのルールを出させるようにします。必要であれば，思い出させるためのヒントを与えます］
　　　－**情報交換**をする。
　　　－自分のした質問に自分で答える。
　　　－共通の興味を見つける。
　　　－一緒におしゃべりをする。

- 会話の独り占めをしない。
- 質問攻めにしない。
- 最初は，個人的なことは話さない。
- なんでもあり質問をする。
- 追いかけ質問をする。
- 同じ話を繰り返さない。
- 相手の話を聞く。
- 取り締まりをしない。
- からかわない。
- はじめて会った人には真面目にする。
- 声の大きさを調整する。
- 相手と適切な距離を取る。
- 適度なアイコンタクトを取る。

■「今日は，皆さん，双方向会話の練習をとてもよくがんばりました。拍手をして，お互いをたたえましょう。また今日のセッションでは，情報交換の練習となるジェパディのゲームもしました。今日のジェパディチャレンジの勝利者は＿＿＿＿さん（名前）です。皆さん，拍手をしましょう。今日のゲームの勝利者は＿＿＿＿さん（名前）です。彼（彼女）に大きな拍手をしましょう」

■宿題についてもう一度アナウンスします。
- 保護者の前で，誰に電話を掛けるのかを読み上げます。
- 保護者に，誰が誰に，いつ電話をするのか記録をしておくように伝えます。

■それぞれの家族に，電話の間，保護者がどこにいるかを個別に話し合わせます。

## 宿題

1. <u>保護者と子どもたちは，**情報交換**と**双方向会話**の練習する。</u>
    a．保護者は子どもたちと，練習の前に**情報交換**のルールを見直しましょう。
    b．**共通の興味**を見つけましょう。
2. <u>グループ内電話（あるいは，ビデオチャット）をする。</u>
    ①電話前：今日この部屋を出る前に，電話をする相手と都合の良い時間を決めておきます。情報交換のルールを復習してから，電話をかけます。
    ②電話中：この電話で**双方向会話**します。そして次のセッションで発表できるよう**共通の興味**を見つけましょう。
    ③電話後：保護者と子どもたちは，電話の内容について話し合い，**共通の興味**が何だったかを明確にします。もし何か問題が起こっていたら，解決します。

## ポイントの計算

子どもたちのいないところで,各人およびグループのポイントを計算します。

a. 個々の子どもたちによって集められたポイントを計算します。
b. 全部合計して,グループのポイントとします。
c. 子どもたちが見ている前で,ポイントの計算はしません。
　－個々のポイントやグループの合計ポイントは,公開しません。
　－子どもたち同士で,集めたポイントを比べないようにします。
d. 私たちは,よりよい卒業パーティをするためにポイントを貯めてチームとしてがんばっているということを思い出させます。

---

"子どもたちのアクティビティガイド" と "ジェパディ回答用紙" はセッション1を参照。
[75-78ページ]

# 5 セッション3
## 会話のスキルⅢ――電子通信コミュニケーション

### 保護者 セッション・セラピストガイド

**保護者セッション――進行のポイント**

　最近の研究では，情報テクノロジー（例：インターネット，携帯，ポータブル音楽プレーヤーなど）は10代の若者の文化にとって必須と言われています（Thurlow & McKay, 2003）。子どもたちの間では携帯電話，スマホなど（LINEなどのテキストメッセージ含む）はコミュニケーションの重要なツールです。70％以上の子どもたちは，友だちと連絡を取るのに，E-mailやインスタントメッセージを使っています。オンラインゲームや，インターネットSNS，音楽のダウンロードなど，子どもたちの間でその人気は急速に高まっています。子どもセッションと，保護者セッションの一部の時間で，電子通信コミュニケーションをうまく使っていくにはどうすれば良いかを扱います。

　このセッションの宿題の振り返りでは，保護者が子どもの参加できそうな課外活動を探すということが大切です。なかなか見つけられずに困っている保護者は，なんとか簡単に探そうとします。たとえば，フットボール選手が自分の子どもを関係しているチームに連れていったり，子ども同士の関わりの少ない家庭教師や宿題を見てくれるような放課後の活動に連れていったりすることなどがありますが，それは宿題をしたことにはなりません。なぜなら，このプログラムの目的は，子どもたちが友だちを見つけるのを助けることだからです。メンターや先生を見つけることではありません。PEERSでは，自分の子どもがうまく適応できそうなグループや仲間がいるところを探すことを目指しています。配布資料に友だちが見つかるかもしれない場として"興味が合う人の集まり"や"ピアグループ"なども挙げられていますが，それは保護者に，時に驚きをもって受け止められます。保護者は"興味が合う人の集まり"は考えていないことが多いのです。しかし，このような仲間グループを視野に入れていくことは，子どもたちがどのように仲間に適応していくかを考えると，当然のことです。リーダーが，保護者をサポートするために使えるテクニックについては，Box 5.1にあります。

> **BOX 5.1**
> **宿題に取り組んでもらうためのリーダーのスキル**
>
> 1. 宿題の振り返りの時間に,まずは宿題ができた人から発表してもらいます。宿題と関係のない話をする人に対しては方向修正をします。
> 2. 次週の宿題をやるための方法は,具体的に検討します。たとえば,「課外活動を探しつづけてください」とだけ言うのではなく,「課外活動を見つけるために,あなたは何をしますか?」と各々の保護者に尋ねます。グループ全体に質問を投げかけるより,それぞれの保護者に順番に尋ねて,個々の具体的なプランを検討して,何に取り組むのか明確にします。
> 3. それぞれの保護者に「何か難しいだろうと感じられていることはありますか?」と尋ねます。もし保護者がどのような方法があるのかがわからなければ,グループの皆さんに「どなたか,こんな方法はどうだろうかという案をおもちの方はおられますか?」と尋ねてみましょう。もし,グループ参加者から複数の案が提示されたら,そのなかで一番良いと思われるものを選びます。
> 4. 一般的な話し合いをするのは避けます。話し合う内容はそれぞれの保護者に合う具体的な内容にすること,宿題に関連した話に絞ることに注意しましょう。

### 宿題の振り返り

1. <u>保護者と子どもで,**情報交換**と双方向会話の練習をする。</u>
   a. 子どもと**情報交換**ができた人に手を挙げてもらいます。
   b. **情報交換**を通してわかった**共通の興味**を発表します。
   c. 何か問題が起こっていたら解決します。
2. <u>グループ内電話(または,ビデオチャット)をする。</u>
   a. 子どもたちが今回の電話で,**情報交換**したことを確認します。
   b. その情報交換を通してわかった**共通の興味**を発表します。
   c. 何か問題が起こっていたら解決します。
      i. ここでよく起こりがちな問題は,会話が長くなりすぎるということです。たとえば,90分近くしゃべったとしたら,お互い退屈して良くない雰囲気で電話をきることになりがちです。電話は平均して10分~15分以内にすべきでしょう。
3. <u>友だちが見つかるかもしれない場を探す。</u>
   a. いつも通り,宿題ができた人(子どもの課外活動を見つけた人)から始め,テーマから外れた話をする保護者は方向修正します。たいていそういう人は,宿題をしなかったことから注意を逸らそうとしているのです。宿題をしない人によくあるパターンには,子どもがいかにこのプログラムでがんばっているかを語る人が含まれます。またほかには,子どもが病気であるとか,学校の課題でいかに忙しいかを語る人も

います。
b．もし子ども自身が，新しい活動をすることに抵抗感があるなら，保護者が子どもをどうサポートしたら良いかを一緒に考えます（ただし，保護者がしっかり子どもと話し合うまでは，こちらから提案することは控えます）。
c．一部の保護者は，自分の子どもはそのような活動にあまり興味がなく，一人でいることが多いと報告します。これは言いかえると，子どもはまだ他の活動をする段階に来ていないという意味かもしれません。しかし次のように尋ねましょう。「もし子どもがその段階に到達したとしたら，どんな活動を楽しむでしょうか」。
d．保護者の配布プリントの復習が終わるまで，保護者が自分の子どもの興味に基づいた少なくとも1つの新しい課外活動を見つけることを待ちましょう。この点に関して保護者用の配布プリントは，時にとても役立ちます。

### 今日のレッスン：「自分に合う友だちを見つけること／電子通信コミュニケーション」

- 保護者向け配布資料を配る。
- 説明：「今日は自分に合った友だちを選ぶということについて，お話しします。子どもたちは，自分に合った友だちを選ぶためにはサポートが必要です。"**友だちは選択**"です。私たちは，すべての人と友だちになる必要はありません。皆さんは，子どもが自分に合った友だちを選ぶのを手伝ってあげたいと思っているでしょう。そのために私たちは，最初に子どもの評判と，学校内のどんなグループが子どもに合うのかについて話す必要があります。どの学校にも，さまざまなグループや仲間がいます。では，どんなグループがあるでしょうか？」
- 保護者向け配布資料を読みます。そして，保護者にどんなグループがあるのかについて，ブレインストーミングしてもらいます。

## さまざまな仲間グループ例

| | | |
|---|---|---|
| 学校のクラブ仲間 | 勉強好きの子どもグループ | 非行グループ |
| 同じファッションが好きな仲間 | 将棋・囲碁クラブ仲間 | ロックグループ |
| 人気者グループ | ゲーム好き仲間 | ヒップホップグループ |
| 生徒会メンバー | ボランティアグループ | 読書好き仲間 |
| 演劇クラブ | 数学好き仲間 | 特定のアーティストファン |
| コーラスクラブ | コンピュータオタク | 音楽が好きなグループ |
| 元気者グループ | バンド仲間 | 同じスポーツが好きな仲間 |
| スポーツクラブ仲間 | 科学オタク | サイクリング仲間 |
| 歴史が好きな仲間 | 鉄道好き仲間 | イラスト好き仲間 |

| 芸術家タイプグループ | 何かに熱中している人たち | 歌好き・カラオケ仲間 |
| アニメオタク | コスプレ仲間 | 人種・文化・宗教などのグループ |

- ■保護者に，どんなことから子どもがどのグループにはいっているかと言えるかを挙げてもらいます。
  - −髪型，服装，外観。
  - −興味。
  - −誰と一緒にいるか。
  - −放課後の過ごし方。
- ■説明：「なかには，間違ったグループに入ろうとする子どもたちがいます。その結果，グループの仲間から拒否されることになるのです。親として，子どもがどのグループに入ろうとしているのか，そしてその選択は子どもに合っているのか考えることはとても重要です。もし子どもが，間違った（合わない）グループに入ろうとしていたら，子どもが受け入れられやすいグループを見つけることをサポートしましょう。そのために，このセッションの内容を知っておくのは大切なことです」
- ■保護者に次のことを考えてもらいましょう。
  - −自分の子どもが，どのグループに入ろうとしていると思うか。
  - −自分の子どもは，どのグループに一番合うと思うか。
  - −もしこれらのことについて保護者がわからない場合は，それを考えてくることも，保護者が取り組む今週の宿題であると伝えます。
- ■保護者にとって，自分の子どもが一番楽しく過ごすことができる仲間は，どんなグループなのかを知っておくことは重要です。自閉スペクトラム症の子どもたちにとって，定型発達の子どもたちと合うのか，それとも同じ自閉スペクトラム症の子どもたちと過ごすほうが楽しいと感じられるのかを考えることは大切でしょう。同じ自閉スペクトラム症の子ども同士だとお互いを受け容れやすいようです。また，学校で今，子どもに悪い評判があるかどうかを考えてみることも重要です。もしそうなら，その評判を変えることができるまで，あるいはもっと受け入れてくれる仲間が見つかるまで，学校で新しい友だちを見つけるのは避けるべきでしょう。
- ■説明：「来週，皆さんの子どもたちは学校にはどんなさまざまなグループや仲間がいるのか，また自分に合った友だちの選び方を学びます。今週は，子どもたちは適切な電子通信コミュニケーションの仕方を学んでいます。それには，電話のかけ方，メールの送り方，テキストメッセージ，インスタントメッセージ，そしてインターネットの使い方が含まれます。電子通信コミュニケーションは，10代の子どもたちにとって，とても人気のあるコミュニケーション方法です。だからこそ，それらの電子媒体を使うルールについて知っておく必要があります」
- ■保護者に，保護者向け配布資料を読んでもらいます。

## 〈電話での会話を始めて終えるためのルール〉

- 会話を始める。
  - 自分が誰であるかを言う。
    - 「もしもし，こちらは○○です」
  - あなたが電話で話したい人の名前を伝えて，正しいところにかけているかを確認する。
    - 「○○さんのおたくですか？」「○○さんの電話ですか？」
  - 自分が電話で話したい相手が，話せるかどうかを尋ねる。「今，○○さんと話せますか？」。
  - なぜ電話をかけたのかについて，簡単な理由（**カバーストーリー**）を伝える。
    - **カバーストーリー**というのは，この場面では，電話をかけた簡単な理由のことです。
      - 例：「最近どうしているかなって思ってかけたんだ」
      - 例：「宿題がなんだったか，教えてもらえたらと思ってかけたの」
- 会話を終える。
  - 少し長い間が空くのを待つ（例：話題が変わるとき）。
    - 一部の保護者は，自分の子どもがグループの他のメンバーと比べてどれくらいできるかを気にしています。保護者は，子どもが会話の終わりの間の意味がわからなかったり，受け入れられなかったりするのではないかと不安になってしまうかもしれません。次のように言って，保護者を励ましましょう。「まずは，子どもが現時点でできるかどうかを見ましょう。できない場合は，どのように介入していけばよいかというプランを立てておきます」。
  - なぜ電話を切らなければならないかについて，簡単な理由（**カバーストーリー**）を伝える。
    - **カバーストーリー**は電話を切る理由のことです。
      - 例：「そろそろ電話切らなきゃ。夕食の時間なんだ」
      - 例：「宿題をしないといけないから」
    - 保護者は，電話をかける前に**カバーストーリー**を一緒に考えておいて，子どもが電話を切るステップを助けてあげても良いでしょう。
  - 相手に，話ができて楽しかったと伝える。
  - 相手に，また話をするか会うかしようと伝える。
  - 「バイバイ（さようなら）」と言う。

## カバーストーリーの例

| あなたが電話をかけた理由 | あなたが電話を切らなければならない理由 |
|---|---|
| 「今どうしてるかなあと思って」 | 「ちょっと出かけなくちゃいけないから」 |
| 「最近どうしてるか聞きたくて」 | 「そろそろ終わったほうがいいよね」 |
| 「宿題のことが知りたくてかけたの」 | 「宿題を終わらせなくちゃ」 |
| 「しばらく話してなかったから」 | 「今，晩御飯の時間になったから」 |
| 「元気にしているかなって思って」 | 「お母さんが，電話使うんだって」 |

〈留守番電話にメッセージを残すルール〉

- ■あなたの名前を言います。
    - 「もしもし，ジェニファーです」
- ■誰に電話をかけたかを伝えます。
    - 「ルース君に電話をしています」
- ■いつ電話をかけているかを言います。
    - 「今，木曜日の夜，6時頃です」
- ■電話をかけた簡単な理由（**カバーストーリー**）を伝えます。
    - 「最近どうしてるかなあと思って電話しました」
- ■あなたの電話番号を残します。
    - 「僕の電話番号は　XXX-XXXXです。電話ください」
- ■「さようなら」を言います。
    - 「またね。バイバイ！」
- ■保護者に，子どもたちと電話のかけ方や終わり方，また留守番メッセージを残すなどの練習をしましょうと言います。
    - 必ず，**カバーストーリー**を使います。
    - この練習を，電話をかける前にすると，特に効果的です。
- ■保護者に，子どもたちが電話のかけ方や切り方，また留守番メッセージの残し方に関して何か起こりそうな問題について考えてもらいます。
- ■他の保護者の意見も参考にしながら，問題を解決します。

〈ルール：電話／テキストメッセージ／インスタントメッセージ／メール〉

- ■あまりよく知らない人へテキストメッセージやインスタントメッセージ，メールなどをするときは，理由を伝える**カバーストーリー**を使います。
    - 親しい人とコンタクトを取るときは，**カバーストーリー**は必要ありません。
    - もしあなたが相手にはじめてコンタクトを取るときは，**カバーストーリー**を使うのがベストです。

- 例
  - 「あなたのフェイスブックを見たいなあと思って」
  - 「最近どうしてるかなあと思って」
  - 「今週末の予定はどうか知りたくて」
  - 「あなたが試合を見に行くかどうか知りたかったから」
- **許可なしコンタクト**は避ける。
  - あなたに直接，電話番号やメールアドレス，スクリーンネームを教えてくれていない人に連絡を取ることは避けます。
  - 電話番号やメールアドレス，スクリーンネームを伝えるということは，あなたにコンタクトをとってもいいよという許可を相手に与えたことになります。
    - 誰かと連絡を取る情報を得た（例：名簿やオンライン情報）からといって，それはその人とコンタクトを取る許可を得たことにはなりません。
  - 連絡を取る前に，コンタクトを取るための情報を相手に尋ねます。
  - 相手が教えてくれた場合は，あなたにコンタクトを取っても良いという許可を与えたことになります。
    - 例
      - 「近いうちに，一緒遊びたいなあ。電話番号教えてくれる？」
      - 「フェイスブック使ってる？　ちょっと見てみようかと思うんだ」
        （この言葉かけへの反応を見て，相手が興味を示してるかを判断します）
      - もしあなたが，フェイスブックやラインなどのインターネットソーシャルネットワーキングサイトで誰かと友だちになろうとするなら，その前に，まず実際に相手のことを知っていなければなりません。
        - 相手に友だちになってほしいと頼む前に，相手のことを直接知っているべきでしょう。
- **2（ツゥー）メッセージルール**を使う。
  - 相手の反応（返事）がないのに，続けて2つ以上のメッセージを残さないようにします。
    - この行為は相手をイライラさせることになったり，関わることを拒否されたりすることになるかもしれません。
  - 2メッセージルールの例外：もしあなたが，フェイスブックやラインなどのインターネットSNSで誰かと友だちになろうとするとき，相手にはあなたのリクエストを"受け入れる"か"無視する"かの選択肢があります。
  - もし相手が，最初のリクエストを無視したら，再び試みることはやめます。
  - その場合は気にしないで，あなたのことを知っていて，興味をもってくれそうな他の人を見つけましょう。
- **あまり個人的なことは話さない。**
  - 電子通信コミュニケーションでは，なるべく個人的なことを話すことは避けます。
    （たとえあなたがその人のことをよく知っていたとしても）
  - 多くの人がアクセスできますので，内容が広がり，いつまでも残る可能性があります。

（特にインターネットやソーシャルネットワーキングサイト）
　　－あまり個人的な話をすると，相手を戸惑わせることになります。

### インターネットを使うためのルール

- 多くの子どもたちが友だちとの交流のためにインターネットを使っていることを説明します。
  - －インターネットチャットルーム
  - －フェイスブック
  - －ライン
- 子どもたちは，インターネットを新しい友だちを作るために使うべきではありません。
  - －決してネットで知らない人へ個人情報を提供すべきではありません。
  - －インターネットを通して知らない人と会う約束をしてはいけません。
  - －フェイスブックやLINEなどのSNSで知らない人からの招待状を受け入れてはいけません。
  - －保護者は，知らない人が子どもたちのアカウントに近づいてくることを防ぐために，子どもたちがフェイスブックやLINEなどのSNSで，プライバシー設定にすることを手伝ってください。
- インターネットは，すでに友だち関係にある相手とより深い友だち付き合いをするために有効です。
  - －**情報交換**をしたり，一緒に遊ぶプランを立てたりするのに便利です。
- 保護者は，子どもたちが見ているSNSを，自分の子どもが安全に責任をもって利用しているかを確認するために，さりげなくモニターしましょう。
  - －これは，保護者がその友だちが子どもにとって適切な相手であるかを垣間見る機会となります。
- 子どもたちは，ネットいじめをしてはいけません。
  - －人をからかってはいけません。
  - －もし誰かが子どもにネットいじめをしてきたら，子どもを守るために，子どもの友だちの力を借りることが助けになるかもしれません。
  - －もしネットいじめが起こったり，暴力的なおどしが見られたりしたら，子どもは大人に知らせなければなりません。
    - 保護者は，学校に知らせて介入してもらう必要があるかもしれません。
    - 保護者は，必要に応じてネットの管理者に連絡しましょう。

## III 宿題の説明

保護者セッションのリーダーは，宿題について説明し，起こりうる問題については，保護者と話し合い，一緒に解決します。

1. **友だちが見つかるかもしれない場を探す**（この時点では，まだ子どもたちは関わらせません）。
   a．保護者は，子どもの興味に基づいた課外活動を，少なくとも1つ見つけて調べます。
   b．保護者は，次のことを明確にします。
      i．子どもが友だちを探しているのにどんなグループが合うと思うか？
      ii．子どもに一番合うのはどんなグループだと考えているか？
2. 子どもは保護者と**カバーストーリー**を使った電話の会話練習をする。
   a．電話をかけるときのルール（カバーストーリーを使うことも含む）を復習します。
   b．情報交換と共通の興味を見つけること。
3. グループ内電話をする（あるいは，ビデオチャット）。
   a．電話の前
      i．今日のセッションから帰る前に，保護者は会話練習のためのグループメンバーとの電話スケジュールを調整します（Appendix C）。
      ii．電話をする日時を決めます。
      iii．電話の間，保護者がどこにいるか，どんな役割を果たすべきかについて子どもと話し合います。
      iv．保護者と子どもは，必要に応じて電話のかけ方と切り方について事前に練習しましょう。
   b．電話の間
      i．子どもたちは，この電話で**情報交換**します。
      ii．次回のセッションで発表できるように，**共通の興味**を見つけましょう。
      iii．電話のかけ方，切り方，**カバーストーリー**を使うなどのルールに従います。
   c．電話の後
      i．保護者と子どもは，次のことについて，電話の会話を振り返ります。
         1．**共通の興味**
         2．**カバーストーリー**
         3．**電話のかけ方と切り方**
      ii．もし子どもが何かの問題にぶつかったら，保護者は，その解決をサポートします。
4. 自分の好きなものをもってくる。
   a．グループで紹介できる自分の好きなものをもってきます（例：CD，雑誌，ゲーム，本，写真など）――何をもってくるかについて，リーダーは各々の子どもと保護者と話し合います。

b．もってきたものについて，グループのメンバーと一対一で情報交換をする準備をしておきます。

保護者向け配布資料は金剛出版ホームページよりダウンロードできます
（ダウンロードの方法は本書巻末をご覧ください）。

### 子どもセッション・セラピストガイド

## 子どもセッション──進行のポイント

　現代の若い人たちは，小さい頃から電子通信コミュニケーションを使っています。このセッションの目的は，10代の子どもたちが，適切に仲間と電子通信コミュニケーションを使用するための手助けをすることにあります。時には，今回のセッションで学ぶことはすでに知っていると言う子どもたちもいるでしょう。そんななかで，より良い使い方できるようになるまで，彼らの学ぶ意欲を継続させるのは容易ではありません。この点については，ロールプレイを見せることが助けてくれます。「皆さんのなかには，すでにこれらのスキルを知っている人もいると思います。でも，途中のステップを忘れてしまうことはよくありますね」と指摘することも効果があります。また，どんなときにステップを忘れてしまうか，そしてそれが会話にどんな影響を及ぼすかを考えさせるのも，子どもたちには役立つでしょう。たとえば，次のように言うと良いかもしれません。「あなたが誰かに電話をかけたとき，自分の名前を名乗るのは当たり前のことのように思うでしょう。でも，あなたにかかってきた電話が，誰からなのかわからなくて戸惑う，そんな経験をしたことがある人は結構いるはずです。つまり，当然すべきことなのだけど，つい忘れてしまいがちなことなのです！」

　ネット使用上の安全面に関して，インターネットは新しい友だちを作ることには使用しないというルールをセッションで説明すると，グループにたいてい1人か2人，受け入れるのは難しいと言う人がいます。MySpaceやフェイスブックのようなSNSの人気上昇に伴い，10代の若者たちがネット上で友だちとだけでなく，時に見知らぬ人ともコミュニケーションを取るようになっています。若者にとって，今やネットで友だちとコミュニケーションを取るのはまったく普通のことですが，見知らぬ人とのコミュニケーションは危険をはらんでいます。前のセッションでも話しましたが，このようなことに反発してくる議論に対応するために，グループの子どもたちに「インターネットで新しい友だちを作るのは，何が問題ですか？」と尋ねましょう。すぐに別の子どもたちが，それがいかに危険であるか，またネットで子どもたちを狙っている悪者がいるというニュースを話してくれます。一旦この点がうまく受け入れられれば，インターネットは今ある友だち関係を維持し，またその絆をより深めるためにはとても役立つと気づかせることができるでしょう。

　ネットいじめは，このマニュアルを書きはじめた頃は，まだ比較的新しい現象でした。しかし残念ながら，現在ではかなり広がっています。皆さんのグループにも，すでにネットいじめにあっているという子がいるかもしれません。そのような子どもたちにとって今回の内容は，しんどいと感じられる内容になってしまうこともあるでしょう。グループリーダーは，誰かが自分の受けたいじめについて告白して，周りの子どもたちやグループ全体にマイナス影響を与えることは最小限に抑えましょう。そのためには，どんないじめを受けたのか具体的に話させないように気をつけます。それよりも，ネットいじめに会ったら，どう対応すべきかということに焦点を当てます。個人的な告白に対しては，「まだ話を続けることもできますが，それよりもこのような場合に再びいじめられないようにするにはどうすれば良いかということに目を向けていきたいと思いま

す」と言って方向修正をすると良いでしょう。ネットいじめの"対応策"に焦点を当てて話すことで、個人的な告白によるマイナス影響を最小限に抑えることができます。もし、このテーマに特に影響を受けている子どもがいたら、グループリーダはその日のセッション終了後、保護者と一緒にその子どもと話し合って、個別の対策を検討するのも良いでしょう（例：保護者が介入する、学校に知らせるなど）。

### ルールの復習

このルールは、グループのメンバーが守れていない場合にだけ、もう一度説明します。

〈グループの5つのルール〉
1．他のグループメンバーの意見を聞く（他の人が話しているときはしゃべらない）。
2．指示に従う。
3．意見があるときは、手を挙げる。
4．相手を大切にする（からかったり、笑いものにしたり、悪口を言ったりしない）。
5．身体に触らない（たたいたり、けったり、押したり、抱きついたりなど）。

### 宿題の振り返り

まず、宿題ができた人から始めましょう。もし時間があったら、なぜ他の人は宿題に取り組むことができなかったのかを調べます。そして、次週の宿題をするためにどうすれば良いか検討します。

宿題を振り返る際には、必ずバズワードを使います（例：情報交換　共通の興味）。

ほとんどの時間をグループ内電話の振り返りに使います。というのも、これが前回のセッションの一番重要な宿題だからです。

◀━━ NOTE（注）━━

宿題へのポイントを与えます――宿題ごとに1つだけではありません。

1. <u>保護者との**情報交換**練習をする。</u>
    a．「今週の宿題のひとつは親との情報交換と双方向会話でした。今週どちらかの親と情報交換の練習をした人は手を挙げてください」
        ⅰ．宿題をやってきた子どもから始めます。
        ⅱ．次のことを尋ねます。
            1．誰と情報交換練習をしましたか？（お父さん？　お母さん？　他の人？）
            2．情報交換しましたか？
            3．共通の興味を見つけましたか？
                ・共通の興味が見つかった場合に次のことを尋ねましょう。

「もし，親と一緒に時間を過ごすときに，その情報を活かして何ができますか？」
b．もし時間が許せば，宿題ができなかった子どもとは，次の宿題をするためにどうすれば良いか話し合います。
2．グループ内電話をする（あるいは，ビデオチャット）。
a．「今週もうひとつの宿題は，グループ内の他のメンバーと電話で双方向会話することでした。できた人は手を挙げてください」
ⅰ．宿題ができた子どもから始めます。
ⅱ．次のことを尋ねます。
1．誰と話しましたか？
2．誰が誰に？
3．情報交換しましたか？
4．共通の興味を見つけましたか？
共通の興味が見つかったら，尋ねます。
「その人と出かけるとしたら，その情報で何ができますか？」
ⅲ．一般的な質問を避けましょう――たとえば「どうだった？」など。
b．その電話のパートナーに，そのすぐ後にポイントを与えます。ただし同時ではありません（子どもたちに，他の人がした間違いについて話すことは許してはいけません）。
c．何か問題が起こったときは，解決しましょう。
d．もし時間が許せば，宿題をしてこなかった子どもに対して，今週するためにどうすれば良いかを検討しましょう。

## 今日のレッスン：「電子通信コミュニケーション」

説明：「今日は，電子通信コミュニケーションについて話し合います。そこには，電話をかけること，メールやテキストメッセージ，インスタントメッセージを送ること，そしてインターネットを使うことなどが含まれます。電子通信コミュニケーションは，10代の皆さんにとって，とても人気のあるコミュニケーションの方法です。ですので，友だちと話をする際に電子通信を使ううえでのルールを知っておく必要があります」

〈電話をかける・切るときのルール〉
「10代の皆さんがよく使うコミュニケーションのひとつのツールは電話です。でも，時にどうやってかけようか，あるいはどう会話を終わろうかということが難しかったりします。そこで，ここに具体的なそのステップを示します」

1．電話をかける。
a．グループリーダーとコーチは正しくない電話のかけ方について**不適切なロールプレイ**をする。

ⅰ．「これを見て，私がしている何が間違っているかを教えてください」

**不適切なロールプレイの例**

リーダー：（電話をかけるふりをする）リン，リン。
コーチ　：（電話をとるふりをする）もしもし？
リーダー：もしもし，どうしてる？
コーチ　：（少し戸惑った様子で）う～ん，テレビ見てるよ。
リーダー：そう，何見てるの？
コーチ　：（戸惑った感じで）ドキュメンタリーみたいなものかな。
リーダー：へ～，僕もドキュメンタリー好きだよ。
コーチ　：（少しイライラした様子）いいね。
リーダー：ところで，今日の週末はどうしてる？
コーチ　：（イライラしながら）う～ん，ちょっと電話切らなくちゃ。

ⅱ．次の言葉で終わります。
　　「はい，ではこれで終わります。さあ，この電話の会話で私の何が良くなかったでしょうか」
　　答え：リーダーは，自分の名前を言いませんでした。また電話と誰に話そうとしているのか，相手が今電話で話すことが大丈夫かどうかを尋ねたり，電話の目的は何かなどについて伝えていません。

b．<u>電話のかけ方のルール</u>を提示します。
　ⅰ．あなたが誰かを伝えます。
　　　例：「こんにちは。ブレアーです」
　ⅱ．あなたが電話で話をしたいと思っている人の名前を伝えます。
　　　例：「ジェニファーと話せますか？」
　ⅲ．相手が話せるかどうかを尋ねます。
　　　例：「今，少し話せる？」
　ⅳ．なぜ電話をかけたのかという**カバーストーリー**を伝えます。
　　　1．例：a．「どうしてるかなって思ってかけたの」
　　　　　　　b．「宿題が何か教えてもらえるかなと思ってかけたんだ」
　　　2．子どもたちに，他の**カバーストーリー**の例を考えさせます。
　　　　　（"カバーストーリー"の表を見ましょう）
c．子どものグループリーダーとコーチは，電話のかけ方の適切なロールプレイをします。
　ⅰ．次の言葉で始めましょう。「さあ，これで今電話をかけるルールがわかりました。このロールプレイを見て，何が良いのかを教えてください」。

#### 適切なロールプレイの例

リーダー：（電話をかけるふりをする）リン，リン。
コーチ　：（電話をとるふりをする）もしもし？
リーダー：もしもし，ブレアです。ジェニファーと話せますか？
コーチ　：ジェニファーよ。
リーダー：こんにちは，ジェニファー。
コーチ　：あら，こんにちは，ブレアー。
リーダー：今話せる？
コーチ　：もちろん！
リーダー：よかった。どうしてるかなあと思って電話したんだ。
コーチ　：そう！　元気にしてるわ。あなたは？
リーダー：元気だよ。学校のほうはどう？
コーチ　：まあまあかな。今週末に地域でお祭りがあるの。
リーダー：それはいいね。行くの？
コーチ　：行こうかなあと思ってるの。

　　ⅱ．次のように言って終わります。「それでは，ここで終わります。この電話のかけ方で良かったことは何ですか？」。
　　　答え：グループリーダーは自分の名前を伝え，電話で誰と話したいか，そしてその人が今話すことができるかどうかを尋ね，電話をかけた理由も伝えました。

2．<u>電話を切る。</u>
　a．グループリーダーとコーチは，電話の切り方の不適切なロールプレイをします。
　　ⅰ．次の言葉で始めます。「では，これで電話のかけ方がわかりましたね。次は電話の切り方について話しましょう。これを見て私が何を間違っているか教えてください」。

#### 不適切なロールプレイの例

リーダー：（先ほどの続きから）誰がお祭りに行くの？
コーチ　：よく知らないの。まだ私も行くかどうか決めていないわ。実を言うと，あまりお祭りは好きじゃないのよ。でも音楽は好き。
リーダー：ああ，僕も同じだよ。どんな音楽がすき？
コーチ　：どんな種類でも，かな。あなたは？
リーダー：うん，僕も。じゃあ，さようなら。

ⅱ．次のように言って終わります。「それでは，ここで終わります。この電話の切り方で悪かったことは何ですか？」。
答え：リーダーは相手に話をさせる間を与えていませんでした。また話せて良かったとか，また話そうね，あるいは，さようならというあいさつや，電話を切る理由も言いませんでした。
b．**電話の切り方のルール**を提示します。
ⅰ．会話が途切れるのを待ちます（例：話題の切り替わり）。
ⅱ．なぜ電話を切るのか**カバーストーリー**を伝えます。
1．「もう行かなければならないの」「夕食を食べなくてはならないから」
2．「宿題を終わらせなくてはならないんだ」
3．グループのメンバーの**カバーストーリー**の例を考えさせましょう。（"カバーストーリー"の表を見ましょう）
ⅲ．相手に「話せて楽しかった」と言います。
ⅳ．相手に「また近いうちに話そうね」とか，「また会おうね」と言います。
ⅴ．「さようなら」を言います。

カバーストーリーの例

| あなたが電話をかけた理由 | あなたが電話を切らなければならない理由 |
|---|---|
| 「今どうしてるかなあと思って」 | 「ちょっと出かけなくちゃいけないから」 |
| 「最近どうしてるか聞きたくて」 | 「そろそろ行ったほうがいいよね」 |
| 「宿題のことが知りたくてかけたの」 | 「宿題を終わらせなくちゃ」 |
| 「しばらく話してなかったから」 | 「今，晩御飯の時間になったから」 |
| 「元気にしているかなって思って」 | 「お母さんが，電話使うんだって」 |

c．子どものグループリーダーとコーチは電話の切り方の適切なロールプレイをします。
ⅰ．次の言葉で始めましょう。「さあ，これで今電話を切るルールがわかりました。今からするロールプレイを見て，何が良いのかを教えてください」。

<u>**適切なロールプレイの例**</u>

リーダー（先ほどの続きから）：誰がダンスに行くの？
コーチ　　：よく知らないの。まだ私も行くかどうか決めていないわ。実を言うと，あまりダンスは好きじゃないのよ。でも音楽は好き。
リーダー：ああ，僕も同じだよ。どんな音楽が好き？
コーチ　　：どんな種類でも，かな。あなたは？
リーダー：うん，僕も。（間）ところでお母さんが電話をかけなければならないみたい

なんだ。そろそろ終わりにするね。
コーチ　：オッケー。
リーダー：話せて良かったよ。
コーチ　：私も。電話ありがとう。
リーダー：また話そうね。
コーチ　：いいね！
リーダー：元気でね。
コーチ　：あなたもね。
リーダー：さようなら！
コーチ　：さようなら！

　　ⅱ．次のように言って終わります。「それでは，ここで終わります。この電話で良かったことは何ですか？」。
　　　答え：グループリーダーは会話が途切れるのを待ち，電話を切る簡単な理由を伝え，話せて楽しかったこと，また話そうねということを言ってから，さようならを言いました。

3．留守番メッセージを残す。
　a．グループリーダーとコーチは正しくない留守番電話メッセージの不適切なロールプレイをします。
　　ⅰ．次の言葉で始めます。「では，これで電話のかけ方，切り方がわかりましたね。でも友だちに電話をかけたとき，時々相手が電話に出なくて，留守番電話にメッセージを残さなければならないことがあります。今からするロールプレイを見て，私が何を間違っているか教えてください」。

**不適切なロールプレイの例**

リーダー：（受話器を耳に当てている振りをしながら）リンリン。
コーチ　：（留守番電話メッセージ）こんにちは，ジェニファーです。今電話に出ることができません。メッセージを残してください。
リーダー：う〜んと，僕です。なぜ家にいないの？　僕，今暇なんだ。電話もらえる？

　　ⅱ．次のように言って終わります。
　　　「それでは，ここで終わります。この電話で私が間違っていたことは何ですか？」
　　　答え：グループリーダーは誰に電話をかけているかを言わなかったし，自分が誰であるか，電話をかけた簡単な理由を伝えず，電話番号も残さず，さようならの言葉もなかったです。

b．留守電話に残すメッセージのルールを提示します。
　ⅰ．あなたの名前を言います。
　　「もしもし，ブレアです」
　ⅱ．誰に電話をかけたか伝えます。
　　「ジェニファーに電話をしています」
　ⅲ．いつ電話をかけているかを言います。
　　「今，木曜日の夜6時です」
　ⅳ．電話をかけた簡単な理由を伝えます。
　　「最近どうしてるかなと思って電話しました」
　ⅴ．電話番号を残します。
　　「xxx-xxxxxに電話をください」
　ⅵ．さようならを言います。
　　「また近いうちに。さようなら」
c．子どものグループリーダーとコーチは，留守番電話メッセージの残し方の適切なロールプレイをします。
　ⅰ．次の言葉で始めましょう。「さあ，これで今留守番電話メッセージを残すステップがわかりました。今からするロールプレイを見て，何が良いのかを教えてください」。

**適切なロールプレイの例**

リーダー：（先ほどの続きから）リンリン。
コーチ　：（留守番電話メッセージ）こんにちは，ジェニファーです。今電話に出ることができません。メッセージを残してください。
リーダー：もしもし。ブレアです。ジェニファーに電話しました。今木曜日の夕方6時頃です。最近どうしてるかなあと思って電話しました。xxx-xxxxに電話ください。近いうちに話そうね。さようなら。

　ⅱ．次のように言って終わります。「それでは，ここで終わります。この電話で私が正しかったことは何ですか？」。
　　答え：グループリーダーは誰に電話をかけているかを言っていたし，自分が誰であるか，いつかけているか，電話をかけた簡単な理由や電話番号も伝え，さようならも言いました。

〈ルール：電話／テキストメッセージ／インスタントメッセージ／メール〉

説明：「今私たちは，電話についてのルールを学びました。ほかにも，テキストメッセージやインスタントメッセージ，またメールについてもルールを知っておくことが大切です。似ているルールもあるので，覚えるのは簡単です」

1. テキストメッセージやインスタントメッセージ，またあまりよく知らない人へのメールでは，まず簡単に目的（**カバーストーリー**）を伝えます。
    a. 「まず，電話と同じように，テキストメッセージやインスタントメッセージ，またあまり知らない人へのメールをするときは，簡単な目的を伝える必要があります。なぜあまり知らない人の場合，**カバーストーリー**を使うことが重要なのでしょう？」
        答え：なぜなら，そうでないと，どうして電話をかけてきたのだろうと思うからです。
    b. 「親しい友だちとテキストメッセージやインスタントメッセージ，またメールをするをするときも，いつも**カバーストーリー**が必要ですか？」
        答え：いいえ。でも親しい友だちに**カバーストーリー**を使っても問題はありません。
    c. 子どもたちにいくつか例を考えさせます。
        i. 例
            1. きみのフェイスブックを見ようかなって思ったから。
            2. この頃どうしてるかなって思ったから。
            3. この週末どんな予定かなあと思って電話したんだ。
            4. 試合に行くかどうか知りたかったんだ。
2. **許可なしコンタクト**を避けます。
    a. 「テキストメッセージやインスタントメッセージ，またあまりよく知らない人へのメールのルールは許可なしコンタクトを避けることです。誰か許可なしコンタクトの意味を知っていますか？」
        答え：許可なしコンタクトとは，あなたに電話番号やメールアドレス，スクリーン名を知らせていない人に連絡することです。
    b. あなたが学校やオンラインの名簿で誰かと連絡を取る情報を得ることができるとしても，それはあなたがその人に連絡をとる許可を得られたことにはなりません。
        i. ほかには，フェイスブックやマイスペース，それ以外のインターネットSNSに誘うことも同じです。
            1. あなたがもし相手と友だちになろうとしているなら，その人を知る必要があります。そのためには，まず本人の許可をもらうのが一番良いでしょう。
            2. 次のように尋ねましょう。
                「もしあなたが，相手に電話をする許可をもらわずに電話をしたら，相手はどう思うでしょうか？」
                答え：あなたのことを変なんだなあ，おかしいな，あるいはストーカーだ

と思うかもしれません。
3．次のように尋ねましょう。「あなたと友だちになろうと思うでしょうか？」。
答え：おそらく思いません。
4．次のように言います。
「その代わりに，電話をかける前にその人と連絡を取るための情報を求めることが必要です。これがあなたに相手と連絡を取る許可を得ることになります。つまり，もしあなたが誰かの電話番号が知りたければ『いつか一緒に遊びに行かない？ あなたの電話番号教えてもらえる？』，あるいは，もしあなたがフェイスブックの誰かと友だちになりたいなら，『フェイスブックに載ってる？ 見てみようかなあ』と言います。それから，相手が興味をもっているかどうか，その反応をよく見る必要があります」

〈連絡を取るために情報交換をするステップ〉

1．会話での情報交換を何度かする。
2．共通の興味を見つける。
3．共通の興味を，最初に連絡を取るときのカバーストーリーにする。
4．相手が興味をもってくれているかを読み取る。
5．もし，相手が興味をもってくれているようだったら，連絡方法をやりとりすることを模索する。

3．**2メッセージルール**を使います。
a．説明：「電話と同じように，時々私たちは，テキストメッセージ，インスタントメッセージ，あるいはメールをそれほど親しくない誰かにします。相手が出ないとき，電話を切る前に留守番メッセージを残すのは何回ぐらい連続して大丈夫でしょうか？」
答え：2回くらいです。
b．次の質問をします。
「それ以上，留守電にメッセージを残すのは何が良くないのですか？」
答え：相手の人は忙しいかもしれないし，あなたと話したくないかもしれないからです。
c．質問：「テキストメッセージやインスタントメッセージで相手の返信がないとき，諦める前に何度くらい続けて送っても良いですか？」
答え：2回くらいです。
d．質問：「それ以上，メッセージを送るのは何が良くないですか？」
答え：相手の人は忙しいのかもしれないし，あなたと話したくないのかもしれません。そうであれば，あなたのメッセージにイライラするかもしれません。
e．質問：「メールで相手の返信がないとき，何度くらいまで続けて送っても良いでしょうか？」

　　　　　答え：2回くらいです。
　　　f．質問：「それ以上送るのは，何が良くないですか？」
　　　　　答え：その人は忙しいのかもしれません。また，何度も送るとあなたのことを変な人だと感じて，友だちになりたくないと思うかもしれません。そしてあなたのことを"ストーカー"のようだと悪い評判を立てる可能性もあります。
　　　g．説明：「**2メッセージルール**にはひとつの例外があります。それは，フェイスブックやMySpace，あるいはそれ以外のインターネットサイトで誰かと友だちになろうとするときです。私たちが誰かと友だちになろうとするとき，そのリクエストを"受け入れる"か"無視する"かの選択があります。もし，誰かがあなたのリクエストを無視したとしたら，どうすべきですか？」
　　　　　答え：前に進みましょう。あなたに関心をもってくれそうな他の人を探しましょう。同じ人に2回リクエストするのはやめます。
　4．あまり個人的な内容にならないようにします。
　　　a．次のように言います。「電子通信コミュニケーションの重要なもうひとつのルールは，あまり個人的なことを話すのは避けるということです。これは，親しい間柄であっても当てはまることです。どうして，メールやテキストメッセージ，インスタントメッセージ，フェイスブック，MySpaceなどで，個人的な内容を話しすぎるのは良くないのですか？」
　　　　　答え：多くの人がこのタイプのSNSにアクセスすることが可能です。あまり個人的な内容に踏み込むと，相手の人を戸惑わせる可能性があります。他の人に知られたくないと思うことについて話し合うのは避けるべきです。

〈ルール：インターネット〉

　説明：「インターネットは10代の皆さんが人と付き合うのに，とても人気ある一般的な方法になっていますね。ここにいる多くの皆さんがネットにつながり，MySpaceやフェイスブックのようなSNSを使っていることでしょう。しかし，他のコミュニケーション手段と同じように，安全にインターネットを使用するための方法についてのルールがあります」

　1．10代の皆さんは，友だちを作るためにインターネットを利用すべきではありません。
　　　a．次のように尋ねます。
　　　　「10代の人たちにとって，なぜインターネットで新しい友だちを作るのは良くないのですか？」
　　　　　答え：とても危険だからです。相手はあなたを利用しようとねらっている人かもしれないからです。
　　　b．次のことを説明しましょう。
　　　　ⅰ．ネット上には，個人情報を載せないようにしましょう。
　　　　ⅱ．インターネットで知り合った人に会ってはいけません。

　　　　iii．フェイスブックやMySpaceで，知らない人から友だちになってほしいという招待状が来ても，受け入れてはいけません。
　　　　iv．あなたのことを知らない誰かが，あなたのアカウントにアクセスすることができないように，フェイスブックやMySpaceはプライバシー設定にしておきます。
2．インターネットは，すでにある友だち関係のきずなをより強くしていくためによく使われています。
　　a．質問：「あなたがすでに知っている人との友だち関係を深めるためにインターネットを使うことはOKですか？」
　　　　答え：はい。
　　b．質問：「しばらく話していなかった友だちと再び交流するためにインターネットを使うことはOKですか？」
　　　　答え：はい。
　　c．説明：「インターネットは，すでに友だち関係にある人と情報交換をしたり，出かける計画をしたりするにはとても役立ちます。しかし，新しい友だちを作るために使うべきではありません」
3．ネットいじめはしてはいけません。
　　a．質問：「誰かネットいじめについて何か聞いたことはありますか？　また誰かグループのみんなにネットいじめについて説明できる人はいますか？」
　　　　答え：インターネット上で，誰かをからかったり，いじめたり，おどしたりすることです。
　　b．質問：「ネットいじめは何が問題ですか？」
　　　　答え：それはとても卑劣なことです。人の気持ちを傷つけます。そしていじめをしている側も悪い評判が立ってしまいます。人はあなたと友だちになりたいとは思わないでしょう。
　　c．説明：「ネット上で他者をからかったり，ばかにしたりすることは絶対に許されません。逆も同じです。もし誰かが，あなたに対してネットいじめをしていたら，あなたの友だちに関わってもらい守ってもらうことは役に立つ可能性があります。なぜこれが助けになるのでしょうか？」
　　　　答え：いじめをする人は，たいてい守りがない子を選びます。つまり友だちに背後でサポートしてもらえたら，あなたが守られることになります。
　　d．説明：「もし，誰かがあなたにネットいじめをしていたり，暴力的なおどしをしていたりしたら，必ず大人に知らせましょう。あなたの保護者が学校と連携する必要があるかもしれないし，あるいはウェブマスターに連絡しなければならないかもしれません」

〈ネットいじめへの対応〉

- 加害者が期待している行動をしない。
- 反応しない。
- 友だちに守りの盾になってもらう。
- いじめっ子をブロックする。
- ネット上で，目立たないようにする。
- タグ付けを認める，あるいはブロックする。
- コメントを認める，あるいはブロックする。
- 証拠を保存する——スクリーンショットを撮る。
- 信頼できる大人に助けを求める。
- 最終的な手段として，ネットいじめ防止サイトに報告する。

### 行動リハーサル

- 子どもたちに電話での**双方向会話**の練習をさせましょう。
- 子どもたちが電話での会話を始めるときと終わるときのルールをしっかり守るように確認しましょう。
- 2～3分の練習時間を与えます。
- 電話をかける人と，受ける人を指名します。
  - かける人から最初に電話をさせます。
  - 受ける人に，電話を終わらせます（グループリーダーから促します）。
- 練習の最後に，やってみてどうだったか発表させます。
  - かける人に，どのように会話を始めたかを発表させます。
  - 子どもたちに**共通の興味**は何だったかを考えさせます。
  - 受けた人がどのように電話を終わらせたかを尋ねます。
    - 電話を終わる**カバーストーリー**を聞きます。

### 宿題の説明

- 宿題を簡単に説明します。「これから今週は**双方向会話**，電話のかけ方と切り方について練習を続けます。皆さんの今週の宿題は次のようなものです」。
  - ①あなたの親と電話のかけ方・切り方と**双方向会話**の練習をし，**共通の興味**を見つけます。
  - ②グループ内の他のメンバーと電話をします。
    - この電話は，少なくとも5～10分でなければなりません。
    - 電話のかけ方や切り方のルールのステップを使いましょう。
    - この宿題についてグループに報告できるように，**情報交換**をすることや**共通の興味**を

見つけることが必要です。
- ③来週，**情報交換**のためのあなたの持ち物をもってくる必要があります。
  （例：CD，雑誌，ゲーム，本，絵など）
- グループリーダーとコーチは今週のグループ内電話の順番を決定し，今後のために"グループ電話パートナー表"に記入します（Appendix E）。
  - もし偶数でなかったら，誰かに2回役割を与えます。
    - この人はグループ内電話を2回かけます（1回はかける人として，もう1回は受ける人として）。
    - この人は，余分にかけたことについての追加ポイントをもらいます。

## 子どもたちのアクティビティ：「ジェパディ」

◀ ≡ NOTE（注）≡

ルールについては"子どもたちのアクティビティガイド"を見ましょう。

- 子どもたちはアクティビティを始める前に，ジェパディの回答用紙を書き終えておく必要があります（もしまだ書いていなければ）。
  - 時間を短縮するためには，グループの活動を始める前，ロビーで待っている間にこの用紙に記入しておくと良いでしょう。
- 子どもたちは，ジェパディを始める前に**情報交換**をしておく必要があります。
  - ボードにテーマを書いて，子どもたちを2人組か3人組に分けます。
  - 子どもたちが各2～3分間，ほぼ全員のグループメンバーと**情報交換**したら，グループを集合させ，ジェパディのゲームを始めます。
- 子どもたちは**情報交換**で得た情報をもとに，質問に正しい回答をしてポイントを貯めるという競争をします。
  - 最初に手を挙げた子どもが，最初に答えるチャンスがあります。
  - もしその子どもが間違えたら，次に手を挙げた人が答えるチャンスを得ます。
  - 子どもたちは，1つの質問に対して1度だけ答えるチャンスがあります。
  - 子どもたちに，ヒントを与えてはいけません。
- 子どもたちに，ゲームの間お互いに拍手をするよう促しましょう。
- 違う色のマーカーを使ってボードに点数をつけていきます。
- ゲームの最後に，一番多くポイントを集めた人がジェパディの優勝者です。

## 保護者との合流タイム

- 子どもたちに親と合流するように伝えます。
  - 子どもたちが，それぞれの親の横に立つか，座るか，どちらかにするようにします。
  - 静かにして，グループに集中するようにします。

- ■「今日学習したことのひとつは，電話での会話の仕方でした。電話をどのようにかけ，どう切れば良いのか，誰か説明してくれますか？」［すべてのステップを子どもたちから出させるようにしましょう。もし必要があれば，ヒントを与える準備をしておきます］
  - －あなたが誰であるかを伝えます。
  - －誰に電話をかけているのかを名前で伝えます。
  - －あなたが電話で話したい相手が，今話せるかどうかを尋ねます。
  - －なぜ電話をかけたのか，簡単な理由（**カバーストーリー**）を伝えます。
    - • 子どもたちに，**カバーストーリー**の例を挙げさせましょう。
- ■質問：「電話を切るときのステップは何ですか？」
  - －間が空くのを待ちます（例：話題が変わるときなど）。
  - －あなたが電話を切らなければならない**カバーストーリー**を伝えます。
    - • 子どもたちに**カバーストーリー**の例を挙げさせましょう。
  - －話ができて楽しかったということを伝えましょう。
  - －近いうちに，また会うか話すかしようねと伝えましょう。
  - －さようならと言います。
- ■質問：「留守番電話にメッセージを残す際のステップは何ですか？」
  - －あなたの名前を言います。
  - －誰に電話をしているのかを言います。
  - －いつ電話をかけているかを言います。
  - －電話をかけた簡単な理由を伝えます。
  - －電話番号を残します。
  - －さようならと言います。
- ■質問：「電話／メール／テキストメッセージ／インスタントメッセージ，あるいはSNSなどを利用するときのルールは何でしょう？」
  - －**2回メッセージルール**を使います。
  - －**許可なしコンタクト**を避けます。
  - －**カバーストーリー**（メッセージを送る理由）を伝えます。
  - －**あまり個人的なことを話題にしない**ようにします。
- ■インターネットを使うときの注意点について説明します。
  - －新しい友だちを作ろうとしない。
  - －すでに友だちである人との関係を深めるために使うようにしましょう。
  - －ネットいじめはやめましょう。
    - • もし誰かがネットであなたを脅したら，大人の助けを求めましょう。
- ■「今日皆さんは，電話のかけ方・**双方向会話**の練習をよくがんばりました。お互いに拍手しましょう」
- ■来週の宿題について説明します。
  - －保護者の前でグループ内電話課題の組み合わせを読み上げます。
  - －保護者に，誰が誰に電話をかけるかをメモしておくように声をかけます。

■ 個別に，それぞれの家族と話し合いましょう。
　− 電話の間，親がどこにいるか。
　− 来週，自分のものは何をもってくるか。

## 宿題

1. <u>友だちを探す場所</u>を見つける［保護者との合流の時間には，この課題については知らせません］（保護者はまだこの時点では，この宿題について子どもたちに話をしません）。
   a．保護者は，子どもの興味に基づいた少なくとも1つの新しい課外活動を見つけて，調べます。
   b．保護者は，次のことをわかっておくべきです。
      ⅰ．自分の子どもがどんなグループに加わろうとするのか。
      ⅱ．自分の子どもがどんなグループに合うのか。
2. 保護者と子どもたちは，**カバーストーリー**を使って電話をかける練習をする。
   a．電話をかけるルールについて復習します。
   b．**情報交換**し，**共通の興味**を見つけましょう。
3. グループ内電話（あるいは，ビデオチャット）をする。
   a．電話の前
      ⅰ．会話の練習のためにグループのメンバーとの電話の予定設定をします。
   b．電話の間
      ⅰ．子どもたちは電話で**情報交換**をします。
      ⅱ．グループに報告する**共通の興味**を見つけます。
      ⅲ．**カバーストーリー**も含め，電話のかけ方，切り方のルールに従います。
   c．電話の後
      ⅰ．保護者と子どもたちは電話を振り返って次のことを確認しましょう。
         1．**共通の興味**。
         2．**カバーストーリー**。
         3．電話をどうかけて，どう切ったか。
      ⅱ．保護者は，子どもたちに何かトラブルが起こったら助けてあげましょう。
4. <u>自分の好きな持ち物をもってくる</u>。
   a．グループで紹介できる自分の好きなものをもってきます。
   b．グループの誰かと一対一でそのものについて**情報交換**する準備をしておきます。

---

"子どもたちのアクティビティガイド" と "ジェパディ回答用紙" はセッション1を参照。
**[75-78ページ]**

# 6 セッション4
## 自分に合った友だちを選ぶ

### 保護者 セッション・セラピストガイド

**保護者セッション——進行のポイント**

　このセッションの宿題は，継続して課外活動を見つけることに焦点を当てます。これは，新しい友だちが見つけられる活動にすでに参加している子どもたちにとっては，課題ではないかもしれません。一方で，そのような活動に参加していない子どもの保護者は，抵抗を見せることが予測されます。ある保護者は，継続的に参加できるものをと言われないことを願いつつも，（なかなか見つけられないので）短期間だけの活動を提示してくるかもしれません。また，別の保護者は，現在すでに参加している活動（友だち関係が深まる可能性があまりない）はどうかと言うかもしれません。たとえば，子どもがグループ活動に参加するのは好きなのに，誰の電話番号も聞こうとしないかもしれません。グループ活動が好きだというだけでは，この宿題の目指している形に当てはまるということにはならないのです。新しい環境を見つけるのに，今はちょうど良いタイミングです。というのも，子どもたちはPEERSの宿題をやりとげるために一歩を踏み出す意欲が高くなっているからです。グループリーダーは，その課題活動で子どもは友だちを見つける可能性があるかどうかを判断しながら，可能性がなさそうなら別のより良い場所を探すように保護者を支えましょう。課外活動に関する話し合いの最後には，友だちを見つけるのに適切で具体的な場所を挙げましょう。そして各々の保護者に，次週はどんなところで友だちを見つけようとしているのかを発表してもらう予定であると伝えます。

　このセッションの大事な点には，ついに子どもたち自身が新しい課外活動に参加するプロセスに関わるということがあります。子どもたちの多くは，あまり意欲的ではないかもしれません。これに対しては，もし保護者が適切にアプローチできたら，よりスムーズに行くでしょう。もし子どもがすでに友だちとの関わりがもてる課外活動に参加していて，良い友だちを選ぶことができるというなら，新しい活動を探す必要はありません。

　このセッションでは，グループ外電話がはじめて宿題として出されます。この宿題は，これまでのトレーニングを受けている子どもたちにとって，学んだスキルを使ってみる新しい経験となるでしょう。グループ外の誰に電話をかけるかを考えることは，子どもたちに不安や抵抗を引き起こすことになるかもしれません。保護者は，子どもが適切な電話の相手を探すサポートができるかもしれないし，グループリーダーも，保護者と子どもがグループ外電話の宿題をどうやりとげるかを話し合うサポートができるでしょう。電話をかけることができそうな人を少なくとも一

人は挙げられるまで，保護者と子どもたちが帰らないように気を付けましょう。

### 宿題の振り返り

1. 保護者と子どものカバーストーリーを使った電話の会話練習をする。
    a. 電話をかけるときのルール（**カバーストーリー**を使うことも含む）を復習したかどうかを尋ねます。
    b. 子どもと**情報交換**の練習をしたか尋ねます。
    c. **情報交換**を通して**共通の興味**を見つけることができたか尋ねます。
    d. 何か問題が起こっていたら解決します。
2. グループ内電話（あるいは，ビデオチャット）をする。
    a. 子どもがこの電話で**情報交換**をしたか，確かめます。
    b. 次のことを明確にします。
        ⅰ. この電話で**情報交換**をすることを通して見つけた**共通の興味**。
        ⅱ. この電話で子どもが使った**カバーストーリー**。
        ⅲ. 子どもがどのように電話の会話を始め，終えたか。
3. **友だちが見つかる場**を探す。
    a. 保護者は調べた，子どもの興味に基づいた課外活動を少なくとも1つ挙げます。
    b. 保護者は次のことを明確にします。
        ⅰ. 保護者が，自分の子どもが馴染むのを試みるにはどんなグループが合うと思っているか？
        ⅱ. 保護者が，自分の子どもに一番合うのはどんなグループだと考えているか？
4. 自分の好きなものをもってくる。
    a. 子どもがもってきた自分の好きなものが何かを尋ねます（例：CD，雑誌，ゲーム，本，写真など）。
    b. もってきたもののなかで，適切だと思われるものだけを認めます。

### 今日のレッスン：「自分に合う友だちが見つかる場」

- 保護者向け配布資料を配る。
- 説明：「今日も自分に合った友だちを選ぶということについてお話しします。前回，子どもたちは，時々自分に合った友だちを選ぶのにサポートを必要としているとお話ししましたね。皆さんは，子どもが自分に合った友だちを選ぶのを手伝ってあげたいと願っていると思います。先週この保護者セッションでは，子どもの評判について，そして学校内のどんなグループが子どもに合うのかについて話し合いました。今週は，仲間をもつことの大切さと，子どもたちが適切な仲間と友だち関係を育てていくことをどのようにサポートしていけば良いのかを話します」

〈仲間をもつことの大切さ〉
- 仲間をもつことは，子どもたちを個人攻撃から守ります。
  - いじめっ子は，グループに所属している子どもを個別にからかうことは少ないです。
  - 子どもたちは，仲間とグループでいるときはより強く，より守られているようです。
- グループに所属している子どもにからかわれた経験があると――
  - グループのメンバーからサポートされていると感じています。
  - 他のグループのメンバーと連帯感をもっています。
  - グループ内のメンバーとのきずなを感じています。
- グループ間の競争（対立）は普通によくあることです。
  - 子どもたちは，グループ間の競争を通して連帯感をもつようになります。
- 子どもたちは，自分がグループに受け入れられているかを見極める方法について話し合います。
  - グループの他の子どもたちは――
    - あなたに電話番号，メールアドレス，スクリーンネームなどを知らせてくれます。
    - あなたとおしゃべりするために，電話をかけたり，メールやテキストメッセージを送ったりします。
    - 何かするために，あなたを家で遊ぼうと誘ってくれます。
    - あなたが何かをするために相手を誘ったら，受け入れてくれます。
    - あなたをフェイスブックに加えてくれます。
    - 何かをするのにあなたを探してくれます。
- 子どもたちは，自分がグループから受け入れられていないことをどうやって見極めることができるのかを話し合いましょう。
  - グループの他の子どもたちは――
    - あなたのことを笑ったり，からかったりします。
    - あなたに電話番号やメールアドレス，スクリーンネームを知らせません。
    - あなたに電話をかけません。
    - 何かをしようというあなたの誘いを受け入れません。
    - あなたが何かしようと誘ったら，延期します。
      （例：「そうだね，またいつかしよう」。ですが決して，その言葉が実現されることはありません）
    - フェイスブックなどで，友だちとして招待しようとしても，受け入れられることはありません。
    - 何かをしようと，あなたを誘うことはありません。
- 保護者に，自分の子どもが加わろうとしているグループから受け入れられているように見えるか，拒否されているように思われるかを考えてもらいます。
  - 保護者に，そう感じる例を挙げてもらいます。
  - もし子どもが拒否されているように見えたら，保護者に子どもが受け入れられそうな違うグループを見つけるようにします。

- ■ 説明：「保護者として，子どもを助けてあげる方法は，友だちを見つけられるような場を探すこと，それがそのひとつです。友だちを見つける一番の場は，課外活動，クラブ，スポーツです。なぜなら，これらのグループは前提として，みんな共通の興味をもっているからです。子どもが友だちを見つける場を探すのをサポートできたら，次はどの友だちが子どもに合っているかを決める手伝いをしましょう」
- ■ 保護者向け配布資料を読みます。

## 〈友だちが見つかる場〉

- ■ 学校で新しい友だちを作ることを励まします。
    - －授業の前後
    - －休み時間
    - －昼食時間
- ■ 学校で，他の人と関われる可能性がある活動を始めたり，興味をもっていることに取り組めるようにサポートします（先生に尋ねたり，ホームページを見たりして，クラブなどのリストを手に入れます）。
    - －囲碁将棋クラブ
    - －コンピュータクラブ
    - －科学クラブ
    - －ビデオゲームクラブ
    - －アニメクラブ
- ■ 学校で，放課後の課外活動に参加するように励まします。
    - －スポーツチーム
    - －学校のアルバム作りチーム
    - －委員会活動や生徒会活動
    - －バンドやオーケストラ
    - －地域や校内のボランティア
    - －放課後のさまざまなプログラム
- ■ 地域でリクリエーション活動を探したり，レジャー活動に参加したりすることをすすめます（特に，もしあなたの子どもの評判が学校で悪い場合）。
    - －ボーイスカウト・ガールスカウト
    - －YMCA・YWCA
    - －地域のスポーツクラブ
    - －演劇クラブ・ダンス教室・音楽教室
    - －コンピュータ教室・数学クラブ
    - －空手・剣道・柔道教室
    - －地域のボランティア・教室
    - －趣味の教室

- 教会や寺院などの子どもたち向け活動グループ
- 子ども向けブッククラブ

■ 同世代の子どもと関われそうな場所に連れて行きます（事前に，そこが非行などの危険な活動につながる場でないか調べておきます）。
- レクリエーションセンター
- 地域の公園（野球やキャッチボールなど）
- 地域のプール
- スポーツジム
- スポーツクラブ
- 図書館

■ 子どもたちに，定期的に他の子どもたちと接することができる活動に参加することが大切であると説明します。
- 子どもに，同時に1つか2つの課外活動に申し込むことをすすめます。
- 1つの活動が終わったら，次の活動が始まるようにします。

■ 今週，保護者は子どもと，本人の興味に基づいた課外活動について話し合って，どの活動に参加するかを決めるように伝えます。
- 保護者は，これらの活動に子どもが参加できるよう申し込みます。
- 一部の消極的な保護者には，子どものために必ず申し込むように伝えます。他の保護者には，強く提案するだけでも良いでしょう。
- 新しい活動を紹介するとき，子どもに「やりたい？」と聞くより，「どの活動をやってみたい？」と聞きましょう。
  - いくつかの選択肢を提示します。
  - 活動に参加すること自体は，子どもと議論すべきではありません。

### 宿題の説明

■ 説明：「今日子どもたちは，先週保護者の皆さんがしたように，学校にあるさまざまな仲間やグループについて話しています。子どもたちは，学校で加わりたいと思っているグループや，学校で一番自分に合っているグループについて考えているでしょう。今週の保護者の役割は，このことについて子どもと話し合い，子どもが友だちを作ろうとするのに適切なグループを選べるように助けてあげることです。そして子どもが今週すべきことは，決めたグループから誰かを選んで情報交換する練習をすることです。保護者の皆さんは，今週引き続き可能性のある課外活動について話し合い，子どもが申し込む活動を決めましょう」

■ 保護者グループリーダーは，宿題がどうだったか振り返り，何か問題があれば解決します。

1．**友だちが見つかる場。**
　　a．子どもたちは，日頃関わっていない，またそのグループの人とは情報交換をしていない新しいグループを探します。
　　　ⅰ．**共通の興味**を探します。
　　　ⅱ．保護者は，子どもが自分に合ったグループを見つけられるようサポートします。
　　b．保護者は，子どもの興味に基づいた課外活動について子どもと話し合い，何に参加するか決めます。そしてその活動に申し込みます。
　　　ⅰ．良い課外活動の選択基準
　　　　1．毎週，あるいは月2回は活動がある。
　　　　2．同世代（同年齢を含む）の子どもが参加しているグループ。
　　　　3．他の参加者と自由に関われる時間がある活動。
　　　　4．今から2〜3週間以内にスタートできる活動。
　　　　5．保護者が，子どもがその活動に取り組むサポートをすることが可能な活動。
2．**グループ内電話（あるいは，ビデオチャット）をする。**
　　a．電話の前
　　　ⅰ．相手とスケジュール調整をし，電話をかける日時を決定します（Appendix C）。
　　　ⅱ．電話の間，保護者がどこにいて，どのようなサポートするのかを話し合っておきます。
　　　ⅲ．保護者と子どもは，電話の前後で練習が必要かもしれません。
　　b．電話の間
　　　ⅰ．子どもは，この電話で**情報交換**をします。
　　　ⅱ．グループで発表できるように**共通の興味**を見つけます。
　　　ⅲ．電話をかける・切る，また**カバーストーリー**を使うなどのルールに従います。
　　c．電話の後
　　　ⅰ．保護者と子どもは，電話での会話について振り返り，以下のことを明確にします。
　　　　1．**共通の興味**は見つかったか。
　　　　2．**カバーストーリー**は何だったか。
　　　　3．どのように電話の会話を始めて終えたか。
　　　ⅱ．保護者は，もし子どもたちに困っていることがあったら，問題解決をするのを助けます。
3．**グループ外電話（あるいは，ビデオチャット）をする。**
　　a．電話の前
　　　ⅰ．保護者は，子どもがPEERSグループ以外の誰かに電話をかける準備を手伝います。
　　　ⅱ．子どもが心地良く会話できそうな相手を選びます。
　　　ⅲ．会話の間，保護者がどこにいるかを子どもと話し合っておきます。

b．電話の間
      ⅰ．子どもは，この電話で**情報交換**をします。
      ⅱ．グループで発表できるように，**共通の興味**を見つけます。
      ⅲ．**双方向会話**のルールに従います。
      ⅳ．電話での会話をかける・切る，また**カバーストーリー**を使うなどのルールを活かします。
   c．電話の後
      ⅰ．保護者は，子どもと電話での会話について話し合い，**共通の興味**が何だったか明確にします。
      ⅱ．保護者は，もし子どもが何かで困っていたら，問題解決することを助けます。
4．自分の好きなものをもってくる。
   a．グループで紹介できる自分の好きなものを1つもってきます（例：CD，雑誌，ゲーム，本，写真など）。
   b．グループ内で他の誰かと，一対一でそのものについて**情報交換**する用意をしておきます。

■それぞれの保護者に，子どもが今週，**情報交換**の練習をするPEERSグループ以外の相手がいるか考えてもらいます。
　－子どもが快く話せる相手を選びます。
　－最初は，子どもにとって一番の友だちや同じ年代のいとこを選んでも構いません。
　－最も大切なことは，子どもが電話をかけることです。
　－最終的には，私たちは，子どもの友だちネットワークを広げることを期待しています。そのためには，これから友だちになるかもしれない人に，まず電話番号を教えてもらいたいと思うこともあるでしょう。
■保護者に，子どもが来週のセッションで紹介できそうな本人の好きなものを挙げてもらいます。

---

**保護者向け配布資料は金剛出版ホームページよりダウンロードできます**
**（ダウンロードの方法は本書巻末をご覧ください）。**

## 子ども セッション・セラピストガイド

### 子どもセッション──進行のポイント

　子どもたちは，仲間の関係にはいくつもの層のようなレベルがあることに気づいています。一番上の層は，親友，あるいはまたクリーク（徒党・小集団）と言われるような少人数の親しい仲間です。一番下の層は，同じ学年のメンバーのような学校の大きな仲間集団です。このような階層は，小学校でも存在しています（Frankel & Myatt, 2003）。中学校になると中級レベルの仲間グループ（crowd）が現れ，それは思春期の子どもたちの評判を決めたり，学校での立ち位置に影響を与えたりして，子どもたちの社会生活を決定づけるような重要なものになります（Hartup, 1993）。グループ間の競争は普通にあることですし，グループ内でのメンバーの絆を深め，結束を強めます。適切なグループに身を置くことは，からかいやいじめから身を守ることになります。グループに所属すると，似た興味や好きなことを通して友だちが見つかる可能性につながるので，新しい友だち関係を広げていくのに役立ちます。

　どのグループが合うのかを考える際の問題は，ソーシャルスキルトレーニングを紹介されて集まってくる子どもたちの特徴に現れているようです。彼らは，どのグループに合うのかを探すことがうまくいかず，社会的に孤立してしまったり，不適切なグループの仲間と繰り返し友だちになろうとしたりすることがよくあります。社会的に孤立した若者は，しばしば仲間との社会的な関わりから完全に引いてしまうか（例：人と関わらない一匹狼），ひとつまたは複数の不適切なグループの周辺にいる（例：放浪者）ことがよくあります。

　子どもたちに仲間の機能やその社会的意味を理解させることによって，このセッションで適切な友だちを見つける場を探す手助けをすることができます。活動の好みをはっきりするだけでは充分ではないと教えます。というのも，スポーツ好きのグループやコンピュータオタクのような仲間に受け入れられるためには，それぞれの活動がある程度できなければなりません。

　子どもたちは，グループリーダーを友だち関係作りの専門家だと思って見ています。彼らは，いろいろなグループがあることは知っていますが，それぞれの機能についてはあまり考えたことがありません。そのため，リーダーはレッスンに入る前に，これらのグループについてその特徴をしっかり理解しておくことが重要です。

　子どもたちのなかには，自分はスポーツ好きのグループや，人気者グループに合っていると間違って言う子たちがいます。このセッションの最も大切なことのひとつは，リーダーはそのようなグループに入ろうとしている子どもたちに，本人により適切なグループを見つけることです。不適切なグループに入ろうとしている場合は，諦めるように優しく説得することです。そのことに気づかせるために，このセッションではどのようなボディーランゲージや，振る舞いが受け入れられている，あるいは拒否されているサインかを明確に示しています。この内容を学ぶことで，以前自分は拒否されていたと気づくことになったら，グループリーダーは子どもたちに合うグループを見つけるサポートをすることが必要でしょう。

　このプログラムに参加する子どものなかには，悪い評判がある子もいます。そのような場合は，学校内で入るグループを見つけるのは良い方法ではありません。このような場合には，友だちに

なる可能性がある場として，学校外での課外活動を探して参加することが必要です。この過程では，保護者のサポートが重要となります。

### ルールの復習

このルールは，グループのメンバーが守れていない場合に，もう一度説明します。

〈グループの5つのルール〉
1．他のグループメンバーの意見を聞く（他の人が話しているときはしゃべらない）。
2．指示に従う。
3．意見があるときは，手を挙げる。
4．相手を大切にする（からかったり，笑いものにしたり，悪口を言ったりしない）。
5．身体に触らない（たたいたり，けったり，押したり，抱きついたりなど）。

### 宿題の振り返り

◀ NOTE（注）

宿題へのポイントを挙げます——宿題ごとに1つだけではありません。

1. 自分の好きなものをもってくる。
    a．グループで紹介するためにもってきた自分の好きなものを聞く。
      （例：CD，雑誌，ゲーム，本，写真など）
    b．適切なものだけ，認めます。
    c．注意がそれるのを防ぐために，コーチは，活動時間までもってきたものを横に置いておきます。
2. 保護者とカバーストーリーを使って電話をかける練習をする。
    a．「先週の宿題のひとつは，保護者と一緒に**カバーストーリー**を使って電話をかける練習することでした。今週，この宿題ができた人は手を挙げてください」
      ⅰ．宿題ができた子どもから，声をかけます。
      ⅱ．次のことを尋ねます。
        1．誰と電話の練習をしましたか？
        2．どんな風に電話での会話を始めましたか？
          a．電話をかけた簡単な理由（カバーストーリー）を使いましたか？
        3．情報交換しましたか？
        4．共通の興味を見つけましたか？
          a．共通の興味がわかったというときは，次のことを尋ねます。
            「その親と一緒に過ごすとしたら，その共通の興味で何ができますか？」
        5．どのように電話を終えましたか？

　　　　　　　　ａ．電話を切る簡単な理由（カバーストーリー）を使いましたか？
3. <u>グループ内電話（あるいは，ビデオチャット）</u>。
　　ａ．「今週もうひとつの宿題は，グループ内の他のメンバーと電話で双方向会話することでした。できた人は手を挙げてください」
　　　　ⅰ．宿題の電話をかけた子どもから始めます。
　　　　ⅱ．次のことを尋ねます。
　　　　　　1．誰と話しましたか？
　　　　　　2．誰が誰に？
　　　　　　3．どのように会話を始めましたか？
　　　　　　　　ａ．カバーストーリーを使いましたか？
　　　　　　4．情報交換をしましたか？
　　　　　　5．共通の興味を見つけましたか？
　　　　　　　　ａ．共通の興味が見つかったら，尋ねます。
　　　　　　　　「その人と出かけるとしたら，その情報で何ができますか？」
　　　　ⅲ．一般的な質問を避けましょう——たとえば「どうだった？」など。
　　ｂ．その電話に参加した相手の子どもに，そのすぐ後に尋ねて宿題をしたことを認めます。ただし同時ではありません。
　　　　ⅰ．子どもたちに，他の人がした間違いについて話すことは許してはいけません。
　　ｃ．何か問題が起こったときは，解決しましょう。
　　　　ⅰ．もし子どもが間違った応答をしたら，次のことを尋ねます。
　　　　「次回違う言い方をするとしたら，何と言えますか？」「どんな風に電話を切るとよいと思いますか？」
　　ｄ．時間が許す場合は，宿題をしてこなかった子どもについて，今週この宿題をするためにどうすれば良いかを話し合いましょう。

## 今日のレッスン：「自分に合った友だちを選ぼう」

- ■説明：「今日は，自分に合った友だちを選ぶことについて話し合います。友だち関係は，選ぶことができます。そして自分に合った友だちを見つけることはとても大切です。ただし友だちになるかもしれない相手を選ぶのに，良い選択と悪い選択があります」
- ■次のように言いながら，良い友だちを選ぶための提案をします。
「あなたは……のような友だちを選びたいと思いますか？（頭をイエスという風に振りながら）」
　－あなたに良いことをしてくれたり，親しく接してくれたりする人は？
　－あなたに興味をもってくれる人は？
　－あなたと同じことが好きな人は？
　－あなたと年齢が近い人は？
　－あなたをトラブルに巻き込むことがなさそうな人は？

- ■「なぜ，それが良い考えなのでしょう？」と言いながら，各ポイントを説明します。
- ■次のように言いながら，良くない友だちに気づくポイントについて話します。
  - －あなたに意地悪する人は？
  - －あなたをからかう人は？
  - －あなたより人気があって，あなたに対してあまり優しく接してくれない人と親しい人は？
  - －あなたよりかなり賢くて，あまり共通の部分がない人は？
  - －悪い評判があって，あなたをトラブルに巻き込む可能性がある人は？
- ■「友だちを選ぶ基準として，これはなぜよくないのでしょう？」と言いながら，各ポイントを説明します。
- ■友だちは選択です（私たちは，誰とでも友だちになるわけではない。また，誰もが私たちと友だちになるわけではない）。

〈いろいろなグループを探してみよう〉

- ■説明：「では今私たちは，友だちを選ぶためのガイドラインについて話しましたので，次は，あなたの学校での評判や，あなたはどのグループが合うのかを話し合う必要があります。どの学校にも，子どもたちのいろいろなグループがあります。それぞれのグループでは，比較的多くの子どもたちが集まっているものもあれば，とても親しい仲間のように小さなグループもあります。親しい友だち関係を築くためには，自分に合った仲間を見つけるとうまくいきます。さあ，どのようなグループがあるでしょうか？」
- ■子どもたちにさまざまなグループを挙げさせて，ブレインストーミングしましょう。

| 同じクラブ仲間 | 勉強好きなグループ | 非行グループ |
|---|---|---|
| 同じファッションが好きな仲間 | 将棋・囲碁クラブ仲間 | ロックグループ |
| 人気者グループ | ゲーム好き仲間 | ヒップホップグループ |
| 生徒会メンバー | ボランティアグループ | 読書好き仲間 |
| 演劇クラブ | 数学が好きなグループ | 特定のアーティストが好きな仲間 |
| コーラスクラブ | コンピュータオタク | 音楽が好きなグループ |
| 元気者グループ | バンド仲間 | 同じスポーツが好きな仲間 |
| スポーツクラブ仲間 | 科学オタク | サイクリング仲間 |
| 歴史が好きな仲間 | 鉄道オタク | イラストが好きなグループ |
| アートが好きなグループ | 何かに熱中している人たち | 歌好き・カラオケ仲間 |
| アニメオタク | コスプレ仲間 | 人種・文化・宗教などのグループ |

〈さまざまな仲間グループ例〉
- ■ 子どもたちが何かに熱中してはまっている人たち（オタク）のことを話しはじめたら，次のように伝えることが大切です。
    - − オタクという言葉は，ある分野に興味をもっていたり，並外れたスキルをもっている人たちのことです。
        - ・例
            - ■ コンピュータオタクは，コンピュータに興味があって，そのスキルがすばらしい人たちです。
            - ■ ビデオゲームオタクは（もっと一番的にはゲーマー），ビデオゲームを楽しみ，またゲームに強い人たちです。
            - ■ バンドオタクは，楽器を弾くことが好きで，バンドグループなどで演奏しています。
            - ■ 科学オタクは，科学に関することが好きで，この分野について多くの知識をもっている人たちで，よく科学クラブに入っています。
            - ■ 数学オタクは，数学が好きで，人並みはずれた数学に関する能力をもっています。
            - ■ アニメオタクは，本当にアニメが好きで，アニメについてすばらしい知識をもっています。
    - − オタクであるためには，その活動を単に楽しんでいるというだけでは不十分です。そのことに長けていて，それに関する知識を多くもっていなければなりません。
        - ・たとえば，本当のコンピュータオタクであるためには，コンピュータのことが好きなだけでなく，それを使うことがうまくなければなりません。
    - − オタクになるのはとてもかっこいいことであり，それはあなたが何かにとても優れていることを表しています。
        - ・たとえば，時々オタクに対して褒め言葉として「オタクっぽい」とか「オタク組」と言われることがあります。

◀ NOTE（注）

子どもグループリーダーは，オタクであることの良い面を強調すべきです。なぜなら，このプログラムに参加している子どもたちの多くは，オタクであることが少なくないからです。もしグループリーダーが，オタクを普通のこととして受け止め，その仲間に入ることをむしろすすめるとしたら，子どもたちは1つ，あるいは複数のオタクグループに自分が合うことに気づくでしょう。

〈仲間やグループに入っていることがなぜ大切なのか〉
ソクラテス式問答法を使わずに，次のことを説明しましょう。

- ■ 仲間やグループに加わっていると，子どもたちを個別のからかいから守ってくれます。
- ■ もしグループ内でからかいにあっているときは──

- 他のグループメンバーから守られていると感じます。
- 他のグループメンバーと友情の絆があります。
- グループ内での固い結束があります。

■ グループ間での競争関係はよくあり，普通のことです。
- 子どもたちは，グループ間の競争を通してより同じグループ内の絆を深めます。
  - 例：スポーツ好きグループは，コンピュータオタクを嫌いかもしれないし，同様にコンピュータオタクは，スポーツに没頭しているグループをあまり好きではないかもしれません。
    ■ それぞれのグループは，他のグループの不満を言うことがあります。
  - グループメンバーは，いろいろな経験を通して絆を深めていきます。

〈どのグループに自分が合うのかを考えよう〉

■ 子どもたちに，ある人がどのグループ所属しているか，どんなことからわかるのかを考えさせます。
- 「学校にはさまざまなグループがあることがわかりました。誰がどのグループに入っているのかはどんなことからわかりますか？」
- 答え：
  - 髪型，服装，外観。
  - 興味——共通の興味は何か。
  - 誰と一緒にいるか。
  - 放課後の過ごし方。

■ 子どもたちに，自分がグループに受け入れられているかどうかは，どんなことからわかるかを考えさせます。
- 「あなたがグループに受け入れられているということは，どんなことからわかりますか？」
- 答え
  - グループの他の子どもたちは——
    ■ あなたに電話番号，メールアドレス，スクリーンネームなどを知らせてくれます。
    ■ あなたとしゃべるために，電話をかけたり，メールやテキストメッセージを送ったりします。
    ■ 何かするために，あなたを家に呼んでくれます。
    ■ あなたが何かをするために相手を誘ったら，受け入れてくれます。
    ■ あなたをラインやフェイスブックなどのSNSの友だちリストに加えてくれます。
    ■ 何かをするとき，あなたを探してくれます。

■ 子どもたちに，グループに受け入れられていないということは，どんなことからわかるかを考えさせます。
- 答え
  - グループの他の子どもたちは——
    ■ あなたのことを笑ったり，からかったりします。

- ■ あなたに電話番号やメールアドレス，ユーザーネームやIDを知らせません。
- ■ あなたに電話をかけません。
- ■ 何かをしようというあなたの誘いを受け入れません。
- ■ あなたが何かしようと誘ったら，延期します。
  （例：「そうだね，またいつかしよう」。ですが決して，その言葉が実現されることはありません）
- ■ LINEやフェイスブックなどで，友だちとして招待しようとしても，受け入れられることはありません。
- ■ 何かをしようと，あなたを誘うことはありません。

■ 子どもたちに，これらのグループはどこで一緒に過ごしているかを考えさせます。
  − 「学校で，これらのグループはどこにいますか？」
  − 答え
    - コンピュータオタクはコンピュータ室にいます。
    - ゲーマーは，ビデオゲームをしていて，時々ゲーム関連のTシャツを着ています。
    - 本好きなグループは，図書館や教室などで本を読んでいる姿を見かけます。
    - 絵を描くのが好きなグループは，美術室（あるいは美術クラブ）にいたり，教室で絵を描いて過ごしていたりします。
    - バンド仲間は，演奏していたり，楽器をもっていたりします。
    - スポーツ好きグループは，スポーツをしていたり，時々スポーツに関連するような服装をしています。

■ 子どもたちに，自分はどのグループに合うか，2つか3つ考えさせます。
  − 「私たちは，これまでの数週間，自分の興味に基づいた情報交換をすることに多くの時間を使ってきました。あなたの興味あることをもとに，あなたに合いそうなグループを考えてみましょう。ここにいる皆に，1人2〜3つのグループを考えてもらいたいと思います」
    - 子どもたちに，これまでにそのグループと一緒に何かしようとしたことがあるかを尋ねます。
      - ■ もしイエスなら，そのとき，そのグループに受け入れられたかどうかを尋ねます。

■ もし子どもたちが，自分は受け入れられているといったら，どんなことからそれがわかるかという例をいくつか挙げさせます。
■ グループリーダーは，子どもがそのグループから受け入れられているかを見極めます。
■ グループに拒否されているように思われる子どもには，より本人に合った新しいグループを見つけるサポートをするように，フィードバックします。
  − もし社会的に受け入れられないグループを選んだ子どもがいたら，そのことを話し合います。
    - 例：自分に合うグループとして非行グループを選んだ子どもには，そのことをグループのみんなに公表して，次のように尋ねましょう。「非行グループに入ろうとするのは，何が問題でしょうか？」。
  − どこにも属さない"流れ人"（例：1つのグループから，別のグループに次々移っていく）

や"一人ぼっち"を選ぶことは認めません。どちらも本当のグループではありません。
- 保護者との合流タイムに，保護者に報告できるように自分が選んだグループを書き留めておくようにします。
- グループに受け入れられなかった場合にどうすれば良いかを子どもたちに尋ねます。
  - 答え：あなたを受け入れてくれる別のグループを探しましょう。

### 宿題の説明

■ 宿題について簡単に説明します。
「今週も電話での会話練習を続けます。皆さんの今週の宿題は次のようなものです」
- ①来週までに，自分に合うかもしれないと思っているグループの誰かと情報交換の練習をします。
- ②自分の興味に合った課外活動に申し込みをします。
- ③グループ内のメンバーとの電話練習をします。
- ④PEERSグループのメンバーでない人と電話で話します。
- ⑤また，来週情報交換をするためにあなたの持ち物をもってくる必要があります（例：CD,雑誌，ゲーム，本，絵など）。

■ グループリーダーとコーチは今週のグループ内電話のパートナーを決定し，今後のために"グループ内電話パートナー表"に記録しておきます（Appendix E）。
- もし偶数でなかったら，誰かに2回役割を与えます。
  - この人はグループ内電話を2回します（1回はかける人として，もう1回は受ける人として）。
  - この人には余分にかけた分の追加ポイントを与えます。

### 子どもたちのアクティビティ：「情報交換／自分の持ち物」

> **NOTE（注）**
> ルールについては"子どもたちのアクティビティガイド"を見ましょう。

■ 子どもたちを二人一組にし，自分のもってきたものについて**情報交換**します。
■ もってこなかった子どもたちのために，雑誌などを用意します。あるいは当日の持ち物（カバンや携帯など）を利用するよう促します。
■ 可能であれば，女の子は女の子同士，男の子は男の子同士にします。
■ もし，偶数でなければ，3人グループを作ります。
■ もし，子どもが自分の持ち物をもってこなかった場合は，相手に質問をしたり，**情報交換**したりして参加するように励まします。

### 保護者との合流タイム

- 子どもたちに保護者と合流するように伝えます。
  - 子どもたちが、それぞれの親の横に立つか座るかするようにします。
  - 静かにして、グループに集中するように促します。
- 「今日は、自分に合った友だちを選ぶことについて話しました。また、学校にはさまざまなグループがあること、どのグループに自分は合っているのかについても、話しました。そして、子どもたちに自分の興味に基づいた2つから3つの自分に合うと思うグループを考えてもらいました。それは、今から子どもたちに発表してもらいます」
  - 子どもたちに、自分の選んだグループを発表させます。
  - コーチは、子どもたちが、自分が何を選んだのかを忘れてしまったときのために、記録しておきます。
- 「子どもたちは、家からもってきた自分のものについて情報交換の練習をしました。よくがんばりましたね。皆で拍手しましょう！」
- それぞれの家族と、個別に話し合います。
  - どの仲間グループと情報交換しようとしているのか。
  - どの課外活動に申し込みをしようとしているのか。
  - グループ外の電話を誰とするのか。
  - 来週もってくる自分のものは何なのか。

## 宿題

1. **友だちが見つかるかもしれない場**を探す。
    a. 子どもたちは、日頃は一緒に過ごさない新しいグループを見つけ、そのグループ内のメンバーのだれかと**情報交換**します。
    b. 保護者は子どもと、子どもの興味に基づいた課外活動について話し合い、どの活動にするのかを決めます。そして申し込みを始めます。
        i. 良い課外活動の基準
            1. 毎週、あるいは月2回は活動がある。
            2. 子どもの年齢を含む年齢幅のあるグループ。
            3. 自由な関わりの時間を含む活動。そうすれば、他の参加者と関わりやすい。
            4. これからの2～3週間の間に開始できる活動。
            5. 保護者が、子どもがその活動に取り組むことを助けることができる活動。
2. グループ内電話をする（あるいは、ビデオチャット）。
    a. 電話の前
        i. 会話練習をする相手とスケジュール調整をし、日時を決定します。
        ii. 電話の間、保護者がどこにいて、どのようなサポートするのかを話し合っておきます。

iii. 保護者と子どもは，電話の前後で練習が必要かもしれません。
b．電話の間
i．子どもは，この電話で**情報交換**をします。
ii．グループで発表できるように**共通の興味**を見つけます。
iii．電話を掛けるとき・切るとき，またカバーストーリーを使うことのルールに従います。
c．電話の後
i．保護者と子どもは，電話での会話について話し合い，以下のことを明確にします。
1．共通の興味。
2．カバーストーリー。
3．どのように電話の会話が始まって終わったか。
ii．保護者は，もし子どもたちに困っていることがあったら，問題解決をするのを助けます。
3．グループ外電話をする（あるいは，ビデオチャット）。
a．電話の前
i．保護者は，子どもがグループ外の誰かに電話を掛けられるように，準備し手伝います。
ii．子どもが心地良く会話できそうな相手を選びます。
iii．会話の間，保護者がどこにいるかを子どもと話し合っておきます。
b．電話の間
i．子どもは，この電話で**情報交換**をします。
ii．グループで発表できるように，**共通の興味**を見つけます。
iii．**双方向会話**のルールに従います。
iv．電話での会話を開始する・終わる，そして**カバーストーリー**を使うためのルールを使います。
c．電話の後
i．保護者は，子どもと電話での会話について話し合い，**共通の興味**が何だったか明確にします。
ii．保護者は，もし子どもが何かで困っていたら，問題解決できるようにサポートします。
4．<u>自分のものをもってくること。</u>
a．グループで紹介できる自分の好きなものを1つもってきます（例：CD，雑誌，ゲーム，本，写真など）。
b．グループ内のメンバーと，自分のものについて一対一で**情報交換**できるように用意をしておきます。

## 子どもたちのアクティビティガイド

情報交換：自分の持ち物

〈準備物〉
- 子どもたちが家からもってきたもの
- CDプレーヤーや音楽のためのヘッドホン
- 子どもが万が一自分の物をもってくることを忘れた場合のための雑誌
    - コンピュータ関連雑誌
    - アニメ雑誌
    - 子ども向け雑誌
    - スポーツ関連雑誌

〈ルール〉
- 子どもたちをペアにします。
- 自分がもってきたものについて，**情報交換**させます。
- **情報交換**を通じて，何が**共通の興味**なのかを見つけるように励まします。
- 適切な場面では，子どもたちに相手に質問するように促します。
- 約5分ごとに，相手を交代します。
    - 可能であれば，女の子は女の子同士，男の子は男の子同士に組み合わせます。
    - もし，奇数の場合は，3人組を作ります。
- **情報交換**していることにポイントを与えます。
- 子どもセッションの最後の5分で，振り返りをします。
    - 子どもたちに，**情報交換**で学んだことについて思い出させます。
    - **共通の興味**が何だったかを発表します。
- 正しく情報を思い出せたら，ポイントを与えます。

# 7 | セッション5
## ユーモアの適切な使い方

### 保護者 セッション・セラピストガイド

**保護者セッション——進行のポイント**

　今週のレッスンのテーマは，ユーモアです。ユーモアの使い方は，多くの自閉スペクトラム症の人にとって，社会的な場面で目立つ，明らかに苦手なことのひとつでしょう。自閉スペクトラム症の10代の若者は，しばしばジョークのパンチラインを理解することが苦手です（Emerich, Greaghead, Grether, Murray, & Grasha, 2003）。BourgondienとMesibovの研究（1987）によると，高機能自閉症の大人の約16％は，思春期レベルのジョークを言うことができますが，どちらかと言うと幼児レベルのジョークになってしまう傾向があると報告されています。このような苦手さがあるにもかかわらず，多くの自閉スペクトラム症の若者は冗談を言うことが好きです。冗談を言った後，周りからのフィードバックをあまり得られないという彼らの置かれた状況もあり，うまく使えていないのに言いつづけてしまうのです。このような理由から，PEERSでは"ユーモアの使い方"をスキルのひとつとして取り入れています。

　このセッションは，PEERSが保護者によるサポートを大事にしていることの良さをクローズアップしてくれるでしょう。冗談に関する一般的な資料を配布しても，子どもたちには，おそらくあまり効果はありません。保護者セッションでユーモアについて学んだ保護者が，不適切なユーモアの具体例を知ることで，子どもにとってわかりやすい方法で，またベストなタイミング（本人が実際に冗談を使っている場面など）をとらえて教えることができます。配布資料に書かれているルールは，保護者と子どもたちにとって，自分のユーモアが適切かどうかを判断するための共通のバズワードとなります。そしてセッションの場は，子どもたちが保護者から受け取ったフィードバックについて考える機会にもつながります。

　グループ外電話の報告は，子どもや保護者が子どもの友だち関係を間違って判断していたかもしれないので，宿題の振り返りのなかで重要な部分となります。失礼な態度や，2回電話をしても返事がないこと，お互い話すことに興味がもてないというようなことがあれば，その友だちは自分に合わないというサインです。保護者と子どもグループリーダーは，気持ちに配慮しながらそのことを指摘しましょう。そうすることで，子どもはより意味のある友だち関係を目指して進むことができます。

### 宿題の振り返り

- 自分の持ち物とグループ内電話の宿題については，少し時間を短くします。
- この時間のほとんどを，友だちの見つかる場とグループ外電話に使います。

1. 友だちが見つかる場を探す。
    a．保護者は自分が調べた，子どもの興味に基づいた課外活動を少なくとも1つ挙げます。
    b．子どもたちが，新しいグループの仲間と**情報交換**をしたかを尋ねます。
        ⅰ．子どもたちがどんなグループと**情報交換**したか。
        ⅱ．彼らが会話を通して，**共通の興味**を見つけたか。
2. グループ外電話をする（あるいは，ビデオチャット）。
    a．子どもがこの電話で**情報交換**をしたか確かめます。
    b．次のことを明確にします。
        ⅰ．この電話で**情報交換**をすることを通して見つけた共通の興味。
        ⅱ．この電話で子どもが使った**カバーストーリー**。
        ⅲ．子どもがどのように電話の会話を始め，終えたか。
    c．もし何か問題が起こっていたら解決します。
        ⅰ．もし保護者が宿題をするのが難しいと報告したら，「同じような問題を抱えている方はいますか？　どのように対応されましたか？」と尋ねましょう。
        ⅱ．問題を解決するのに，リーダーがアドバイスをする前に，他の保護者が提案することを認めましょう。
3. グループ内電話をする（あるいは，ビデオチャット）。
    a．この電話で**情報交換**ができたかを確かめましょう。
    b．保護者に次のことを発表してもらいます。
        ⅰ．電話の**情報交換**を通して見つかった**共通の興味**。
        ⅱ．電話で使った**カバーストーリー**。
        ⅲ．どのように電話での会話を始めて終えたか。
4. 自分の好きなものをもってくる。
    a．子どもがもってきたものが何かを尋ねます（例：CD，雑誌，ゲーム，本，写真など）。
    b．もってきたもののなかで，適切だと思われるものだけを認めます。

### 今日のレッスン：「ユーモアの適切な使い方」

- 保護者向け配布資料を配る。
- 説明：「今日，子どもたちは，適切にユーモアを使うためのルールを学んでいます。ユーモアは，人がお互いに楽しくコミュニケーションを取るうえで，ひとつの有効な方法です。問題は，子どもたちがユーモアを適切に使わないことで，時に人との関係に影響を与えてしまうことになっているということです。友だちを作ったり，その関係を維持したりする

ためには，ユーモアの使い方のルールを理解しておくことは大切です。これからの数週間は，子どもたちがユーモアの反応を見ることに注意を払うように，子どもたちのサポートをお願いします。もし，あなたの子どもが，ふざけたり，他の人がおもしろいと思えないジョークを言ったりする傾向があると気づいたら，この機会に，子どもに使っているユーモアについてを振り返らせることが重要です」

- ■保護者向け配布資料を読みます。

〈ユーモアの使い方のルール〉

- ■**誰かにはじめて出会ったときは，普段よりも少し真面目にします。**
  - －相手の人は，まだあなたのユーモアを理解していないかもしれません。
    - •相手の人は，あなたが自分たちをからかっていると思うかもしれません。
    - •相手の人は，あなたのことをおかしいと思うかもしれません。
  - －お互いのことが少し良くわかってきたら，それほど真面目にしなくても大丈夫です。
- ■**その冗談（ジョーク）を知っている人に，同じ冗談を繰り返して言いません。**
  - －同じ人の前で，一度言った冗談を繰り返してはいけません。
  - －人々がすでに知っている冗談を繰り返すことは避けます。
    - •このことは，そのグループのほとんどの人が聞いたことのない冗談だったとしても当てはまります。
      - ■ひとつの例外は，その冗談を最初に聞いた人が（おもしろかったから）もう一度言ってと頼んだ場合です。
    - •一度聞いたことがある冗談は，二度目はそれほどおもしろくありません。
      - ■繰り返し言うと，冗談を言っている人に対して，ほかにネタがないのだろうなと思うことになります。
- ■**ユーモアは自分の年齢に合ったものであるべきです。**
  - －10代の子どもたちは，大人が使う冗談を言うのは避けましょう。
    - •大人びた冗談や難しい冗談（政治のことなど）も避けるべきです。
    - •幼すぎる冗談も避けるべきです。
- ■**"人を傷つける冗談"は言いません。**
  - －人の持ち物の金額に関する冗談を言ってはいけません。
    - •あなたは相手の気持ちを傷つけるかもしれません。
    - •それは，あなたが思いやりがないと思われることになります。
    - •人は，あなたと友だちになりたいとは思わないでしょう。
  - －人種・倫理・宗教などに関する冗談は言ってはいけません。
    - •多くの人が，このことに関する冗談を屈辱的（攻撃的）だと感じます（たとえ，彼らがそのグループに所属していなくても）。
      - ■たとえ，あなたが冗談を言っている相手が屈辱的だと感じなくても，それを離れて耳にした人が，不愉快になるかもしれません。

- ■ 人を攻撃する（侮辱する）ような冗談を言うのは，一番簡単に悪い評判を得ることになり，周りの人にあなたと友だちになりたくないという気持ちを強くさせます。
■ **一部の人だけにわかる"内輪ネタ"は避けます。**
- − 内輪ネタは少数の人だけがわかる冗談です。場が限定されていたり，特定の仲間だけに共有されていたりするようなものです。
- − あなたが，その意味を説明したいと思っていない限り，内輪ネタを意味がわからない人に言ってはいけません。
  - 一般的に，あなたが説明をしなければならないような冗談というのは，聞き手にとってあまりおもしろくないということを心に留めておきましょう。
■ **"下品な冗談"は避けます。**
- − 下品な冗談というのは，一般的には性的なことに関するものです。
  - これらは，10代の子どもたちにとって年齢に合う冗談ではありません。
- − 下品な冗談はしばしば他の人を不愉快な気持ちにさせ，あなたの評判を悪くするでしょう。
■ **冗談を言っていいときかどうかを考えます。**
- − 言っていいとき：パーティ，遊んでいるとき。
- − 言ってはいけないとき：授業中，先生が話しているとき，人が急いでいる移動時間。
■ **あなたのユーモアがどんな風に受け止められたか（反応）に注意を向けます。**
- − もし，あなたがジョークを言う人になろうとしているなら，他の人があなたのことをおもしろいと思っているかどうかに注意しましょう。
  - 相手の人たちが，その冗談をおもしろいと思っていないサインには次のようなものがあります。
    - ■ 笑いません。
    - ■ 作り笑いを見せます。
      - 作り笑いというのは，その人がマナーとして笑顔を見せているのであって，実際にはおもしろいと感じてはいない状態です。
    - ■ 戸惑っているように見えます。
    - ■ あなたのことか，あなたの言った冗談をばかにします。
      （例：目をくるっと動かす，皮肉っぽいコメントをする）
    - ■ その場から離れていきます。
    - ■ あなたのことを笑います。
- − 相手の人たちがあなたのことを笑っているのか，あなたと一緒に笑っているのかに気づくことは大切です。
  - これができるようにするためには，あなたは相手の反応をしっかりと見なければなりません。
    - ■ ただ相手の笑っているのを聞いているだけでは，正しい反応はわかりません。
      - 自分より目上の人には，冗談は言いません。
      - 理由がないのに笑いません。また，大げさに笑いません（床をころげまわったり，椅子から落ちたりなど）。

- もし誰かが適切な冗談を言った場合は，ほほえみましょう。

## ユーモアへのフィードバック（反応）

| 〈あなたのことを笑っている場合〉 | 〈あなたと一緒に笑っている場合〉 |
|---|---|
| 笑って，目をくるっと動かす | おかしいポイント（オチ）で笑って，笑顔になる |
| 他の人を見てから笑う | あなたの冗談やユーモアセンスを褒める |
| 冗談を言い終わらないうちに笑う | 「それはおもしろいよ！」と言って笑顔になる |
| 笑う前に，長い間がある | 「それは覚えておこう！」と言う |
| 皮肉っぽく「きみっておもしろいね〜」と言ったり，目をくるっと動かしたりする | 「きみっておもしろいよね」と言って笑顔になる |

- ■ 冗談がおもしろくなくてあなたのことを笑っているときの一番のサインは──
  - あきれたように目をくるっと動かしている。
  - 皮肉っぽいコメントがある。
- ■ みんなが**冗談を言う人**になる必要はないということを覚えておきましょう。
  - あなたは，**冗談を聞く人**になることができます。
    - 友だちを笑わせることより，あなたが友だちと一緒に笑うことができるようになることが大切です。
    - **冗談を言う人**になるのは，とても難しいことです。
      - ■ とてもおもしろい冗談を言える人は少数です。
      - ■ ほとんどの人は，**冗談を聞く人**になるほうが上手です。
- ■ **冗談を聞く人**も，時には冗談を言うかもしれません。でも彼らは，いつも冗談を言ったり，積極的におかしくしようとしたりはしていません。
- ■ 冗談を言うのも聞くのも好きではない場合は，冗談をよく言う人とは少し離れて過ごすと良いでしょう。

## ユーモアの反応を受けてすべきこと

- ■ もしあなたの受け取った反応が，あなたのことを笑っているというものだったら──
  - もっと真面目に振る舞いましょう。
  - 冗談を言うのはやめましょう。
  - 冗談を聞く人になってみましょう。
- ■ もしあなたの受け取った反応が，あなたの言った冗談を一緒に笑っているというものだったら──
  - 誰かに初めて知り合ったときは真面目にします。

－同じ冗談を繰り返し言いません。
－年齢に合った冗談だけを言います。
－人を傷つける冗談は言いません。
－相手がわからない内輪ネタは避けます。
－下品な冗談は避けます。
－今冗談を言って良いときかどうかを考えます。
－あなたの冗談がどう受け止められたかに注意をします。

### 宿題の説明

1. **ユーモアへの反応を見る。**
    a. 子どもは，**ユーモアへの反応**に注意を払う必要があります。
        ⅰ. 子どもは，人があなたのことを笑っているのか，あなたと一緒に笑っているのか，全く笑っていないのかに気づくことが大切です。
        ⅱ. 子どもは保護者と，**ユーモアの反応**について話し合いします。
            1. 子どもと保護者は，子どもがこれからより**冗談を言う人**になるのか，**冗談を聞く人**になるかを話し合って決めます。
2. **友だちが見つかる場を探す。**
    a. 子どもたちは，日頃関わっていない新しいグループを探して，そのグループの誰かと**情報交換**をします。
    b. 保護者は，子どもの興味に基づいた課外活動について子どもと話し合い，どの活動を始めるかを決め，申し込みを始めます。
3. **グループ内電話をする（あるいは，ビデオチャット）。**
    a. 電話の前
        ⅰ. 会話練習をする相手とスケジュール調整をし，日時を決定します（Appendix C）。
        ⅱ. 電話の間，保護者がどこにいて，どのようなサポートするのかを話し合っておきます。
        ⅲ. 保護者と子どもは，電話の前後で練習が必要かもしれません。
    b. 電話の間
        ⅰ. 子どもは，この電話で**情報交換**をします。
        ⅱ. グループで発表できるように**共通の興味**を見つけます。
        ⅲ. 電話をかけるとき・切るとき，また**カバーストーリー**を使うことのルールに従います。
    c. 電話の後
        ⅰ. 保護者と子どもは，電話での会話を振り返り，以下のことを明確にします。
            1. **共通の興味**。
            2. **カバーストーリー**。

3．どのように電話の会話を始めて終えたか。
    ii．保護者は，もし子どもたちが困っていることがあったら，問題解決できるようサポートします。
4．グループ外電話をする（あるいは，ビデオチャット）。
    a．電話の前
        i．保護者は，子どもがグループ外の誰かに電話をかけられるように，サポートします。
        ii．子どもが心地良く会話できそうな相手を選びます。
        iii．会話の間，保護者がどこにいるかを子どもと話し合っておきます。
    b．電話の間
        i．子どもは，この電話で**情報交換**をします。
        ii．グループで発表できるように，**共通の興味**を見つけます。
        iii．**双方向会話**のルールに従います。
        iv．電話をかける・切るステップ，そして**カバーストーリー**を使うためのルールを活かします。
    c．電話の後
        i．保護者は，子どもと電話での会話について話し合い，**共通の興味**が何だったか明確にします。
        ii．保護者は，もし子どもが何かで困っていたら，問題解決することを助けます。
5．自分の好きなものをもってくる。
    a．グループで紹介できる自分の好きなものを1つもってきます。
        （例：CD，雑誌，ゲーム，本，写真など）
    b．グループのメンバーと，もってきたものについて一対一で**情報交換**できるように準備をしておきます。

---

保護者向け配布資料は金剛出版ホームページよりダウンロードできます
（ダウンロードの方法は本書巻末をご覧ください）。

## 子どもセッション・セラピストガイド

### 子どもセッション──進行のポイント

　PEERSに参加する自閉スペクトラム症の子どもたちのなかでも，特に幼い，つまらない，時に周りが理解できないような冗談をしばしば言ってしまう子どもたちには，ユーモアを適切に使う方法を学ぶことは，友だち関係を深めるうえで最優先事項になります。社会的に無視されがちな10代の子どもたちが，周りの仲間からユーモアについて否定的なフィードバックを受けることは，よくあります。そのようなユーモアの使い方を続けていると，周りから拒否されることにつながったり，仲間から悪い評判を立てられたりすることにもなるでしょう。いつもユーモアを不適切に使っていると仲間から変だとか，おかしいやつという見方をされ，単に拒否されるだけでなく，からかいやいじめにつながってしまうことがあります。だからこそ，ユーモアがどのように受け止められているかに注意を払うことや，適切にユーモアを使うことを学ぶのは，周りから拒否されがちな子どもたちにとっては特に重要です。彼らにとっては，この核となるスキルをうまく身につけられないと，PEERSに参加したことが今後うまくいくことにつながるか失敗となるかを左右することにもなるのです。言い換えると，PEERSのカリキュラムに書かれている他のすべてのスキルを身につけることができたとしても，ユーモアを不適切に使いつづけていたら，仲間から拒否される状況は続いていくと考えられています。

　このセッションで，子どもグループリーダーが対応に悩まされるのは，子どもたちの間で見られる"自分は何でもわかっているよ"という，思春期の子どもにありがちな姿勢に対応しなければならない場面でしょう。子どもたちのなかには，何度も失敗しているにもかかわらず，自分は"冗談（ジョーク）を言う人"だとこだわる者がいます。また一部の子どもたちは，冗談を言うと周りから認められると思っていて，自分は"冗談を言う人"だと言い張ります。彼らは，最初"冗談を聞く人"になると周りから劣ってしまうことになると感じていて，そうなるのをとても嫌がります。この問題は，2つの方法で解決することができます。1つ目は，"冗談を聞く人"の役割を示し，それはほとんどの人（リーダーやコーチも含めて）にとってあるべき普通の姿勢であり，その社会的な役割について説明することです。"冗談を言う人"としてうまくやっていけるのは，ほんの一握りの人たちだけだと知らせましょう。この話をすることで，10代の子どもたちのメンツを守ることができます。2つ目は，宿題のひとつでもありますが，ユーモアの反応に注意を払うということです。これは，"冗談を言う人"についての間違った概念に対抗する良い方法です。これによって保護者は，ユーモアに対する仲間からの反応について指摘し，良いタイミングをとらえて指導できるようになるのです。

### ルールの復習

このルールは，グループのメンバーがに守れていない場合のみ，もう一度説明します。

〈グループの5つのルール〉
1．他のグループメンバーの意見を聞く（他の人が話しているときはしゃべらない）。
2．指示に従う。
3．意見があるときは，手を挙げる。
4．相手を大切にする（からかったり，笑いものにしたり，悪口を言ったりしない）。
5．身体に触らない（たたいたり，けったり，押したり，抱きついたりなど）。

### 宿題の振り返り

◀ NOTE（注）

宿題へのポイントをあげます——宿題ごとに1つだけではありません。

1. <u>自分の好きなものをもってくる。</u>
    a．グループで紹介するためにもってきた自分の好きなものか何かを聞く。
      （例：CD，雑誌，ゲーム，本，写真など）
    b．適切なものだけを認めます。
    c．注意がそがれるのを防ぐために，コーチは，活動時間までもってきたものを横に置いておきます。
2. <u>**友だちが見つかる場**を探す。</u>
    a．子どもたちが新しいグループの子どもと**情報交換**の練習をしたか尋ねます。
        ⅰ．「先週，私たちは，学校でのさまざまなグループや仲間がいて，どのグループが合っているかについて話しました。今週のひとつの宿題は，これらの新しいグループの誰かと**情報交換**をすることでした。自分に合ったグループの誰かと情報交換できた人は手を挙げてください」
            1．簡単に次のことを尋ねます。
                a．どのグループが自分に合っていると思いましたか？
                b．それらのグループのうちの誰かと，**情報交換**しましたか？
                c．どのグループを選びましたか？
                d．**共通の興味**は見つかりましたか？
        ⅱ．「もうひとつの宿題は，あなたとお母さんがあなたと**共通の興味**をもっている他の子どもに出会えそうな課外活動を探して申し込みを始めるということでした。どの活動に参加するか見つかった人は手を挙げてください」
            1．簡単に次のことを尋ねます。
                a．どの課外活動を選びましたか？

            b．その活動に申し込みましたか？
            c．そのグループには，あなたと同年齢の人たちがいますか？
            d．それは，あなたにとって，新しい友だちが見つかる可能性がある良い場所ですか？
3. グループ外電話をする（あるいは，ビデオチャット）。
    a．「今週もうひとつの宿題は，PEERSグループ以外のメンバーと電話で情報交換することでした。できた人は手を挙げてください」
        ⅰ．宿題の電話をかけた子どもから始めます。
        ⅱ．次のことを尋ねます。
            1．誰と話しましたか？
            2．誰が誰に？
            3．**情報交換**しましたか？
            4．**共通の興味**を見つけましたか？
                a．**共通の興味**が見つかったら尋ねます。
                    「その人と出かけるとしたら，その情報で何ができますか？」
        ⅲ．一般的な質問は避けましょう――たとえば「どうだった？」など。
    b．何か問題が起こったときは解決しましょう
        ⅰ．もし子どもが間違った反応をしたら，次のことを尋ねます。
            「次回違う言い方をするとしたら，何と言えますか？」「どんな風に電話を切ると良いと思いますか？」
    c．もし時間が許せば，宿題をしてこなかった子どもを調べ，今週するためにどうすれば良いかを検討しましょう。
4. グループ内電話をする（あるいは，ビデオチャット）。
    a．「今週もうひとつの宿題は，グループ内の他のメンバーと電話で**双方向会話**することでした。できた人は手を挙げてください」
        ⅰ．宿題の電話をかけた子どもから始めます。
        ⅱ．次のことを尋ねます。
            1．誰と話しましたか？
            2．誰が誰に？
            3．**情報交換**しましたか？
            4．**共通の興味**を見つけましたか？
                a．**共通の興味**が見つかったら尋ねます。
                    「その人と出かけるとしたら，その情報で何ができますか？」
        ⅲ．一般的な質問は避けましょう――たとえば「どうだった？」など。
        ⅳ．その電話に参加した相手の子どもに，そのすぐ後に尋ねて宿題をしたことを認めます。ただし同時ではありません。
            1．子どもたちに，他の人がした間違いについて話すことは許してはいけません。

b．何か問題が起こったら解決しましょう。
　　　　ⅰ．もし子どもが間違った反応をしたら，次のことを尋ねます。
　　　　　「次回違う言い方をするとしたら，何と言えますか？」
　　　　　「どんな風に電話を切ると良いと思いますか？」
　　c．もし時間が許せば，宿題をしてこなかった子どもを調べ，今週するためにどうすれば良いかを検討しましょう。

### 今日のレッスン：「ユーモアの適切な使い方」

説明：「今日は，ユーモアの適切な使い方について話します。ユーモアは人が互いにコミュニケーションを取るのに重要なひとつの方法です。問題は，時々人は適切にユーモアを使わず，その結果，相手の人との距離ができてしまうことがあるということです。友だちを作ったり，その関係を維持したりしようとしているときは，ユーモアの使い方のルールを理解しておくことが重要です」

■ **誰かにはじめて出会ったときは，普段よりも少し真面目にします。**
- 「ユーモアを適切に使うための最初のルールは，あなたが誰かにはじめて出会ったときは，真面目にするということです。私たちは，最初に誰かに出会ったときは，少し真面目にすることが大事なのはなぜでしょうか？」
  - 答え：相手の人は，あなたのユーモアを理解していないかもしれません。
    ■ 相手の人は，あなたが自分たちをからかっていると思うかもしれません。
    ■ 相手の人は，あなたのことをおかしいと思うかもしれません。
- 「相手のことが良くわかってきたら，それほど真面目にしなくても大丈夫ですか？」
  - 答え：はい。

■ **その冗談（ジョーク）を知っている人に，同じ冗談を繰り返して言いません。**
- 同じ人の前で，一度言った冗談を繰り返してはいけません。
- 人々がすでに知っている冗談を繰り返すことは避けます。
- 「もうひとつのユーモアの適切な使い方のルールは，その冗談を既に聞いたことがある人の前では，同じ冗談を言わないということです。なぜ同じ冗談を繰り返すのは避けたほうが良いのでしょうか？」
  - 答え：一度聞いたことがある冗談は，二度目はあまりおもしろくないからです。
  - このことは，そのグループのほとんどの人が聞いたことのない冗談だったとしても，当てはまります。
    ■ 例外は，その冗談を聞いた人が（おもしろかったから）もう一度言ってほしいと頼んだ場合です。
    ■ 繰り返し言うと，冗談を言っている人が，他にネタがないのだろうと思われることになります。

- ■ ユーモアは**自分の年齢に合ったもの**であるべきです。
  - －10代の子どもたちは，大人の冗談を言うことは避けましょう。
    - ・大人びた冗談や難しい冗談（政治のことなど）は避けるべきです。
    - ・幼すぎる冗談も避けるべきです。
  - －「年齢に合ったものであるべきです。たとえば，小さい子が言うような幼い冗談を言うべきではないということです。なぜ，年齢に合ったものであるべきなのでしょうか？」
    - ・答え：なぜなら，友だちはあなたの冗談がとても幼いものだったら，おもしろいと思わないからです。
- ■ "**人を傷つける冗談**"は言いません。
  - －人の持ち物の金額に関する冗談は言ってはいけません。
  - －「ユーモアの適切な使い方のもうひとつのルールは，人を傷つける冗談は避けるということです。たとえば人をからかうような冗談です。相手をからかうような冗談を言うことは何が問題でしょうか？」
    - ・答え：相手の気持ちを傷つけることになるかもしれないからです。
  - －人種・倫理・宗教などに関する冗談は言ってはいけません。
    - ・「これもまた，誰かの倫理・人種，宗教などをからかうことになります。どうしてそのような冗談を避けたほうが良いのでしょうか？」
      - ■ 多くの人が，これらのことに関する冗談は屈辱的（攻撃的）だと感じます。（たとえ，彼らがそのグループに所属していなくても）あなたを思いやりのない人だと思われてしまいます。人はあなたと友だちになりたいとは思わないでしょう。
        - ・たとえ，あなたが冗談を言っている相手が屈辱的だと感じなくても，離れて聞いていた人が，不愉快になるかもしれません。
  - －**人を攻撃する（侮辱する）冗談**を言うと，あなたは簡単に悪い評判を得ることになり，周りの人はあなたと友だちになりたくないという気持ちになるでしょう。
- ■ 一部の人だけにわかる"**内輪ネタ**"は避けます。
  - －「ユーモアの適切な使い方のもうひとつのルールは，一部の人だけにわかる内輪ネタを避けるということです。内輪ネタは少数の人だけがわかる冗談です。場が限定されていたり，特定の仲間だけに共有されていたりするようなものです。一部の人にしかわからない冗談を言うことは何が問題でしょうか？」
    - ・答え：冗談の意味がわからない人たちは，輪からはずされてしまったような気持ちになります。
  - －説明：「あなたが，その意味を説明しようと思っていない限り，内輪ネタを意味がわからない人に言ってはいけません。一般的に，あなたが説明をしなければならないような冗談というのは，聞き手にとってはあまりおもしろくないと心に留めておきましょう」
- ■ "**下品な冗談**"は避けます。
  - －「ユーモアについての別の大切なルールは，下品な冗談は避けるということです。下品な冗談というのは，性のことや，誰かの身体の部分・機能のことをからかうものです。このような冗談を言うことは何が問題なのでしょうか？」

- 答え：下品な冗談はしばしば他の人を不愉快な気持ちにさせ，あなたの評判を悪くします。

■ **冗談を言って良いときかどうかを考えます。**
  - 「今，冗談を言って良いときか悪いときかを考えることも大切です。いつ冗談を言うかというタイミングを考えるのは，なぜ大切なのでしょうか？」
  - 答え：冗談は，間違ったときに言われると，おもしろくないからです。
    ■ 良いとき：パーティ，遊んでいるとき。
    ■ 悪いとき：授業中，先生が話しているとき，人が急いでいるときなどの移動時間。

■ **あなたのユーモアがどんな風に受け止められたか（反応）に注意を向けます。**
  - もし，あなたが**冗談を言う人**になろうとしているなら，聞いた人があなたの冗談をおもしろいと思っているかどうかに注意しましょう。
  - 「冗談を言うのは本当に難しく，ほとんどの人が試みることすらしません。もしあなたが冗談を言おうとしているなら，あなたの冗談がどんな風に受け止められたかに注意を払う必要があります。ユーモアに対する反応とは，あなたがその冗談を言った後に，相手が返す様子のことです。反応を見ることはなぜ大切なのでしょうか？」
    - 答え：もし相手があなたの言った冗談をおもしろいと思っていなかったら，あなたは冗談を言うべきではないでしょう。あなたが冗談を言っても，誰もそれをおもしろいと思っていなかったら，結局友だちと距離が空いてしまうことになります。相手は，あなたのことを変な人，あるいはおかしい人と思うかもしれないし，友だちになりたいとは思わないかもしれません。
  - 「あなたがユーモアへの反応に注意をしているとき，**聞いている人たちが，あなたの冗談をおもしろいと思っているかどうかに気がつくことが必要です**」
  - 相手の人があなたの冗談をおもしろいと思っていない場合のサインには，次のようなものがあります。
    - 笑いません。
    - **作り笑い**を見せます。
      ■ **作り笑い**というのは，その人がマナーとして笑顔を見せているのであって，実際にはおもしろいと感じてはいない状態です。
    - 戸惑っているように見えます。
    - あなたのことか，あなたの言った冗談をばかにします。
      （例：目をくるっと動かす，皮肉っぽいコメントをする）
    - その場所を離れます。
    - **あなたのことを笑います**（あなたの冗談ではなく）。
  - 「相手の人たちがあなたのことを笑っているのか，あなたと一緒に冗談を笑っているのかに気づくことは大切です。これがわかるようになるためには，あなたは相手の反応をしっかりと見なければなりません。ただ相手の笑っているのを聞いているだけでは，正しい反応はわかりません」
  - 自分より目上の人には，冗談は言いません。

- 理由がないのに笑いません。また，大げさに笑いません（床をころげまわったり，椅子から落ちたりなど）。
- もし誰かが適切な冗談を言った場合は，ほほえみましょう。
■「誰かがあなたのことを笑っているのか，一緒にあなたの冗談を笑っているのかは，どうすればわかりますか？」（以下の表を見ましょう）

## ユーモアへのフィードバック（反応）

| 〈あなたのことを笑っている場合〉 | 〈あなたと一緒に笑っている場合〉 |
|---|---|
| 笑って，目をくるっと動かす | おかしいポイント（オチ）で笑って，笑顔になる |
| 他の人を見てから笑う | あなたの冗談やユーモアセンスを褒める |
| 冗談を言い終わらないうちに笑う | 「それはおもしろいよ！」と言って笑顔になる |
| 笑う前に，長い間がある | 「それは覚えておこう！」と言う |
| 皮肉っぽく「きみっておもしろいね〜」と言ったり，目をくるっと動かしたりする | 「きみっておもしろいよね」と言って笑顔になる |

■ 誰かがあなたのことを笑っているときの一番のサインは――
  - 目をくるっと動かしている。
  - 皮肉っぽいコメントがある。
■「みんなが**冗談を言う人**になる必要はないということを覚えておきましょう。あなたは，**冗談を聞く人**にもなることができます。結局，友だちを笑わせることより，あなたが友だちと一緒に笑うことができるようになることが一番大切です」
  - **冗談を言う人**になることは，とても難しいです。
    - とてもおもしろい**冗談を言える人**は少数です。
    - ほとんどの人が，**冗談を聞く人**になるほうが上手です。
  - **冗談を聞く人**も，時には冗談を言うかもしれません。でも彼らは，いつも冗談を言ったり，積極的におかしくしようとしたりしません。
  - グループリーダーは，それぞれの子どもが冗談を聞くタイプの人であると伝えるほうがよいでしょう。そして，本当に少数の人が，冗談を言うことがうまいということを指摘し，ほとんどの子どもたちは**冗談を聞く人**になるほうがうまくいくと伝えます。**冗談を聞く人**であることも同じく楽しいし，一緒に笑えるし，友だちと楽しい時間をもてるということを知らせます。
■「なかには，ユーモアは不愉快だと感じている人もいて，そういう人は，**冗談を言う人**の近くにいることを好みません。そういう場合は，あなたは**冗談を言う人**でも，受ける人でもありません。でも，時に冗談を言いたいと思っている人もいるので，そんなとき私たちは，適切な場面では丁寧に作り笑いをすることも必要です。なぜ，作り笑いをすることが重要

なこともあるのでしょうか？」
- 答え：なぜなら，それはひとつのマナーで，相手の人を嫌な思いにさせたくないからです。

◀═ NOTE（注）═

相手の冗談にマナーとしてほほえむというロールプレイ（良い例／悪い例）を見せましょう。

- 「もしあなたがユーモアを使うことが心地良くなかったら，友だちは選択でしたね。その冗談があなたを不愉快にさせるなら，冗談を言う人と友だちである必要はないのです」

〈ユーモアの反応を受けてすべきこと〉

次のことを説明しましょう。

- もしあなたの**受け取った反応**が，**あなたのことを笑っている**というものだったら──
  - もっと**真面目に振る舞い**ましょう。
  - 冗談を言う人になるのはやめましょう。
  - 冗談を聞く人になってみましょう。
- もしあなたの**受け取った反応**が，**あなたと一緒に笑っている**というものだったら──
  - 同じ冗談を繰り返し言いません。
  - 年齢に合った冗談だけを言います。
  - 人を傷つける冗談は言いません。
  - 相手がわからない内輪ネタは避けます。
  - 下品な冗談は避けます。
  - 今が冗談を言って良いときかどうかを考えます。
  - あなたの冗談がどう受け止められたかに注意をします。
- それぞれの子どもが，"冗談を言う人"，"冗談を聞く人"かを考えさせましょう。
  - 自分は**冗談を聞く人**だという子どもたちを褒めます。
  - 自分は**冗談を言う人**だという子どもには，自分の冗談への周りの反応が自分と一緒に笑ってくれるものであるという出来事について話させ，その考えが合っているかを考えさせるようにします。
    - 冗談を言う人になることは，とても難しいということ，また**ユーモアに対する反応をしっかりと見る**ことが求められるということを強調します。
    - 子どもたちに，保護者もみんなのユーモアがおもしろいかどうか意見をくれるので耳を傾けるようにと話します。
  - 自分は冗談を拒否する人だという子どもには，友だちは選択なので，冗談を言う人と友だちになる必要はないと伝えましょう。
- 子どもたちに，来週自分のユーモアへの反応について報告すると予告します。

## 行動リハーサル

〈行動リハーサル1〉

- それぞれの子どもたちに，自分のユーモアへの反応を注意してみる練習をさせます。
  - 「では，今からユーモアへの反応を見る練習をします。ユーモアの反応を見る一番大切な方法は，相手の人がどうするかをしっかりと見るということでしたね。ただ，相手が笑っているかどうかだけを聞いているだけでは充分ではありません。なぜなら，相手は目をくるっと動かしたり，作り笑いをしているかもしれないからです」
  - それぞれの子どもたちに，グループリーダーに対して，2つの違った場合について同じ冗談を言わせます。
    - 「今から，みんなにそれぞれ，同じジョークを2回言ってもらいます。このジョークはそれほどおもしろいものではありません。実際これはわかりやすく，みんなの年齢に合わないジョークの良い例です。私たちが練習でこのジョークを使う理由は，とてもわかりやすく，あなたがユーモアへの反応に注目する時間を充分にくれるからです」
    - 全員に同じジョークを使います。そうでなければ，練習の進行をコントロールするのが難しくなるでしょう。

    子ども　：どうしてニワトリは道路を渡ったの？
    リーダー：わからない。
    子ども　：道路の向こう側に行きたかったからだよ。
    リーダー：（反応を見せる）

    〔訳注：このジョークはアメリカのものなのでグループのメンバーに合わないと思われる場合は，他の適当な冗談を選んでください。その際，ジョーク自体がおもしろいかということより，わかりやすく，反応するのに間があるものが，この行動リハーサルをするのに向いています。例：「あなたは何座？（間）ギョーザ」〕

- 例
  - 子どもたちは，ひとりずつ順番に他のグループメンバーが見ているなかで，グループリーダーに対してジョークを言います。
    - すべての子どもたちにグループリーダーの反応を見るように促します。
  - グループリーダーはランダムに，**子どもを笑う**（例：笑った後で，目をくるっと回す，あるいはつくり笑いをする）と，**一緒に笑う**（例：笑って笑顔になる）を交互に見せる。
  - 最初は，子どもは目を閉じてジョークを言い，リーダーの**ユーモアへの反応**を聞きます。
    - ジョークを言い終わった直後，グループリーダーは反応を示して，子どもにどんな反応だと思ったか（ジョークがウケたかどうか）を説明させます。
    - その子どもに予想させ，残りの見ている子どもたちには実際に**ユーモアの反応**がどうだったかを説明させます。

- ■ グループリーダーは，それが正しいか，正しくないかを言います。
- 2回目は，同じ子どもが目を開けて冗談を言い，グループリーダーのユーモアへの反応に注目します。
  - ■ ジョークを言い終わったら，グループリーダーは反応を見せて，どうだったか子どもに説明させます。
- 「では，あなたのことを笑っていたのか，あなたと一緒に笑っていたのかを教えてください」
  - ■ その子どもに答えさせ，残りの見ている子どもたちにも，反応を説明させます。
  - ■ グループリーダーはそれが正しかったか，間違っていたかを言います。
  - ■ そして，その子どもにどちらがわかりやすかったかを尋ねます。
  - ■ 質問：「目を開けているのと，閉じているのとでは，どちらのほうが，**ユーモアの反応**がわかりやすいですか？」
- 答え：目を開けているときです。
- この練習を通して，子どもたちは，目を閉じていると**ユーモアの反応**を見るのは難しいと感じるでしょう。
  - ■ 子どものなかには，ふざけようとしたり，反発しようとしたりして「目を閉じるほうがわかりやすい」と言う子がいます。
  - ■ その子どもと話し合うのはやめます。その代わり，その問題をグループに提示し，次のように言いましょう。「皆さんはどう思いますか？ 普通は，目を開けた場合と，閉じた場合ではどちらのほうがわかりやすいでしょうか？」。
  - ■ グループの子どもたちは，たいてい「目を開けたほう」と言うでしょう。これは，仲間からのプレッシャーを利用しています。そこで，反対している子どもたちは引き下がることです。
- ーこのデモンストレーションの目的は，子どもたちに，他の人の反応を実際にしっかりと見る必要性を示すことです。
  - 反応を見なければ，ユーモアが相手にウケたかどうかは，わからないでしょう。

〈行動リハーサル2〉
- ■ 相手が言った冗談に対して，軽くほほえむ練習をしましょう（コーチとリーダーで，簡単にロールプレイをしてみせます）。

### 宿題の説明

- ■ 今週の宿題について簡単に説明します。
  「今週も電話での会話練習を続けます。皆さんの今週の宿題は――」
  - ー①来週までに，自分に合うかもしれないと思っているグループの誰かと**情報交換**の練習をします。
  - ー②自分の興味に合った課外活動に申し込みをします。

- ③グループ内のメンバーとの電話練習をします。
- ④PEERSグループのメンバーでない人と電話で話します。
- ⑤また，来週**情報交換**をするためにあなたの持ちものをもってくる必要があります（例：CD,雑誌，ゲーム，本，絵など）。
- ⑥もし今週冗談を言うとしたら，あなたの**ユーモアに対してどんな反応**があったかに注意を払ってみましょう。
    - 相手があなたのことを笑っているのか，あなたと一緒に笑っているのか気づきましょう。
    - あなたは**冗談を言う人**なのか，**聞く人**なのか，あるいは拒否する人なのかを決めましょう。
■ グループリーダーとコーチは今週のためのグループ内電話の順番を決定し，"グループ内電話パートナー表"に記入します（Appendix E）。
- もし偶数でなかったら，誰かに2回役割を与えます。
    - この人はグループ内電話を2回かけます（1回はかける人として，もう1回は受ける人として）。
    - この人には余分にかけた分の追加ポイントを与えます。

## 子どもたちのアクティビティ：「情報交換／自分の持ち物」

> **NOTE（注）**
> ルールについては"子どもたちのアクティビティガイド"を見ましょう。

■ 子どもたちを二人一組にし，自分のもってきたものについて**情報交換**します。
■ もってこなかった子どもたちのために，雑誌などを用意します。あるいは，当日の持ち物を利用するように促します。
■ 可能であれば，女の子は女の子同士，男の子は男の子同士にします。
■ もし，偶数でなければ，3人グループを作ります。
■ 子どもたちは，**情報交換**をしたらポイントをもらえます。
■ もし，子どもが自分の持ち物をもってこなかった場合は，相手に質問をしたり，**情報交換**したりして，参加するように励まします。

## 保護者との合流タイム

■ 子どもたちに親と合流するように伝えます。
- 子どもたちが，それぞれの親の横に立つか座るかするようにします。
- 静かにして，グループに集中するように促します。
■「今日は，会話における適切なユーモアの使い方について話し合い，**ユーモアの反応を見る**練習をしました。誰か，適切なユーモアの使い方のルールについて話してくれる人はいま

すか？」[子どもたちにルールを出させましょう。もし出にくい場合は，ヒントになることを提示できるようにしておきます]
- **誰かにはじめて出会ったときは真面目にする。**
- **同じ冗談を繰り返さない。**
- **冗談は，年齢に合ったものにする。**
- **人を傷つける冗談は言わない。**
- **内輪ネタは避ける。**
- **下品な冗談は避ける。**
- **今が冗談を言って良いときかどうかを考える。**
- **ユーモアに対する反応を見る。**
  - 相手が，あなたのことを笑っているのか，**あなたと一緒に笑っている**のか，あるいは全く笑っていないのかに気づく。
- **誰もが冗談を言う人になる必要はありません。**
  - **冗談を聞く人**になることも，とても楽しいです。
  - 「今日は，子どもたちは，家からもってきた自分のものについて**情報交換**の練習をしました。とてもよくがんばりましたね。皆に拍手しましょう！」

■来週の宿題について，おさらいをします。
- 電話パートナー表を読み上げます（Appendix E）。
- 誰から誰にかけるのかをメモするように，保護者に声かけをします。

■必要があれば，それぞれの家族と，個別に話し合います。
- どの仲間グループと**情報交換**しようとしているのか。
- どの課外活動に申し込みをしようとしているのか。
- 誰とグループ外電話をするのか。
- 来週自分のものは何をもってくるのか。

## 宿題

1. **ユーモアへの反応を見る。**
    a．子どもは，**ユーモアへの反応**に注意を払う必要があります。
        ⅰ．子どもは，人があなたのことを笑っているのか，**あなたと一緒に笑っている**のか，全く笑っていないのかに気づくことが大切です。
        ⅱ．子どもは保護者と，**ユーモアの反応**について話し合います。
            1．子どもと保護者は，子どもがこれからより**冗談を言う人**になるのか，**冗談を聞く人**になるかを話し合って決めます。
2. **友だちが見つかる場を探す。**
    a．子どもたちは，日頃関わっていない新しいグループを探して，そのグループの誰かと**情報交換**をします。
    b．保護者は，子どもの興味に基づいた課外活動について子どもと話し合い，どの活動

を始めるかを決め，申し込みを始めます。
3. グループ内電話をする（あるいは，ビデオチャット）。
    a．電話の前
        i．会話練習をする相手とスケジュール調整をし，日時を決定します。
        ii．電話の間，保護者がどこにいて，どのようなサポートするのかを話し合っておきます。
        iii．保護者と子どもは，電話の前後で練習が必要かもしれません。
    b．電話の間
        i．子どもは，この電話で**情報交換**をします。
        ii．グループで発表できるように**共通の興味**を見つけます。
        iii．電話をかけるとき・切るとき，また**カバーストーリー**を使うことのルールに従います。
    c．電話の後
        i．保護者と子どもは，電話での会話について話し合い，以下のことを明確にします。
            1．**共通の興味**。
            2．**カバーストーリー**。
            3．どのように電話の会話を始めて終えたか。
        ii．保護者は，もし子どもたちに困っていることがあったら，問題解決をするのを助けます。
4. グループ外電話をする（あるいは，ビデオチャット）。
    a．電話の前
        i．保護者は，子どもがPEERSグループ以外の誰かに電話をかけられるようにサポートします。
        ii．子どもが心地良く会話できそうな相手を選びます。
        iii．会話の間，保護者がどこにいるかを子どもと話し合っておきます。
    b．電話の間
        i．子どもは，この電話で**情報交換**をします。
        ii．グループで発表できるように，**共通の興味**を見つけます。
        iii．**双方向会話**のルールに従います。
        iv．電話をかける・切るステップ，そして**カバーストーリー**を使うためのルールを活かします。
    c．電話の後
        i．保護者は，子どもと電話での会話について話し合い，**共通の興味**が何だったか明確にします。
        ii．保護者は，もし子どもが何かで困っていたら，問題解決できるようサポートします。

5. 自分の好きなものをもってくる。
   a．PEERSグループで紹介できる自分の好きなものを1つもってきます。
   （例：CD，雑誌，ゲーム，本，写真など）
   b．グループのメンバーと，その自分のものについて一対一で**情報交換**できるように準備をしておきます。

---

"子どもたちのアクティビティガイド" はセッション4を参照。
［149ページ］

# 8 セッション6
## 仲間に入るⅠ——会話に入る

### 保護者 セッション・セラピストガイド

**保護者セッション——進行のポイント**

　10代の子どもたちがどのように友だちを作り，その関係を維持していくかのステップについては，その分野に関する児童期を対象にした研究をベースに考えられています（Frankel & Myatt, 2003）。私たちは，これらの研究でわかったことを，思春期の子どもたちに適用することに成功しました。10代の子どもたちの会話にうまく入っていくには，会話をしている仲間からポジティブな反応が返ってくるまでは，"待つ""聞く"というリスクの少ないステップから始めることが重要です（Dodge, Schlundt, Schocke, & Delugach 1983 ; Garvey, 1984）。会話に入ることがうまくいかない例としては，何か情報を尋ねたり，反対意見を述べたりして，今の会話の流れを邪魔してしまう場合があります（Coie & Kupersmidt, 1983）。

　このセッションでは，子どもにとって一番適切な"会話にそっとさりげなく入る"方法に焦点を当てています。保護者が，子どもが入ろうするグループを選ぶサポートをすることは，良い友人関係をもてるよう助けるうえで重要です。そして次は，会話にうまく入るということが具体的なステップとなります。このセッションの最も大切な課題は，子どもセッションのアクティビティにあります。というのも，子どもたちはたいてい保護者の見えないところで会話に入るからです。保護者は，子どもに一番合う仲間を探して，会話に入っていけるようにしっかりと見守り，励ます必要があります。もしグループ外電話がうまくいかなければ，それは子どもに悪い評判があるか，合わない集団（例：子どもを受け入れてくれる可能性が低いグループ）に入ろうとしている可能性があります。保護者グループリーダーと子どもグループリーダーは，そのことを保護者や子どもに指摘し，違うグループを選択することを手伝う準備をしておきましょう。

### 宿題の振り返り

- ■保護者がこれまで報告していない新しい課外活動について話す場合を除いて，以下の点についての振り返りは，短時間にします。
  - **－友だちが見つかるかもしれない場**
  - －グループ内電話
  - －自分の持ち物

■このセッションの宿題の振り返りは，グループ外電話と**ユーモアの反応を見る**ことに焦点を当てます。

1. **グループ外電話をする**。
    a．子どもがこの電話で**情報交換**をしたか確かめます。
    b．次のことを確認します。
        ⅰ．この電話で**情報交換**をすることを通して見つけた**共通の興味**。
        ⅱ．この電話で子どもが使った**カバーストーリー**。
        ⅲ．子どもがどのように電話の会話を始めて終えたか。
2. **ユーモアの反応を見る**。
    a．保護者は，次のことを明確にします。
        ⅰ．子どもが，家族や友だちと一緒に自分の**ユーモアの反応**を見る練習をしたかどうか。
        ⅱ．子どもが，相手の人が**自分のことを笑っている**のか，**自分と一緒に笑っている**のか，あるいは全く笑っていないのかに気づいていたかどうか。
        ⅲ．子どもがこれからより**冗談を言う人**になるのか，**冗談を聞く人**になるかを話し合って決めたかどうか。
3. **友だちが見つかる場**を探す。
    a．保護者は，子どもの興味に基づいて見つけた課外活動を報告します。
        ⅰ．保護者が，その活動に申し込みをしたかを確認します。
    b．子どもたちが，新しいグループの仲間と**情報交換**をしたかを尋ねます。
        ⅰ．子どもたちがどんなグループと**情報交換**したか。
        ⅱ．彼らが会話を通して，**共通の興味**を見つけたか。
4. **グループ内電話をする**。
    a．簡単に復習します――各保護者から2文ずつくらい。
    b．保護者に次のことを発表してもらいます。
        ⅰ．電話をかけたかどうか。
        ⅱ．**情報交換**を通して見つかった**共通の興味**は何か。
    c．何か問題が起こっていたら解決します。
        ⅰ．もし保護者が宿題をすることが難しいと報告したら，「同じような問題があると感じている方はいますか？　どのように対応していますか？」と尋ねます。
        ⅱ．グループリーダーがアドバイスする前に，他の保護者から提案があれば受け入れます。
5. **自分の好きなものをもってくる**。
    a．子どもがもってきた自分の好きなものが何かを尋ねます（例：CD，雑誌，ゲーム，本，写真など）。
    b．もってきたもののなかで，適切だと思われるものだけを認めます。

> 今日のレッスン：「会話に入る」

- 保護者向け配布資料を配る。
- 説明：「これまで子どもたちは，情報交換の練習を何度もして，自分に合うかもしれない少なくとも1つのグループを探してきました。次に，相手のことをより知っていくために他の子どもたちの会話にどのように入っていけば良いのかを教えていきます。私たちは，このことを"そっとさりげなく会話に入る"と言います――なぜなら，これまで子どもたちはあまり深く考えず他の人の会話に入っているからです。子どもたちが今後どうすべきかについてお話しします」
- 保護者向け配布資料を読みます。

〈会話に入るステップ〉
1. **見る／聞く**
   a．あなたが会話に加わろうとする前に，その会話を見て，聞きます。
      ⅰ．あなたが実際に加わる前に，その人たちが何について話しているかを知る必要があります。
      ⅱ．その会話に，あなたが何か提供できる話題があるかどうかを知る必要があります。
      ⅲ．もしあなたが，その人たちが何について話しているのかを知らないまま会話に入るとしたら，あなたはただその会話の邪魔をすることになるでしょう。
   b．会話をしている人たちのなかに，自分の知っている人がいるかを見ます。
      ⅰ．少なくとも一人知っている人がいたら，会話に入りやすくなります。
      ⅱ．（知っている人がいたら）グループの人たちがあなたを受け入れてくれる可能性は大きいです。
   c．その人たちの会話に自分が入りたいかどうかを考えるために，もう少し近くに移動します（あまり近づきすぎないように気をつけます）。
   d．その人たちが良い雰囲気で話をしているか，さりげなく耳を傾けます。
      ⅰ．もし，良い雰囲気で話をしていなかったら，別のグループを探します。
   e．話題が，自分が理解できるものかどうかを確認します。
   f．その会話から，自分との**共通の興味**を見つけます。
   g．そのグループへの興味を示します。
      ⅰ．関連のあるところで，軽く笑ったり，笑顔を見せたりします。
      ⅱ．賛成のときは，首を（縦に）振ります。
   h．時々，視線を合わせます（アイコンタクト）。
   i．じっと見ません――盗み聞きしているように見えます。
2. **待つ**
   a．次の3つのうちのいずれかのタイミングを待ちます。
      ⅰ．会話のちょっとした間や途切れ。

ⅱ．もし間が空かなかったら，適切なタイミング（例：話題が変わるとき）で，それほど会話の邪魔にならないとき。
ⅲ．グループからの受け入れてもらえているようなサインが見えたとき。

3．**加わる**
　a．会話に入る理由を用意する（例：その会話で自分が話せそうなこと）。
　b．少し近づく（片手くらいの距離を離して），でも近づきすぎない。
　c．コメントを言う，質問をする，会話に関係するものをもってくる。
　d．あまり個人的な話をしない。
　e．相手の人やグループが受け入れてくれているかどうかを見る。
　　ⅰ．グループの人たちは，あなたと目を合わせますか（アイコンタクト）？
　　ⅱ．グループからあなたへのコメントはありますか？
　　ⅲ．グループの人たちは，あなたのほうに身体を向けていますか？（例：話の輪に入れてくれているか）
　f．時々視線を外す（このことは，あなたが拒否されることから守ってくれます。ただし，この動作が不自然になってしまう場合は，無理にさせないようにします）。
　　ⅰ．じっと目を見つづけない。
　　ⅱ．時々グループを見て，それ以外のときはグループから視線を外す。
　g．一人でしゃべる人にならない――あなたが話すより，まずは相手の話を聞きましょう。
　h．もし彼らがあなたのことを無視したり，あなたに会話に入ってほしくなかったりするようだったら，気にしないで他の人を探す。

"会話に入るステップ"
①離れたところから見る
②会話を聞く
③小道具を使う（そばで聞いている姿が不自然に見えないようにするため，本や雑誌，スマホなどを見ている素振りをする）
④話題が何かをはっきりさせる
⑤共通の興味を見つける
⑥もう少し近づく
⑦会話に間が空くタイミングを待つ
⑧会話に入る（コメントをする／質問をする／褒める）
⑨相手が受け入れてくれたかを見る
⑩自己紹介（オプション）

■保護者に，子どもが自分に合う仲間との会話にそっとさりげなく入っていくにあたって，考えられる問題があるかどうかを挙げてもらいます。
　－「今，会話に入る適切な方法についてお話ししました。あなたの子どもは，（もしあるとすれば）どの場面で困りそうですか？」

- これらの問題を，保護者とグループリーダーは話し合いながら解決します。
  - 保護者は，次のような方法で子どもと話し合って，子どもが会話にそっとさりげなく入ることをうまく助けてあげましょう。
    - 最近，会話に入る機会があったかどうかを尋ねます。
    - そのときの具体的な様子を説明してもらいます。
    - 子どもがうまくやれている点については，褒めます。
    - 必要であれば，他の可能性な方法について子どもに提案をします。
      - 「たとえば，こんな方法はどう？」という表現で始め，提案をします。
      - 例：「次の機会に会話に入るとしたら，入る前に間が空くのを待ってみたらどう？」
    - 子どもが間違っていることについては，指摘しすぎないようにします。
      - 子どもに自信を失わせたり，困惑させたりするでしょう。
    - 例：「正しい方法で，会話に入っていなかったよ」
  - 「何か他の提案がある人はいませんか」と尋ね，他の保護者が会話に入るうえで起こりうる問題への対応方法について，アイデアを出すことを促します。

### 宿題の説明

保護者グループリーダーは，宿題について説明し，何か起こりうる問題がある場合は，保護者とともに解決します。

1. 子どもたちは親しみを感じられる，少なくとも2人以上の**会話に入る**練習をする。
    a. 会話に入る前
       i. 子どもが受け入れられやすく（例：拒否されるリスクの低いところ），悪い評判のない場を考えましょう。
       ii. 保護者と子どもは，実際にチャレンジする前に，**会話に入る**ためのステップをリハーサルすると良いでしょう。
    b. 会話の間
       i. **会話に入る**ためのステップに従います。
    c. 会話の後
       i. 保護者と子どもは，子どもがどのように会話に入ったかについて話し合います。
       ii. 保護者は，何か問題が起こったら，解決できるように子どもをサポートします。
    d. 社会的場面での不安が特に強く，この宿題をしたがらない子どもたちには，そのグループに近づき，興味を深めながら，会話に入る最初のステップ（例：見る／聞く）だけを練習するのも役に立ちます。その場合は，この後に続くセッションで，子どもが慣れてくるにつれて，追加のステップを足していくと良いでしょう。

2．グループ内電話をする（あるいは，ビデオチャット）。
（保護者に，これが最後のグループ内電話であることを知らせます）
   a．電話の前
      i．会話練習をする相手とスケジュール調整をし，電話をかける日時を決定します（Appendix C）。
      ii．電話の間，保護者がどこにいて，どのようなサポートするのかを話し合っておきます。
      iii．保護者と子どもは，電話の前後で練習が必要かもしれません。
   b．電話の間
      i．子どもは，この電話で**情報交換**をします。
      ii．グループで発表できるように**共通の興味**を見つけます。
      iii．電話をかけるとき・切るとき，また**カバーストーリー**を使うことのルールに従います。
   c．電話の後
      i．保護者と子どもは，電話での会話について話し合い，以下のことを明確にします。
         1．**共通の興味**。
         2．**カバーストーリー**。
         3．どのように電話の会話を始めて終えたか。
      ii．保護者は，もし子どもたちが困っていることがあったら，問題解決を助けます。
3．グループ外電話をする（あるいは，ビデオチャット）。
   a．電話の前
      i．保護者は，子どもがPEERSグループ以外の誰かに電話をかけられるように，サポートします。
      ii．子どもが心地良く会話できそうな相手を選びます。
      iii．会話の間，保護者がどこにいるかを子どもと話し合っておきます。
   b．電話の間
      i．子どもは，この電話で**情報交換**をします。
      ii．グループで発表できるように，**共通の興味**を見つけます。
      iii．**双方向会話**のルールに従います。
      iv．電話をかける・切るステップ，そして**カバーストーリー**を使うためのルールを生かします。
   c．電話の後
      i．保護者は，子どもと電話での会話について話し合い，**共通の興味**が何だったか明確にします。
      ii．保護者は，もし子どもが何かで困っていたら，問題解決ができるようにサポートします。

4．ユーモアの反応を見る練習をする。
　　a．子どもたちは，家族や友だちと**ユーモアの反応を見る**練習をします。
　　b．子どもは，ユーモアの反応に注意を向けるべきです。
　　　　ⅰ．子どもは，相手の人々が，**自分のことを笑っている**のか，**自分と一緒に笑っている**のか，あるいは全く笑っていないのかを見分けます。
　　　　ⅱ．子どもは，**ユーモアの反応**について保護者と話し合います。
　　　　　　1．子どもと保護者は，子どもが**冗談を言う人**か，**冗談を聞く人**かを決めます。
5．自分の好きなものをもってくる。
　　a．グループで紹介できる自分の好きなものを1つもってきます。
　　　（例：CD，雑誌，ゲーム，本，写真など）
　　b．グループ内で他の誰かと，一対一でそのものについて**情報交換**する準備をしておきます。

## 子どもセッション・セラピストガイド

### 子どもセッション──進行のポイント

　このセッションのテーマは，子どもたちが学んできたスキルを使って新しい友だちになれる可能性のある人にアプローチするために，きわめて重要なものです。これまで，子どもたちはコミュニケーションスキルを改善することや，自分に合う友だちを明確にすることに取り組んできました。今や彼らは，新しい友だち関係を作る前提条件となるスキルを身につけています。

　ここでは，仲間の会話に入る基本的なステップを学びます（すなわち，仲間の会話にそっとさりげなく入る方法）。会話への入り方を教える際には，この複雑な社会的な行動を，具体的な細かいステップに分けて考えることが効果的です。子どもたちにとって，"見る／聞く""待つ""加わる"という3つのステップを提示されることで，とてもわかりやすくなります。

　会話に入るスキルを身につけるための重要なポイントは，どのグループが自分に合っているのか，しっかりと見極めることです。このポイントは，子どもたちにとってなかなか理解されづらく，また最も間違いが起こりがちなことです。もし，子どもたちが拒否される可能性が高いグループを選んで会話に入ろうとしたら（本人の悪い評判がある場所や仲間），それは本人に挫折感を味わわせ，社会的な関わりへの不安を高めることになり，その結果人と関わることを避けるようになってしまうでしょう。保護者／子どもグループリーダーと保護者は，どのグループの会話に入ろうと考えているのか，子どもとしっかりと話し合う必要があります。子どもがそのグループに受け入れられるかどうかについて，疑わしい場合は，拒否される可能性が低いと思われるグループを選ぶようにアドバイスしましょう。

### ルールの復習

　このルールは，グループのメンバーが守れていない場合のみ，もう一度説明します。

〈グループの5つのルール〉
1．他のグループメンバーの意見を聞く（他の人が話しているときはしゃべらない）。
2．指示に従う。
3．意見があるときは，手を挙げる。
4．相手を大切にする（からかったり，笑いものにしたり，悪口を言ったりしない）。
5．身体に触らない（たたいたり，けったり，押したり，抱きついたりなど）。

### 宿題の振り返り

> **NOTE(注)**
> 宿題へのポイントを与えます——宿題ごとに1つだけではありません。

1. <u>自分の好きなものをもってくる。</u>
   a．グループで紹介するためにもってきた自分の好きなものは何かを聞く。
      （例：CD，雑誌，ゲーム，本，写真など）
   b．適切なものにだけ認めます。
   c．注意がそがれるのを防ぐために，コーチは，活動時間までもってきたものを横に置いておきます。

2. <u>ユーモアの反応を見る。</u>
   a．「先週，私たちはユーモアの適切な使い方について話しました。今週の宿題のひとつは，あなたの言った**ユーモアへの反応を見る**ということでした。今週，自分の言ったユーモアの反応に注意を払ったという人は手を挙げてください」
      ⅰ．次のことを簡単に尋ねます。
         1．あなたは今週，冗談を言おうとしましたか（これは宿題ではありません）。
         2．もしイエスなら，「それは，あなたのことを笑っているのか，あなたと一緒に笑っているのか，どちらに見えましたか？」と尋ねます。
         3．「どんなことから，それはわかりますか？」と尋ねます。
         4．あなたは，自分が**冗談を言う人**なのか，**冗談を聞く人**なのか，どちらだと思いますか？
            a．**冗談を聞く人**になるという子どもを褒めます。
            b．**冗談を言う人**になるという子どもには，自分の**ユーモアに対する反応**が一緒に笑うものであるという，具体的な様子を話させ，その選択が合っていると考えている理由について説明させましょう。
      ⅱ．子どもたちに，**冗談を言う人**になるのはとても難しいことであり，もし言うとしたら，その反応に注意を払う必要があることを強調します。

3. <u>グループ外電話をする（あるいは，ビデオチャット）。</u>
   a．「今週もうひとつの宿題は，PEERSグループ外のメンバーと電話で**情報交換**することでした。できた人は手を挙げてください」
      ⅰ．宿題の電話をかけた子どもから始めます。
      ⅱ．次のことを尋ねます。
         1．誰と話しましたか？
         2．誰が誰に？
         3．**情報交換**しましたか？
         4．**共通の興味**を見つけましたか？
            a．**共通の興味**が見つかったら尋ねます。

「その人と出かけるとしたらその情報で何ができますか？」
        5．その会話をどんな風に終わりましたか？
      iii．一般的な質問は避けましょう――たとえば「どうだった？」など。
    b．何か問題が起こったときは解決しましょう。
      i．もし子どもが間違った反応をしたら，次のことを尋ねます。
        「次回違う言い方をするとしたら，何と言えますか？」「どんな風に電話を切るとよいと思いますか？」
    c．もし時間が許せば，宿題をしてこなかった子どもを調べ，今週するためにどうすれば良いかを検討しましょう。
4．グループ内電話をする（あるいは，ビデオチャット）。
    a．「今週もうひとつの宿題は，グループ内の他のメンバーと電話で**双方向会話**をすることでした。できた人は手を挙げてください」
      i．宿題の電話をかけた子どもから始めます。
      ii．次のことを尋ねます。
        1．誰と話しましたか？
        2．誰が誰に？
        3．**情報交換**しましたか？
        4．**共通の興味**を見つけましたか？
          a．**共通の興味**が見つかったという場合は次のように尋ねます。
            「その人と遊ぶとしたら，その情報をもとに何ができますか？」
      iii．一般的な質問は避けましょう――たとえば「どうだった？」など。
      iv．その電話のパートナーだった相手の子どもに，その直後に電話の会話について尋ねて宿題をしたことを認めます。ただし同時ではありません。
        1．子どもたちに，他の人がした間違いについて話すことは許しません。
    b．何か問題が起こったときは，解決しましょう。
      i．もし子どもが間違った反応をしたら，次のことを尋ねます。
        「次回，違う言い方をするとしたら，何と言えますか？」
        「どんな風に電話を切るとよいと思いますか？」
5．<u>友だちが見つかる場を探す。</u>
    a．「数週間前，私たちは，学校にはさまざまなグループや仲間がいることや，どのグループが自分に合っているかについて話しました。今週のひとつの宿題は，これらの新しいグループの誰かと**情報交換**をすることでした。自分に合ったグループの誰かと**情報交換**できた人は手を挙げてください」
      i．簡単に次のことを尋ねます。
        1．どのグループが自分に合っていると思いましたか？
        2．それらのグループのひとつの誰かと，**情報交換**しましたか？
        3．どのグループを選びましたか？
        4．**共通の興味**は見つかりましたか？

b.「もうひとつの宿題は，保護者と一緒に，あなたと**共通の興味**をもっている人と出会えそうな課外活動を探して申し込みを始めるということでした。どの活動に参加するか見つかった人は手を挙げてください」
    i．簡単に次のことを尋ねます。
        1．どの課外活動を選びましたか？
        2．その活動に申し込みましたか？
        3．そのグループには，あなたと同年齢の人たちがいますか？
        4．それは，あなたにとって，新しい友だちが見つかる可能性がある良い場所ですか？

### 今日のレッスン：「会話に入る方法」

- 説明：「2週間前，私たちは学校にいる，あなたに合うかもしれないさまざまなグループについて話しました。あなたは今，どのグループが自分に合うかわかってきましたね。次に，いつ，どこで，新しい友だちを作るのかを考えることが必要です。友だちを作るのに良いときと悪いときがあります，また良い場所と悪い場所があります」
- 子どもたちに，友だちを作るのに良い場所と良いときを挙げさせます。
    －「友だちを作るのに良い場所はどこで，良いときはいつでしょうか？」（以下の表参照）

| 友だちを作るのに良い場所／時間 | 友だちを作るのに悪い場所／時間 |
|---|---|
| 学校の始まる前あるいは後 | 叱られて居残りしているとき |
| 休み時間 | 職員室や校長室 |
| 昼食時間 | 自宅謹慎中 |
| 放課後の活動時間 | けんかの様子を見ているとき |
| 通学バス・電車 | 授業中，先生が話しているとき |
| スポーツ活動／チーム | トイレのなか |
| レクリエーションセンター | スポーツの試合の最中<br>（試合を集中して見ているときも） |
| 地域のプール | 自習室 |
| 図書館でのイベント | 静かな時間 |
| お互いの友だちの紹介 | 宗教のお祈りの時間 |
| 若者のためのグループ活動 | 街かど |
| クラブ | ゲームセンター |
| ボーイスカウト／ガールスカウトの活動 | |
| YMCA／YWCA | |

－必要があれば，具体的な例を提案します。

〈友だち選びの良い選択〉
- ■「友だち作りのいくつかの良いときと場所がわかりました。それでは，あなたは誰と友だちになろうとするのか，またどこで友だちが見つかるのかについて考えてみましょう。私たちはこれまでのセッションで，あなたに合うかもしれない子どもたちがいるさまざまなグループについて話しました。それでは，自分はどのグループに合うのか，そしてこれらのグループでどのように合う友だちを見つけると良いかを発表してもらいましょう」
- ■子どもたちに以下のことを発表させます。
　－あなたに一番合うと思われるグループ。
　－あなたが合うかもしれないグループに入っている子どもと出会える場所。
　　・例：コンピュータオタクは，学校のコンピュータ室にいるかもしれません。
　－あなたが合うかもしれないグループから，どうすれば合う友だちを見つけることができるか。
　　・例：ゲームオタクはビデオゲームをしているかもしれないし，ゲームに関するデザインのTシャツを着ているかもしれません。
- ■必要であれば，具体的な例を提案し，問題解決します。

〈会話に入るステップ〉
- ■「ではこれで私たちは，自分に合う友だちが見つかるかもしれない場所について，いくつかのアイデアをもっています。次にどのようにこれらの子どもたちについてもっと知ることができるかについて話しましょう。新しい友だちに会うことができるひとつの方法は，あなたがもっと知りたいと思っている子どもたちの会話に入っていくことです。それを"そっとさりげなく会話に入る"と言います。なぜそう言うかと言えば，今話している人たちの邪魔にならないように，ゆっくり，そっと加わるということが必要だからです。いったん会話に入れたら，**情報交換**を始めて，**共通の興味**を探すことができます」
- ■これは，自分がよく知っている仲間のなかに入っていく方法ではないことを，明確に伝えます。
　－よくあなたが知っている友だちの場合は，近づいていって「やあ！」と声をかけると良いでしょう。
　－このステップは，あなたがまだよく知らなくて，もう少し知りたいと思っているグループの会話にそっとさりげなく入るための方法です。
　－このステップは，その話しているメンバーを少なくとも一人は知っていて，他の人たちのこともちょっと知っているようなときに，会話に入る場合に使います。
　　・例外：子どもが休暇中に出かけてはじめて出会ったとか，あるいはお互い誰も知らないイベントなどの集まりでも，このステップを試してみることができます。
- ■会話にそっとさりげなく入る方法のステップを提示します。

1. **見る／聞く**
    a．会話をしている人たちのなかに，自分の知っている人がいるかを見ます。
        ⅰ．「また，会話をしている人たちをよく見て，そのうち少なくとも一人は自分の知っている人がいるかどうかを確かめます。なぜそのことは大事なのでしょうか？」
            1．答え：もしあなたが少なくともそのうちの一人の人を知っていたら，会話に入りやすいでしょう。なぜなら，彼らがあなたを受け入れてくれやすくなるからです。
    b．あなたが会話に加わろうとする前に，その会話を聞きます。
        ⅰ．「次のステップは，その会話を聞くということです。何を聞いていると思いますか？」
            1．答え：あなたは会話に入る前にそのグループが何を話しているのかを知る必要があります。つまり，その会話に入ったとき，あなたが何か話せることがあるかどうかを考える必要があります。もし人々が何を話しているのかを知らないで会話に入ろうとしたら，あなたはただその会話の邪魔をするだけということになるでしょう。
    c．その会話に自分が入りたいかどうかを確かめるために，もっと近づいてその様子を見て会話に耳を傾けます。
        ⅰ．"見て／聞く"ステップでは，彼らが何を話しているかを聞くために，もう少し近づく必要があります。しかし，あまり近づきすぎないように注意しましょう。なぜ，会話に入る前にあまり近づきすぎるのは良くないのでしょうか？」
            1．答え：なぜなら，あなたが盗み聞きしていると思われる（実際そうしている）からです。彼らはあなたのことをおかしいと思うでしょう。その結果，あなたのことを受け入れてくれなくなるかもしれません。
    d．彼らが良い感じで話をしているかを確認します。
        ⅰ．「話している様子を見て，会話の内容を聞き，彼らがお互いに良い感じで話をしているかを確かめましょう。なぜそうすることは大事なのですか？」
            1．答え：もし彼らが良い雰囲気で話をしていない場合は，あなたに対しても気持ちよく接してくれない可能性があるからです。
        ⅱ．説明：お互いにからかったり，相手のことを笑い者にしたりするような会話に入ることは避けるべきです。違うグループを探しましょう。
    e．彼らがあなたのわからないことを話していないかを聞いて確かめましょう。
        ⅰ．「私たちは，彼らが私たちのわからないことを話していないかを確かめるために，会話を聞く必要があります。なぜそうすることが大切なのですか？」
            1．答え：もし，彼らが何を話しているかがわからなければ，その会話にあなたが参加することはできないからです。あなたがわからないことを一つひとつ質問したら，その会話のスピードを遅くしてしまいます。その会話の自然な流れを妨げることになるでしょう。
    f．その会話から，**共通の興味**を見つけます。
        ⅰ．「加わると一番良いのは，共通の興味について話ができる会話です。なぜ，共通の興

味がある会話に入ると良いのでしょうか？」
- 1．答え：あなたがわかっている好きなことに関する話題なので，話しやすいからです。新しい人と友だちになりたい場合には，共通点があると助かるでしょう。友だちは，共通の興味をもっていることが基本になっています。

g．そのグループに興味があることを見せます。
- ⅰ．「会話を見て聞いている間，もしグループの人たちがあなたに気づいたら，彼らが話していることに自分が興味をもっていることを見せると良いでしょう。関連している場面では，少し笑ったり，笑顔を見せたり，あるいは賛成の意味で首を縦に振ったりします。なぜグループに対して，自分が興味をもっていることを見せるのは大事なのでしょうか？」
  - 1．答え：あなたは，彼らが話していることに興味を感じています。あなたがされていることに同意する気持ちを見せることで，彼らはあなたをより受け入れてくれることになるでしょう。

h．時折，視線を合わせる（アイコンタクト）してみます。
- ⅰ．「グループの人たちと，時折，視線を合わせるのは良いことです。でも，じっと見つめてはいけません！　それは盗み聞きしているように見えるので，あなたを受け入れてくれなくなります。その代わり，時折，グループから視線を外します。なぜそれは良い考えなのですか？」
  - 1．答え：それはあなたが彼らや，話していることに興味をもっているということを見せることになるからです。

> **NOTE（注）**
>
> このステップで，小道具（盗み聞きしているように見えないように，雑誌や携帯などを手にもって，そちらに時折視線を向ける）を使うことも，おすすめです。

2．**待つ**
- a．「少しだけ知っている人々の間の会話にそっとさりげなく入る次のステップは，待つことです。何を待っていると思いますか？」
  - ⅰ．会話が途切れる短い間を待つ。
  - ⅱ．もし間が開かなかったらあまり会話の邪魔にならない適切なタイミングを待つ（例：話題が変わるとき）。
  - ⅲ．グループからの受け入れてくれそうなサインが見られるときを待つ（例：あなたのほうを見て，笑顔を見せる）。
- b．「完璧な間はありますか？」
  答え：まれです。
- c．「あまり会話の邪魔をしすぎないようにしなければなりません。加わる一番良いタイミングは，誰かが話し終わったときです。もしその前にグループの人があなたに気づいたら，

彼らはあなたに興味をもっているということでしょう。あなたが加わるのに良いタイミングです」

3. **加わる**
   a．「少しだけ知っている人たちの会話にそっとさりげなく入る最後のステップは，実際に会話に入るということです」
   b．会話に入る理由を準備します（例：その会話に関する話題）。
      ⅰ．「会話に入る理由があることは重要です。何も話せそうもない会話には，入らないほうが良いでしょう。なぜ，自分がその会話のテーマについて話せそうな話題をもっていることが大切なのでしょうか？」
      答え：それがあると，会話に入ることが楽になります。もし何も話せることがなかったら，あなたは相手の会話のスピードを落として，邪魔をしているだけになってしまいます。
   c．少し近づきます（腕一本くらいの距離を離して）でも近づきすぎません。
      ⅰ．「会話に入る直前に，もう少し近づくことが重要です。腕一本くらいの距離がちょうどいいでしょう。ただし，近づきすぎないように気をつけなければなりません。なぜ，近づきすぎるのは良くないのでしょうか？」
      答え：あなたは相手のスペースに侵入することになります。彼らは，あなたのことを変だと思うかもしれません。
      ⅱ．腕一本くらいの長さくらいの距離がどれくらいかやってみせます。
      ⅲ．子どもたちに，会話に入る前に実際に測ることはしないと注意をしましょう（ジョークにして伝えることができます）。
   d．会話の内容についてコメントを言ったり，質問をしたり，話題に関係するものをもってきたりしながら，会話に入ります。同じ話題に沿って話すようにします。
      ⅰ．「次のステップでは，あなたがその話題について知っていることを伝えるために，コメントを言ったり，質問をしたりして会話に入ります。また，その会話に関連するものをもってくることもできます。大切なことは，会話の話題を続けるということです。なぜ，同じ話題を続けることが大事なのでしょうか？」
      答え：そうしなければ，あなたは会話の邪魔をすることになるし，話題を変えてしまうことになります。するとあなたをあまり受け入れてくれなくなるかもしれません。
      ⅱ．話題に関連した褒め言葉を言って入ることも有効です。
   e．あまり個人的な話をしない。
      ⅰ．「会話に加わったら，あまり個人的な話はしないということも大切です。なぜ，あまり個人的な話をするのはよくないのでしょうか？」
      答え：もしあなたがあまり個人的な話をしたら，相手を不愉快な気分にさせてしまうかもしれません。そして，あなたと話したいとは思わなくなるでしょう。

f．会話の独り占めをしない。
   i．「いったん会話に加わったら，会話の独り占めをしないということも大切です。これは，最初に会話に加わったときは，他の人より少なめに話し，人の話を聞くようにするということです。会話に入ったときには会話への訪問者みたいな立場にいます。なぜ一人でしゃべってしまうのは，なぜ良くないのでしょうか？」
   答え：彼らの会話の流れを邪魔することになります。またあなたは，彼らの話していることについてではなく，あなたのことについて一方的にしゃべることになります。

g．**時折，視線を外す**（このことは，あなたが拒否されることから守ってくれます）。
   i．視線を外すというのは，グループだけに焦点を当てず，あなたのことを起こるかもしれない拒否から守りながら，グループに対する興味を伝えていく方法です。**視線を外す**ことは，誰かが会話に加わろうとしたが，まだ完全には受け入れられていないようなときに，時折さりげなく使われます。仲間に入ろうと試みている人が，時々アイコンタクトを取りながら，また時にグループから視線をずらすという行動です。自分の注意を分散して，グループメンバーや自分自身を落ち着かない気分にさせないようにしていく方法です。
   ii．「私たちが会話にそっと入っていくときに，（起こるかもしれない）相手の拒否から自分を守ることができるひとつの方法は，視線を外すと呼ばれている方法です。これは私たちが話している人を時々見るけれど，じっと見つづけることは避けるということです。その代わりに，（まだ完全には自分が相手に興味があるようには見せずに）時折，グループとは違う方向を見ます」
   iii．"視線を外す"ことをやってみせます。
      1．じっと見ません。
      2．グループを時々見ます。
   iv．"ずるがしこい"視線をやってみせます。
      1．"視線を外す"こととの違いがわかるように見せます。
      2．"視線を外す"ことの難しさは，漂うような視線で"ずるがしこく"見せないところにあります。そのような視線にならないように気をつけます。

◀ NOTE（注）▶

"視線を外す"ことについては，このスキルをマスターできると思われる高機能の子どもたちだけに提示します。それ以外の子どもたちに知らせると，不自然な振る舞いになって，おかしく見えてしまう可能性があります。

h．相手の人やグループが，自分を受け入れてくれているかどうかを見ます。
   i．「最後に，私たちは，その会話に受け入れられたかどうかに注意を払うものです。その会話に受け入れられたことはどんなことからわかりますか？」
   答え：
   a．グループの人たちは，あなたと目を合わせますか？（アイコンタクト）

b．グループのコメントや質問が，あなたへ向けられていますか？
　　　c．グループのメンバーはあなたのほうに身体を向けていますか？
　　　（例：話の輪に入れてくれているか）
　i．人々が少人数でおしゃべりしているときは，円形になることが多いものです。あなたが会話に入れてもらえたら，そのグループは**輪を開いて**，あなたが加わるスペースを開けてくれるでしょう。会話に入れてもらえていないときは，グループは**輪を閉じる**か，あなたに背を向ける傾向があるので，そのような様子が見られたらあなたはその会話から外されたということになります。
　　　ⅰ．「もしそのグループがあなたを無視したり，**輪を閉じたり**したら，あなたは話しつづけ，彼らにあなたと話すように強要すべきでしょうか？」
　　　　答え：いいえ。
　　　ⅱ．「それより，気にしないで次のステップに進みましょう。違うグループに加わるために，別の会話の場を探します。入れてもらえないことがあっても，誰かの会話に入ることを諦めないことです」

> **NOTE（注）**
> ステップ3の〈加わる〉で会話をする際には，セッション2で学んだ情報交換のスキルを使いましょう。

## "会話に入るステップ"

　①離れたところから見る
　②会話を聞く
　③小道具を使う
　④話題が何かをはっきりさせる
　⑤共通の興味を見つける
　⑥もう少し近づく
　⑦会話に間が空くタイミングを待つ
　⑧会話に入る（コメントをする／質問をする／褒める）
　⑨相手が受け入れてくれたかを見る
　⑩自己紹介（オプション）

### ロールプレイ

■グループリーダーは，不適切に会話に入るというロールプレイを，2人のコーチと一緒に見せます。
　ー次のように言って始めます。「今から，**会話に入る**というロールプレイをします。これを見て，私のしていることの何が間違っているのかを教えてください」。

－まず，会話を見たり，聞いたりするステップを踏まないで，会話に割り込む様子を見せます。相手に何を話しているのかを尋ねて，全くそれとは違うテーマで話をします。

◀ NOTE（注）

もしコーチが1人しかいなかったら，グループのなかで一番高機能の子どもを選んでロールプレイを手伝ってもらうのも良いでしょう。その場合は，ロールプレイを始める前に，何をしようとしているのかについての概要をその子どもに伝える必要があります。セッションが始まる前にこの説明をしておくとうまくいきます。子どもたちを使う場合は，ロールプレイの台本に沿ってさせるより，コーチと自然に情報交換させるほうがスムーズです。

### 不適切なロールプレイの例

リーダー：（2人のコーチから離れたところに立っている）
コーチ1：やあ ＿＿＿＿ さん（名前）！　この間の週末どうだった？
コーチ2：楽しかったよ。＿＿＿＿ さん（名前）は？
コーチ1：私もすごく楽しかったよ。＿＿＿＿ さん（名前）は何してたの？
コーチ2：宿題してから，映画を数本か見たかな。
コーチ1：そう，何の映画を見たの？
コーチ2：（コメディ映画の俳優の名前）の映画をいくつか見たよ。彼の映画見たことある？
コーチ1：あるよ。彼の映画は好きだなあ。なかなかおもしろいよね。
リーダー：（突然2人のほうに来て，かなり近くに立っている）やあ！　何話しているの？
コーチ1：（驚いた様子で）この間の週末のことを話してるんだけど。（リーダーと反対の方向を向いて，輪を閉じてしまう）ところでさ，さっき数本の映画を見たって話してたけど。
リーダー：（会話を遮って）週末おもしろかったよ。新しい遊園地に行ったんだけど，きみたち行ったことある？
コーチ2：（イライラした様子で）う〜ん，行ったことない。（リーダーと反対の方向を向いて，輪を閉じる）うん，そう，映画を見て宿題をちょっとしたよ。きみは何をしたの？
コーチ1：そうだね，友だち数人とモールに行って。
リーダー：（会話を遮って）それなら，ぜひあの遊園地に行くべきだよ，ほんとに楽しいから。
コーチ1＆2：（イライラした様子で，リーダーの言葉を無視する）

―次のように言って終わります。「これで終わります。では，私は，会話にそっとさりげなく入ろうとするステップで，何が間違っていましたか？」
　答え：子どもグループリーダーは，ルール（見る／聞く，待つ，加わる）に従っていませんでした。
―「彼らは私と話したそうでしたか？」
　答え：いいえ。
―「どうしてそれがわかりますか？」
　答え：彼らは輪を閉じ，コメントを無視し，イライラしているように見えました。
―「彼らが自分と話したくなさそうだということに気づいたら，私はどうすべきでしたか？」
　答え：相手に話すことを強要すべきではありません。次のステップに進みましょう。

〈相手の視点に立って考える質問〉
　この会話は ＿＿＿＿ さん（コーチの名前）にとって，どうだったでしょうか？
　＿＿＿＿ さん（コーチの名前）は，私（リーダー）のことをどう思っているでしょうか？
　＿＿＿＿ さん（コーチの名前）は，私（リーダー）とまた話したいと思うでしょうか？

■次に，グループリーダーは，2人のコーチ（あるいは，1人のコーチと子ども）とリーダーがうまく会話に入るという適切なロールプレイを見せます。
―「それでは，もう一度やってみましょう。そして今回は，**会話に入る方法**のステップに沿ってやります。これを見て，私がした正しかったことは何かを教えてください。
―**会話に入る**ステップを見せます（**見る／聞く，待つ，加わる**）

### 適切なロールプレイの例

リーダー：（2人のコーチから離れたところに立っている）
コーチ1：やあ ＿＿＿＿ さん（名前）！　この間の週末どうだった？
コーチ2：よかったよ。＿＿＿＿ さん（名前）さんは？
コーチ1：すごく楽しかったんだ。きみは何してたの？
コーチ2：えっと，宿題してから，映画を数本か見たかな。
リーダー：（チラチラと2人の様子を見ている）
コーチ1：そう，何の映画を見たの？
コーチ2：（コメディ映画の俳優の名前）の映画をいくつか見たよ。彼の映画見たことある？
コーチ1：あるよ。彼の映画は好きだなあ。だってなかなかおもしろいし。コメディ好き？
リーダー：（少し近づいて，時々視線を合わせる）
コーチ2：ああ，コメディは大好きだよ。きみは？
コーチ1：もちろん，コメディは僕の好きなジャンルの映画なんだ。

コーチ2：じゃあ，（最近のコメディ映画のタイトル）は見た？
コーチ1：うん！　ちょうど最近見たところだよ！
コーチ2：僕も！　よかったなあ！
リーダー：（会話の間が空くのを待って）じゃあ，きみたちも（話題に上がっている映画のタイトル）見たの？
コーチ1＆2：（リーダーのほうを見て輪を開く）そうだよ。きみも見たの？
リーダー：うん！　おもしろかった。僕，（俳優の名前）の映画好きなんだ！
コーチ2：僕もだよ。何度見てもあきないね。（リーダーのほうを見ながら）どの映画がきみの好きな映画なの？

－次のように言って終わります。「はい，これで終わります。では，会話に入るステップで，私がした正しいことは何でしたか？」
答え：リーダーは，ルール（見る／聞く，待つ，加わる）に従っていました。
－「彼らは私と話したいように見えましたか？」
答え：はい。
－「どうしてそう思いましたか？」
答え：彼らは輪を開いてくれて，質問に答えました。アイコンタクトも取ってリーダーに質問もしていました。

〈相手の視点に立って考える質問〉
この会話は ＿＿＿＿ さん（コーチの名前）にとって，どうだったでしょうか？
＿＿＿＿ さん（コーチの名前）は，私（リーダー）のことをどう思っているでしょうか？
＿＿＿＿ さん（コーチの名前）は，私（リーダー）とまた話したいと思うでしょうか？

### 宿題の説明

■次のように言って宿題を簡単に説明します。
「今週は，今はまだあまり知らないけど，友だちになれたらと思っている人たちの**会話に入る**練習をしてもらいます。理想的には，これらの人は，あなたが自分に合っていると思っているグループの人であると良いですね。それから，電話をかけて，会話スキルを練習することも続けてほしいと思います，そこで，あなたの今週の宿題は──
－①今日習ったステップに従って，**会話に入り**ます。
－②別のグループメンバーとグループ内電話をします。
 ・およそ5〜10分間話しましょう。
 ・電話をかける・切るステップを使います。
 ・あなたは，グループで発表できるように，**情報交換**をし，**共通の興味**を見つけます。
－③PEERSグループのメンバーでない人と電話で話します。
 ・少なくとも5〜10分間話します。

- あなたが心地良く話せる相手を選びます。
- 次のセッションの宿題の振り返りで報告できるように**共通の興味**を見つけます。
  - ④来週，**情報交換**をするために，あなたの持ち物をもってきましょう。
  （例：CD，雑誌，ゲーム，本，絵など）
  - ⑤もし今週冗談を言うとしたら，あなたのユーモアに対してどんな反応があったかに注意を払います。
    - 相手があなたのことを笑っているのか，あなたと一緒に笑っているのか反応を見ます。
    - あなたは冗談を言う人なのか聞く人なのかを決めましょう。
- ■ グループリーダーとコーチは今週のためのグループ内電話の順番を決定し，"グループ内電話パートナー表"に記入します（Appendix E）。
  - もし偶数でなかったら，誰かに2回役割を与えます。
    - この人はグループ内電話を2回かけます（1回はかける人として，もう1回は受ける人として）。
    - この人には，余分にかけた分の追加ポイントを与えます。

## 子どもたちのアクティビティ：「会話に入る」

◀ ＝ NOTE（注）＝

ルールについては"子どもたちのアクティビティガイド"を見ましょう。

- ■ 子どもたちを小さなグループに分け（3人以上），自分のもってきたものについて**情報交換**します。
- ■ もってこなかった子どもたちのために，雑誌の一部を用意します。
- ■ 可能であれば，女の子は女の子同士，男の子は男の子同士にします。
- ■ 子どもたちに，自分のもってきたものについて**情報交換**をしている間に，**会話に入る**練習をするように言います。
- ■ それぞれの子どもに，他のメンバーの**会話に入る**という練習をさせます。
  - 他のグループメンバーに，その人を会話に入れてあげなければならないことを伝えます。
  - 子どもに，実際に会話に入ることをトライする前に，リーダーとコーチの**会話に入る**ステップを声に出しておさらいさせます。
  - 子どもグループリーダーとコーチは，その会話に入る試みがなされた直後に，すぐそのできばえがどうであったかについてコメントを伝えます。
    - 子どもたちが正しくやっていたことについて褒めます。
    - 必要であれば，違ったやり方を提案します。
    - 不適切な場合は，やり直しをさせます。
      - ■ ある子どもたちには，"視線を外す"というのは，かなり難しいスキルになります。グループの子どもたちにはまだ難しいと思われる場合は，"視線を外す"という方法を使うことは制限し，仲間に入る別のステップに目を向けるほうが良いでしょう。

- どの子もセッション中に1回は，**会話に入る**練習をします。
- この練習にチャレンジしたら，ポイントを与えます。
- チャレンジした子どもに対して，拍手をするように促します。
- この練習をすることに消極的な子どもは，かなり社会不安が強いと思われます。おそらく恐怖症も疑われます。
    - 自閉スペクトラム症の社会不安の強い子どもたちは，時にかなりの不安を経験します。
- そのような場合は，グループが安心できる場となるような配慮しながら，まず仲間に入る最初のステップだけを練習させると良いでしょう。

### 保護者との合流タイム

- 子どもたちに保護者と合流するように伝えます。
    - 子どもたちが，それぞれ保護者の横に立つか座るかするようにします。
    - 静かにして，グループに集中するように促します。
- 「今日は，会話に入るステップについて学びました。会話に入るステップについて発表してくれる人はいますか？」。子どもたちにルールを出させましょう。もし出にくい場合は，ヒントになることを提示できるようにしておきます。

1. 見る／聞く
    - 会話に加わろうとする前に，その会話を見て，聞きます。
    - 会話をしている人たちのなかに，自分の知っている人がいるかを見ます。
    - その会話に自分が入りたいかどうかを考えるために，もう少し近くに移動します（あまり近づきすぎないように気をつけます）。
    - その人たちが良い感じで話をしているかを聞きましょう。
    - 話題が，自分にわかるものかどうかを確認します。
    - その会話を聞きながら，自分との**共通の興味**を見つけます。
    - そのグループへの興味を示します。
    - 時々，目を合わせます（アイコンタクト）。

2. 待つ
    - 良いタイミング（会話が途切れる短い間）。
    - もし間が開かなかったら，誰かの話が終わった瞬間などそれほど会話の邪魔にならないとき。
    - 完全に入る前に，グループからの受け入れてもらえているようなサインが見えたとき。

3. 加わる
    - 会話に入る理由を用意する（例：その会話で自分が話せそうなこと）。
    - 少し近づく（腕一本くらいの距離を離して），でも近づきすぎない。

- ■コメントを言ったり，質問したり，あるいは会話に関係するものをもってきたりする。
- ■**あまり個人的な話をしない。**
- ■**一人でしゃべる人にならない。**
- ■**時折，視線を外す**（子どもに合っていれば）。
- ■相手の人やグループが受け入れてくれているかどうかを見る。
- ■もし彼らがあなたのことを無視したり，あなたに会話に入ってほしくなさそうな様子が見られたりするときは，気にしないで他の人を探しましょう。
- ■「今日は，会話にそっとさりげなく入る方法について練習しました。グループの皆さんは，とてもよくがんばって情報交換できましたね。みんなで拍手しましょう」
- ■来週までの宿題について説明します。
  - －保護者の前で，グループ内電話パートナー表を読み確認する（Appendix E）。
  - －誰が誰にかけるのかを，メモするように保護者に伝える。
  - －これが最後のグループ内電話であると伝える。
- ■必要に応じてそれぞれの家庭と，個別に話し合う。
  - －子どもがどの仲間グループの会話に入ろうとするのか。
  - －子どもが誰とグループ外電話をするのか。
  - －来週，自分のどんな持ち物をもってくるのか。

## 宿題

1. 子どもたちは親しみを感じられる関係にある，少なくとも2人以上の**会話に入る**練習をする。
   a．会話に入る前
      ⅰ．子どもが受け入れられやすく（例：拒否されるリスクの低いところ），悪い評判のないところを考えましょう。
      ⅱ．保護者と子どもは，その試みをする前に，会話に入るためのステップをリハーサルするのも良いです。
   b．会話の間
      ⅰ．**会話に入る**ためのステップに従います。
   c．会話の後
      ⅰ．保護者と子どもは，子どもがどのように会話に入ったかについて話し合います。
      ⅱ．保護者は，もし何か問題が起こっていたら解決できるようにサポートします。
   d．特に社会的場面での不安が強く，この宿題への抵抗が大きい子どもたちには，まずはグループに近づき，興味を深めながら，仲間に入る最初のステップ（例：**見る／聞く**）だけ練習するというのが助けになるでしょう。この後に続くセッションで，もっと気持ちが楽になってくれれば，追加のステップにチャレンジすることを促すことができます。

2．グループ内電話をする（あるいは，ビデオチャット）。
   （保護者に，これが最後のグループ内電話であることを知らせます）
   a．電話の前
      ⅰ．会話練習をする相手とスケジュール調整をし，電話をかける日時を決定します。
      ⅱ．電話の間，保護者がどこにいて，どのようなサポートするのかを話し合っておきます。
      ⅲ．保護者と子どもは，電話の前後で練習が必要かもしれません。
   b．電話の間
      ⅰ．子どもは，この電話で**情報交換**をします。
      ⅱ．グループで発表できるように**共通の興味**を見つけます。
      ⅲ．電話をかけるとき・切るとき，またカバーストーリーを使うことのルールに従います。
   c．電話の後
      ⅰ．保護者と子どもは，電話での会話について話し合い，以下のことを明確にします。
         1．**共通の興味**。
         2．**カバーストーリー**。
         3．どのように電話の会話が始まって終わったか。
      ⅱ．保護者は，もし子どもたちが困っていることがあったら，問題解決をするのを助けます。
3．グループ外電話をする（あるいは，ビデオチャット）。
   a．電話の前
      ⅰ．保護者は，子どもがグループのメンバー以外の誰かに電話をかけられるようにサポートします。
      ⅱ．子どもが心地良く会話できそうな相手を選びます。
      ⅲ．会話の間，保護者がどこにいるかを子どもと話し合っておきます。
   b．電話の間
      ⅰ．子どもは，この電話で**情報交換**をします。
      ⅱ．グループで発表できるように，**共通の興味**を見つけます。
      ⅲ．**双方向会話**のルールに従います。
      ⅳ．電話をかける・切るステップ，そして**カバーストーリー**を使うというルールを活かします。
   c．電話の後
      ⅰ．保護者は，子どもと電話での会話について話し合い，**共通の興味**が何だったか明確にします。
      ⅱ．保護者は，もし子どもが何かで困っていたら，問題解決できるようにサポートします。

4．**ユーモアの反応を見る**練習をする。
　　a．子どもたちは，家族や友だちと**ユーモアの反応を見る**練習をします。
　　b．子どもは，ユーモアの反応に注意を向けるべきです。
　　　　ⅰ．子どもは，相手の人々が，**自分のことを笑っている**のか，**自分と一緒に笑っている**のか，あるいは全く笑っていないのかを見分けます。
　　　　ⅱ．子どもは，ユーモアの反応について保護者と話し合います。
　　　　　　1．子どもと保護者は，子どもが**冗談を言う人**か，**冗談を聞く人**かを決めます。
5．自分の好きな物をもってくる。
　　a．グループで紹介できる自分の好きなものを1つもってきます。
　　　（例：CD，雑誌，ゲーム，本，写真など）
　　b．グループ内で他の誰かと，一対一でそのものについて**情報交換**する準備をしておきます。

## 子どもたちのアクティビティガイド

### "会話に入る"

**準備物**
- 子どもたちがもってきた自分のもの
- CDプレイヤーや音楽用ヘッドフォン（オプション）
- 子どもが自分のものをもってくるのを忘れた場合のために，一緒に見ることができる雑誌
  - コンピュータ関連雑誌
  - アニメ雑誌
  - 思春期向け雑誌
  - スポーツ雑誌

**ルール**
- 子どもたちを少人数のグループに分ける（1つのグループが3人以下にならないようにする）。
  - 可能であれば，同性同士のグループにする。
- 順番に，会話に入りながら，自分たちがもってきたものについて**情報交換**をする練習をさせる。
- **情報交換**を通して，**共通の興味**を見つけるように励ます。
- 適切な時に相手に質問をするように促す。
- 子どもたちが**会話に入る練習**をするために
  - グループリーダーとコーチは，その子どもをグループから少し離して，会話に入るためのステップを確認させます（ホワイトボードに書いてあるステップを見る必要があるかもしれません）。

- それから，その子どもに他のメンバーがもってきたものについて**情報交換**をしている会話に入ることで，ステップを使う練習をさせます。
- 会話をしているメンバーに，その子が入ろうとしたら入れてあげるように伝えます。
- 子どもたちは，各ステップを思い出すのに，コーチからの手助けが必要かもしれません。たとえば──
  - 会話に入る最初のステップは何でしたか？ グループの人たちは何について話しているかわかりますか？ その話題についてあなたは何かしっていますか？ もしその会話に入って話せることがあるとしたら，入ってみましょう。
  - 会話に入る2つ目のステップは何でしたか？ 何を待つのでしたか？［答え：会話の間］もしちょうど良い間が空かなかったら，とにかく入ってみる必要があるかもしれません。あまり邪魔にならないように気をつけて入りましょう。
  - 会話に入る最後のステップは何でしたか？ どのように入りますか？ グループの人たちが話していることについて，何か質問やコメントをすると良いでしょう。その話題から離れないように気をつけます。

■ 子どもが間違った会話に入り方をしたときは，"タイムアウト（一時中止）"にします。そして，その間違いを優しく指摘します。適切に会話に入るための方法について，フィードバックしましょう。
- うまくできるようになるまで，もう一度練習させます。

■ 子どもがうまく会話に入れたら，他の子どもたちに拍手をさせましょう。
- 子どもグループリーダーは，簡単に会話に入る各ステップを指摘します。

■ それぞれの子どもがうまく会話に入れるように，順番にチャレンジさせましょう（少なくとも1人1回ずつ練習します）。

■ 会話に入るステップに従うことができたら，ポイントを与えます。

# 9 セッション7
## 仲間に入るⅡ——会話から抜ける

### 保護者 セッション・セラピストガイド

#### 保護者セッション——進行のポイント

　保護者グループリーダーは，まずグループ外電話の振り返りをします。というのも，保護者は会話に入る宿題と違って，この宿題の際，子どものそばで様子を見ているので，何が起こっていたのかを報告することができるからです。いつものように，まずは宿題ができた人から尋ねます。次に，うまくいかなかったという保護者のサポートをしますが，その前に，まず会話にそっとさりげなく入るステップを復習して，会話に入るという宿題を保護者と一緒に振り返ります。

　このセッションで大事なのは，うまく会話に入ることができなかった子どもたちをサポートすることです。自閉スペクトラム症の子どもたちは，会話に入ろうとしたのに計画した通りにいかなかったとき（あるいは教えられたようにいかなかったとき）拒否されたように感じてしまって，とても困惑します。これは誰にでも起こりうることですが，社会的な場面で不安が強い子どもたち（特に自閉スペクトラム症の特性をもつ場合）は，仲間が期待していたように反応してくれないと混乱はより大きくなります。このセッションでは，子どもたちに会話に受け入れられたかどうかを判断するために，社会的場面での重要な手がかりを教えます。また，うまく入れなかったときの影響をできるだけ小さくするのに，自分でどうすれば良いかも教えます。残念ながら，仲間の会話から抜ける対策は，会話に入る方法を学んだ後にしか教えることができません。もし子どもが会話に入ろうとして，"見る／聞く"のステップだけ進んだのであれば，そのグループが受け入れてくれなかった場合に自分のことを守るのは比較的簡単です。うまく抜けるのが難しいのは，実際に会話に入れたものの，拒否されてしまった場合です。

　このセッションのスキルを教えるためには，グループのほとんど，あるいはすべての子どもたちが，前回の宿題のひとつである"会話に入る"に挑戦することが望ましいです。もし彼らが宿題の指示通りに取り組んでいれば，グループに入る試みは受け入れられやすいので，抜ける対策を使う必要性は低くなるでしょう。

### 宿題の振り返り

1. グループ外電話をする。
    a．子どもがこの電話で**情報交換**をしたか，確かめます。
    b．次のことを明確にします。
        ⅰ．この電話で**情報交換**をすることを通して見つけた**共通の興味**。
        ⅱ．この電話で子どもが使った**カバーストーリー**。
        ⅲ．子どもがどのように電話の会話を始めて終えたか。
2. **会話に入る**練習をする。
    a．説明：「先週，私たちは，少し知っている人たちとの**会話に入る**ステップを学びました。これらのステップには，会話を見ること，聞くこと，そして間が空くのを待つこと，それから話されている話題についてコメントを言ったり，質問をしたりして会話に入ることがあります。あなたの子どもの今週の宿題のひとつは，受け入れられやすいグループの会話に入る練習をすることでした。今週お子さんが，うまく会話に入れたという方は手を挙げてください」
    b．子どもがこの宿題をできたという保護者から始めます。
    c．保護者に次のことを話してもらいます。
        ⅰ．子どもがどのグループの会話に入ったか。
        ⅱ．子どもは，そのグループの誰かと親しかったか。
        ⅲ．子どもは，会話に入るステップに従うことができたか。
    d．何か問題が起こっていたら解決します。
3. **ユーモアの反応を見る**。
    a．保護者に次のことを話してもらいます。
        ⅰ．子どもが，家族や友だちと一緒に自分の**ユーモアの反応をみる**練習をしたかどうか。
        ⅱ．子どもが，相手の人が**自分のことを笑っている**のか，**自分と一緒に笑っている**のか，あるいは全く笑っていないのかに気づいていたかどうか。
        ⅲ．子どもが，これから**冗談を言う人**になるか，**冗談を聞く人**になるかを話し合って決めたかどうか。
4. グループ内電話をする（あるいは，ビデオチャット）。
    a．簡単に復習します──各保護者から2分ずつくらい。
    b．保護者に次のことを発表してもらいます。
        ⅰ．電話をかけたかどうか。
        ⅱ．**情報交換**を通して見つかった**共通の興味**。
    c．何か問題が起こっていたら解決します。
5. 自分の好きなものをもってくる。
    a．子どもがもってきた自分の好きなものが何かを尋ねます（例：CD，雑誌，ゲーム，本，写真など）。

　　　　b．もってきたもののなかで，適切だと思われるものだけを認めます。

### 今日のレッスン：「会話から抜ける」

- 保護者向け配布資料を配る。
- 説明：「先週子どもたちは，会話に入る方法について学び，セッションと宿題でその練習をしました。今週子どもたちは，会話から抜ける方法について学びます。会話から抜けるというのは，会話に入ることがうまくいかなかったときにすることです。子どもたちは今日のセッションで，会話に入ることと，会話から抜けることを練習します。子どもたちは，会話に入ることが受け入れられないこともよくあると学んでいます。子どもたちは，実は会話に入る試みの50％はうまくいかないと知らされます。会話に入る試みが失敗したときの対応方法を子どもが身につけているサポートをするために，皆さん自身，会話から抜けるためのルールを知っておくことが重要です。会話に入ろうとしたときに受け入れられない理由はさまざまです。保護者の皆さんは，これらの理由について子どもたちと話し合うこと，また子どもたちがその理由を理解する手助けをすること，また次回はどうすれば良いのかについて教えることが大切です」
- 保護者向け配布資料を読みます。

| 受け入れてもらえない理由 | 次回どうする？ |
|---|---|
| 彼らが，自分たちだけで話したいと思っている | 後で，もう一度試してみる |
| 彼らが，違ったレベルでの話をしている | 違うグループで試してみる |
| 彼らが，新しい友だちを作りたいと思っていない | 違うグループで試してみる |
| 彼らが，仲間で固まって，偉そうにしている | 違うグループで試してみる |
| 彼らが，仲間で徒党を組んでいる | 違うグループで試してみる |
| 彼らのなかで，あなたについて悪い噂が流れているかもしれない | しばらくはあまり目立たないようにして，かなり経ってから，再び試してみる |
| あなたが加わろうとしていることに気づいていなかった | 後で，ルールに従って，また試してみる |
| あなたが，会話に入るルールのうち，何かに違反していた | 後で，ルールに従って，また試してみる |
| あなたが，あまりにも個人的な話をしすぎた | 後で，ルールに従って，また違うグループで試してみる |

〈会話から抜けるステップ〉

- **相手が自分に興味をもっているかをチェックします。**
  - 相手が自分との会話に興味がないというサインがあるかを見ます。
    - アイコンタクトがあまりない。
    - グループの身体があなたと反対のほうを向いている（輪を閉じている）。
    - （あきれたように）目をくるっと動かす。
    - あなたに向かってため息をつく。
    - そのグループ内の誰からも，あなたに対して前向きなコメントがない。
    - あなたのコメントや質問，会話に入ろうとすることを無視する。
    - グループから，言葉による攻撃がある。
    - あなたが言ったことをからかう。
    - あなたのことを不適切に笑う。
    - グループメンバーから暴力を受ける。
  - もし，そのグループがあなたとの会話に興味がないようであれば，気にせず次のステップに進みます。
    （下のステップを見る）
  - 会話に入る試みの50％はうまくいかないということを，心に留めておきます。
    - そのことを自分のせいだと思う必要はありません。
    - 今後，またチャレンジすることをあきらめないでください。
  - もしあなたがこのことを潔く受け入れられたら，次の機会にはあなたを会話に入れてくれるかもしれません。
- **会話から抜けるステップ。**
  1. **落ち着きます。**
  2. **グループから視線を外します**──アイコンタクトを取るのをやめます。
  3. **身体の向きを変えます**──ゆっくり身体を反対のほうへ向けます。
  4. **その場を離れます**──静かにその場から移動します。

⦿ もし，あなたが最初はその会話に受け入れられ，しばらくして外されているように見えるときは──

- 会話から抜けるための簡単な**カバーストーリー**を言いましょう。
  - これは，すでにあなたが3～4回の会話のやりとりをしている場合に必要となります。
  - あなたはもう会話に加わっているので，抜けるための**カバーストーリー**が必要です。何も言わずにその場を離れると，唐突で，相手を戸惑わせることになります。
  - **カバーストーリー**は，短くあまり具体的でないものが良いでしょう。
    - なぜなら，そのグループはあなたと話すことにもう興味をもっていないので，あなたがどこに行くかはそれほど気に留めていないと思われるからです。

－**カバーストーリー**の例
- じゃあ，授業に行かないといけないから。
- じゃあ，行くね。
- ちょっと行かなくちゃ。
- 元気でね。
- またね！

### 宿題の説明

- 説明：「今週の宿題のひとつは，少なくとも一人はある程度知っていて，あなたの悪い噂がない人たちの会話に入ることです」
- 保護者グループリーダーは，宿題の説明をします。何か問題が起こる可能性があったら，保護者と話し合って解決します。

1. <u>少なくとも2人以上の子どもたちの会話に入る練習をする。</u>
    a．会話に入る前
        ⅰ．少なくとも一人でも知っている人がいるグループを選びましょう。
        ⅱ．受け入れられやすく（例：拒否されるリスクの低いところ），悪い評判のないところを考えましょう。新しいグループを探す必要があるかもしれません。
        ⅲ．保護者と子どもは，その試みをする前に，**そっとさりげなく会話に入る**ためのステップをリハーサルすると良いでしょう。
    b．会話に入る間
        ⅰ．**会話に入る**ためのステップに従います。
        ⅱ．もし受け入れられなかったら──**会話から抜ける**ステップを使います。
    c．会話に入った後
        ⅰ．保護者と子どもは，子どもがどのように会話に入ったか，またどのように抜けたか（そのような場面になっていたら）について話し合います。
        ⅱ．保護者は，もし何か問題が起こっていたら，解決できるようにサポートします。
2. <u>グループ外電話をする。</u>
    a．電話の前
        ⅰ．保護者は，子どもがグループのメンバー以外の誰かに電話をかけられるように準備し，手伝います。
        ⅱ．会話の間，保護者がどこにいるかを子どもと話し合っておきます。
    b．電話の間
        ⅰ．子どもは，この電話で**情報交換**をします。
        ⅱ．グループで発表できるように，**共通の興味**を見つけます。
        ⅲ．**双方向会話**のルールに従います。
        ⅳ．電話をかける・切るステップ，そして**カバーストーリー**を言うというルールに

　　　　　　　従います。
　　　c．電話の後
　　　　　ⅰ．保護者は，子どもと電話での会話について話し合い，**共通の興味**が何だったか明確にします。
　　　　　ⅱ．保護者は，もし子どもが何かで困っていたら，問題解決することを助けます。
3．室内ゲームをもってくる。
　　　a．グループで一緒に遊べる室内ゲームをもってきます（例：年齢に合ったボードゲームやカードゲームなど）。
　　　b．次のようなものはもってきません。
　　　　　ⅰ．グループのメンバーと一緒に遊びたくないもの。
　　　　　ⅱ．壊れたり，なくしたりすることが心配なもの。

■保護者に，自分の子どもが受け入れられやすい，子どもが**会話に入れる**可能性のある場を挙げてもらいます。
　－新しい場所を探す必要があるかもしれません。
■前回の**会話に入る**という宿題で子どもが拒否されたという保護者には，特に注意を払います。
　－拒否された理由として考えられることについて話し合います。
　－次回子どもがどうすることができるかを話し合います。
　　・会話に入れてくれそうな仲間を見つけます。
　　・悪い噂のないところを選びます。

---

保護者向け配布資料は金剛出版ホームページよりダウンロードできます
（ダウンロードの方法は本書巻末をご覧ください）。

## 子ども セッション・セラピストガイド

### 子どもセッション──進行のポイント

　このセッションでは，会話に入る際に拒否された場合の対応方法に焦点を当てています。特に悪い評判に悩んでいる子どもたちにとっては，とても重要なセッションとなります。前のセッションで，子どもたちは，入ろうとしたグループが自分と話すことに関心を示してくれなかったときのサイン（たとえば，視線を合わせない，体を反対方向に向けている，話しかけてくれない）に気づき，そのような場合は気にせず前に進むということを学びました。このセッションのレッスンを学ぶことで，会話に入る際に起こりうる仲間からの拒否にどう対応するかについて，より具体的な方法を身につけることができるでしょう。

　子どもたちが会話に入ろうとして拒否される理由で一番多いのは，入ろうとしているグループ内に本人の悪い評判があるということです。子どもに悪い評判がある場合は，保護者と共に他のグループを探すことが大切です。これは保護者が，子どものことが知られていない学校外の課外活動やクラブなどの場について調べることを求めています。そして子どもグループリーダーは，子どもと受け入れてくれそうなグループを検討し，一緒に会話に入るステップを練習することが必要です。

　会話に入ることが拒否されてしまう理由が何であれ，このようなことは誰にでも（大人にも）普通に起こることなので，個人的な要因だと考えないで良いと再認識することが大切です。リーダーや保護者が，自分たちもそのような経験があり当たり前のことだと説明するのは効果的です。もしこれは普通のことであるという認識がしっかり受け止められれば，子どもたちはこれから将来にわたって，会話に積極的に入っていこうとするでしょう。

### ルールの復習

　このルールは，グループのメンバーが守れていない場合のみ，もう一度説明します。

〈グループの5つのルール〉
1．他のグループメンバーの意見を聞く（他の人が話しているときはしゃべらない）。
2．指示に従う。
3．意見があるときは，手を挙げる。
4．相手を大切にする（からかったり，笑いものにしたり，悪口を言ったりしない）。
5．身体に触らない（たたいたり，けったり，押したり，抱きついたりなど）。

◀ NOTE（注）
宿題へのポイントを与えます──宿題ごとに1つだけではありません。

## III 宿題の振り返り

1. <u>自分の好きなものをもってくる。</u>
   a. グループで紹介するためにもってきた自分の好きなものが何かを聞く。
      （例：CD，雑誌，ゲーム，本，写真など）
   b. 適切なものにだけ認めます。
   c. 注意がそれるのを防ぐために，コーチはアクティビティの時間までもってきたものを離れたところに置いておきます。

2. <u>会話に入る。</u>
   a. 「先週，私たちは，少し知っている人たちとの会話に入るステップを学びました。これらのステップには，会話を**見ること**，**聞くこと**，そして間が空くのを**待つこと**，それから話されている話題についてコメントを言ったり，質問をしたりして**会話に入ること**があります。今週の宿題のひとつは，受け入れられやすいグループの会話に入る練習をすることでした。今週うまく会話に入れた人は手を挙げてください」
      i. この宿題ができたという子どもから始めます。
      ii. 次のことを話してもらいます。
         1. どこで会話に入りましたか？
         2. 会話に入るのにどのグループを選びましたか？
         3. そのなかで少なくとも一人の人を知っていましたか？
         4. どのように会話に入りましたか？
            a. 会話に入るステップに従うことができましたか？
            b. もし，ステップに従うことができなかったとしたら？「次の機会にはどうすれば良いですか？」と尋ねます。
      iii. 何か問題が起こっていたら解決します。

3. <u>ユーモアの反応を見る。</u>
   a. 「先週，私たちはユーモアの適切な使い方について，話しました。今週の宿題のひとつは，あなたの言った**ユーモアの反応を見る**ということでした。今週，自分の言ったユーモアの反応に注意を払ったという人は手を挙げてください」
      i. 次のことを簡単に尋ねます。
         1. あなたは今週，冗談を言おうとしましたか（これは宿題ではありません）？
         2. もしイエスなら，「それは，あなたのことを笑っているのか，あなたと一緒に笑っているのか，どちらに見えましたか？」
         3. どんなことから，それがわかりますか？
         4. あなたは，自分が**冗談を言う人**なのか，**冗談を聞く人**なのか，どちらだと思いますか？
            a. **冗談を聞く人**になる，という子どもを褒めます。
            b. **冗談を言う人**になるという子どもは，自分のユーモアに対する反応がどうか，具体的な様子を話すことで，そうなろうとする思いを説明す

べきです。
　　　ⅱ．子どもたちに，**冗談を言う人**になるのはとても難しいこと，またもし言うとしたら，その反応に注意を払う必要があることを強調します。
4．グループ内電話をする（あるいは，ビデオチャット）。
　a．「今週もうひとつの宿題は，グループ内の他のメンバーと電話で**双方向会話**することでした。できた人は手を挙げてください」
　　　ⅰ．宿題の電話をかけた子どもから始めます。
　　　ⅱ．次のことを尋ねます。
　　　　　1．誰と話しましたか？
　　　　　2．誰が誰に？
　　　　　3．**情報交換**しましたか？
　　　　　4．**共通の興味**を見つけましたか？
　　　　　　　a．**共通の興味**が見つかったら，尋ねます。
　　　　　　　「その人と一緒に遊ぶとしたら，その情報で何ができますか？」
　　　ⅲ．一般的な質問を避けましょう——たとえば「どうだった？」など。
　b．他の人の間違いについて話すことは許しません。
　c．その電話の相手の子どもに，そのすぐ後に質問して宿題をしたことを認めます。ただし同時ではありません。
　d．何か問題が起こったら解決しましょう。
5．グループ外電話をする（あるいは，ビデオチャット）。
　a．「今週もうひとつの宿題は，PEERSグループ外のメンバーと電話で**情報交換**することでした。できた人は手を挙げてください」
　　　ⅰ．宿題の電話をかけた子どもから始めます。
　　　ⅱ．次のことを尋ねます。
　　　　　1．誰と話しましたか？
　　　　　2．**情報交換**しましたか？
　　　　　3．**共通の興味**を見つけましたか？
　　　　　　　a．**共通の興味**が見つかったら，尋ねます。
　　　　　　　「その人と出かけるとしたら，その情報で何ができますか」
　　　ⅲ．一般的な質問を避けましょう——たとえば「どうだった？」など。
　b．何か問題が起こったら解決しましょう。
　c．もし時間が許せば，宿題をしてこなかった子どもと話し合い，今週するためにどうすれば良いかを検討しましょう。

### 今日のレッスン:「会話から抜ける方法」

- ■説明:「先週,私たちは"**会話に入るルール**"について話しました。今週は,あなたが会話に入ろうとしたグループに,入れてもらえなかったときにどうすれば良いかを話します。これを会話から抜けると言います。たとえ私たちが,会話に入るすべてのステップに従ったとしても,時に人はあなたと話したくないと思うことがあります。たとえば,誰かがある会話に入ろうとしたときに10回のうち,平均して何回くらい拒否されると思いますか?」
  - 子どもたちに想像させましょう。
  - 答え:10回のうち5回は会話に入れてもらえないでしょう。
- ■つまり,拒否されたとしても,それは大した問題ではないことを強調します。
  - 自分に問題があると考える必要はありません。
  - 誰にでも起こります(グループリーダーにも,子どもたちの保護者にも)。
  - 拒否されたからといって,そのことがこれから会話に入ることをやめてしまうことにならないようにします。
- ■説明:「あなたが会話に入ろうとしたときに拒否される理由にはいろいろなものがあります。たとえあなたが試みた回数の半分は入れてもらえないとしても,なぜ入れてもらえないか,何か次回はできる違う方法はあるのかを考えることが大切です」
- ■ソクラテス式問答法を使って,拒否される理由や,次の機会にはどんな違う方法があるかを考えさせましょう(以下の表参照)。
  - 「あなたが拒否されるかもしれない理由は何でしょうか?」と尋ねます。
- ■それぞれの理由に「次の機会にはどのような違う方法がありますか?」と続けましょう。

| 受け入れてもらえない理由 | 次回どうする? |
|---|---|
| 彼らが,自分たちだけで話したいと思っている | 後で,もう一度試してみる |
| 彼らが,違ったレベルでの話をしている | 違うグループで試してみる |
| 彼らが,新しい友だちを作りたいと思っていない | 違うグループで試してみる |
| 彼らが,仲間で固まって,偉そうにしている | 違うグループで試してみる |
| 彼らが,仲間で徒党を組んでいる | 違うグループで試してみる |
| 彼らのなかで,あなたについて悪い噂が流れているかもしれない | しばらくはあまり目立たないようにして,かなり経ってから,再び試してみる |
| あなたが加わろうとしていることに気づいていなかった | 後で,ルールに従って,また試してみる |
| あなたが,会話に入るルールのうち,何かに違反していた | 後で,ルールに従って,また試してみる |
| あなたが,あまりにも個人的な話をしすぎた | 後で,ルールに従って,また違うグループで試してみる |

〈会話から抜けるルール〉
- ■説明:「人は時に会話に入れてくれないことは普通にあるとわかったので，そんな場合にどうすれば良いのかを知る必要があります。これを会話からそっと抜けると言います。会話にそっと入るのと同様に，会話から抜けるのにも，具体的なステップがあります」
- ■相手が自分に興味をもっているかをチェックします。
  - −「まず，相手が自分との会話に興味がないことを示すサインがあるかを見ます。相手が自分と話したいと思っていないのはどのようなことからわかりますか？」
    - ・答え
      - ■アイコンタクトがあまりない。
      - ■(あきれたように) 目をくるっと動かす。
      - ■あなたにため息をつく。
      - ■そのグループ内の誰からもあなたに対して前向きなコメントがない。
      - ■あなたのコメントや質問，会話に入ろうとしたことを無視する。
      - ■グループメンバーの身体があなたと反対のほうを向いている（輪を閉じている）。
      - ■グループから言葉での攻撃がある。
      - ■あなたが言ったことをからかう。
      - ■あなたのことを不適切に笑う。
      - ■グループメンバーから暴力を受ける。
  - −もし，グループがあなたとの会話に興味がないようだったら，気にせず次に進みます。
  - −会話に入る試みの50%はうまくいかないということを，心に留めておきます。
    - ・自分のせいだと思う必要はありません。
    - ・今後，またチャレンジすることをあきらめないでください。
      - −もしあなたがこのことを潔く受け入れられたら，次の機会にはあなたを会話に入れてくれるかもしれません。

〈会話から抜けるステップ：パターンⅠ——まったく入れてもらえなかった場合〉
1. **落ち着きましょう。**
    a．「会話から抜ける最初のステップは，気持ちを落ち着かせることです。つまり，興奮したり，相手に自分と話すことを強要したりしないということです。なぜ，落ち着くことが大切なのですか？」
    
    **答え**：なぜなら，もしあなたが落ち着きを失って興奮していたら，相手の人たちはあなたのことを変だと思うでしょう。そうなると，今後あなたと話したいと思う可能性は少なくなってしまいます。彼らはあなたの反応が変だと他の友だちに話し，悪い噂が広がってしまうことになるかもしれません。
2. **グループから視線をそらします。**
    a．「会話から抜ける次のステップは，視線をそらすということです。これはじっと見つめないという意味です。その代わりに，アイコンタクトをやめて，違う方向を見ます。それはグループに対してどういうメッセージになるでしょう？」

答え：あなたの注意が他に移ったということです。もうあなたが，グループの話に興味がないと示すことになります。

b．説明：「視線をそらすとき，自分にあまり注目を引かないように気をつけましょう。見る対象に対して，身体全体を動かしたり，肩越しに見たりしないようにします。どうしてそれが間違っているのでしょう？（反対方向を向き，やってみせます）」

答え：動きがおかしく見えるので，あなたに注目を集めることになってしまいます。グループの人たちは，あなたのことを変だと思って，笑ったり，からかったりするかもしれません。

3．**身体の向きを（グループと反対の方向に）変えます。**

a．「落ち着いて視線をそらした後，会話から抜けるための次のステップは，身体の向きを変えるということです。つまり，あなたの身体をゆっくりグループとは反対の方向へ向きを変えるということです。あなたが身体の向きを変えると，グループの人たちにどんなメッセージを伝えることになりますか？」

答え：あなたがその場を離れようとしているというメッセージになります。あなたが彼らの話に興味がなくなったので，そこを離れる準備をしているということになります。

b．説明：「その際，あなたがすでに見ている方角に合わせて身体を向けるということが大切です。視線と違う方向へ身体を向けると何が問題ですか？（視線と違う方向に身体を向けるという動作をしてみせましょう）」

答え：動きがおかしく見えるので，あなたに注目を集めることになります。グループの人たちは，確実におかしい行動だと感じます。その結果，あなたのことを変だと思うでしょう。

4．**その場を離れます**——さりげなく，静かにその場から移動します。

a．「会話から抜ける最後のステップは，その場を離れることです。これは，その場を急いで去るとか，知らぬ間にいなくなるということではありません。そうではなく，さりげなく静かに離れるということです。どうして，急にその場からいなくなるのではなく，さりげなく静かにすることが大事なのでしょうか？」

答え：なぜなら，もしあなたが落ち着いて自然に行動できたら，グループに入れてもらえなかったことで戸惑っていたり，嫌な思いにしているように見えません。さりげなく会話から抜けることで，あなたがその場を離れたことに気づかないかもしれません。それは，あなたが望んでいることですね。グループに受け入れられなかったとき，会話から抜けるのに注目を浴びたくないでしょう。

b．説明：「その際，あなたの視線と身体が向いている方向に立ち去るということが大切です。あなたの視線と身体の向いているのと違った方向へ立ち去るとどんな問題がありますか？（見ているほうと違う方向に身体を向けるという動作をしてみせましょう）」

答え：動きがおかしく見えるので，あなたに注目を集めることになります。グループの人たちは，確実におかしい行動だと感じます。その結果，あなたのことを変だと思うでしょう。

```
1：落ち着く
2：視線をそらす
3：身体の向きを変える
4：その場を離れる
```

### ロールプレイA

- 子どもグループリーダーは2人のコーチと不適切に会話に入って，その会話から抜けるというロールプレイをみせます。

[注意：もしコーチが1人しかいなかったら，グループのなかで一番高機能の子どもを選んでロールプレイを手伝ってもらうことを頼むことも可能です。その場合，ロールプレイを始める前に，何をしようとしているのかの概要をその子どもに伝える必要があります。これは，セッションが始まる前にするとうまくいきます。子どもに手伝ってもらう場合は，ロールプレイの台本に沿ってさせるより，コーチと自然に情報交換させるほうがよいでしょう。

- 次のように言って始めます。「**会話に入り**，その**会話から抜ける**ステップについて学びました。今からそのロールプレイをします。これを見て，私のしていることの何が間違っているのかを教えてください」。
- 2人のコーチが話しているところにリーダーが**会話に入る**ステップを踏まないで入り，自分と話すことを強要したあと，拒否されると突然その場を離れるというロールプレイを見せます。

#### 不適切なロールプレイの例

リーダー：（2人のコーチから離れたところに立っている）

コーチ1：やあ ＿＿＿＿＿＿ さん（名前）！ 最近どう？

コーチ2：調子いいよ。＿＿＿＿＿＿ さん（名前）は？

コーチ1：元気だよ。ところで，たしか漫画好きって言ってたよね。先週末にあった大きなコミケ（コミックマーケット）に行った？

コーチ2：うん，土曜日に行ったよ！ あれはすごかったね。きみも行ったの？

リーダー：（突然2人のほうにやってきて，かなり近くで立っている）やあ，何を話しているの？

コーチ2：（驚いた様子で）コミケについて話してるんだ。（リーダーと反対の方向を向いて，輪を閉じる）ところで。

リーダー：（話を遮って）この週末何するの？

コーチ1：（イライラした様子で）う〜ん，わからない。（リーダーと反対のほうを向いて，輪を閉じる）実は僕，行けなかったんだ。でも次の機会にはどうしても行きたいなあと思っているんだ。

コーチ2：もし，そうするんだったら，知らせてね。実はもう1回行きたいなあと思っているから。

リーダー：(話を遮って) へ〜，2人ともコミケに行こうと思っているの？　僕も行きたいなあ！

コーチ1・2：(イライラした様子で，リーダーの言葉を無視する)

リーダー：どうしたんだよ？　ちょっと2人としゃべろうとしただけじゃないか。無視するなんてひどいよ！(怒りながら立ち去る)

コーチ1・2：(お互い顔を見合わせて笑っている)

—次のように言って終わります。「はい，ではこれで終わります。では，**会話に入る**ステップで，私がしたことの何が間違っていましたか？」。
　答え：リーダーは，会話に入るルールに従っていませんでした（"見る／聞く" "待つ" "加わる"）。
—「彼らは私と話したそうでしたか？」
　答え：いいえ。
—「どうしてそれがわかりますか？」
　答え：彼らは輪を閉じ，リーダーが話しかけた言葉を無視し，イライラしているように見えました。
—「彼らが自分と話したくなさそうだということに気づいたら，私はどうすべきでしたか？」
　答え：相手に話すことを強要すべきではありません。会話から抜けるべきでした。
—「会話から抜けようとするとき，私のしたことの何が間違っていましたか？」
　答え：あなたは，相手が自分に興味を示していないことに注意を払っていません。会話から抜けるステップに従っていませんでした（**落ち着く／視線を外す／体の向きを変える／その場を離れる**）。

〈相手の視点に立って考える質問〉
　　この会話は＿＿＿＿さん（コーチの名前）にとって，どうだったでしょうか？
　　＿＿＿＿さん（コーチの名前）は，私（リーダー）のことをどう思っているでしょうか？
　　＿＿＿＿さん（コーチの名前）は，私（リーダー）とまた話したいと思うでしょうか？

■そして，リーダーは，2人のコーチ（あるいは，1人のコーチと子ども）とリーダーがうまく**会話に入って**，**会話から抜ける**適切なロールプレイを見せます。
—「それでは，もう一度やってみましょう。今回は，**会話に入る**方法のステップに沿ってやります。これを見て，私がしたことの何が正しかったかを教えてください」
—会話にそっと入るステップを見せます。しかし，拒否されたので，会話から抜けるステップに従った適切なロールプレイを見せます。

**適切なロールプレイの例**

リーダー：（2人のコーチから離れたところに立っている）

コーチ1：やあ ＿＿＿＿＿＿ さん（名前）！　最近どう？

コーチ2：調子いいよ。＿＿＿＿＿＿ さん（名前）は？

コーチ1：元気だよ。ところで，たしか漫画好きって言ってたよね。先週末にあった大きなコミケ（コミックマーケット）に行った？

リーダー：（少し近づいて，時々視線を合わせ，話に興味があることを示す）

コーチ2：うん，土曜日に行ったよ！　あれはすごかったね。きみも行ったの？

コーチ1：いや，行かなかったんだ。でも次のときには行きたいなって思っていたんだ。

コーチ2：もし，そうするんだったら，知らせてね。実はもう1回行きたいなあと思っているから。

コーチ1：それはいいね！　一緒に行こう！

リーダー：（少し近づいて）じゃあ，2人ともコミケに行こうと思っているの？

コーチ1・2：（リーダーの言葉を無視する）

コーチ1：ところで，次のコミケはいつあるの？

リーダー：（2人とは別の方向を見る／目をそらす）

コーチ2：はっきりしないんだけど，たぶん来月だと思うよ。

リーダー：（ゆっくり反対に身体を向ける）

コーチ1：いつあるか調べて，チケット取ろう。

コーチ1・2：（2人ともリーダーが立ち去ったことに気づいていない様子）

－次のように言って終わります。「ではこれで終わります。会話から抜けようとするとき，私がしたことの何が正しかったかを教えてください」。

　　答え：グループリーダーはルールに従っていました（**落ち着く／体の向きを変える／その場を離れる**）。

〈相手の視点に立って考える質問〉

この会話は ＿＿＿＿＿＿ さん（コーチの名前）にとって，どうだったでしょうか？

＿＿＿＿＿＿ さん（コーチの名前）は，私（リーダー）のことをどう思っているでしょうか？

＿＿＿＿＿＿ さん（コーチの名前）は，私（リーダー）とまた話したいと思うでしょうか？

〈会話から抜けるステップ：パターンⅡ──最初は受け入れられ，途中から外された場合〉

- ■ 説明：「私たちは時に，会話にある程度受け入れられてから，何かが起こってその会話から外されることがあります。たとえば，会話にうまく入り，最初はあなたに話しかけてくれたものの，途中からグループの輪が閉じられ，あなたのコメントが無視されたり，もうあなたに対して話しかけれなかったり，目を合わすことがなかったりしていることに気づく場合です。もし，あなたが一度その会話に入っていたとしたら，何も言わずにその場を去るのは少し不自然です。その場合は，次のことをしましょう」
- ■ その会話から抜ける，**カバーストーリー**（簡単な理由）を用意します。
  - これは，もしあなたが，2～3回の会話のやりとりをしていた場合には必要です。
  - **カバーストーリー**は，あなたが，すでにその会話に入っていて，何も言わずにその場からは離れることが不自然なときに必要となります。
  - **カバーストーリー**は，とても短くて，具体的でないものが良いでしょう。
  - 子どもたちに，会話から抜けるための可能な**カバーストーリー**をいくつか考えさせましょう。
  - **カバーストーリー**の例
    - じゃあ，授業に行かないといけないから。
    - じゃあ，行くね。
    - ちょっと行かなくちゃ。
    - 元気でね。
    - またね！
- ■ この場面では，**落ち着いて振る舞いましょう**。でも，別の方向を見る，身体の向きを変える，その場を離れる，というその後ステップは踏まないでしょう。

> 1：落ち着く
> 2：視線をそらす
> 3：話の短い間を待つ
> 4：短いカバーストーリーを言う
> 5：その場を離れる

### ロールプレイB

- ■ グループリーダーは，2人のコーチと一緒に，リーダーが適切に会話に入り，最初に受け入れられていた会話から抜けるという適切なロールプレイを見せます。
  - 「あなたは，カバーストーリーを使って会話から抜けるルールがわかりました。今から別の短いロールプレイを見せます。これを見て，私のしたことの何が正しかったのかを教えてください」
  - コーチ2人の会話にリーダーが，**会話に入る**ルールに従って会話に入り，途中から拒否

されたのでルールに従って**会話からそっと抜ける**というロールプレイを見せます。

### 適切なロールプレイの例

リーダー：（2人のコーチから離れたところに立っている）
コーチ1：やあ ＿＿＿＿＿＿ さん（名前）！ 最近どう？
コーチ2：調子いいよ。＿＿＿＿＿＿ さん（名前）は？
コーチ1：元気だよ。ところで，たしか漫画好きって言ってたよね。先週末にあった大きなコミケ（コミックマーケット）に行った？
リーダー：（少し近づいて，時々視線を合わせ，話に興味があることを示す）
コーチ2：うん，土曜日に行ったよ！ あれはすごかったね。きみも行ったの？
コーチ1：いや，行かなかったんだ。でも次の機会には行きたいなって思っていたんだ。
コーチ2：もし行くときには知らせてね。実はもう1回行きたいなあと思っているから。
コーチ1：それはいいね！ 一緒に行こう！
リーダー：（少し近づいて）じゃあ，2人ともコミケに行こうと思っているの？
コーチ1：（リーダーの方を振り向く）そうだよ。
リーダー：僕も漫画好きなんだ。
コーチ2：そうなんだ。いいね。
リーダー：それで，最近のコミケってどこであったの？
コーチ2：市内の会場だよ（別の方向を見て，身体を反対に向け，輪を閉じる）。
コーチ1：（リーダーと反対の方向を向く）次のはいつあるの？
コーチ2：はっきりしないんだけど，たぶん来月だと思うよ。
コーチ1：次がいつか調べて，チケットとろう。
リーダー：（会話から外されたのでさりげなく別の方向を向く）じゃあまた！
コーチ1・2：（軽く視線を投げかけながら）またね。

- 次のように言って終わります。「はい，これで終わります。会話から抜ける過程で，私がしたことの何が正しかったでしょうか？」。
  答え：リーダーはカバーストーリーを使い，会話から抜けるルールに従っていました（**落ち着く／カバーストーリーを使ってその場を離れる**）。
- 「この場面で，"視線を外す／体の向きを変える／その場を離れる"という会話から抜けるステップを使うとおかしいでしょうか？」
  答え：はい。なぜならあなたは，最初は会話に受け入れられていたからです。

〈相手の視点に立って考える質問〉

この会話は＿＿＿＿＿＿さん（コーチの名前）にとって，どうだったでしょうか？

＿＿＿＿＿＿さん（コーチの名前）は，私（リーダー）のことをどう思っているでしょうか？

＿＿＿＿＿＿さん（コーチの名前）は，私（リーダー）とまた話したいと思うでしょうか？

〈会話から抜けるステップ：パターンⅢ──完全に受け入れられた会話から，途中で抜ける場合〉

> 1：会話の間が空くのを待つ
> 2：具体的なカバーストーリーを言う
> 3：「また，話そうね」と言う
> 4：「さよなら」と言う
> 5：その場を離れる

### 宿題の説明

■次のように言って，簡単に宿題の説明をします。

「今週も，まだあまり知らないけど，友だちになれたらと思っている人たちの**会話に入る**練習を続けてください。必要であれば，**会話から抜ける**練習もしましょう。また，電話をかけて，会話スキルを練習することを続けてほしいと思います，あなたの今週の宿題は以下の通りです」

－①ステップに従って，**会話に入る**。
- もしグループがあなたと話すことに興味を示さなかったら，会話から抜けます。

－②PEERSグループのメンバーでない人と電話で話す。
- これは少なくとも5〜10分話します。
- あなたが心地良く話せる相手を選びます。
- グループセッションで報告できるように，**共通の興味**を見つけます。

－③来週グループで遊ぶための室内ゲームをもってくる。
（例：ボードゲームやカードゲームなど。一人遊びのものは外す）

■グループ内電話の宿題はもうないことを知らせます。

### 子どもたちのアクティビティ：「会話から抜ける」

> ■NOTE（注）
>
> ルールについては"子どもたちのアクティビティガイド"を見ましょう。

■子どもたちに，自分のもってきたものについて，情報交換をしながら，会話に入ることと，会話から抜けることの練習をするように説明します。

- －3～4人のグループに分けます。
- －可能なら，同性同士のグループにします。
■ もってこなかった子どもたちのために，雑誌の一部を用意します。
■ 子どもたちは，会話に入って，会話から抜けることができたらポイントをもらいます。
■ それぞれの子どもに，他のメンバーの**会話に入って抜ける**という練習をさせます。
- －グループメンバーに，会話に入ろうとしている人を会話に入れてあげるように伝えます。
  - ・会話に入ってくることを拒否してはいけません。
- －子どもが実際に会話に入ることに挑戦する前に，**会話に入る**ステップを（声に出して）おさらいさせます。
- －リーダーとコーチは，子どもがうまく会話に入れたら，その子どもを輪から離して，次のように言います。「すごい！　いいよ。では皆が入れてくれなかったとします。なぜ，皆は入れてくれなかったのでしょう？」
  - ・子どもたちにアイデアを出させて，次はどのようにすれば良いかを考えさせましょう。
  - ・会話から抜ける試みをさせる前に，ステップを声に出して復習しましょう。
- －子どもに，"**会話から抜ける**"ステップを練習させます。
- －リーダーとコーチは，直後に子どもにフィードバックをします。
  - ・正しくできたことは褒めます。
  - ・必要に応じて，違う方法を提案します。
  - ・不適切な点があった場合は，もう一度やり直させます。
- －それぞれの子どもが，少なくとも一度は会話に入り，抜けるという練習をします。

### 保護者との合流タイム

■ 子どもたちに保護者と合流するように伝えます。
- －子どもたちが，それぞれの親の横に立つか座るかするようにします。
- －静かにして，グループに集中するようにします。
■ 「今日は，会話に入ろうとして，そのグループが私たちと話したくない場合にどうするかについて練習しました。これを会話から抜けると言います。誰か，会話から抜けるステップを教えてくれる人はいますか？」子どもたちにルールを出させましょう。もし出にくい場合は，ヒントになることを提示できるようにしておきます。
- －相手が自分に興味をもっているかを見る
- －落ち着く
- －グループから視線を外す
- －身体の向きを変える
- －その場を離れる
- －もし，最初は会話に入れたという場合は，その場を離れる**カバーストーリー**を使いましょう。
■ 「今日は会話に入って抜けるという練習をしました。皆さん，とてもよくがんばりました。

みんなで拍手をしましょう」
- 来週までの宿題をもう一度確認します。
- 必要であれば，それぞれの家族と以下のことについて個別に話します。
  - 子どもたちはどのグループとどこで会話に入る試みをするのか。
  - グループ外電話は誰とするか。
  - 来週もってくる室内ゲームは何にするか。

## 宿題

1. 子どもたちは親しみを感じられる，少なくとも2人以上の会話に入る練習をする。
    a．会話に入る前
        i．少なくとも一人は知っているというグループの会話を選ぶようにします。
        ii．子どもが受け入れられやすく（例：拒否されるリスクの低いところ），悪い評判のないところを考えましょう。
        iii．保護者と子どもは，その試みをする前に，**会話に入る**ためのステップをリハーサルすると良いでしょう。
    b．会話に入る間
        i．**会話に入る**ためのステップに従います。
        ii．もし，受け入れられなかったら，**会話から抜ける**というステップを使います。
    c．会話に入った後
        i．保護者と子どもは，子どもがどのように会話に入って抜けたか（抜ける必要があった場合）について話し合います。
        ii．保護者は，もし何か問題が起こっていたら，その問題解決を助けます。
2. グループ外電話をする（あるいは，ビデオチャット）。
    a．電話の前
        i．保護者は，子どもがグループ外の誰かに電話をかけられるように準備し，手伝います。
        ii．子どもが心地良く会話できそうな相手を選びます。
        iii．会話の間，保護者がどこにいるかを子どもと話し合っておきます。
    b．電話の間
        i．子どもは，この電話で**情報交換**をします。
        ii．グループで発表できるように，**共通の興味**を見つけます。
        iii．**双方向会話**のルールに従います。
        iv．電話をかける・切るためのステップ，そして**カバーストーリー**を使うルールを活かします。
    c．電話の後
        i．保護者は，子どもと電話での会話について話し合い，**共通の興味**が何だったか明確にします。

　　　　　　ⅱ．保護者は，もし子どもが何かで困っていたら，問題解決することを助けます。
　3．<u>室内ゲームをもってくる。</u>
　　　a．グループで一緒に遊べる室内ゲームを1つもってきます。
　　　　（例：年齢に合ったボードゲーム，カードゲームなど，一人遊びのゲームは外す）
　　　b．次のようなものはもってきません。
　　　　　ⅰ．グループのメンバーと一緒に使いたくないもの。
　　　　　ⅱ．壊れたり，なくしたりすると困るもの。

## 子どもたちのアクティビティガイド

〈会話に入って，会話から抜ける〉

**準備物**
- 子どもたちがもってきたもの。
- CDプレーヤーや音楽用ヘッドフォン（オプション）。
- 自分の持ち物をもってくるのを忘れた子どものために，会話の材料となるような雑誌を用意しておく。
  - コンピューター関連雑誌
  - アニメ雑誌
  - 思春期の若者向け雑誌
  - スポーツ雑誌

**ルール**
- 子どもたちを少人数のグループ（一つのグループが3人以下にならないようにする）に分ける。可能であれば，同性同士のグループにする。
- 順番に，会話に入る／出るというステップを踏みながら，もってきたものについて**情報交換**の練習をさせる。
- **情報交換**を通して**共通の興味**を見つけるように促す。
- 適切なタイミングで，相手に質問をするようにすすめる。
- **会話に入る**練習をする。
- うまく会話に入れたら，グループから少し引き離して，次のように伝える。「よかったよ！では，仮に入れてくれなかったとします。なぜ入れてくれなかったのでしょう？」
  - 子どもに考えを出させ，これから先どんな違った方法があるかを尋ねる。
  - 会話から抜ける練習を試みる前に，会話から抜けるステップを声に出して復習させる（最初はホワイトボードを見ることが必要かもしれない）。
- 次に，どのように会話から抜けるか子どもにやってもらう。
  - 子どもが**会話に入って抜ける**練習をした直後に，リーダーとコーチはフィードバックをする。

－子どもが正しく会話に入って抜けることができなかった場合は，その良いタイミングを活かし，少し時間をとって優しく間違いを指摘し，どうすれば良いかを指導する。
　－正しくできるまで，もう一度挑戦させる。
■子どもがうまく会話から出ることができたら，少し時間を取って，他の子どもたちに拍手をさせる。
　－リーダーはその子どもが踏んだ会話に入って抜けるというステップを簡単に指摘すると良い。
■順番に，どの子もうまく会話に入って抜ける練習をさせる（どの子も少なくとも一回は練習する）。
■会話に入って，抜けることができたら，ポイントを与える。

# 10 セッション8
## 一緒に遊ぶ

### 保護者 セッション・セラピストガイド

**保護者セッション――進行のポイント**

　保護者は，宿題の振り返りで会話に入ることを試みた子どもたちの報告をします。この宿題に関しては，子どもから報告を受けて，子どもを励ますこと以外は保護者ができることはあまりありません。これまで通り，まず宿題ができた人から尋ねるようにします。子どもが会話にうまく入れなかったという失敗のケースの報告には，丁寧に対応します。なぜなら，これは前回のセッションのテーマであり，会話から抜けることについて話し合う良い機会を提供してくれるからです。

　このセッションは，はじめて"自宅に友だちを呼んで遊ぶ"ことがテーマになっています。一緒に遊ぶことについて私たちが知っているのは，多くの場合子どもたちが小さい頃に友だちと一緒に遊んでいたときの様子です。"一緒に遊ぶ"に関する研究としては，ソーシャルスキルトレーニングのカリキュラムに，家庭で一緒に遊ぶことや，ホストとしてゲストを迎えるうえで必要なエチケットを取り入れたものが最初です（Frankel & Myatt, 2003）。幼い子どもを対象とした研究では，友だち関係を築く一番良い方法は，お互いに好意を寄せている者同士が，家庭で楽しく一緒に遊ぶことだと報告されています。同じように思春期の子どもたちも，準備をすれば一緒に遊ぶことができます。小さい子どもたちにとって一緒に遊ぶための最も効果的な方法は，保護者と子どもがそのために協力することです（Frankel, 1996）。放課後に一緒に遊ぶことで，学校でより社会的な関わりをもてるようになります（Frankel, Gorospe, Chang, & Sugar, 2009）。このことは自閉スペクトラム症の特性をもつ10代の子どもたちにとって，友だち関係を深め，より前向きな友人との関わりを育てていくためにとても重要です。しかしながら，このような遊びに保護者がどの程度関わるのかは，各々の家庭と話し合う必要があります。

　この宿題を実施できるかどうかは保護者に責任があります。言いかえると，保護者グループリーダーが，保護者にその遊びがうまく実施できるようにプレッシャーをかけつづけなければならないということです。しかしながら，保護者が相手の子どもに電話をかけて，自宅での遊びを設定するということではありません。そのような関わりは，思春期の子どもたちへのサポートとしては不適切です。その代わり保護者には，子どもがその準備ができるように手助けすることを期待しています。グループリーダーは，保護者が子どもとこの宿題をするための具体的な方法を提示し，各家庭がゲスト（招待できる友だち）を見つけるサポートをします。たとえそれが理想的な条件を満たす友だちでなかったとしても，目指しているのは，自宅で友だちと遊ぶことです。

グループリーダーは，保護者が過保護になってしまっている場合には，介入を減らす必要があるかどうか検討しましょう。たとえば"ヘリコプターペアレント"は，子どもにとって必要かどうかにかかわらず，子どもをすぐそばで見守らなければと考えている保護者です。このタイプのペアレンティングは，発達に課題のある子どもの保護者にはよくあることです。このタイプの保護者に対しては，介入しようとするのをできる限り思いとどまらせましょう。そのための方法として，遊んでいる部屋に保護者がお菓子をもっていくことなどを制限し，介入を限定的なものにします。"ヘリコプターペアレント"のなかには，子どもたちが遊んでいる場から離れることができない人がいます。グループリーダーは，宿題の振り返りの場でこのことについて取り上げ，積極的に思いとどまらせるようにします。そうしなければ，保護者の介入が子どもたちの自主性や友だち関係が育まれる可能性を制限してしまうことになってしまいます。環境に適応している子どもたちのなかには，自宅に友だちを呼んで遊ぶことを拒否するという方法で，ヘリコプターペアレントにうまく対処しているケースがあります。このような場合，グループリーダーは，その子どもの思いを尊重し，自宅以外での遊びをサポートすると良いでしょう〔訳注：日本ではさまざまな家庭事情や環境から，保護者が外遊びをすすめている場合も多いと思われます。参加者の状況に応じて，外遊びも認めますが，その際は時折様子を見にいくなどして，保護者が子どものスキルをモニターする工夫をしましょう〕。

### 宿題の振り返り

1. <u>会話に入り，（必要であれば）抜ける練習をする。</u>
    a．保護者に次のことを話してもらいます。
        ⅰ．子どもがどのグループの会話に入ったか。
        ⅱ．子どもは，そのグループの誰かと親しかったか。
        ⅲ．子どもは，会話に入るステップに従うことができたか。
        ⅳ．子どもが，会話から出るステップに従わなければならなかったか。
    b．何か問題が起こっていたら解決します。
        ⅰ．その子どもが，全くこの宿題をしようとしていない場合は，その様子についてもっと詳しく知ることが大切です。
            1．子どもは会話に入ろうと試みる機会がありましたか？　あるいは，あったけれど，神経質になってできなかったのですか？　もしそうなら，次は少し簡単な場を見つけます（例：よく知っていて受け入れてくれそうな仲間との会話に入る）。
            2．子どもには全くその機会がなかったのですか？　その場合は，課外活動の場を探すと良いでしょう。
        ⅱ．子どもが，宿題をしようとして会話に入り，会話から出なければならなかったものの，それがうまくいったという場合，子どもは前回のセッションの内容を使っているので，成功していることになります。しかしながら，グループリーダーは，保護者や子どもが目指しているグループが合っているかどうかについ

て探る必要があります。入ろうとしているのは，間違ったグループだったのでしょうか？　あるいは，この結果は，悪い評判が広がっていることを意味しているのでしょうか？　もしそうなら，別の場面で会話に入ることを助けます。そして前回の場や仲間は避けるべきでしょう。リーダーは保護者にそのことを指摘します。
  - iii. 子どもが宿題に挑戦し，会話から出なければならなかったものの，会話から抜けるというステップを使わなかったという場合があります。この子どもは宿題をしようとしたので，そのことについては認めるべきです。一方で，加わるのに間違った選択をしたか，正しく入らなかったということが考えられます。上の例のように，それが間違ったグループだったのかどうかを探り，次に加わる別のグループを検討しましょう。
2. グループ外電話をする（あるいは，ビデオチャット）。
    a. 保護者に次のことを発表してもらいます。
        i. 会話はどのように始まって，どんな**カバーストーリー**が使われたか。
        ii. **情報交換**によって見つかった**共通の興味**は何だったか。
        iii. 会話はどのように終わって，どんな**カバーストーリー**が使われたか。
    b. その電話の相手は，今週の一緒に遊ぶ相手として良いかどうかを考えます。
    c. もし何か問題が起こっていたら解決しましょう。
3. 室内ゲームをもってくる。
    a. グループで遊べる室内ゲームを1つもってきます。
    b. 次のようなものはもってきません。
        i. グループメンバーと一緒に使いたくないもの。
        ii. 壊れたり，なくしたりすると困るもの。

### 今日のレッスン：「一緒に遊ぶ」

- 保護者向け配布資料を配る。
- 説明：「子どもたちは，会話に入ること，グループ外電話で情報交換することを練習してきました。私たちの目指すところは，子どもたちの友だち関係をより発展させていくことです。友だち関係を深めていく一番の方法は，定期的に一緒に遊ぶ機会をもつことです。一緒に遊ぶとは，あなたの子どもが友だちを自宅に呼んで遊ぶということです。もちろんあなたの家以外に，地域で遊ぶことでも可能です。このセッションでは，一緒に遊ぶルールを学びます。そして，このスキルをグループで練習します。このセッションの後，皆さんには，子どもが友だちと一緒に遊ぶ計画をする手伝いをしてもらうという責任があります。実はこの一緒に遊ぶという場面では，あなたは子どもの活動している様子をモニターすることが大切です。つまり，その遊びを自宅内で行うことができれば一番モニターしやすいでしょう。このセッションでは，子どもたちが自宅で遊ぶときに保護者はどのようにモニターすると良いか，また起こりうる問題を解決する方法などについてお話しします」

〈友だちと一緒に遊んでいるとき，保護者が子どもに期待すべきこと〉

- 遊ぶときは，一緒に何か活動すべきです。
  - 何をするかは，**一緒に遊ぼう**と誘うときの**カバーストーリー**となります（例：～して一緒に遊ぼうよ）。
  - 何か活動することで，会話を続けなければならないというプレッシャーを下げてくれます。
- はじめて**一緒に遊ぶ**ときは，約2時間以内にしましょう（活動による）。
  - 友だちとして良い関係になるにつれて，**一緒に遊ぶ**時間を長くすることができます。
  - もし計画した活動が，映画やスポーツイベントを含む場合は，自然と**一緒に遊ぶ**時間は長くなるでしょう。
- 少なくともその50％の時間は，会話したり**情報交換**したりすべきです。
  - これは，子どもにとって自分が招待した友だちと仲良くなっていく機会となります。
  - 会話をしなければ，お互いのことをより知ることにならないので，**共通の興味**を見つけることもできません。
- 多くの子どもたち（特に男の子）は，コンピュータやビデオゲームをしたり，テレビや映画などを見たいと思うでしょう。
  - **一緒に遊ぶ前**に，子どもに少なくとも遊ぶ時間の50％は**情報交換**に使うべきだということを思い出させます。
    - 保護者は，子どもが電子通信機器で遊ぶ時間を制限する必要があります。
    - もしあなたの子どもが，映画やテレビを見る計画を立てていたら，その視聴の前後に50％以上の時間を**情報交換**に使うことを確認します。
- 一緒に食事をしたり，いくつかの活動を計画したりするのは，役立ちます。
- 保護者向け配布資料を読みます。

## 一緒に遊ぶ活動についての提案

- 説明：「何をして遊ぶかは，子どもたちが一緒に活動できるものだと一番良いでしょう。それは，遊びの間にさまざまな話題で話をしなければならないというプレッシャーを下げることができるからです。遊んでいる間の会話は，多くの場合その活動に関するものです。それは会話を始める良いきっかけとなります。慣れてくると，子どもはその活動以外の話題についても話せるようになります。
- 次のように尋ねます。「子どもたちが，**一緒に遊ぶ**場でしたいことは何でしょうか？」。
- 保護者にブレインストーミングをしてもらいます。もし，保護者がアイデアを思いつかなかったら，保護者向け配布資料の表から提案をします。
- リーダーは，起こりそうな問題があれば，話し合って解決します。

## 一緒に遊ぶ活動の具体例

| 食事時間の活動 | ペアで楽しめるスポーツ |
|---|---|
| • バーベキュー<br>• レストランで食事<br>• おやつタイム<br>• 一緒にクッキング<br>• 外（公園など）でピクニック（お弁当やお菓子をもっていって食べること）<br>• お菓子作り | • スイミング<br>• スケートボード<br>• サイクリング<br>• ローラースケート<br>• テニス<br>• 卓球<br>• キャッチボール |
| グループで楽しむスポーツ | 出かけていく遊び |
| • バスケットボール<br>• 野球<br>• サッカー<br>• ハンドボール<br>• バレーボール<br>• バドミントン | • 映画<br>• ボーリング<br>• ビデオ店<br>• ゲームセンター<br>• ショッピングモール<br>• コミケ（漫画が好きな人の集まり）<br>• 本屋（漫画本など含む）<br>• ゲーム店<br>• コンサート<br>• カラオケ |
| 室内遊び | 屋外の遊びや活動の場 |
| • 音楽を聴くこと<br>• 映画のレンタル<br>• テレビの視聴<br>• ボードゲーム／カードゲーム<br>• コンピュータゲーム／ビデオゲーム<br>• インターネット（YouTubeなど）<br>• オンラインネットワークサイト（SNS）<br>• 雑誌を見る<br>• 卓球<br>• ダーツ | • 遊園地<br>• 地域の公園<br>• お祭り<br>• 地域のイベント<br>• 野外活動センター<br>• 海・山・川など<br>• バッティングセンター<br>• スキーリゾート（スキー・スノーボード）<br>• ビーチリゾート（サーフィン・ウインドサーフィン・スイミング・セーリング）<br>• ゴルフ場 |

＊上記の活動場所に，危険な環境や問題が起こりそうな要因がないかどうか，事前にチェックしておくこと。

### ● 楽しく自宅で遊ぶための保護者の役割

- ■説明：「子どもが友だちとうまく遊ぶために，保護者ができることはたくさんあります」
- ■家庭で，安全な心地良い環境を整えます。
  - 子どもの友だちにあなたの家で遊ぶにあたって，ある程度のプライバシーを認めます。
  - お菓子を提供する際に，子どもたちの会話をチェックします。
- ■さりげなく子どもたちの様子を観察します。
- ■お菓子をもっていく以外では，子どもたちの会話に入り込みません。
- ■ヒント：子どもたちの遊んでいる様子をモニターするために，時々お菓子をもっていき，様子を見ましょう。
  - 兄弟をその遊びに加わらせてはいけません。
  - 子どもが，自分や友だちの共通の興味に基づいた遊びを準備できるように助けましょう。

- 一緒に遊びはじめる前に，少なくとも50％以上の時間は情報交換に使うべきであることを子どもに思い出させます。
- はじめての家庭での遊びは，子どもたちのプレッシャーを小さくするために，2時間以上にならないようにしましょう（活動内容による）。
  - 子どもの友だちが，お互いに飽きてしまうより，もう少しいたいなあという思いをもちながら帰るほうが望ましいです。
- ■ 子どもが，遊びを終えるためのカバーストーリー（遊びを終わる簡単な理由）を用意するのを手伝います（たとえば，「もうすぐご飯の時間だから，今日はそろそろ終わろう」）。

● 楽しく一緒に遊ぶためのルール
- ■ 説明：「それでは，今から子どもが友だちと一緒に遊ぶときに守るルールを簡単に説明しましょう。これらのステップは，子どもたちも今日のセッションで学び，練習しています。保護者の皆さんもこれらのステップを知っておくことはとても重要です。知っていると，彼らが今週，またこれから先も，友だちと遊んでいるときにこれらのルールに従っているかどうかを確かめることができるからです。もしあなたの子どもがルールのひとつを守っていないということに気づいたら，部屋の外に子どもを呼んで，さりげなくバズワードを使って思い出させましょう。たとえば，もしあなたの子どもが，一緒に遊んでいる友だちを無視して他の友だちからの電話を受けて話していたら，子どもを別の部屋に少し呼び入れて，落ち着いて小声で，今**一緒に遊んでいる友だちのことを大切にする**ように言いましょう」

〈楽しく自宅で遊ぶための子どもの役割〉
〈一緒に遊ぶ前に〉
- ■ 一緒に遊ぶ前に，友だちと，あなたが何をして，誰と一緒に遊ぶのかを決めます（誰と，何を，いつ，どこで）。
- ■ いくつかの遊びの準備をします。
  - DVD，ビデオなど
  - ビデオゲーム，コンピュータゲーム
  - ボードゲーム，カードゲーム
  - スポーツの道具
- ■ 遊びにきた人たちに触られたくない自分のものは，事前に片づけておきます。
- ■ 自分の部屋が気持ち良い場となるように片づけます。

〈遊びを始めるステップ〉
1. ゲスト（友だち）を玄関で出迎えます。
2. 友だちが入りやすいように，玄関のドアを開けて迎え入れます。
3. 一緒に遊ぶメンバーのなかにお互い知らない人がいる場合は，紹介します。
4. もしあなたの家に来るのがはじめてだったら，簡単に家のなかを案内します（例：自分の部屋，トイレ，居間など）。

5. 友だちに，何か飲み物や食べ物をすすめます。
6. 友だちに，何をして遊びたいかを尋ねます（たとえ，事前に何をするかを決めていても）。

〈遊びの間のルール〉
- あなたの家では，ゲスト（呼ばれた人）が何をするかを選びます。
- あなたがゲスト（友だちの家に招待されているとき）であるときは，その家の人がリードするのに任せます（誰もが，本当はゲストが選ぶということを知っているわけではない）。
- **友だちを褒めます。**
- **友だちに良い言葉をかけます。**
- **勝ち負けにこだわりすぎないように遊びます。**
- **友だちに対して，誠実に振る舞います。**
  - 議論をしたり，相手を批判したり，からかったりしないようにします。
  - もし他の人が，友だちをからかったりしたら，その友だちを守るために意見を言います。
  - 別の友だちに話すために，1人の友だちを無視してはいけません。
    - 遊んでいるときに，もし誰かが予告なく電話をしてきたり，家に立ち寄ったりしたら――
      - その人を家に招き入れてはいけません。
      - その人と話すために，今一緒に遊んでいる人を無視してはいけません。
      - （電話の場合）「今忙しいからあとでかけるね」と伝えましょう。
    - （それが一緒にいる友だちの考えでない限り）遊びの最中にメールやインスタントメッセージ，テキストメッセージなどを送ったりしません。
- **もし活動に飽きてきたら，変えることを提案しましょう。**
  - もし飽きてきたら，「これが終わったら，他のことをして遊ばない？」と言いましょう。
  - もしあなたの友だちが，あなたの提案したことをしたくないという場合は，友だちに次の活動を選んでもらいます。
- 少なくとも遊び時間の50％は，会話をして**情報交換**をします。

〈遊びを終えるステップ〉
1. 活動の間が空くのを待ちます。
2. 遊びを終わって帰るための**カバーストーリー**を言います（例：「もうそろそろ時間だから帰らなくちゃ」「宿題をしなければならないから」）。
   - なぜ遊びを終えなければならないかについての**カバーストーリー**を，保護者が伝えることも可能です。
3. 玄関まで，友だちを送っていきます。
4. 一緒に遊んだことへの感謝の気持ちを伝えます。
5. もし楽しい時間を過ごすことができたら，そのことを友だちに伝えます。
6. 「さよなら」「また会おうね」と言います。

- 保護者に,子どもたちが一緒に遊ぶ可能性のある友だちを数人挙げてもらいます。理想的には,これらの友だちは,グループ外電話でうまくしゃべれた相手が良いでしょう。
- グループで話し合うようにすると,保護者同士でアイデアを交流することができます。
- 保護者に,この**一緒に遊ぶ**機会を,できるだけ早く設定するように励まします。そうすることで,予定が合わなくて実施できなくなることを防げます(例:次のセッションがある前日に計画することはやめましょう)。

### 宿題の説明

保護者グループリーダーは,宿題を説明し,起こりうる問題には保護者と話し合って解決します。

1. 子どもたちは,友だちを家に呼んで遊びます
   a. **一緒に遊ぶ**予定を立てるためにグループ外電話をします。
      ⅰ. **共通の興味**を見つけるために**情報交換**します。
      ⅱ. **一緒に遊ぶ**ときに何をするのかを決めます。
   b. 保護者は,少し離れたところで,遊んでいる様子をモニターします。
   c. 遊びは,何か一緒に活動できるものにします。
   d. 最初の遊びは,約2時間までに制限します(活動による)。
2. 少なくとも2人以上の子どもの**会話に入る**練習をします。
   a. 少なくとも,グループの1人は知っているという会話を選ぶようにします。
   b. あなたが受け入れられやすく,また悪い評判がないと思われる場を選びます(例:拒否される可能性が低い場)。新しい場を探す必要があるかもしれません。
   c. 保護者と子どもは,どのように会話に入って,抜けたのか(そのような場面があれば)について話し合います。
   d. もし何か問題が起こっていたら,保護者は子どもが解決することをサポートします。
3. 室内ゲームをもってくる。
   a. グループで一緒に遊べる室内ゲームをもってきます。
      (例:年齢に合ったボードゲームやカードゲームなど。一人遊びのゲームはグループで遊べないので避ける)。
   b. 次のようなものはもってきません。
      ⅰ. グループのメンバーと一緒に遊びたくないもの。
      ⅱ. 壊れたり,なくしたりすることが心配なもの。

---

保護者向け配布資料は金剛出版ホームページよりダウンロードできます
(ダウンロードの方法は本書巻末をご覧ください)。

## 子どもセッション・セラピストガイド

### 子どもセッション──進行のポイント

　このセッションは，友だちになる可能性のある友人を自宅に呼んで遊ぶためのステップと，遊ぶプランの立て方について教えることがテーマになっています。社会的に周りから受け入れられている10代の子どもたちは，友だちとうまく遊んでいます。彼らは，学校で知り合った人と学校以外の場で特別な時間を過ごすことで，仲良くなっていきます。子どもたちがうまく友だちを作り，その関係を維持していくうえで，うまく一緒に遊ぶことはとても重要です。

　一緒に遊ぶ理想的な環境は，保護者が遊んでいる間の様子をさりげなく観察できる自宅です。これによって保護者は，必要に応じてモニターしたり，介入したりすることができます。しかし，保護者セッションガイドでも述べたように，子どもたちのなかにはそのような環境は落ち着かないという子がいます。それには2つの理由が考えられるでしょう。ひとつは"ヘリコプターペアレント"の存在。もうひとつは，子どもの友だちがやってくることで，家族が落ち着かない状況になるという場合です。どちらの場合もリーダーは，保護者が少しだけ関わることを受け入れるように子どもたちを励まします（たとえば，子どもを迎えにいったり，送っていったり）。子どもは，少なくとも遊びのプランについて，保護者と話し合わなければなりません。これは，セッションの最後にある保護者と子どもの交流の時間の後に個別で行います。子どもに，保護者も保護者セッションで宿題がどうだったかを報告しなければならないということに気づかせると良いでしょう。

　また遊びは，一緒にできる活動を基本にして計画することをおすすめします。こうすることで，遊んでいる間ずっとおしゃべりしなければならないというプレッシャーを下げることになります。研究によると，11～16歳の子どもたちの多くはビデオゲームをしているので（77.2%），これが共通の遊びのひとつとなるでしょう（Phillips, Rolls, Rouge, & Griffiths, 1995）。他の活動としては，映画を観にいく，食事をするなどがあります。

　このセッションでよく起こるのは，一緒に遊べる可能性のある友だちがなかなか見つからないという問題です。友だち選びの判断基準は，子どもがもっと知りたいと思っている，自分と友だちになることに興味がありそうな誰かということになります。この点に関しては，グループ外電話がうまくいっていれば助けになるでしょう。この基準を満たす友だちがいない場合は，より適切な相手が見つかるまで，すでに親しい友だちか，同世代の離れたところにいる家族（親戚も含む）などが，そのオプションとなります。この宿題の一番大事なポイントは，実際に"一緒に遊ぶ"ことです。そうすることで，子どもたちは学んだスキルを練習することができます。もし学んだ直後に練習をすることができなければ，後になって使われる可能性は残念ながら非常に小さいでしょう。

### ルールの復習

このルールは，グループのメンバーが守れていない場合のみ，もう一度説明します。

〈グループの5つのルール〉
1. 他のグループメンバーの意見を聞く（他の人が話しているときはしゃべらない）。
2. 指示に従う。
3. 意見があるときは，手を挙げる。
4. 相手を大切にする（からかったり，笑いものにしたり，悪口を言ったりしない）。
5. 身体に触らない（たたいたり，けったり，押したり，抱きついたりなど）。

### 宿題の振り返り

◀ NOTE（注）

宿題へのポイントを与えます――宿題ごとに1つだけではありません。

1. **室内ゲームをもってくる。**
    a. グループで一緒に遊ぶためにもってきた室内ゲームが何かを聞く。
       （例：年齢に合ったボードゲーム，カードゲームなど）
    b. 適切なものにだけ認めます。
    c. 注意がそがれるのを防ぐために，コーチは，アクティビティの時間までもってきたものを離れたところに置いておきます。
2. **会話に入る**練習をする。
    a. 「先週，私たちは，会話に受け入れられなかった場合に，そこから抜けるステップを学びました。これらのステップには，**自分を落ち着かせる**こと，**視線をグループから外す**こと，**身体の向きを変える**こと，そして**その場を離れる**ことが含まれていました。それから会話に入るステップの復習もしました。それは，**見る／聞く**，**間が空くのを待つ**，**話されている話題に合ったコメントや質問をしながら会話に入る**ことでしたね。今週の宿題のひとつは，自分が受け入れられやすそうなグループの会話に入る練習をすることでした。今週うまく会話に入れた人は手を挙げてください」
       i. この宿題をできたという子どもから始めます。
       ii. 次のことを話してもらいます。
           1. どこで会話に入りましたか？
           2. **会話に入る**のにどのグループを選びましたか？
           3. そのなかで少なくとも1人の人を知っていましたか？
           4. どのように会話に入りましたか？
               a. **会話に入る**ステップに従うことができたか？
               b. もし，ステップに従うことができなかったとしたら「次の機会には，

どのように変えることができますか？」と尋ねます。
            5．あなたは**会話から抜ける**必要がありましたか？
                a．もしそうなら，彼らが**会話から抜ける**ステップに従ったかを確認します。
                b．もし，彼らがそのステップに従っていなかったら尋ねます。「次の機会にはどのように変えることができますか？」。
            6．何か問題が起こっていたら解決します。
    3．グループ外電話をする（あるいは，ビデオチャット）。
        a．「今週もうひとつの宿題は，PEERSグループ外のメンバーと電話で**情報交換**することでした。できた人は手を挙げてください」
            i．宿題の電話をかけた子どもから始めます。
            ii．次のことを尋ねます。
                1．誰と話しましたか？
                2．**情報交換**しましたか？
                3．**共通の興味**を見つけましたか？
                    a．**共通の興味**が見つかったら尋ねます。
                        「その人と出かけるとしたら，その情報で何ができますか」
                4．その友だちは，あなたが一緒に遊びたいと思う相手ですか？
            iii．一般的な質問を避けましょう——たとえば「どうだった？」など。
        b．何か問題が起こったら解決しましょう。
        c．もし時間が許せば，宿題をしてこなかった子どもについて，今週するためにどうすれば良いかを検討しましょう。

## 今日のレッスン：「一緒に楽しく遊ぶためのルール」

- 「今夜は，どうすれば友だちと楽しく遊べるかについて話します。自宅で一緒に遊ぶのは，皆さんにとって，友だちと一緒に過ごし，お互いをより知っていくために良い方法です。誰かと親しくなる方法として，自分の好きな友だちを自宅に呼んで一緒に遊ぶことは，最初のスタートとしては良いやり方でしょう。この場合，あなたがホスト（お客さんをもてなす人）役になる必要があります。誰か，ホストとゲストの違いを説明してくれますか？」
  －答え：ホストは，友だちを迎える側で，一緒に遊ぶプランを計画します。ゲストはその遊びに誘われた人です。ホストは，ゲストが楽しい時間を過ごせるように気を配ります。
- 「友だちと一緒に遊ぶ機会が楽しい時間にするには，そのためのルールを知っておく必要があります」

〈一緒に遊ぶ前に〉
- 事前にあなたの友だちと何をするのか，誰がそこに集まるのかを決めます。
  －「一緒に遊ぶことがうまくいくために最初にしておく大事なことは，計画です。つまりこれは，あなたは友だちと一緒に何をするのか，誰がそこにいるのか（親や兄弟など）を

決めるということです」
- 誰がそこに集まるのですか？
  - 「まず誰が来るのかを考えましょう。なぜ，事前に誰が来るのかということを知っている必要があるのですか？」
  - なぜなら，あなたの友だちを，予定されていない他の人がいることで驚かせたくないからです。その人とは気が合わないから，一緒に過ごしたくないと思っている人がいる場合があります。
- 何をしますか？
- どこで遊びますか？
- いつ遊びますか？
- いくつかの遊びを準備しましょう。
- あなたが一緒に使いたくなかったり，見せたくないと思ったりしているものは片づけておきます。
- あなたの部屋を心地良く過ごせるようにします。

  答え：なぜなら，あなたの友だちは，あなたの部屋を見たいと思っています（たとえあなたがその必要はないと思っていたとしても）。もしあなたの部屋が汚かったら，友だちはあなたのことをだらしないと思うかもしれません。このことは，あなたの評価を下げてしまいます。あなたが自分の部屋を事前に片づけておくことは，相手を大事に思っているサインにもなります。

〈5Wを使ってプランを立てよう〉
- Who　　──誰と遊ぶか？
- What　　──何をして遊ぶか？
- Where──どこで遊ぶか？
- When　──いつ遊ぶか？
- How　　──その場所にどうやって行くか？

### 一緒に遊ぶ活動の具体例

| 食事時間の活動 | ペアで楽しめるスポーツ |
|---|---|
| • バーベキュー<br>• レストランで食事<br>• おやつタイム<br>• 一緒にクッキング<br>• 外（公園など）でピクニック（お弁当やお菓子をもっていって食べること）<br>• お菓子作り | • スイミング<br>• スケートボード<br>• サイクリング<br>• ローラースケート<br>• テニス<br>• 卓球<br>• キャッチボール |
| グループで楽しむスポーツ | 出かけていく遊び |
| • バスケットボール<br>• 野球<br>• サッカー<br>• ハンドボール<br>• バレーボール<br>• バドミントン | • 映画<br>• ボーリング<br>• ビデオ店<br>• ゲームセンター<br>• ショッピングモール<br>• コミケ（漫画が好きな人の集まり）<br>• 本屋（漫画本など含む）<br>• ゲーム店<br>• コンサート<br>• カラオケ |
| 室内遊び | 屋外の遊びや活動の場 |
| • 音楽を聴くこと<br>• 映画のレンタル<br>• テレビの視聴<br>• ボードゲーム／カードゲーム<br>• コンピュータゲーム／ビデオゲーム<br>• インターネット（YouTubeなど）<br>• オンラインネットワークサイト（SNS）<br>• 雑誌を見る<br>• 卓球<br>• ダーツ | • 遊園地<br>• 地域の公園<br>• お祭り<br>• 地域のイベント<br>• 野外活動センター<br>• 海・山・川など<br>• バッティングセンター<br>• スキーリゾート（スキー・スノーボード）<br>• ビーチリゾート（サーフィン・ウインドサーフィン・スイミング・セーリング）<br>• ゴルフ場 |

＊上記の活動場所に，危険な環境や問題が起こりそうな要因がないかどうか，事前にチェックしておくこと。

〈遊びを始めるステップ〉
- ■説明：「では，これで一緒に遊ぶプランを立てるルールはわかりました。次に，あなたの自宅で友だちを呼んで遊ぶときの最初のステップについて話しましょう」
1. <u>ゲストを歓迎します。</u>
    - ゲストがあなたの家に着いたら最初にすることは，玄関まで迎えに出るということです。どのようにすれば良いですか？
        - 答え
            - ■「こんにちは」「いらっしゃい！」と言いましょう。
            - ■ゲストに「元気？」「どうしてた？」と言います。
                - 女の子は，よくお互いに軽く抱き合って，会えた喜びを表します。

- 男の子は，簡単なお互いを確認するようなジェスチャーをするかもしれません。（例：お互いのゲンコツを軽く当てる）

2. ゲストを家のなかに迎え入れます。
   - 「次にゲストを家のなかに迎え入れなければなりません。たとえば次のようなことを言うと良いでしょう。『どうぞ入って』。そしてあなたはドアの外に立ち，相手が中に入りやすいようにします。もし，相手を中に迎え入れることを忘れたらどうなりますか？」
     - 答え：相手の人は，ドアの外で立って待っていることになり，気まずい雰囲気になります。

3. ゲストを，その人のことを知らない他の友だちに紹介します。
   - 「ゲストを中に迎え入れたら，その人のことを知らない他の友だちに紹介する必要があります。なぜこれは大切なのですか？」
     - 答え：もしゲストが誰かを知らなかったら，なんとなく気まずくて自分が輪に入れていない感じがするでしょう。

4. ゲストに家のなかを案内します。
   - 「もしそのゲストがはじめてあなたの家に来た場合は，簡単に家のなかを案内しましょう（例：あなたの部屋，トイレ，居間など）。なぜそれが大事なのですか？」
     - 答え：ゲストに歓迎されていると感じてもらうのは，あなたの役割です。ゲストは，トイレがどこにあるのかは，知っておくべきですね。また遊びにきたことを喜んでもらっていると感じるためには，周りの様子を少し知ることは必要です。

5. ゲストに，何か飲み物やお菓子をすすめます。
   - 「次のステップは，ゲストに何か飲み物かお菓子をすすめるということです。なぜこれをすると良いのでしょうか？」
     - 答え：もしかしたら，ゲストはお腹がすいていたり，のどが乾いたりするかもしれません。家でゲストに食べ物や飲み物を出すのは，親切なことです。

6. ゲストに，何をして遊びたいか尋ねます。
   - 「ゲストと事前に話し合って，何をするかを決めておくとよいです。それでも，ゲストが家で落ち着いたら，あらためて何をしたいかを尋ねましょう。なぜ何をしたいのかをゲストに尋ねるべきなのでしょうか？」
     - 答え：もしかしたらゲストは，計画したこととは違うことをしたいと思うかもしれません。ゲストが何をするかを選び，ホストは柔軟に対応します。

### ロールプレイA

■ グループリーダーとコーチは，グループリーダーがすべてのステップに従って，遊びを始める適切なロールプレイを見せます。

**適切なロールプレイの例**

コーチ　：（ドアをノックする）
リーダー：（ドアを開ける）こんにちは（コーチの名前）さん！　元気？
コーチ　：やあ，（コーチの名前）さん！　元気だよ。きみは？
リーダー：元気にしているよ。入って！（コーチが入れるように脇に寄る）
コーチ　：（入る）ありがとう。
リーダー：たぶん，ここにいるみんなとは会ったことがないと思うんだけど。（グループの一人ひとりを指して名前を紹介する）これが（コーチの名前）さんだよ。みんな，これが（コーチの名前）さんだよ。
コーチ　：よろしく！
リーダー：僕のうちに来るのははじめてだと思うから，簡単に案内するね。（想像で家のなかをまわる振りをする）これがリビング，台所はそこで，トイレはその角にあるよ。そしてここが僕の部屋。
コーチ　：わかった。ありがとう。
リーダー：何か，食べる？　それとも何か飲む？
コーチ　：ありがとう。でも今はいいよ。

－「はい，ではこれで終わります。さあこのようにゲストを迎えて，一緒に遊びはじめます。今日のセッションで，みんなそれぞれホストとゲストの役割を練習しますね。まずは，一緒に遊ぶときに大切な他のルールを見ていきましょう」

〈遊んでいる間のルール〉

■「これで，どのように一緒に遊ぶことを始めれば良いのかがわかりましたね。次に，一緒に遊んでいる間，どうすれば良いかを知る必要があります。一緒に楽しく遊ぶために大切なルールがいくつかあります」

■ **あなたの家では，ゲストが遊びを選びます。**
　－あなたの家での最初のルールは，ゲストが遊びを選ぶということです。なぜゲストが遊びを選ぶのでしょうか？
　　• 答え：ホストの役割は，ゲストが楽しい時間を過ごせるようにもてなすことだからです。
　－「でも，あなたがゲストとして誰かの家にいるときは，ホストに遊びを決めさせてあげることも必要かもしれません。なぜなら，誰もがゲストが選ぶというルールを知っている

わけではないからです。このルールにはひとつ例外があります。もしゲストが何か危険なことや不適切なことをやりたいと思った場合はどうすべきでしょう？」
- 答え：それには従ってはいけません。友だちとして良い選択かどうかを考えます。

■ 友だちを褒めます。
- 「一緒に遊ぶためのもうひとつのルールは，友だちを褒めるということです。それは，もし友だちが何か良くできたら，あなたは『すごいね！』とか，それに関係する褒め言葉を言って，相手にそのことを伝えるべきです。なぜ友だちを褒めることは良い考えなのでしょうか？」
  - 答え：褒め言葉は，友だちを心地良い気分にさせるからです。

■ 友だちに相手をたたえる良い言葉をかけます。
- 「もうひとつのルールは，友だちに良い言葉をかけるということです。これは褒め言葉に似ています。これは，何か友だちについてあなたが好きだと思うことに気がついた場合は，それを相手に伝えるということです。たとえば，あなたが友だちの服装がいいなあと感じたらそのことを伝えたり，友だちがスポーツの得意な人だったら素敵だと思っていることなどを伝えたりします。なぜ，友だちに相手をたたえる良い言葉を伝えるのは大事なことなのでしょうか？」
  - 答え：それは友だちを心地良い気持ちにさせるからです。

■ 勝ち負けにこだわりすぎません。
- 「一緒にゲームやスポーツをして遊ぶときは，勝ち負けにこだわりすぎないことが大切です。なぜ，それは大切なのでしょう？」
  - 答え：10代の子どもたちは，楽しく遊べない相手とゲームやスポーツをして遊びたいと思いません。もしあなたが勝ち負けにこだわりすぎたら，友だちはあなたと一緒に遊びたいとはあまり思わないでしょう。
- 説明：「来週，このルールについてはより詳しく話します。これは，あなたが友だちと楽しく遊ぶために役立つルールです」

■ 友だちに対して誠実にします（相手を大切に接する）。
- 「友だちと楽しく遊ぶためのもうひとつのルールは，友だちに誠実に接するということです。これは，友だちと言い合いをしたり，友だちを批判したり，またからかったりしないということです。またもし誰かがあなたの友だちをからかったりしたら，友だちのためにその人にしっかりと意見を言うべきです。また友だちに対して誠実に接するというのは，誰か他の人としゃべるために，今遊んでいる友だちを無視したりしないということもあります。なぜそれが大事なのでしょうか？」
  - 答え：友だちが楽しい時間を過ごすようにするのは，ホストであるあなたの役割です。あなたの友だちは，あなたからサポートしてもらえると，気配りされていると感じるでしょう。
- 説明：「あなたのゲストに誠実に接するというのには，もし遊んでいる間にあなたに突然電話がかかってきたとしても，その相手を家に呼ばないということも含まれます。その代わり，『今は忙しいので，あとでかけるね』と伝えましょう。おそらくあなたは，今別

の友だちと遊んでいるということは，言わないほうが良いでしょう。なぜ，あなたが友だちと遊んでいることを，他の友だちに言うことは良くないのでしょう？」
- 答え：それは，電話の相手に，のけ者にされたような感じを与えてしまうからです。相手の気持ちを傷つけるかもしれません。また，入れてほしいと言うかもしれません。

-「なぜ，一緒に遊んでいるところへ予定もしていなかった友だちを呼び入れることは良くないのでしょう？」
- 答え：それは今一緒に遊んでいる友だちに，自分たちは一緒に過ごすのに満足でないとあなたが感じているという印象を与えるからです。そして今一緒に遊んでいる友だちにも，のけ者にされたような思いをさせてしまいます。それは失礼です（たとえ，今一緒に遊んでいる友だちがいいよと言ったとしても。あなたのゲストは，いいよと言わなければならないと感じているかもしれないからです）。

-「ゲストに対して誠実に接するというのは，それがゲストの考えでないかぎり，遊んでいる場では電話も，テキストメッセージも，メールも，インスタントメッセージもしないということです。あなたの一番の役割は，ゲストが楽しい時間を過ごせるようにするということです。だから，もしゲストが他の人に連絡しようよということを提案したら，流れに任せます。ただし，もしゲストがあなたと遊んでいる時間にメッセージを送ったり，他の人と話すことに興味があるようだったら，あなたにとってその人は友だちとしてふさわしくないかもしれません」

■ もし遊びに飽きてきたら，違うことを提案します。
-「友だちと一緒に遊んでいるとき，時に退屈することもあります。だからといって，決して友だちに退屈だとは言ってはいけません。その代わり，違う遊びをしようと提案しましょう。次のように言います。『これが終わったら，他のことをしない？』。もし友だちが，違うことをしたくないようだったら，どうすべきですか？」。
- 答え：相手に何をしたいか，選んでもらいます。ゲストが遊びを選び，ホストはそれに柔軟に合わせます。もし，あなたがゲストで，友だちがあなたの提案したことをしたくない場合は，相手に合わせ流れに任せます（もしこのようなことがたびたび起こるようだったら，その友だちがあなたにとって良い友だちかどうか考えましょう）。

■ 少なくとも一緒に過ごす時間の50％は情報交換をします。
-「一緒に遊ぶための最後のルールは，一緒にいる少なくとも50％の時間は会話をして，情報交換すべきだということです。なぜこれが大切なのでしょう？」
答え：それは，お互いのことをよく知り，共通の興味が見つかる方法だからです。

〈その他のルール〉
■ 友だちを取り締まったり，からかったりしない。
■ 友だちが困っていたら助けてあげる。
■ 友だちを無視しない。
■ 相手の流れに合わせるが，「友だちは選択だ」ということも心に留めておく。
■ はじめは遊ぶ時間は短くする（活動内容にもよるが，およそ2時間以内）。

〈遊びを終わるステップ〉
- ■「では，これで一緒に遊んでいる間のルールがわかりましたね。次にどんな風に一緒に遊びを終えれば良いのかについて話しましょう」
1. 活動の間が空くのを待ちます。
2. 遊びを終えて帰るための**カバーストーリー**を言います。
    - 「遊びを終わる最初のステップは，カバーストーリーや終わらなければならない理由を言うことです。どのような例がありますか？」
    
    答え
    - もう帰らなくちゃいけないから。
    - 今，宿題を始めなければならないから。
    - お母さんが，晩ご飯の時間だって言っているから。
    - もう寝る時間だから。
    - 保護者が遊びを終わるカバーストーリーを言うこともできます。
3. 玄関まで友だちを見送ります（もし，あなたの家で遊んでいる場合）。
    - 「それでは，さよならを言うために，玄関まで友だちと一緒に行く必要があります。なぜそうする必要があるのですか？」
    
    答え：なぜなら，友だちだけ玄関まで行かせるのは失礼だからです。
4. 一緒に遊べた事に感謝の気持ちを伝えます。
    - 「次のステップは，一緒に遊べた事に感謝の気持ちを伝えることです。なぜそれが大切なのですか？」
    
    答え：友だちは良い気持ちになるし，あなたが相手へ感謝していることが伝わるからです。
5. 楽しかったら，そのことを伝えます。
    - 「そして，もしあなたが楽しい時間を過ごせていたら，それを友だちに伝えましょう。なぜそれが良いのでしょう？」
    
    答え：あなたが友だちと過ごして楽しんでいるということを伝えることになり，友だちは心地良い気持ちになります。
6. 「さようなら」「また会おうね」と言います。
    - 「最後に，一緒に遊ぶことを計画したときと同じように，さようならの挨拶をすることが大切です。「また会おうね」とか「学校でね」と言うのも良いでしょう。また，次回いつ遊ぶかという計画を立てるのにも良いタイミングです。

### ロールプレイＢ

■子どもグループリーダーとコーチは，これらのすべてのステップに従って，遊びを終えるという適切なロールプレイを見せます。

#### 適切なロールプレイの例

リーダー：ところで，お母さんがもう少しで夕食の時間だって言っているんだ。
コーチ　：あっ，オッケー。
リーダー：（立ち上がって，ドアのほうへ歩きはじめる）来てくれてありがとう。
コーチ　：（リーダーの後をついてドアのほうへ行く）家に呼んでくれてありがとう。
リーダー：とっても楽しかったよ。
コーチ　：うん，僕も楽しかった。
リーダー：また遊ぼうね。
コーチ　：うん，そうしようね！
リーダー：（ドアを開ける）じゃあ，また明日学校でね。
コーチ　：オッケー。じゃあね（ドアを出て行く）。
リーダー：気をつけて帰ってね。バイバイ！
コーチ　：バイバイ！

### 宿題の説明

■次のように言って宿題を簡単に説明します。
「今週の大事な宿題は，1人以上の**友だちと一緒に遊ぶ**ことです。誰かに電話をしてプランを立てる必要があるかもしれません。また，少しだけ知っている人たちの**会話に入る**という練習も続けてもらいます。その際，必要であれば，**会話から抜ける**という練習もします。それから，来週グループで**一緒に遊ぶ**ための室内ゲームをもってきてください。では，もう一度今週の宿題を言います」
－①1人以上の**友だちと一緒**に遊びます。
　・電話をかけて，何を一緒にするかを話しましょう。
－②これまで習ったステップに従って**会話に入ります。**
　・もし，そのグループがあなたに興味がないように見えたら，**会話から抜けます。**
－③来週グループで遊ぶための室内ゲームをもってきます。
　　（例：ボードゲームやカードゲームなど。一人遊びのものはグループで遊べないので選びません）

## 子どもたちのアクティビティ:「一緒に遊ぶ」

◀ ═ NOTE(注) ═

ルールについては"子どもたちのアクティビティガイド"を見ましょう。

- 子どもたちに，**一緒に遊ぶ**練習をすることを知らせます。
  - 少人数グループに分け，ホストとゲストになる練習をさせます。
  - 可能なら，同性同士のグループにします。
  - ホストとゲストを指名します。
    - それぞれの子どもに，ホストとして遊びを始める練習をさせます。
    - 全員に，ホストとゲストの機会を与えます。
  - 子どもたちは，**一緒に遊ぶ**練習をしながら，室内ゲームをして遊びます。
  - ゲームは，もってきたゲームのなかから適切なものを選びます。
  - 子どもたちは練習のためのゲームをしている間にポイントをもらいます。
    - **情報交換**をしているか。
    - **褒めているか。**
    - **良い言葉をかけているか。**
    - **勝ち負けにこだわりすぎていないか。**
  - セッションの終わりに，遊びを終わる練習をします。
    - ホストとゲストを指名します。
      - それぞれの子どもにホストとして遊びを終わる練習をさせます。
      - 全員にホストとゲストになる機会を与えます。

## 保護者との合流タイム

- 子どもたちに保護者と合流するように伝えます。
  - 子どもたちが，それぞれの保護者の横に立つか座るかするようにします。
  - 静かにして，グループに集中するようにします。
- 「今日は，一緒に遊ぶということについて学びました。今週皆さんは，宿題で**友だちと一緒に遊び**ますので，ルールを覚えておくことがとても大切です。**一緒に遊ぶ**ためのルールを教えてくれる人はいますか？」［子どもたちにルールを出させましょう。もし出にくい場合は，ヒントになることを提示できるようにしておきます］
  - あなたの家では，ゲストが何をするかを決めます。
  - 友だちを褒めます。
  - 友だちに良い言葉をかけます。
  - 友だちに誠実に接します。
  - もし遊びに飽きてきたら，変えることを提案します。
  - 少なくとも50％の時間は会話をし，情報交換に使います。

- 「今日は一緒に遊ぶ練習をしました。このグループの皆さんはとてもよくがんばりました。みんなお互いに拍手しましょう」
- 来週までの宿題をもう一度確認します。
- 必要であれば，それぞれの家庭と次のことについて個別に話します。
  - －一緒に遊ぶ場所，遊びのプラン，誰が集まるか，一緒に遊んでいるときの保護者の役割
  - －どのグループを選んで会話に入るか？
  - －来週もってくる室内ゲームは何にするか？

## 宿題

1. <u>友だちと一緒に遊ぶ。</u>
   a．友だちと遊ぶ計画を立てるために，グループ外電話をします。
      ⅰ．共通の興味を見つけるための情報交換をする。
      ⅱ．一緒に遊ぶときに何をするのかを決める。
   b．保護者は，離れたところで，遊んでいる様子をモニターします。
   c．遊びは，何かの活動を中心にすべきです。
   d．最初の遊びの時間は，およそ2時間程度に制限すべきです（活動内容による）。
2. <u>少なくとも2人以上の会話に入る練習をする。</u>
   a．少なくとも1人は知っているというグループの会話を選ぶようにします。
   b．子どもが受け入れられやすく（例：拒否されるリスクの低いところ），悪い評判のないところを考えましょう。新しい場を探す必要があるかもしれません。
   c．保護者と子どもは，子どもがどのように会話に入って抜けたか（そうなった場合）について話し合います。
   d．保護者は，もし何か問題が起こっていたら，その解決を助けます。
3. <u>室内ゲームをもってくる。</u>
   a．グループで一緒に遊べる室内ゲームを1つもってきます。
      （例：年齢に合ったボードゲーム，カードゲームなど，一人遊びのゲームは外す）
   b．次のようなものはもってきません。
      ⅰ．グループのメンバーと一緒に使いたくないもの。
      ⅱ．壊れたり，なくしたりすると困るもの。

### 子どもたちのアクティビティガイド

## 準備物

- 子どもたちがもってきた室内ゲーム。
- もってくるのを忘れてきた子どものために，みんなで遊べるゲームを用意しておく。
  - トランプ

- ボードゲーム
- 将棋，オセロ，チェスなど

**ルール**

- 子どもたちに，グループで**一緒に遊ぶ**練習をすることを知らせます。
- 子どもたちを小さなグループに分け，ホストとゲストになる練習をさせます。
- 可能なら，同性同士のグループにします。
- ホストとゲストを指名します。
  - それぞれの子どもに，ホストになることで，遊びを始める練習をさせます。
    - 一緒に遊ぶステップをもう一度口に出して復習してから始めます。
- ゲストを歓迎します。
- ゲストを迎え入れます。
- ゲストに簡単に家のなかを案内します。
- ゲストに何か飲み物かお菓子をすすめます。
- ゲストに何をして遊びたいか選んでもらいます。
  - 子どもたちにステップをリハーサルさせます。
  - すべての子どもに，ホストとゲストになる機会を与えます。
- 子どもたちは，グループで遊ぶ練習をしながら，室内ゲームをします。
- ゲームは子どもたちがもってきたものか，スタッフが用意したもののなかから，適切なものを選びます。
  - 何をして遊ぶかを話し合わせます。
    - 子どもたちは，時間の半分で遊びを変えることを話し合う必要があるかもしれません。
    - ゲストが選ぶということを確認します。
  - 特定のゲームについては，ルールの説明をサポートする必要があるかもしれません。
    - もし意見が対立しても，審判になることは避けるようにしましょう。
    - 子どもたちに気持ちよく遊ぶために思いのすれ違いにどう対応すべきかを話し合わせます。
  - 子どもたちに，楽しく遊ぶためにどう振る舞うべきかをさりげなくサポートしたり，相手を褒める必要があるかもしれません。
  - 子どもたちは練習のゲームをしている間にポイントをもらいます。
    - **情報交換**
    - **褒める**
    - **良い言葉をかける**
    - **勝ち負けにこだわりすぎない**
- セッションの終わりに，子どもたちは遊びを終わる練習をします。
  - ホストとゲストを指名します。
    - それぞれの子どもに，ホストとして一緒に遊ぶことを終わる練習をさせます。

－遊びを終えるステップを声に出して復習してから始めます。
  - 遊びを終える**カバーストーリー**を言います。
  - ゲストを玄関まで送ります。
  - ゲストに遊びにきてくれたことに感謝の気持ちを伝えます。
  - 一緒に遊んで楽しかったことを伝えます。
  - さようならと，また会おうねと言います。
－子どもたちにこのステップをリハーサルさせます。
－すべての子どもにホストとゲストになる機会を与えます。

# 11 セッション9
## スポーツマンシップ

### 保護者 セッション・セラピストガイド

#### 保護者セッション——進行のポイント

　保護者は，宿題に子どもとともに取り組むことを通して友だちと一緒に遊ぶための第一歩をサポートすることが求められています。つまり，この宿題は，保護者に主な責任をもって取り組んでもらう必要があります。グループリーダーは，友だちとの遊びが実現するように，保護者ががんばるよう励ましつづけます。振り返りでは，まず宿題を達成できた子どもの保護者から話してもらいます。ほかのことを話したそうにしている保護者については，話がそれないように方向修正します。

　保護者は対面を保つために，時にほかの話題について長く話したり，あるいは（もうひとつの宿題である）会話に入る宿題はいかにうまくできたかを話したりすることで，できなかった宿題の話を避け，さりげなくできなかったと言います。もし，一緒に遊ぶ宿題ができなかったという子どもの保護者から話しはじめたら，うまくやれた子どもの保護者はそのことについて話しにくくなるでしょう。あるいは，流れから完全に外れて，リーダーのコメントの方向性を変えようとするかもしれません。たとえば，一緒に遊ぶことがうまくいかなかったことを話すのを避けるために，子どもがどんな風にいじめられているかを話しはじめるかもしれません。保護者のそのような発言を許してしまうと，宿題をしようとしない保護者のコントロールをしなければならなくなります。そうならないように気をつけましょう。一緒に遊ぶことがうまくできた子どもの保護者から発表してもらうことで，宿題をするのは可能だと示すことになり，参加者がセッションの目指す方向に集中しやすくなります。

　プログラムがここまで進んできても，保護者と子どもたちは，まだ友だちが見つかるかもしれないグループを間違って選択している場合があります。もし校内で子どもの悪い評判が広がっていたり，合わないグループを選んでいると，学校の仲間を遊びに誘おうとしたとき，断られる可能性があります。友だち選びの間違いを修正するのは，似たような課題をもつ仲間を探すように自閉スペクトラム症の子どもを励ますのと同じくらいシンプルなことでしょう。というのも似たような特性のある仲間だと安心し，受け入れられていると感じる子どもたちがいます。保護者にこの話を伝えることで，子どもや保護者にその選択肢もOKなんだというメッセージになります。

　前のセッションで述べたように，リーダーは"ヘリコプターペアレント"には気をつけましょう。子どもが自宅で一緒に遊んだ様子を振り返る際，保護者がどこにいたのかを尋ね，その介入

が発達段階的に不適切な場合は控えるようにアドバイスします。また，保護者が相手の保護者と事前に打ち合わせをして，子どもが自分で一緒に遊ぶ計画を立てることを先回りしすぎないように注意しましょう。このサポートは，思春期の子どもの発達段階には合わないやり方です。

うまくいった例をその保護者と振り返った後で，この宿題をしようとしなかった保護者への一番適切な対応方法は，なぜ子どもがその宿題をすることができなかったのかについて長々と話し合うのを避けるということです。それよりも，次週はどうすれば良いかについて考えるようにしましょう。

このセッションは，公平に楽しく遊ぶためのルール（スポーツマンシップ）について学びます。社会性の課題を抱えている子どもたちは，社会的な場面では何を大切にすべきかについての優先順位が，課題の少ない子どもと異なります。研究によると，社会性に課題がある子どもたちは，報酬が得られる目標に目を向けやすく，人との関係を大事にすることにはあまり興味を示さない傾向があることがわかっています（Grick & Ladd, 1990）。公平な姿勢で楽しく遊ぶためのルール（スポーツマンシップ）は，FrankelとMyatt（2003）によって開発，検証されました。

子どもと話し合うだけで行動の般化が促されるというようなエビデンスはありません。その代わり，子どもが家庭で友だちと遊ぶ際に，保護者がスポーツマンシップのルールを守れるように強化することはできます。あるいは子どもが兄弟や家族と一緒にゲームをするときにルールを教えることも，ルールを身につけさせる良い機会です。この場合，保護者のコーチングは最適な機会を生かした介入ということになります。もし子どもがルールを守らなかったら，子どもをその場から少し離して，適切な行動の仕方を思い出させましょう（"教えるベストタイミング"）。

### 宿題の振り返り

1. **友だちと一緒に遊ぶ。**
   a．子どもが**一緒に遊ぶ**約束をするのに電話をかけたかどうかを尋ねます。
   b．遊びがどんな様子だったかを尋ねます。
   c．子どもがゲストと**情報交換**をして**共通の興味**が見つかったかを確かめます。
      ⅰ．50％の時間は**情報交換**しましょう。
2. **会話に入り，（必要であれば）抜ける**練習をする。
   a．保護者に次のことを話してもらいます。
      ⅰ．子どもは，どのグループの**会話に入ったか。**
      ⅱ．子どもは，そのグループの誰かと親しかったか。
      ⅲ．子どもは，**会話に入る**ステップに従うことができたか。
      ⅳ．子どもは，**会話から出る**ステップに従わなければならなかったか。
   b．何か問題が起こったら解決します。
3. **室内ゲームをもってくる。**
   a．子どもがもってきた室内ゲームが何かを尋ねます。
      （例：年齢に合ったボードゲームやカードゲームなど）
   b．適切だと思われるものだけを認めます。

### 今日のレッスン:「スポーツマンシップ」

- 保護者向け配布資料を配る。
- 説明:「子どもたちは,友だちと一緒に楽しく遊ぶためのルールについて学びました。友だちとの遊びをプランして,楽しく遊べているといいなと思います。このスキルは,これから定期的に友だちと遊ぶなかで,練習を続けていくことで身につきます。今週の宿題のひとつは,また友だちと一緒に遊ぶプランを立てることです。それに加えて,今週は友だちと公平に気持ちよく遊ぶルール"スポーツマンシップ"について学びます。一緒にゲームをしたり,遊んだりしているときに,友だちと仲たがいするのを防いで,楽しく遊べるようにするために,子どもが相手を大事にしながら公平に遊ぶことが大切です。多くの子どもたちは,ゲームやスポーツをして一緒に遊ぶので,このスキルは,将来友だちと楽しく遊ぶために役立つツールとなるでしょう」
- 保護者向け配布資料を読む。

● スポーツマンシップのルール
- **友だちを褒める。**
    - ゲームの間の褒め言葉の例
        - いいね!
        - 惜しかったね。
        - うまい!(ナイスショット)
        - よくがんばったね!
        - ハイタッチする。
        - 親指を立てる(グー!)。
        - ゲンコツを軽く当てる。
- **審判をしない。**
    - 他のプレーヤーに対して指示したり,偉そうにしたりしません。
    - 10代の子どもたちは,偉そうに振る舞う友だちと遊びたいとは思いません。
- **コーチにならない。**
    - あなたの友だちが頼まない限り,アドバイスをすることで"助けて"あげようとしてはいけません。
    - たとえ,あなたは助けてあげようとしているだけでも,あなたが偉そうにしているように見えるかもしれません。
    - 10代の子どもたちは,自分たちに指示をする人とは遊びたいとは思いません。
- **一緒に使ったり,交代したりする。**
    - スポーツの試合で,ボールを独り占めする人にならないようにします。
    - ビデオゲームをする場合は,コントローラーは友だちと交代で使いましょう。
        - もしあなたが交代しなかったら,誰もあなたと遊びたいと思わないでしょう。それは他の人にとっておもしろくありません。

- ■ 遊びに飽きたら，変えることを提案する。
  - －ゲームの途中で，「もう飽きたよ」と言ってその場を離れてはいけません。
    - •その行動は，他の人の気持ちを傷つけるかもしれません。あなたがスポーツマンシップがわかっていない人だと思われます。
  - －もし飽きたら「これが終わったら，次は違うことをして遊ばない？」と言いましょう。
- ■ ごまかし（不正行為）をしない。
- ■ ルールに従ってプレイする。
- ■ 競争にこだわりすぎない。
- ■ 自分が勝っても自慢しない。
  - －勝つことが一番大切なことではないというように振る舞いましょう。
  - －もしあなたが自慢したら，他の人の気分を悪くしてしまいます。あなたとまた一緒に遊びたい（試合をしたい）と思わなくなるでしょう。
- ■ 自分が負けたとき，ふてくされたり，怒ったりしない。
  - －もしあなたがふてくされたり，怒ったりしたら，あなたはスポーツマンシップがわかっていない人だと思われます。他の人たちは，またあなたと遊びたい（試合をしたい）と思わなくなるでしょう。
- ■ ゲームの終わりには"良いゲームだったね"と言う。
  - －この言葉は，あなたがスポーツマンシップを身につけた人だということを示しています。周りの人は良い気持ちになるでしょう。
- ■ 誰かがケガをしたら，助けたり，気遣ったりする。

### 宿題の説明

保護者グループリーダーは，宿題を説明し，何か考えられる問題があれば解決します。

1. <u>子どもたちは，友だちを家に呼んで遊ぶ。</u>
    a．**一緒に遊ぶ**予定を立てるためにグループ外電話をします。
        i．**共通の興味**を見つけるために**情報交換**します。
        ii．**一緒に遊ぶ**ときに何をするのかを決めます。
    b．保護者は，少し離れたところで，遊んでいる様子をモニターします。
    c．遊びは，何か一緒に活動できるものにします。
    d．子どもたちが，ゲストと**情報交換**することを確認します。
        i．**一緒に遊ぶ**時間の50％は**情報交換**に使います。
        ii．最初の遊びは，約2時間までに制限します（活動による）。
2. **スポーツマンシップ**の練習をする。
    a．この宿題は，今週子どもたちが，友だちと**一緒に遊ぶ**約束をしたときやそれ以外の場面で，ゲーム（ビデオゲームやコンピュータゲーム，ボードゲームやカードゲーム）やスポーツをしているときに練習できます。

b．もし保護者が一緒に遊んでいる様子を見ることができない場合，保護者は子どもと，**スポーツマンシップ**について話し合います。
3．少なくとも2人以上の子どもの**会話に入る**練習をする。
　　a．少なくとも，グループの1人は知っているという会話を選ぶようにします。
　　b．あなたが受け入れられやすく，また悪い評判がないと思われる場を選びます（例：拒否される可能性が低い場）。状況によっては，新しい場を探す必要があるかもしれません。
　　c．保護者と子どもは，どのように**会話に入って，抜けた**のか（抜ける必要があった場合）を振り返って話し合います。
4．室内ゲームをもってくる。
　　a．グループで一緒に遊べる室内ゲームをもってきます。
　　　（例：年齢に合ったボードゲームやカードゲームなど。一人遊びのゲームは外す）
　　b．次のようなものはもってきません。
　　　ⅰ．グループのメンバーと一緒に遊びたくないもの。
　　　ⅱ．壊れたり，なくしたりすることが心配なもの。

---

保護者向け配布資料は金剛出版ホームページよりダウンロードできます
（ダウンロードの方法は本書巻末をご覧ください）。

## 子ども セッション・セラピストガイド

### 子どもセッション——進行のポイント

　子どもたちは前回のセッションで，友だちと遊ぶ際にホストとしてどう振る舞うべきかについて学びました。子どもたちが友だちと過ごし仲間と関わる社会的な場でよく行われる遊びには，さまざまなゲーム，ビデオゲーム，スポーツ（特に男子の間では）などがあります。子どもたちがこのような場で，どのように周りに合わせて仲間と交流すべきなのかを知っていることは大切でしょう。

　10代の子どもたちの多くは，ゲームやスポーツとなると，勝つことが最終目標であるという考えに慣れてしまっています。また周りの友だちに好かれたいとは思っているけど，スポーツマンシップについては優先順位が低くなっていることがよくあります。ゲームやスポーツをして遊ぶ際の目標は，友だちと楽しい時間を過ごすことにあると指摘することです。子どもたちが考えている優先順位について今一度考えさせることは，リーダーの重要な役割です。PEERSでは，スポーツマンシップのルールについてわかりやすく定義しています。そのルールを使って，セッション中はリーダーやコーチが，家庭では保護者が子どもたちの様子をモニターし，必要に応じてその行動を修正することができます。

### ルールの復習

　このルールは，グループのメンバーが守れていない場合のみ，もう一度説明します。

〈グループの5つのルール〉
1．他のグループメンバーの意見を聞く（他の人が話しているときはしゃべらない）。
2．指示に従う。
3．意見があるときは，手を挙げる。
4．相手を大切にする（からかったり，笑いものにしたり，悪口を言ったりしない）。
5．身体に触らない（たたいたり，けったり，押したり，抱きついたりなど）。

### 宿題の振り返り

　◀ NOTE（注）

　宿題へのポイントを与えます——宿題ごとに1つだけではありません。

1．<u>室内ゲームをもってくる。</u>
　　a．グループで一緒に遊ぶためにもってきた室内ゲームを聞く。
　　　（例：年齢に合ったボードゲーム，カードゲームなど）
　　b．適切なものにだけ認めます。

c．注意がそれるのを防ぐために，コーチは，アクティビティの時間までもってきたものを離れたところに置いておきます。

2．**一緒に遊ぶ。**
   a．「今週の中心の宿題は，友だちと一緒に遊ぶことでした。今週友だちと遊べた人は，手を挙げてください」
      ⅰ．宿題ができた人から始めます。
      ⅱ．簡単に次のことを尋ねます。
         1．誰と一緒に遊びましたか？
         2．どこで遊びましたか？
         3．遊びのプランを立てるのに，グループ外電話をしましたか？
         4．何をして遊びましたか？
         5．誰が遊びを選びましたか？（答えはゲストであるべきです）
         6．少なくとも50％の時間は情報交換をしましたか？
         7．楽しい時間を過ごせましたか？
         8．友だちは楽しい時間を過ごせましたか？
         9．その相手は，また一緒に遊びたいと思っている人ですか？
      ⅲ．もし何か問題が起こっていたら，解決しましょう。

3．**会話に入る。**
   a．「今週の宿題のもうひとつは，自分が受け入れられやすそうなグループの会話に入る練習をすることでした。今週うまく会話に入れた人は手を挙げてください」
      ⅰ．この宿題をできたという子どもから始めます。
      ⅱ．次のことを話してもらいます。
         1．どこで会話に入りましたか？
         2．会話に入るのにどのグループを選びましたか？
         3．そのなかで少なくとも1人の人を知っていましたか？
         4．どのように会話に入りましたか？
            a．会話に入るステップに従うことができたか。
            b．もし，ステップに従うことができなかったとしたら「次の機会には，どのように変えることができますか？」と尋ねます。
         5．あなたは会話から抜ける必要がありましたか？
            a．もしそうなら，彼らが会話から抜けるステップに従ったかを確認します。
            b．もし，彼らがそのステップに従っていなかったら尋ねます。「次の機会にはどのように変えることができますか？」。
         6．何か問題が起こっていたら解決します。

### 今日のレッスン:「スポーツマンシップのルール」

- ■説明:「今日は,スポーツマンシップについて話します。ゲームをしたり,スポーツをしたりすることの一番大切なゴールは,誰もが良い時間を過ごすということです。だから,私たちがビデオゲームやボードゲームやスポーツをしているときに,皆が公平に楽しく遊べるように振る舞うことはとても大切です。なぜこれは大事なことなのでしょうか?」

  答え:そうすることで,皆が楽しいと感じられるでしょう。ゲームの一番大切な目的は,遊んでいる人がみんな楽しむということです。

- ■次のように尋ねます。「もし,ゲームやスポーツをしているときに,スポーツマンシップを大切にしなかったらどうなりますか?」

  答え:友だちは,また私たちと遊びたいと思わないでしょう。その結果,悪い評判が広がるかもしれません。

- ■スポーツマンシップのルールを提示します。

1. **友だちを褒める。**
    a.「スポーツマンシップの一番大切なことは,褒めるということです。褒めるとはどうすることか,誰か教えてくれますか?」

      答え:褒めるとは,相手のしたことや行いをすぐれていると評価して,そのことを伝えることです。

    b.次のように尋ねます。「あなたが友だちと一緒にゲームやスポーツをしているときに,友だちを褒めることはなぜ良い考えなのでしょうか?」

      答え:友だちを良い気分にさせるからです。

    c.ゲームのときにかける褒め言葉の例を尋ねます。
        i.いいね!
        ii.惜しかったね。
        iii.うまい!
        iv.よくがんばったね!
        v.ハイタッチする。
        vi.親指を立てる(グー!)。
        vii.げんこつを軽く当てる。

    d.説明:「友だちを,"すごいね"とか"うまい!"と言って褒めることは,友だちが素敵な時間を過ごし,ゲームを楽しめる簡単な方法のひとつです。ゲームをする一番のゴール(目標)は,みんなが楽しい時間を過ごせることでしたね。何としてでも勝つということではありません」

*2. **審判をしない。**
    a.「スポーツマンシップのもうひとつのルールは,審判になることを避けるということです。審判とは何をする人ですか?」

      答え:ゲーム(試合)のときに,ルール違反になっていないか判定する人です」

    b.「ゲームのときに,審判のように振る舞うのはなぜ悪い考えなのでしょうか?」

答え：子どもたちは，偉そうに振る舞う人と一緒に遊びたいとは思いません。

*3．**コーチにならない。**

a．「楽しく公平に友だちと遊ぼうとするときには，他の参加者を指導しないようにすることが大切です。ゲームの間に，まるでコーチがするように友だちを助けようとしてアドバイスをする人がいます。友だちに対してコーチのように振る舞うのは，なぜ良くないのでしょうか？」

答え：あれこれ指図してくる人とは，誰も付き合いたいと思わないからです。

b．「たとえ，あなたが友だちを助けてあげたいと思っただけだとしても，それは偉そうに見えるかもしれません。友だちから求められない限り（あなたが新しいゲームのルールを教えてあげるとか），アドバイスをして助けてあげようとするのはやめます。もうひとつの例外は，もしあなたの友だちが，あなたがよくできるゲームで友だちが困っている場合には，次のように言って助けてあげることができるかもしれません。『次のレベルに行くのに，どうやればいいか少しやってみせようか？』［ビデオゲームの間］ただし，相手がそれを望んでいないようだったら，アドバイスをするのはやめましょう」

4．**一緒に使ったり，交代したりする。**

a．「スポーツマンシップのもうひとつのルールは，遊んでいる用具を一緒に使ったり，交代したりすることです。これは，ボールを独り占めしたり，ゲームのコントローラーを一人で使ったりしないということです。"ボールの独り占めする"とはどうすることですか？」

答え：ボールを一人で使い続けて，交代しないということです。

b．「ボールを独り占めしたり，交代したりしないことは，何が問題ですか？」

答え：他の人にとってそれはおもしろくありません。誰もあなたと遊びたいと思わないでしょう。

c．「ビデオゲームをしているとき，コントローラーをひとりで使うのは何が問題ですか？」

答え：他の人にとってそれはおもしろくありません。誰もあなたと遊びたいと思わないでしょう。

d．「ボールを独り占めしたり，交代しなかったりするのではなく，どうすべきでしょうか？」

答え

1．一緒に使って，時々交代する。
2．コントローラーを交代で使う。
3．自分ひとりでボールを使わない。

5．**遊びに飽きたら，変えることを提案する。**

a．「時々，人はゲームの途中で飽きてきます。私たちはこのことについて，先週"一緒に遊ぶ"のセッションで話しました。途中で飽きてきたときは，どうすれば良いでしょうか？」

答え：ほかの遊びを提案をします。

b．「"もう飽きた〜"と言って，ゲームの途中でその場を去るのは，何が問題ですか？」
答え：それは，ほかの人の気持ちを傷つけてしまうかもしれません。あなたはスポーツマンシップがわかっていない人だと思われるでしょう。

c．「"もう飽きた〜"という代わりにどう言えばいいですか？」
答え：「これが終わったら，違うことをしない？」と言いましょう。

d．説明：「つまり，スポーツマンシップのルールのひとつは，何かに飽きてしまったときは，違うことをする提案をするということです」

*6．ごまかし（不正行為）をしない。

7．ルールに従ってプレイする。

*8．競争にこだわりすぎない。

*9．自分が勝っても自慢しない。

a．「人はゲームに勝つと，時にとても興奮して，自慢することがあります。飛び上がったりして，自分を褒めます。あなたがゲームに勝ったときに，自慢するのはなぜ良くないのでしょう？」
答え：周りの人の気分を悪くします。彼らは，あなたとまた遊びたいとは思わないかもしれません。

b．「自慢する代わりにどうすべきですか？」
答え：勝つことが何より重要だというわけではないという振る舞いをします（喜びを普通に表現するのは構いません）。

*10．自分が負けたとき，ふてくされたり，怒ったりしない。

a．「スポーツマンシップの別のルールは，負けたときにふてくされたり，怒ったりしないようにするということです。ゲームで負けたときに，ふてくされたり，怒ったりすると何が問題ですか？」
答え：それは，あなたがスポーツマンシップをわかっていない人に思われるからです。彼らは，またあなたと遊びたいを思わなくなるでしょう。

*11．ゲーム（試合）の終わりには，"良いゲームだったね"と言う。

a．「スポーツマンシップの最後のルールは，ゲームの最後にするべきことと関連しています。ゲームの最後に何を言って，どうすべきですか？」
答え："良いゲーム（試合）だったね！"と言う，ハイタッチする，こぶしをぶつけ合う。

b．「なぜ，ゲームの終わりに"良いゲームだったね！"と言うことが大切なのですか？」
答え：それは，あなたがスポーツマンシップをわかっている人だということを見せることになるし，一緒にゲームをした人たちは気分が良くなるでしょう。

*12．誰かがケガをしたら，助けたり，気遣ったりする。

### ロールプレイ

番号に＊印がついているルールについては，簡単なシナリオを作ってロールプレイをすると子どもたちにわかりやすくなるでしょう。

### 宿題の説明

■宿題について簡単に説明します。
「今週の大事な宿題は，1人以上の友だちと**一緒に遊ぶ**ことです。誰かに電話をして計画を立てる必要があるかもしれません。一緒に遊ぶときにゲームやスポーツをするなら，ぜひ**スポーツマンシップ**の練習をしてほしいと思います。また，少しだけ知っている人たちの**会話に入る**という練習を続けてください。その際，必要があれば，**会場から抜ける**練習もします。それから，来週グループで**一緒に遊ぶ**ための室内ゲームをもってきてください。では，もう一度今週の宿題を言いましょう。

- ①1人以上の友だちと**一緒に遊び**ます。
  - 電話をかけて，何を一緒にするかを話します。
  - 何をするかについて，**情報交換**をします。
- ②**スポーツマンシップ**の練習をします。
  - もしチャンスがあれば，一緒に遊ぶときに行いましょう。
  - 他の場面としては，課外活動や体育の授業中などがあります。
- ③これまで習ったステップに従って**会話に入り**ます。
  - もし，そのグループがあなたに興味がないように見えたら，**会話から抜け**ます。
- ④来週グループで遊ぶための室内ゲームをもってきます。
  - （例：ボードゲームやカードゲームなど。一人遊びのものはグループで遊べないので，選びません）

### 子どもたちのアクティビティ：「一緒に遊ぶ＆スポーツマンシップ」

◀ NOTE（注）

ルールについては"子どもたちのアクティビティガイド"を見ましょう。

■子どもたちに，一緒に遊ぶ練習をすることを知らせます。
- 小さいグループに分け，ホストとゲストになる練習をさせます。
- 可能なら，同性同士のグループにします。
- ホストとゲストを指名します。
  - それぞれの子どもに，ホストとして遊びを始める練習をさせます。
  - 全員に，ホストとゲストの機会を与えます。
- 子どもたちは，一緒に遊ぶ練習をしながら，室内ゲームをして遊びます。

- ゲームは，もってきたゲームのなかから適切なものを選びます。
- 子どもたちはスポーツマンシップ練習のためのゲームをしている間にポイントをもらいます。
    - 友だちを褒める。
    - 審判をしない。
    - コーチにならない。
    - 一緒に使ったり，交代したりする。
    - 遊びに飽きてきたら，変えることを提案する。
    - ごまかし（不正行為）をしない。
    - ルールに従ってプレイする。
    - 競争にこだわりすぎない。
    - 自分が勝っても，自慢しない。
    - 自分が負けたとき，ふてくされたり，怒ったりしない。
    - ゲーム（試合）の終わりには，"良いゲームだったね"と言う。
    - 誰かがケガをしたら，助けたり，気遣ったりする。
- セッションの終わりに，遊びを終わる練習をします。
    - ホストとゲストを指定します。
        - それぞれの子どもにホストとして遊びを終わる練習をさせます。
        - すべての子どもにホストとゲストになる機会を与えます。

〈スポーツマンシップのポイントの与え方〉
1. 子どもの名前を言う。
2. "……さんは……ができたので，ポイントをあげます"と言う。
3. バズワードを使ってその行動を説明する。
   （例："エリーナは，友だちを褒めることができたのでポイントをあげます"）

## 保護者との合流タイム

- 子どもたちに保護者と合流するように伝えます。
    - 子どもたちが，それぞれの保護者の横に立つか座るかするようにします。
    - 静かにして，グループに集中するようにします。
- 簡単に，子どもたちのセッションでの様子を伝えます。
    - 「今日は，スポーツマンシップのルールについて取り組みました。スポーツマンシップのルールを教えてくれる人はいますか？」［子どもたちにルールを出させましょう。もし出にくい場合は，ヒントになることを提示できるようにしておきます］
        - 友だちを褒める。
        - 審判をしない。
        - コーチにならない。

- 一緒に使ったり，交代したりする。
- 遊びに飽きてきたら，変えることを提案する。
- ごまかし（不正行為）をしない。
- ルールに従ってプレイする。
- 競争にこだわりすぎない。
- 自分が勝っても，自慢しない。
- 自分が負けたとき，ふてくされたり，怒ったりしない。
- ゲーム（試合）の終わりには，"良いゲームだったね"と言う。
- 誰かがケガをしたら，助けたり，気遣ったりする。

■「今日は一緒に遊ぶときにスポーツマンシップを使う練習をしました。このグループの皆さんはとてもよくがんばりました。みんなお互いに拍手しましょう」

■来週までの宿題をもう一度確認します。

■必要であれば，それぞれの家庭と次のことについて個別に話します。
- 一緒に遊ぶ場所，遊びのプラン，誰が集まるか，一緒に遊んでいるときの保護者の役割。
- どのグループを選んで会話に入るか？
- 来週もってくる室内ゲームは何にするか？

## 宿題

1. **友だちと一緒に遊ぶ。**
   a. 友だちと遊ぶ計画を立てるために，**グループ外電話**をします。
      ⅰ. **共通の興味を見つけるための情報交換**をする。
      ⅱ. **一緒に遊ぶ**ときに何をするのかを決める。
   b. 保護者は，離れたところで，遊んでいる様子をモニターします。
   c. 遊びは，何かの活動を中心にすべきです。
   d. 最初の遊びの時間は，およそ2時間程度に制限すべきです（活動内容による）。
      ⅰ. **一緒に遊ぶ**時間の50%は**情報交換**に使うべきです。
      ⅱ. はじめて**一緒に遊ぶ**ときは，約2時間くらいに制限しましょう。

2. **スポーツマンシップ**の練習をする。
   a. これは一緒に遊ぶ機会にすることができます。あるいは，今週ゲームやスポーツをするときにできます（ビデオゲーム，カードゲーム，コンピュータゲームなど）。
   b. 保護者と子どもは，保護者がモニターできない場合は，それが**スポーツマンシップ**に沿ったものだったかを話し合います。

3. **少なくとも2人以上の会話に入る練習**をする。
   a. 少なくとも1人は知っているというグループの会話を選ぶようにします。
   b. 子どもが受け入れられやすく（例：拒否されるリスクの低いところ），悪い評判のないところを考えましょう。新しい場を探す必要があるかもしれません。
   c. 保護者と子どもは，子どもがどのように会話に入って抜けたか（抜ける必要があっ

　　　　　　　た場合）を振り返り，話し合います。
　4．<u>室内ゲームをもってくる。</u>
　　　ａ．グループで一緒に遊べる室内ゲームを1つもってきます。
　　　　（例：年齢に合ったボードゲーム，カードゲームなど，一人遊びのゲームは外す）
　　　ｂ．次のようなものはもってきません。
　　　　ⅰ．グループのメンバーと一緒に使いたくないもの。
　　　　ⅱ．壊れたり，なくしたりすると困るもの。

## 子どもたちのアクティビティガイド

### 準備物

- 子どもたちがもってきた室内ゲーム。
- もってくるのを忘れてきた子どものために，みんなで遊べるゲームを用意しておく。
  - トランプ
  - ボードゲーム
  - 将棋，オセロ，チェスなど

### 〈ルール〉

- 子どもたちに，グループで**一緒に遊ぶ**練習をすることを知らせます。
- 子どもたちを小さなグループに分け，ホストとゲストになる練習をさせます。
- 可能なら，同性同士のグループにします。
- ホストとゲストを指名します。
  - それぞれの子どもに，ホストになることで，遊びを始める練習をさせます。
    - **一緒に遊ぶ**ステップをもう一度口に出して復習してから始めます。
      - ゲストを歓迎します。
      - ゲストを迎え入れます。
      - ゲストに簡単に家のなかを案内します。
      - ゲストに何か飲み物かお菓子をすすめます。
      - ゲストに何をして遊びたいか選んでもらいます。
    - 子どもたちにステップをリハーサルさせます。
    - すべての子どもに，ホストとゲストになる機会を与えます。
- 子どもたちは，グループで遊ぶ練習をしながら，室内ゲームをします。
- ゲームは子どもたちがもってきたものか，スタッフが用意したもののなかから，適切なものを選びます。
  - 何をして遊ぶかを話し合わせます。
    - 子どもたちは，時間の半分で遊びを変えることを話し合う必要があるかもしれません。

- －特定のゲームについては，ルールの説明をサポートする必要があるでしょう。
    - もし意見が対立しても，**審判をすることは避ける**ようにします。
    - ルールの説明と**スポーツマンシップ**を使うことによる違いを考えさせます。
- －**スポーツマンシップ**を使って遊ぶためにどう振る舞うべきかを，子どもたちをさりげなくサポートしたり，相手を褒めようと促したりする必要があるでしょう。
■ 子どもたちは練習のゲームをしている間，ルールを守れたらポイントをもらいます。
    - 友だちを褒める。
    - 審判をしない。
    - コーチにならない。
    - 一緒に使ったり，交代したりする。
    - 遊びに飽きてきたら，変えることを提案する。
    - ごまかし（不正行為）をしない。
    - ルールに従ってプレイする。
    - 競争にこだわりすぎない。
    - 自分が勝っても，自慢しない。
    - 自分が負けたとき，ふてくされたり，怒ったりしない。
    - ゲーム（試合）の終わりには，"良いゲームだったね"と言う。
    - 誰かがケガをしたら，助けたり，気遣ったりする。
■ コーチは，なぜ子どもがポイントを受け取れたのかを伝えましょう（例：「ジョンは，お友だちを褒めていたからポイントをもらえるね」）。
    - －"スポーツマンシップ・ポイント表"に記録します（Appendix G 参照）。
    - －ポイントを与えるときは，ほかの子どもに聞こえるように，大きな声で伝えます。
■ セッションの終わりに，子どもたちは遊びを終える練習をします。
    - －ホストとゲストを指名します。
        - それぞれの子どもに，ホストとして一緒に遊ぶことを終える練習をさせます。
    - －遊びを終えるためのステップを，声に出して復習してから練習を始めます。
        - 遊びを終える**カバーストーリー**を言います。
        - ゲストを玄関まで送ります。
        - ゲストに遊びにきてくれたことに感謝の気持ちを伝えます。
        - 一緒に遊んで楽しかったことを伝えます。
        - 「さようなら」「また会おうね」と言います。
    - －子どもたちに，このステップをリハーサルさせます。
    - －すべての子どもに，ホストとゲストになる機会を与えます。

# 12 | セッション10
拒否I──からかい言葉・とまどい言葉への対応

### 保護者 セッション・セラピストガイド

### 保護者セッション──進行のポイント

　からかいは，他の人に対して向けられる軽蔑の言葉だと定義されています。幼い子どもたちは，主に悪口を言って相手をからかいます（Frankel & Myatt, 2003）。年齢が上がると，よく相手（被害者）やその家族の悪口を言ってからかいます（Frankel, 1996）。からかいは，時にユーモアのつもりかもしれませんが，相手（被害者）の犠牲の上に成り立っている皮肉なコメントになる可能性があります。そしてからかいは，傍観者のいる前で行われます。暴力的ないじめは3年生から6年生の間では減っていますが，からかいは暴力より起こりやすく，思春期の間ずっと続きます（Perry, Kusel, & Perry, 1988）。長期的なフォローアップ研究によると，特に小学3年生から中学1年生の時期に，人との関係に消極的で，体力が弱く，仲間に拒否されている子どもたちは，からかいの対象になりがちだということがわかっています。それぞれの要因が，被害のレベルに影響を与えています（Hodges & Perry, 1999）。

　からかう側の子どもの一番の動機は，被害者の嫌がる様子を見ることのおもしろさだと報告されています。社会的な場で周りに受け入れられている子どもたちは，からかいに対してユーモアで返したり，意見を明確に述べたりして対応している一方（Perry, Williard, & Perry, 1990）で，社会的に拒否されがちな子どもたちは，怒ったり，戸惑ったり，手が出てしまったりという行動に出る傾向があります（cf. Shantz, 1986）。からかいと，とまどい言葉（言われていることが自分の振る舞いと関係している）を区別すること（cf. Frankel, Sinton, & Wilfley, 2007）は，自閉スペクトラム症の子どもたちにとってしばしば直面する難しいことなので，このセッションで扱います。

　このセッションの目的は，からかい言葉と，とまどい言葉を区別することと，その両方に対する効果的な対応法を練習することにあります。からかいといじめは，よく似たような形で行われます。PEERSでは保護者と子どもたちの混乱を避けるために，からかいといじめは，異なるものとして定義しています。からかいは，言葉での攻撃です。それに対して，いじめは暴力的な攻撃や脅しなどのことをいいます。言葉による攻撃と，暴力とは対応策が全く違います。後者については，次のセッションで述べます。

　このセッションの内容は，しばしば感情的な反応を引き出します。多くの子どもたちは，からかわれることにうまく対応することができません。そのために保護者と子どもたちは，無力感に襲われます。このセッションの場で，子どもがからかわれていることをはじめて知る場合もある

かもしれません。また，保護者のなかには子どもがいじめられていることを止めようとした辛い経験を話したいと思う人がいるかもしれません。受けた被害に応じた対応方法を提示するために，リーダーはこのセッションでは"からかい"に焦点を当てるようにする必要があります。いじめについては，次回のセッションまで待ってもらいます。

上でも述べましたが，からかい言葉と，とまどい言葉（子どもの実際の様子についてのフィードバック）の違いを知っておくことは，重要です。たとえば，「臭いよ」と言われることは，からかい言葉かもしれませんし，実際に口臭衛生に気をつける必要があるのかもしれません。あるいは，子どものもつスキルが仲間より幼いなかで，いじわるな行為の対象になっているのかもしれません。前者も実際には，からかいの要素を含んでいるかもしれません。しかし一方で，失礼な言い方をしているけど，本当に問題があるということを伝えようとしているのかもしれません。それがとまどい言葉かどうかをはっきりとさせることで，子どもたちが自分の衛生面や外見，あるいは人に嫌な感じを与える振る舞いなどに気づき，変えていこうと思うようになります。

からかい言葉を受けとめて流すテクニック（cf. Frankel & Myatt, 2003）を，言葉によるからかいの場合に有効な方法として教えます。

保護者は，からかいにどう対応すべきかを子どもたちにアドバイスするのは，限界があると感じていることがよくあります。おそらくそれは，どのようにからかいに対応すればよいのかを，ほとんどの保護者は知らないからでしょう。一部の保護者は「その場を離れなさい」「無視しなさい」とアドバイスしています。リーダーは保護者に，そのような方法はたいてい効果がないことを明確に伝えるべきでしょう。

### 宿題の振り返り

1. <u>友だちと一緒に遊ぶ。</u>
    a．一緒に遊ぶ予定を立てるためにグループ外電話をしたかどうかを尋ねます。
    b．遊んでいる様子について以下のことを振り返ります。
        ⅰ．活動中心だったかどうか？
        ⅱ．少し離れたところから保護者がモニターしたか？
        ⅲ．2時間以内だったか？（活動による）
    c．子どもたちが，ゲストと情報交換し，共通の興味が見つかったか確認します。
        ⅰ．一緒に遊ぶ時間の50％は情報交換をします。
2. <u>スポーツマンシップの練習をする。</u>
    a．子どもたちが，スポーツマンシップの練習をしたかどうかを報告してもらいます。
        ⅰ．具体的に子どもがどのようにしたかを話してもらいます。
        ⅱ．一緒に遊ぶ場面で，実際に起こっているかもしれません。
3. <u>少なくとも2人以上の子どもの会話に入る練習をする。</u>
    a．保護者に以下のことを話してもらいます。
        ⅰ．子どもは，どこで会話に入ったか？
        ⅱ．子どもは，そのグループの少なくとも一人を知っていたか？

            iii．子どもは，会話に入るステップを踏んだか？
            iv．（もし，必要な場面があれば）受け入れてもらえない場面にうまく対応できたか？
        b．何か問題が起こったら解決します。
    4．<u>室内ゲームをもってくる。</u>
        a．グループで一緒に遊べる室内ゲームをもってきます。
            （例：年齢に合ったボードゲームやカードゲームなど。一人遊びのゲームは外す）
        b．適切なものだけを認めます。

### 今日のレッスン：「からかい言葉と，とまどい言葉（フィードバック）への対応」

- ■保護者向け配布資料を配る。
- ■説明：「今日は，からかわれたときに子どもたちを助けるために何をすべきかについて話します。セッションでは，子どもが言われた意地悪な言葉や，子どもたちがからかわれてどう感じているかを具体的に話すことはしません。その代わり，子どもたちがからかわれそうな場面で，子どもたちを助けるために私たちは何ができるのかに焦点を当てていきます。まず将来，子どもたちがからかわれることを減らしていくために必要な方法として，からかいにどう反応すべきかについて考えます。からかう子どもの多くは，（からかっている）相手の反応を見たくてからかいます。つまりからかわれることを避ける一番の方法は，言われたことを気にしていないかのように振る舞うことです。私たちはこれを，**"からかい言葉を受けとめて流す"** と言います。それは，相手に言い返すということではありません。それでは，からかう人をまたからかうことになってしまいます。そうではなく，私たちは，言われたことを軽く受け止めて，その言葉が大した事ではないというような言葉を返します。これはからかいのパワーを弱め，からかっている人にとってあまりおもしろくないと感じることになります。もし，からかってもおもしろくなければ，将来からかわれることは減っていくでしょう」
- ■保護者向け配布資料を読む。

〔訳注：「からかい言葉を受けとめて流す」について：からかい言葉をいったん受けとめてから流すという意味です。"受け流す"とすると，スルーする（無視）というニュアンスが強くなるので，それと区別するために，こちらの表現を採用しています〕

- ● からかい言葉を受けとめて流す
    - ■言われたことが気になっていないように振る舞う。
    - ■相手が言った言葉を受け止めて軽くおもしろがる。
        - ―決してからかってくる人をからかってはいけません。これは，あなたをトラブルに巻き込むだけです。
    - ■"からかい言葉を受けとめて流す" ために，簡単な言葉を返す。
        - ―"からかい言葉を受けとめて流す" ために返す台詞は，短いものにします。

－もしあなたが言われたことに対していろいろしゃべりすぎたら，相手の人たちは，あなたが実は気にしていると思うでしょう。
　　－例
　　　・だから!?
　　　・なんとでも言って。
　　　・大したことないよ。
　　　・それで!?
　　　・それがどうかした？
　　　・へ～，それで？
　　　・それで，言いたいことは？
　　　・ふ～ん，そうかなあ？
　　　・別にどうでもいいよ。
　　　・それっておもしろい？
　　　・そんなこと気にするかなあ？
■気にしていないことを示すためのしぐさをする。
　　－肩をすくめ，首をかしげて，その場を離れます。
　　－呆れた表情で目をくるっと回して，その場を離れます。
■言われたことが気になっていないということを，からかった相手に見せることをしないまま，その場を離れない。
　　－からかった相手に，あなたが逃げたと思わせないようにします。
　　－からかった相手が，あなたを追いかけてしつこくからかうかもしれません。
■暴力をふるう相手には，"**からかい言葉を受けとめて流す**"という方法は使いません。
　　－いじめっ子は，もっと激しい暴力で仕返ししようと思うかもしれません。
■**からかい言葉を受けとめて流すは，親や先生など大人の人に対して使ってはいけません。**
　　－これは，あなたをトラブルに巻き込むだけです。
■からかいへ返す台詞は，軽く冗談っぽく言うとうまくいきます。
■からかいへの対応を始めると，最初はからかいが以前よりひどくなることもあると知っておきましょう。からかう側は，これまでの反応と違うので期待した反応を得ようと，しつこく言ってくる場合があります。しばらく"からかい言葉を受けとめて流す"を続けていれば，おもしろくないと感じて減っていきます。
■からかいへの対応を続けて一旦収まっても，しばらくしてまた復活することもあります。ただし"からかい言葉を受けとめて流す"を続ければ，短期間でなくなるでしょう。
■説明：「大事なことは，子どもが誰かからかわれることを防ぐための一番の方法は，相手にからかうことをおもしろいと思わせないということです。あなたの子どもは，相手が言ったことは自分を困らせていない，あるいは大したことではないというように振る舞うとよいでしょう。しかし子どもたちによっては，すでに周りの子どもに動揺している姿を見せてしまっています。もしあなたの子どもが，過去にからかわれたことに対して動揺を見せていたとしたら，もう気にしていない相手に感じさせるには，少し時間がかかるかもしれ

ません。実際にからかう子は，しばらくはこれまでのような自分の期待した反応があるまで，これまで以上に強くからかってくるかもしれません。子どもにそういうことも起こりうるということを伝えておきます。つまり，子どもたちはその間，諦めるべきではないのです。もし，あなたの子どもが"からかい言葉を受けとめて流す"を続けていたら，最後にはからかう子はあきらめて，ほかの人に移っていくでしょう」

- ■ 子どもたちはセッションのなかで，**からかい言葉を受けとめて流す**練習をします。
  - グループリーダーは，優しいからかいを使います（例「あなたの靴，かっこわるい」）。
  - 子どもたちは練習の際，からかいが継続した場合のために，受けとめて流す台詞を3つ選びます。
- ■ 保護者に，もし子どもたちが受け入れられるなら，今週子どもと（家庭で）からかい言葉を受けとめて流す練習をすると良いと伝えましょう。
  - 保護者は，始める前に，子どもに練習であることを確認します。
  - 保護者は，優しいからかい言葉を使うようにしましょう。

### 〈とまどい言葉（Embarirasing Feedback／フィードバック）への対応〉

- ■ 説明：「次にお話ししなければならないのは，友だちからから言われている，時にからかいだと思われるような，でも重要なメッセージ（フィードバック）についてです。子どもは時々，人を戸惑わせる言葉や，相手をからかうようなことを言ったりします。しかし，同時にとても重要な情報を与えてくれていることがあります。この情報は，時に困惑するものだったり，子どもの気持ちを傷つけるものだったりします。しかしそれは，周りの人が子どものことをどんな風に見ているかを教えてくれるものだったりします。もし子どもが何人かの人から同じ反応を何度も受けているとすれば，これはかなり当てはまる可能性があるでしょう。保護者として，もし子どもが戸惑うような言葉を何度も投げかけられている場合は，子どもに何か重要なメッセージ（フィードバック）を伝えているのではないかと考えてみます。子どもが何をどう変えていけばよいのかを考えるサポートをするのは，あなたの役割です」
- ■ 保護者向け配布資料を読みます。

## とまどい言葉（フィードバック）への対応の仕方

| とまどい言葉の例 | 試してみると良い方法の例 |
| --- | --- |
| 「あなたの服装おかしいよ」 | 着るものを変える。その学校で子どもたちがよく着ている一般的なスタイルに従ってみる。 |
| 「臭いよ」 | 防臭剤（デオドラント）を使う。お風呂に入る。 |
| 「髪の毛，べたべただね」 | もう少し頻繁に髪を洗う。ヘアジェルを控える。 |
| 「肩の上にあるのは雪？」（ふけ） | ふけとりシャンプーを使う。 |

| とまどい言葉の例 | 試してみると良い方法の例 |
| --- | --- |
| 「息がくさい」 | 食事の後に，口臭をおさえるミントなどを使う。もっと歯を磨く。マウスウオッシュを使う。ガムを噛む。 |
| 「ゲーム，下手だな〜」 | そこまで強くない相手とゲームする。 |
| 「飛ばさないで！」<br>(話しているときに唾が飛んでいる場合) | 話すときに，唾を飛ばさないように気をつける。 |
| 「歯に食べ物が詰まっているよ」 | 食事の後に歯を磨く。食事の後にガムを噛む。デンタルフロスを使う。 |
| 「怒鳴らないで。話し声が大きすぎるよ」 | もう少し小さい声で，優しく話す。 |
| 「何言っているか聞こえないよ」 | もっと大きな声で話す。 |
| 「全然おもしろくないな〜」 | ユーモアの反応をよく見る。冗談を聞く人になることを考える。 |

- 保護者に，子どもが受け取ったことがあるかもしれない，とまどい言葉の例や，子どもが何をどう変えていけば良いかについて，考えてもらいましょう。
- 例：多くの子どもたちは，服装についてからかいます。
  - 保護者は，周りの子どもたちや同年代の親戚の子どもがどんな服装をしているかに目を向けます。そうすることで，保護者はこのような場合（もし子どもが服装についてからかわれているような場合），子どもがより適切な服装を選ぶ手助けをしましょう。
  - 保護者から他の提案があって，それが適切である場合は認めましょう。

■ からかいについて話したがらない子どもがいるのは自然なことです。そのため，自分の子どもがからかわれていることを知らないという保護者もいます。
- 今回の宿題は，仲間からのからかいについて子どもと話をする良い機会であると伝えます。
- からかいを見つける他の方法としては以下のようなものがあります。
  - 学校で，先生やコーチに尋ねる。
  - 学校の参観日に，先生と話す機会をもつ。
  - 学校に送り迎えして，周りの友だちとの関わっている様子を見る。
- 同じ学校に通う兄弟に尋ねる。

### 宿題の説明

保護者グループリーダーは，宿題についての説明をし，何か起こりそうな問題があれば解決します。

1. <u>友だちと**一緒に遊ぶ**</u>。
    a. 一緒に遊ぶ予定を立てるためにグループ外電話をします。
        i. **共通の興味**を見つけるために**情報交換**します。
        ii. **一緒に遊ぶ**ときに何をするのかを決めます。
    b. 保護者は，少し離れたところで，遊んでいる様子をモニターします。
    c. 遊びは，何か活動をするものにします。
    d. 子どもたちが，ゲストと**情報交換**することを確認します。
        i. 一緒に遊ぶ時間の50％は**情報交換**をします。
    e. 初めての遊びの機会には，時間を約2時間までにします（活動による）。
2. <u>スポーツマンシップの練習をする</u>。
    a. これは，今週子どもたちが，友だちと一緒に遊ぶ約束をしたときやそれ以外の場面で，ゲーム（ビデオゲームやコンピュータゲーム，ボードゲームやカードゲーム）やスポーツをしているときにすることができます。
    b. 保護者と子どもは，もし保護者が一緒に遊んでいる様子を見ることができない場合は，**スポーツマンシップ**について話し合います。
3. <u>室外ゲームをもってくる</u>。
    a. グループで一緒に遊べる室外ゲームをもってきます。
    b. 次のようなものはもってきません。
        i. グループのメンバーと一緒に遊びたくないもの。
        ii. 壊れたり，なくしたりすることが心配なもの。
4. <u>今週，もしからかわれることがあったら，**からかい言葉を受けとめて流す**練習をする</u>。
    a. 保護者と子どもたちの間で，**からかい言葉を受けとめて流す練習**をしても良いです。
    b. 保護者と子どもたちは，子どもがどんな風に**からかい言葉を受けとめて流した**かということについて話し合います。
        i. **からかい言葉を受けとめて流す**というのは，兄弟間で使ってみると良いかもしれません。

---

保護者向け配布資料は金剛出版ホームページよりダウンロードできます
（ダウンロードの方法は本書巻末をご覧ください）。

## 子どもセッション・セラピストガイド

### 子どもセッション――進行のポイント

　このセッションの大切な目標は，からかい（仲間からの言葉による攻撃）に対する新しい，より効果的な方策を身につけさせることです。からかいといじめはしばしば絡み合っていますが，双方に適切に対応するためには，その違いを明確にしておく必要があります。からかいは仲間からの言葉による攻撃のことで，いじめは仲間からの暴力や脅しのことです。言葉による攻撃と暴力による攻撃にどう対応するかは，かなり違います。そこで，適切に対応する方法を選ぶためには，子どもたちにこの概念の違いを考えさせます。

　PEERSに参加している子どもたちの多くが，長い間からかわれた経験をしています。その結果，このセッションは多くの子どもにとって感情的になってしまう場面になるかもしれません。リーダーは，彼らがからかわれたり，いじめられたりした具体的な方法については話させないようにすることで，感情的に反応することを抑えるようにします。そうすることで，彼らは今後どうすれば良いかという解決方法に焦点を合わせることができるでしょう。多くの場合，このセッションに入るまでに子どもたちは，お互いを支え合える仲間になっています。そのため，もしこの話し合いをプログラムのはじめに扱っていたら生じていたと思われる不安は，最小限に抑えることができます。

　このセッションでよくもちあがるひとつの問題は，自分の学校では，「今までからかわれたことがない」とか，「誰もからかいなんてしない」と主張する一部の子どもがいるということです。そのような学校環境はかなり稀ではありますが，実際にあるかもしれません。しかし多くの場合，これらのコメントには，子どもが自分の"メンツを保つ"ために言っていたり，本人が社会的に拒否されていたりという背景があると考えられます。子どもたちがからかわれていると認めることは重要ではありません。また，からかわれている子どもたちが，自分の置かれた状況に気づいて困惑することがないようにすることも大事です。リーダーは，ほとんどの人（特に10代の時期）が時折からかわれていると説明して，彼らが経験していることは普通に起こることだと明確に伝えます。その経験は辛いものですが，珍しいことではありません。

　反対に，からかわれたことを告白して，どのようにからかわれたかを長々と話そうとする子どもたちもいます。このような感情的になってしまう告白は，子どもたちがセッションに集中することを妨げるので，話が長くならないように気をつけます。リーダーは子どもたちに「からかわれることは本当に辛いことだけど，残念ながらよくありますね。ただ，ここではからかわれた具体的な話はしないということを覚えておいてください。それより，これから先，からかわれる可能性を減らすためにはどうすれば良いかについて話し合いましょう」と明確に伝えます。このはっきりとした姿勢は，多くの子どもたちに安心感を与えることになるでしょう。

　時に子どもたちのなかには，誰かをからかったことや自分がいじめっ子であったと告白する子がいるかもしれません。リーダーは，からかったり，いじめたりすることの問題について簡単に話し合います。しかし，そのような話し合いも，他のメンバーの子どもたちに不安を呼び起こすことにもなるので，長くならないようにします。たとえばリーダーは，次のように言うと良いで

しょう。「いじめっ子でいることの問題は何か，誰か教えてくれますか？」（答え：それは意地悪なことです。そんなことをする人と友だちになりたいとは思わないでしょう）。

いじめっ子になることがなぜ良くないかについて簡単に話し合うことは，このような振る舞いは許されないというメッセージを送ることになります。しかし，メンバーの不安を最小限に止め，からかわれたときにどう対応するかに集中するために長い話し合いを避けましょう。

この話し合いの間，気持ちが揺れやすくなりますが，このセッションは，将来からかわれる可能性を減らすために，からかいの対応策を考えることに焦点を当てます。以下に示してある流れに沿って進めていけば，子どもたちにとってこのセッションは楽しいものになります。

## サイドミーティング

（個別対応するための保護者／子ども／コーチ・リーダーなどの話し合い）

セッション中での様子から，個々の子どもに個別指導が必要だと思われる場合や対応を検討しなければならないことがあります。必要に応じて，セッションが終了した直後に話し合う時間を取りましょう。

これをサイドミーティングと言います。

そのステップは以下の通りです（行動修正のための話し合いの場合）。
1. 子どもと保護者に「個別に話し合いましょう」と声をかける。
2. 子どもに，あなたが叱られるわけではないと伝える。
3. 「あなたが気がついているかどうかわからないけど，私はあなたの ＿＿＿＿＿＿＿ という様子に気づいています」
4. 「あなたはこのことに気がついていましたか？ あるいは，誰かがあなたにこのことを言ったことがありますか？」
5. 「あなたはPEERSのすべてのスキルをマスターすることができるでしょう。でも，もしあなたが ＿＿＿＿＿＿＿ しつづけたら，友だちを作ることや良い関係を続けていくことは難しくなります」
6. 「PEERSで取り組んでいることは，あなたが学びたいと思っていることですか？」
7. 今後どうすべきかについて，プランを立てる。

### ルールの復習

このルールは，グループのメンバーが守れていない場合のみ，もう一度説明します。

〈グループの5つのルール〉
1. 他のグループメンバーの意見を聞く（他の人が話しているときはしゃべらない）。
2. 指示に従う。
3. 意見があるときは，手を挙げる。

4．相手を大切にする（からかったり，笑いものにしたり，悪口を言ったりしない）。
5．身体に触らない（たたいたり，けったり，押したり，抱きついたりなど）。

### 宿題の振り返り

◀ ≡ NOTE（注）≡

宿題へのポイントを与えます――宿題ごとに1つだけではありません。

1．<u>室内ゲームをもってくる。</u>
   a．グループで一緒に遊ぶためにもってきた室内ゲームを聞く。
      （例：年齢に合ったボードゲーム，カードゲームなど）
   b．適切なものにだけ認めます。
   c．注意がそがれるのを防ぐために，コーチは，活動時間までもってきたものを横に置いておきます。
2．<u>一緒に遊ぶ。</u>
   a．「今週の中心の宿題は，友だちと一緒に遊ぶことでした。今週友だちと遊べた人は，手を挙げてください」
      ⅰ．宿題ができた人から始めます。
      ⅱ．簡単に次のことを尋ねます。
         1．誰と一緒に遊びましたか？
         2．どこで遊びましたか？
         3．遊びのプランを立てるのに，グループ外電話をしましたか？
         4．何をして遊びましたか？
         5．誰が遊びを選びましたか？（答えはゲストであるべきです）
         6．少なくとも50％の時間は情報交換をしましたか？
         7．楽しい時間を過ごせましたか？
         8．友だちは楽しい時間を過ごせましたか？
         9．その相手は，また一緒に遊びたいと思っている人ですか？
      ⅲ．もし何か問題が起こっていたら解決しましょう。
3．スポーツマンシップの練習をする。
   a．「先週，私たちはスポーツマンシップについて学びました。今週の宿題のひとつは，その練習をすることでした。このことが必要な場面は，皆さんが友だちと一緒に遊ぶときや，学校で体育の時間や，課外活動の場で起こるかもしれません。今週この練習ができた人は，手を挙げてください」
      ⅰ．簡単に次のことを尋ねます。
         1．どこで，その練習をしましたか？
         2．あなたがスポーツマンシップに従って行動していることを示すために，何をしましたか？　また何を言いましたか？

ⅱ．もし何か問題が起きていたら解決します。
4．会話に入る。
　a．「今週の宿題のもうひとつは，自分が受け入れられやすそうなグループの会話に入る練習をすることでした。今週うまく会話に入れた人は手を挙げてください」
　　ⅰ．この宿題をできたという子どもから始めます。
　　ⅱ．次のことを話してもらいます。
　　　1．どこで会話に入りましたか？
　　　2．会話に入るのにどのグループを選びましたか？
　　　3．そのなかで少なくとも1人の人を知っていましたか？
　　　4．どのように会話に入りましたか？
　　　　a．会話に入るステップに従うことができたか。
　　　　b．もし，ステップに従うことができなかったとしたら「次の機会には，どのように変えることができますか？」と尋ねます。
　　　5．あなたは会話から抜ける必要がありましたか？
　　　　a．もしそうなら，彼らが会話から抜けるステップに従ったかを確認します。
　　　　b．もし，彼らがそのステップに従っていなかったら尋ねます。「次の機会にはどのように変えることができますか？」。
　　　6．何か問題が起こったら解決します。

## 今日のレッスン：「からかい言葉を受けとめて流す」

■「今日のテーマは，からかいについてです。そして，もし誰かにからかわれたらどうすべきかについて話します。どんな意地悪なことを言われたかとか，からかわれたときにどう感じたかを話し合うのではありません。それよりも，これから先からかわれることを減らしていくためにからかわれたときに何ができるのかに焦点を当てています。そのために大切な方法のひとつは，からかわれたとき，どう反応するかと関係しています。からかいに対する適切な反応の仕方を身につけていくために，なぜ人は誰かをからかうのかをわかっていると役に立つでしょう」

◀ NOTE（注）

もし子どもが，具体的にからかわれた方法を話そうとしたら，次のように言って方向修正します──「ここでは，あなたがどんな風にからかわれたのかについては，話し合いません。その代わり，これからからかわれることを減らすために何ができるのかを話しましょう」

- ■ 次のように尋ねます——「なぜ人は誰かをからかうのでしょう？」
  答え
  - からかう人は，あなたからの反応を期待しています。
  - あなたが泣いたり，どなったり，困ったり，顔が赤くなったりするのを楽しみにしています。
  - あなたをキレさせようとしています。
  - ほかの子どもにあなたの反応を見せようとしています。
    - ■ 彼らは，ほかの子どもたちの注目を集めるためにからかっている子を指して，「あれを，見て！」とさえ言います。
- ■ 質問します——あなたが戸惑うとき……
  - 「あなたは，からかう子が望んでいることをしていますか？」　　　　答え：はい
  - 「あなたは，周りの注目を集めてしまっていますか？」　　　　　　　答え：はい
  - 「あなたは，からかう子が，おもしろいと感じる反応を見せていますか？」　答え：はい
  - 「あなたは，次にもっとからかわれそうですか？」　　　　　　　　　答え：はい
- ■ [注意：もし子ども自身がいじめっ子であるとか，からかいをしていると告白したら，セッションから焦点が外れないように，できるだけその話を短く切り上げるようにする必要があります。子どもたちが誰かをいじめたエピソードの詳細を語ることを認めないで，次のように尋ねます。「いじめっ子でいることの問題は何でしょう？」。そして他の子どもをいじめるのは友だちを作るためには良くない方法であるという道徳的な話を簡単にして終わります。グループリーダーは，後で個別にその子どもと話したいと思うかもしれません。もしその問題が解決されていないと思われる場合は，子どもの保護者とも話す必要があるでしょう]
- ■ 「多くの大人が，からかいへの対応としてどうすべきかのアドバイスをくれますね。ほとんどの大人は，子どもたちにどうすべきだと言いますか？」
  答え：大人に言う，その場を離れる，相手を無視する。
- ■ 次のように尋ねます。「その方法は，いつもうまくいきますか？」。
  答え：ほとんどうまくいきません。
  - [注意：子どもたちが過去に受けたアドバイスは，あまり効果がなかったと認めることで，からかいに適切に反応する方法についてグループリーダーの言うことをより信じようと思うことになれば，グループリーダーが子どもたちからの信頼感を得ることになるでしょう]
- ■ 説明：「私たちは，皆さんに，からかう人を無視するか，単純にその場を離れるようにという提案はしません。このような方法は，たいていうまくいきません。その代わり，からかう人にからかうことはおもしろくないと思わせる必要があります。そのためには，皆さんがからかわれたことを全く気にしていないように振る舞うことです。彼らが言ったことは，大したことではないと思っていると示す台詞を言う必要があります。私たちはこれを"からかい言葉を受けとめて流す"反応といいます。なぜなら，あなたはある意味，彼らが言ったことを軽く受けとめて言い返しているからです。しかし，私たちは決して彼らをからか

い返すことを提案しているのではありません。それは，からかってきた相手をからかうことになるので，からかいをエスカレートさせ，あなたをよりトラブルに巻き込むことになるでしょう。"からかい言葉を受けとめて流す"ための具体的な台詞を言う前に，皆さんがその使い方のルールを理解しておくことが大切です。

〔訳注：「からかい言葉を受けとめて流す」について：からかい言葉をいったん受けとめてから流すという意味です。"受け流す"とすると，スルーする（無視）というニュアンスが強くなるので，それと区別するために，こちらの表現を採用しています〕

■ "からかい言葉を受けとめて流す"ためのルールを提示します。
 － 彼らが言ったことは，全く自分を困らせていないかのように振る舞います。
  • 「"からかい言葉を受けとめて流す"ときの，一番大切なポイントは，相手が言ったことが気にならないというように振る舞うことです。たとえ，そのことがあなたの気持ちを傷つけていても，そうでないかのような振りをする必要があります。
  • 「なぜ，気にしていないように振る舞うことが大切なのですか？」
   答え：その様子を見ると相手は，からかうことがそれほどおもしろくなくなってしまうからです。またあなたをからかいたいという思いが小さくなっていくでしょう。

■ 言われたことをおもしろがるようにします。
 － 「からかわれた言葉を自分は全く気になっていないと見せるための良い方法は，彼らが言ったことは大したことではないかのように振る舞うことです。それは，あなたが彼らをからかったり，おもしろがったりするということではありません。このような行動は，逆にあなたをトラブルに巻き込んでしまいます」
 － 次のように尋ねます。「あなたが，相手をおもしろがったら何か起こる可能性がありますか？」。
   答え：トラブルに巻き込まれるかもしれません。あなたは嫌なやつだと思われます。あなたは相手の気持ちを傷つけてしまうので，あなたが悪い評判を得ることになるかもしれません。

■ "からかい言葉を受けとめて流す"ための，簡単な受け答えをする台詞を提示します。
 － 「相手のからかいが全く自分を困らせていないと見せて，言われたことが大したことではないと思わせる一番の方法は，"からかい言葉を受けとめて流す"ための簡単な台詞を言うことです。これは，彼らの言ったことに対して軽くおもしろがるように振る舞うことで，相手をからかうことではありません」
  • 「"からかい言葉を受けとめて流す"ための最初のルールは，台詞は短いものにすべきだということです。なぜ，短い台詞が良いのでしょうか？」
   ■ 例（これらをボードに書きます。子どもたちに，自分で考えさせると，たいてい不適切な言葉になるのでやめます）
    • だから!?
    • なんとでも言って。
    • 大したことないよ。
    • それで!?

- それがどうかした？
- へ〜，それで？
- それで，言いたいことは？
- ふーん，そうかなあ？
- 別にどうでもいいよ。
- それっておもしろい？
- そんなこと気にするかなあ？

■ あなたが気にしていないと示すためのしぐさをします。
 − 「もしあなたが，からかいに対して言葉で言い返すのは落ち着かないようだったら，あなたが気にしていないことを見せる別の方法があります」
   - 例
     ■ 肩をすくめ，首をかしげて，その場を去る。
     ■ 呆れた表情で目をくるっとまわして，その場を去る。
     ■ [注意：自閉スペクトラム症の一部の子どもたちは，目をくるっと回す，肩をすくませることが難しい場合があります。行動リハーサルで各々の子どもたちにやってもらい，それがその子どもにとってオプションになるかどうかをチェックしましょう。もし，子どもたちのやり方が不自然だったら，優しくそのことを伝えて，それはしないほうが良いと知らせます。その場合，子どもたちは簡単な言葉で言い返す台詞だけを選びます]
 − 次のように尋ねます。「からかいをしている相手に，"からかい言葉を受けとめて流す"ということはどんな印象を与えますか？」。
 − 説明："からかい言葉を受けとめて流す"台詞はいつでも使えます。しかし，場面によって使うのが難しいと思われる場合は，これらの言葉によらないジェスチャーで示しましょう。
■ その場にずっと立ちつづけて，もっとからかわれるのを待つことはしません。
 − 「からかう人にあなたが気にしていないことを見せたら，さりげなく他の方向に視線を移して，その場を離れるのが良いでしょう。もしそこに立ったままで，"からかい言葉を受けとめて流した"相手をじっと見ていたら，何が問題ですか？
   答え：それは，まるでからかいをより引き出す招待状のようになります。あなたは，彼らが言ったことは大したことではなく，もう自分は戸惑わされることはないという印象を相手に与えたいでしょう。短い台詞を返したら，さりげなくその場を立ち去ります。
■ からかう子に，自分は言われたことを気にしていないということを見せないで，その場を去ってはいけません。
 − 「あなたが，言われたことを全く気にしていないという様子を見せずに，その場から立ち去らないということがとても大切です。なぜ，あなたが気にしていないということを見せるのは大事なのですか？」

答え
- なぜなら，からかう人はあなたの反応を待っているからです。あなたを見せ物にしようとしています。もしあなたが，相手の望むような反応をしなければ，相手にとってそれはあまりおもしろくないことになるでしょう。もし，それがおもしろくなければ，これから先，あなたのことをからかうことは少なくなります。
- あなたは，からかっている相手に，あなたが逃げていると思わせたくありません。
- 気にしていないということを見せなければ，からかう相手は，あなたについてきて，からかいつづけるかもしれません。

- 暴力をふるう子に対して，"からかい言葉を受けとめて流す" という方法は使いません。
  - 「"からかい言葉を受けとめて流す" ときの，もうひとつの大切なルールは，暴力をふるう傾向がある人には使わないということです。"からかい言葉を受けとめて流す" ことのポイントが，彼らが言ったことが大したことではないように振る舞うことなので，あなたはからかっている人を少し戸惑わせることになります。いじめたり，暴力をふるったりする人は，自分が戸惑わされるとどんな反応をしますか？

  答え：それは，いじめっ子にあなたに対してひどい暴力で仕返ししようという気持ちにさせるかもしれません。

  - 説明：「来週，私たちは，このようなひどいいじめのケースについてどうすれば良いかを話し合います。私たちは，いじめは暴力のひとつの形であると考えています。そして，いじめへの対応とからかいへの対応は違います。からかいは，言葉による攻撃で，暴力は含まれません。"からかい言葉を受けとめて流す" という方法は，からかいや言葉による攻撃に対してのみ使います」

- "からかい言葉を受けとめて流す" 方法は，親や先生，その他の大人には使ってはいけません。
  - 「"からかい言葉を受けとめて流す" ための最後のルールは，決して，親や先生，その他の大人の人には使わないということです。なぜ大人とこの方法を使うのは良くないのですか？」

  答え：それは失礼なことです。あなたをトラブルに巻き込むだけでしょう。

- からかいに返す台詞は，軽く冗談っぽく言うとうまくいきます。
- からかいへの対応を始めると，最初はからかいが以前よりひどくなることもあると知っておきましょう。からかう側は，これまでの反応と違うので期待した反応を得ようと，しつこく言ってくる場合があるのです。しばらく "からかい言葉を受けとめて流す" を続けていれば，おもしろくないと感じて減っていきます。
- からかいへの対応を続けて一旦収まっても，しばらくしてまた復活することもあります。ただし "からかい言葉を受けとめて流す" を続ければ，短期間でなくなるでしょう。

## III ロールプレイ

- リーダーとコーチは,"からかい言葉を受けとめて流す"ルールに従った適切なロールプレイを見せます。
  - 優しいからかい言葉「その靴カッコ悪い!」をすべての子どもたちに使います。
    - 子どもによって違うからかい言葉を使わないようにします。違う言葉を使うと,個人的な内容だと感じてしまうでしょう。

### 適切なロールプレイの例

コーチ　：かっこ悪い靴!
リーダー：(目をくるっと回しながら)そう,それで?(堂々とした態度で言ってから,目をそらす)
コーチ　：どう見ても,その靴すごく変だよな。
リーダー：別にどうでもいいよ(関心のないように言ってから,目をそらす)。
コーチ　：いや〜どうでもいいことないって。だってその靴ほんとにかっこ悪いし。
リーダー：なんとでも言ってよ(肩をすぼめて,頭を振り,さりげなくその場を離れる)。
コーチ　：(負けたように見える)

- 次のように言いましょう。「はい,これで終わります。このようにからかい言葉を受けとめて流します。私が毎回異なる受け答えする台詞を使ったのに気づいたでしょう。その結果,からかっている人は,からかい言葉より,私がもっと返してくれるだろうと感じました。さあ,(コーチの名前)さんが,私の靴のことをからかったとき,私は困っているように見えましたか?
  答え：いいえ
- 尋ねます。「(コーチの名前)さんは,これから先も私のことをからかおうとすると思いますか?」
  答え：おそらくしないでしょう。
- 説明：「人がからかうのをやめさせる一番良い方法は,相手にからかってもおもしろくないと思わせることです。しかし,私たちのなかにも,もうすでにからかわれたときに困っている様子を見せてしまったという人がいると思います。もしこれまでそのような姿を見せているとしたら,あなたがもう気にしていないということを相手にわからせるには少し時間が必要です。実際あなたの態度が変わったことで,これまで以上にからかってくることもあります。でも,あきらめないでください。あなたが異なるセリフでうまく受け答えを続けて,困っている様子を見せずにいたら,最終的には彼らはあなたをからかうことをあきらめるでしょう」

### 行動リハーサル

- 子どもたちに，"からかい言葉を受けとめて流す"練習をすると伝えます。
- 一人ひとりに，"からかい言葉を受けとめて流す"ためのどの台詞を使うかを決めさせます。
  - このあと，すぐ続けて行動リハーサルをすべきです。そうでなければ，子どもは何を言おうとしていたのかを忘れてしまうかもしれません。
  - 自分で返す言葉を考えようとするのは，やめさせます。
  - もし子どもが，どうしても自分で台詞を考えたいと言ったら，良い反応の条件（短くて，シンプルで，そして子どもが気にしていないという印象を与えるもの）に合っているかを確認します。
- グループリーダーは，優しいからかい言葉を使います。例「あなたの靴はおかしいよ！」。
  - それぞれの子どもに同じからかい言葉を使います——そうでなければ子どもはそのからかいを個人的なものだととらえるかもしれません。
  - 子どもに，毎回違う"からかい言葉を受けとめて流す"台詞を使わせるために，続けて3回からかい言葉を使います。
  - 子どもは，自分に合った"からかい言葉を受けとめて流す"台詞を使って気にしていないという反応を見せます。
  - 必要に応じて，その演技のフィードバックをします。
  - 先に進む前に，それぞれの子どもたちがしっかりこのスキルをマスターしたか確認します。
  - この練習中に，子どもたち同士でからかう練習させることはしません。

〈とまどい言葉への対応〉

- 説明：「時々人は，相手を戸惑わせるようなことを言って，からかうことがあります。しかし，時にそれは，他の人からどう見られているかについて重要な情報をくれることがあります。そのような情報を，とまどい言葉（フィードバック）といいます。とまどい言葉は，どうしていいか戸惑うものだったり，気持ちが傷ついたりすることもあります。しかしながら，多くの人が同じフィードバックをくれたり，たとえ少なくても同じことを何度も言われたりするときには，かなり真実に近い可能性があります。つまり，ただ気持ちが傷つく言葉というのでなく，このフィードバックを，周りの自分への見方を変えるきっかけにすることもできるのです。もし，彼らが言う言葉がとまどい言葉（フィードバック）だったとき，その言葉が何を伝えたいのかを考え，何か変えることはできないかを考えてみます。こうすることで，将来からかわれることが減っていくかもしれません」
- 下に挙げたとまどい言葉の例を見て，子どもたちに，それぞれの言葉に対して何を変えていけるかを考えさせます。
  - 一つひとつの例に対して次のように言います。「もし多くの人があなたに＿＿＿＿＿＿＿（例

を入れる）というとまどい言葉をかけてきたとしたら，それに対してあなたは何を変えていくことができますか？」。
- ■どう変えられるか自分で例を考えさせ，適切かどうか話し合いましょう。

## とまどい言葉への対応の仕方

| とまどい言葉の例 | 試してみると良い方法の例 |
| --- | --- |
| 「あなたの服装おかしいよ」 | 着るものを変える。その学校で子どもたちがよく着ているような一般的なスタイルに従ってみる。 |
| 「臭いよ」 | 防臭剤（デオドラント）を使う。お風呂に入る。 |
| 「髪の毛，べたべただね」 | もう少し頻繁に髪を洗う。ヘアジェルを控える。 |
| 「肩の上にあるのは雪？」（ふけ） | ふけとりシャンプーを使う |
| 「息がくさい」 | 食事の後に，口臭をおさえるミントなどを使う。もっと歯を磨く。マウスウォッシュを使う。ガムを噛む。 |
| 「ゲーム，下手だな〜」 | そこまで強くない相手とゲームをする。 |
| 「飛ばさないで！」（話しているときに唾が飛んでいる場合） | 話すときに，唾を飛ばさないように気をつける（話すときに，もっと飲み込むようにする）。 |
| 「歯に食べ物が詰まっているよ」 | 食事の後に歯を磨く。食事の後にガムを噛む。デンタルフロスを使う。 |
| 「怒鳴らないで。話し声が大きすぎるよ」 | もっと小さい声で優しく話す。 |
| 「何言っているか聞こえないよ」 | もっと大きな声で話す。 |
| 「全然おもしろくないな〜」 | ユーモアの反応をよく見る。冗談を聞く人になることを考える。 |

### 宿題の説明

- ■次のように言って簡単に宿題の説明をします。

「今週の大事な宿題は，1人以上の友だちと一緒に遊ぶことです。誰かに電話をして計画を立てる必要があるかもしれません。一緒に遊ぶ際に，もしゲームやスポーツをするなら，スポーツマンシップの練習をしてほしいと思います。からかいは子どもたちの間では，とてもよくあることです。だから，もしかしたら今週そのような場面があるかもしれません。そのときは"からかい言葉を受けとめて流す"を使って対応方法を練習してほしいと思います。それから，来週グループで一緒に遊ぶための室内ゲームをもってきてください。では，もう一度今週の宿題を言います」。

- ―①1人以上の友だちと一緒に遊びます。
    - 電話をかけて，何を一緒にするかを話しましょう。

- 何をするかについて，情報交換をしましょう。
 -②スポーツマンシップの練習をします。
  - もし機会があったら，一緒に遊ぶときに行います。
  - 他の場面としては，課外活動や体育の授業中などがあります。
 -③もし今週誰かにからかわれたら，今日決めたからかい言葉を受けとめて流す台詞を練習してください。
  - からかい言葉を受けとめて流す方法は，一般的に兄弟間で使うと良いでしょう。
 -④来週グループで遊ぶための室外ゲームをもってきます。
   （例：ボードゲームやカードゲームなど。一人遊びのものは外す）

## 子どもたちのアクティビティ：「一緒に遊ぶ&スポーツマンシップ」

### NOTE（注）
ルールについては"子どもたちのアクティビティガイド"を見ましょう。

■子どもたちに，一緒に遊ぶ練習をすることを知らせます。
 -小さいグループに分け，ホストとゲストになる練習をさせます。
 -可能なら，同性同士のグループにします。
 -ホストとゲストを指名します。
  - それぞれの子どもに，ホストとして遊びを始める練習をさせます。
  - 全員に，ホストとゲストの機会を与えます。
 -子どもたちは，一緒に遊ぶ練習をしながら，室内ゲームをして遊びます。
 -ゲームは，もってきたゲームのなかから適切なものを選びます。
 -子どもたちはスポーツマンシップ練習のためのゲームをしている間にポイントをもらいます。
  - 友だちを褒める。
  - 審判をしない。
  - コーチにならない。
  - 一緒に使ったり，交代したりする。
  - 遊びに飽きてきたら，変えることを提案する。
  - ごまかし（不正行為）をしない。
  - ルールに従ってプレイする。
  - 競争にこだわりすぎない。
  - 自分が勝っても，自慢しない。
  - 自分が負けたとき，ふてくされたり，怒ったりしない。
  - ゲーム（試合）の終わりには，"良いゲームだったね"と言う。
  - 誰かがケガをしたら，助けたり，気を遣ったりする。
 -セッションの終わりに，遊びを終わるステップを練習をします。

- ホストとゲストを指名します。
    - それぞれの子どもに，ホストとして遊びを終わる練習をさせます。
    - すべての子どもに，ホストとゲストになる機会を与えます。

### 保護者との合流タイム

- 子どもたちに保護者と合流するように伝えます。
    - 子どもたちが，それぞれの保護者の横に立つか座るかするようにします。
    - 静かにして，グループに集中するようにします
- 簡単に，子どもたちのセッションでの様子を伝えます。
    - 「今日は，からかいにどう対応すべきかについて考えました。私たちはこの方法を，"からかい言葉を受けとめて流す"と呼びます。からかい言葉を，受けとめて流すときのルールを教えてくれる人はいますか？」［子どもたちにルールを出させましょう。もし出にくい場合は，ヒントになることを提示できるようにしておきます］
    - 反応は，簡単でシンプル，そしてあなたが気にしていないという印象を与えるものであるべきです。
    - 例
        - だから!?
        - どんなふうにでも。
        - 大したことないよ。
        - それで!?
        - それがどうしたって言うの？
        - へ〜，それで？
        - それで，言いたいことは？
        - ふーん，そっか。
        - 私が気にすると思う？
        - それっておもしろい？
        - どうしてそんなこと気にするかなあ？
- 「今日はからかいへの対応について練習をしました。このグループの皆さんはとてもよくがんばりました。みんなお互いに拍手しましょう」
- 来週までの宿題をもう一度確認します。
- 必要であれば，それぞれの家庭と次のことについて個別に話します。
    - 一緒に遊ぶ場所，遊びのプラン，誰が集まるか，一緒に遊んでいるときの保護者の役割。
    - どのグループを選んで会話に入るか？
    - 来週もってくる室内ゲームは何にするか？

**宿題**

1. <u>友だちと一緒に遊ぶ。</u>
    a．友だちと遊ぶ計画を立てるために，グループ外電話をします。
        i．共通の興味を見つけるための情報交換をする。
        ii．一緒に遊ぶときに何をするのかを決める。
    b．保護者は，離れたところで，遊んでいる様子をモニターします。
    c．遊びは，何かの活動を中心にすべきです。
    d．最初の遊びの時間は，およそ2時間程度に制限すべきです（活動内容による）。
        i．一緒に遊ぶ時間の50％は，情報交換をしましょう。
        ii．初めて一緒に遊ぶときは，約2時間に制限しましょう。
2. <u>スポーツマンシップの練習をする。</u>
    a．これは一緒に遊ぶ機会にすることができます。あるいは，今週ゲームやスポーツをするときにできます（ビデオゲーム，カードゲーム，コンピュータゲームなど）。
    b．保護者と子どもは，保護者がモニターできない場合は，それがスポーツマンシップに沿ったものだったかを話し合います。
3. <u>室外ゲームをもってくる。</u>
    a．グループで一緒に遊べる室外ゲームを1つもってきます。
    b．次のようなものはもってきません。
        i．グループのメンバーと一緒に使いたくないもの。
        ii．壊れたり，なくしたりすることが心配なもの。
4. <u>もし今週そのような場面があったら，"からかい言葉を受けとめて流す"練習をする。</u>
    a．保護者と子どもで今週練習をするとよいでしょう。
    b．保護者と子どもは，どのようにからかい言葉を受けとめて流すかについて話し合います。
        i．"からかい言葉を受けとめて流す"は，一般的に同年代の兄弟で使うとよいでしょう。

## 子どもたちのアクティビティガイド

〈準備物〉

- 子どもたちがもってきた室内ゲーム。
- もってくるのを忘れてきた子どものために，みんなで遊べるゲームを用意しておく。
    - トランプ
    - ボードゲーム
    - 将棋，オセロ，チェスなど

## ルール

- 子どもたちに、グループで一緒に遊ぶ練習をすることを知らせます。
- 子どもたちを小さなグループに分け、ホストとゲストになる練習をさせます。
- 可能なら、同性同士のグループにします。
- ホストとゲストを指名します。
  - それぞれの子どもに、ホストになることで、遊びを始める練習をさせます。
    - 一緒に遊ぶステップをもう一度口に出して復習してから始めます。
      - ゲストを歓迎します。
      - ゲストを迎え入れます。
      - ゲストに簡単に家の中を案内します。
      - ゲストに何か飲み物かお菓子をすすめます。
      - ゲストに何をして遊びたいか選んでもらいます。
    - 子どもたちにステップをリハーサルさせます。
    - すべての子どもに、ホストとゲストになる機会を与えます。
- 子どもたちは、スポーツマンシップを使って遊ぶ練習をしながら室内ゲームをします。
- ゲームはもってきたものか、スタッフが用意したもののなかから、適切なものを選びます。
  - 何をして遊ぶかを話し合いをさせます。
    - 子どもたちは、時間の途中で遊びを変えることを話し合わなければならないかもしれません。
  - ゲームによっては、ルールの説明を手助けする必要があるかもしれません。
    - もし意見が対立しても、審判になることは避けるようにしましょう。
    - 子どもたちにスポーツマンシップを使うと何が違うか考えさせます。
  - スポーツマンシップを使って遊ぶためにはどう振る舞うべきかをさりげなくサポートし、時に相手を褒めるようにうながす必要があるでしょう。
- 子どもたちは練習のゲームをしている間にポイントをもらいます。
  - 友だちを褒める。
  - 審判をしない。
  - コーチにならない。
  - 一緒に使ったり、交代したりする。
  - 遊びに飽きてきたら、変えることを提案する。
  - ルールに従ってプレイする。
  - あなたが勝っても、自慢しない。
  - あなたが負けたとき、ふてくされたり、怒ったりしない。
  - ゲーム（試合）の終わりには、"良いゲームだったね"と言う。
  - 誰かがケガをしたら、助けたり、気を遣ったりする。
- コーチは、なぜ子どもがポイントを受け取ったのかを言うべきです（例：「ジョンは、お友だちを褒めていたからポイントをもらえるね」）。

- "スポーツマンシップ・ポイント表"に記録します（Appendix G）。
- ポイントを与えるときは，ほかの子どもが聞こえるように大きな声で話します。

■ セッションの終わりに，子どもたちは遊びを終えるステップを練習をします。
- ホストとゲストを指名します。
  - それぞれの子どもに，ホストとして一緒に遊びを終える練習をさせます。
- 遊びを終えるステップを声に出して復習してから始めます。
  - 遊びを終えるカバーストーリーを言います。
  - ゲストを玄関まで送ります。
  - ゲストに遊びにきてくれたことに感謝の気持ちを伝えます。
  - 一緒に遊んで楽しかったことを伝えます。
  - 「さようなら」「また会おうね」と言います。
- 子どもたちにこのステップをリハーサルさせます。
- すべての子どもにホストとゲストになる機会を与えます。

# 13 セッション11
## 拒否Ⅱ──いじめや悪い評判への対応

### 保護者 セッション・セラピストガイド

**保護者セッション──進行のポイント**

　"友だちと一緒に遊ぶ"は，本セッションだけでなく，今後すべてのセッションで，宿題の振り返りの中心となります。これに続く大事なポイントは，"からかい言葉を受けとめて流す"について，子どもたちへフィードバックすることです。まずは，とまどい言葉へのフィードバックをして，それから，からかい言葉を扱いましょう。からかい言葉を受けとめて流すということを学んだばかりの子どもたちが最も犯しやすい間違いは，返す台詞が長すぎたり，数種類の台詞を使えなかったりすることです。たとえば，すぐあきらめてしまうと，効果はありません。

　本セッションの焦点は，いじめと悪い評判についてです。母親の報告によると，ASDの思春期児童期の子どもたちの75％がいじめられた経験をもっています（Little, 2001）。PEERSでは，いじめを"暴力や脅し"と定義しています。最もよくあるのは，Olweus（1993）によって説明されている古典的ないじめのスタイルです。これは，1人あるいはそれ以上の加害者による，弱い被害者に対する継続的で正当な理由のない組織的な脅しや身体的虐待です。それはたいてい，人の目にあまり触れない場で行われます（例：学校への行き帰り，学校のトイレ）。加害者は，教師や管理職などから良い生徒であると思われているときもあるし，少なくともトラブルを起こす子としては見られていないことがあります。彼らがいじめをする一番の動機は，（被害者に）痛みや苦しみを与えることです。保護者や子どもたちから，学校スタッフがいじめの現状に対して別の見方をしていて，いじめが続いていてもそのままにしているという話をよく耳にします。ひどいいじめがあるのに，学校スタッフが無関心だと報告する保護者には，法的な措置を取るよう，リーダーはアドバイスすべきでしょう。弁護士が介入するだけで，無関心な学校スタッフを前向きに取り組むように動機づけることができる場合があります。

　このセッションのポイントは，悪い評判を変える行動を起こすよう子どもたちを励ますために，いじめについて話し合うということです。前回のセッションのからかいに対応するための方法は，暴力的ないじめには有効ではありません。（それをすると）いじめっ子は困惑して，仕返しという形で攻撃性を増してくることもあります。子どもは，仲間からどのように拒否されているかによって，どんな対応方法が良いかを考えます。保護者はそれをどうサポートすればよいのかについて指導を受けます（例：言葉による攻撃には，からかい言葉を受けとめて流すための台詞を使います。暴力的なものには，このセッションで学ぶいじめ対策を伝えます）。

仲間内での良くない噂というのは，普通によくあります（Coie, Dodge, & Kupersmidt, 1990）。それはほかの子と関わろうとする子どもたちの足を引っぱってしまいます。研究によると，周りの子どもと関わろうとしたとき，仲間に拒否されている子どもは，たとえ適切なプロセスを踏んだとしても，皆に好かれている子に比べると，仲間から前向きなコメントがもらえる可能性は低いと言われています（Putallaz, & Gottman, 1981）。

　また本セッションでは，悪い評判を変えるための最初の一歩をどうすれば良いか，子どもたちにアドバイスします。このアドバイスのひとつ（例：目立たないようにする）は，私たちの児童向けプログラム（Frankel & Myatt, 2003）で実際にうまくいったという体験を取り入れています。しかしながら，このプロセスは子どもたちにとってかなり根気が必要で，時にPEERSのセッションがすべて終わってからも続けなければなりません。このように，保護者は子どもが評判を変えるためには，長期的に介入しつづける必要があります。ここに挙げたテクニックをうまく使えない場合は，悪い評判が広がっている現在の集団で友だちを作ろうとするのはやめます。しばらく目立たないようにしていると，悪い評判は少しずつ薄らいでいくでしょう。

### 宿題の振り返り

1. <u>友だちと**一緒に遊ぶ**。</u>
    a. **一緒に遊**ぶ予定を立てるためにグループ外電話をしたかどうかを尋ねます。
    b. 遊んでいる様子について以下のことを振り返ります。
        i. 活動中心だったかどうか？
        ii. 少し離れたところから，保護者がモニターしたか？
        iii. 2時間以内だったか？（活動による）
    c. 子どもたちが，ゲストと**情報交換**し，**共通の興味**が見つかったか確認します。
        i. 一緒に遊ぶ時間の50％は**情報交換**に使います。
2. <u>**スポーツマンシップ**の練習をする。</u>
    a. 子どもたちが，**スポーツマンシップ**の練習をしたかどうかを報告してもらいます。
        i. 具体的に子どもがどのようにしたかを話してもらいます。
        ii. 一緒に遊ぶ場面で，実際に起こっているかもしれません。
3. <u>"**からかい言葉を受けとめて流す**"練習をする。</u>
    a. 保護者が子どもと"**からかい言葉を受けとめて流す**"練習をしたかどうか，チェックします（これは宿題ではありません）。
    b. 保護者に，どのように子どもが"**からかい言葉を受けとめて流す**"を使っていたかを報告してもらいます。
    c. "**からかい言葉を受けとめて流す**"は，仲間や兄弟との間で使われたかもしれません。
    d. もし，何か問題が起こっていたら解決します。
4. <u>室外で遊べるスポーツ用具をもってくる。</u>
    a. グループで一緒に遊べるスポーツ用具をもってきます。

b．適切なものだけを認めます。

### 今日のレッスン：「いじめと悪い評判への対応」

- 保護者向け配布資料を配る。
- 説明：「今日私たちは、いじめにどう対応すれば良いのか、また悪い評判を変えるにはどうすれば良いのかについて話します。他の子どもが皆さんの子どもをどんなに意地悪な方法でいじめたか、あるいはそのときに子どもたちがどれほど傷ついたかについて具体的に話すことはしません。その代わり、子どもたちがいじめられるような場面で、どうすれば良いのかに焦点を当てます」
- 保護者向け配布資料を読む。

● いじめにどう対応すれば良いか
- **目立たないように，おとなしくしておく。**
  - おとなしく、控えめな態度をとります。
  - 自分に注目が集まらないようにします。
- **いじめっ子を避ける。**
  - いじめっ子のいるところから離れます。
  - いじめっ子に話しかけようとしません。
  - いじめっ子と友だちになろうとしません。
- **いじめっ子を怒らせない。**
  - いじめっ子には、からかい言葉を受けとめて流すことをしません。
    - これは、いじめっ子をより怒らせることになるだけかもしれません。
    - 保護者は、いつ、からかい言葉を受けとめて流すという方法を使うべきかを、子どもと一緒に考える必要があるかもしれません。
      - 悪口を言ってからかう人には、からかい言葉を受けとめて流す方法は使えます。
      - 暴力を使ういじめっ子には、からかい言葉を受けとめて流す方法は使いません。
  - いじめっ子をからかってはいけません。
  - いじめっ子に対しておかしな振る舞いをしたり、いじめっ子のことをおもしろがったりしてはいけません。
  - いじめっ子のことを、小さいルール違反について告げ口し、相手を困らせることをしません。
    - もし誰かが怪我をさせられそうな場合は、介入します。
      - いじめっ子があなたに仕返しをしないように、わからないよう、また仲間に気づかれないようにしましょう。
- **他の人たちと一緒にいる。**
  - 1人になることを避けます。
  - いじめっ子は、1人でいる人や、守られていない人をターゲットにしやすいです。

- **危険な状態になったときは，大人の助けを求める**（例：親，先生，校長先生など）。特にいじめっ子が近くにいるときは，大人のそばにいるようにします。
- いじめのことで困っている保護者に，自分の子どもに有効だと思われる方法をいくつか挙げてもらいます。状況によっては，法的な措置もそのひとつです。
- ひどいいじめにあったことを学校に訴えたものの，学校から前向きに取り組んでもらえていないという状況になっている人には，法的な支援を受けるように伝えます。時に，弁護士に介入してもらうだけで，学校スタッフが積極的につながることがあります〔訳注：PEERSでは具体的な説明はせず，まずは外部相談機関などに行くことをすすめる〕。
- 説明：「これで，いじめへの対応方法のいくつかのアイデアがわかりました。次に，いじめの被害者にはよく起こりがちな悪い評判について考えることが大切です。悪い評判を変えることは難しいですし，たいていかなり時間がかかります。でも，変えることはできます」

〈次のことを説明しましょう〉
- 悪い評判は，いじめやからかいを伴うことがよくあります。
  - いじめっ子は，その良くない行動から，悪い評判が立っていることがよくあります。
  - いじめやからかいの対象になっている子どもも，時々悪い評判を立てられていることがあります。
- 子どもはいろいろな理由で悪い評判を立てられます。それは，その子どもがある面で，他の子たちと違うことが理由になっていることがよくあります。
- 悪い評判を取り除くのは難しいですし，時に転校してもついてきます。
- 悪い評判を変えるのは難しく，多くの場合かなり時間がかかりますが，可能です。
  悪い評判を変える方法のステップを提示します。

## 悪い評判を変えるためのステップ

- **目立たないように，おとなしくしておく。**
  - おとなしく，控えめな態度を取ります。
  - 自分に注目が集まらないようにします。
- **グループに合わせる。**
  - そのグループ（仲間）に合わせるようにします。
    - 周りの人に合わせる行動は，しばしば友だち関係を深めることになります。
      （例：他の友だちと同じ興味があることを示したり，仲間に優しく接したりする）
  - そのグループ（仲間）のなかで，目立たないようにします。
    - 変わった方法で目立ってしまうのは，次のような場合です。これらの振る舞いは，しばしば悪い評判を生みます。
      - 悪いと思われる行動をして，あなたがトラブルに陥る（例：かなり感情的になったり，攻撃的に振る舞ったりすること。友だちの小さなルール違反を報告するなど）。
      - 仲間の平均的な服装から全く違う格好をすることや，あまり一般的でない興味につ

いてしゃべりすぎること。
- ■ **あなたの評判を変えるために外見を変える**〔訳注：あなたの個性を否定するものではありません。あくまでも，評判を変えるというステップの一部です〕。
  - －あなたが評判を変えようとしていることを人に気づかせる一番早い方法は，あなたの見た目を変えることです。
  - －他の仲間と合うような外見（服装や髪型など）に変える必要があるかもしれません。
    - 服装を選ぶことは，あなたがどんな人になりたいかを考えるということでもあります。
    - 仲間から遠ざかってしまう型破りなファッションについての意見は避けましょう。
    - ほかの子どもたちと合わせるために，髪型を変える必要があるかもしれません。
  - －見た目を変えると，何か新しいことがあって，あなたが変わったことを知らせることにつながります。
    - 見た目を変えるだけでは，あなたの評判を変えることにはならないでしょう。だから，もし人々が，あなたがこれまでと違うことに気づいたら，それを証明すること（たいていの場合は，これまでのあなたの評判を受け止めることによって）が必要です。
- ■ **あなたのこれまでの評判を受け止める。**
  - －あなたのこれまでの評判のなかで，何か本当のことがあれば受け止めましょう〔訳注：事実と違う場合も，そのことにこだわりすぎて言い訳を繰り返すと，より真実なのではと思われることになります。事実かどうかより，そういう評判があることは知っているという意味合いで受け止めましょう〕。
  - －人々にあなたが変わったこと，そして，それを示す機会を望んでいることを知らせます。
  - －誰かがあなたの悪い評判について何かコメントをしたら，次のように言うのも良いでしょう。「自分のことをそんな風に言われているのは知ってるよ。でも今は違うんだ」。
    - これはあなたが防衛的でないことで，少し変わったんだということを示すことになります。
    - もしあなたが，その評判は事実でないと証明しようとしたら（たとえば，「あなたは私のことを知らないだけだよ」「そんなの事実じゃないよ」と言うことによって），彼らは，今のあなたは違うということをあまり信じてくれないかもしれません。
- ■ **新しいグループや仲間を見つける。**
  - －あなたの評判は，しばしばあなたのグループや仲間によって生まれます（あなたが誰と一緒に過ごしているか，など）。
  - －あなたの評判を知らないか，気にしない友だちを見つけましょう。
  - －あなたに合いそうなグループを探して，そのグループの人と友だちになりましょう。
  - －友だちになれそうな人を探すために，新しい場所に行く必要があるかもしれません。
- ■ 悪い評判で困っている子どもの保護者に，彼らの悪い評判を変えるための対策をいくつか考えてもらいます。
  - －グループリーダーは必要に応じて，対策を考えるサポートをします。
- ■ 今回提示された方法に基づいて，他の保護者から，子どもが悪い評判を変えるアイデアがいろいろ出るかもしれません。

### 宿題の説明

1. <u>友だちと遊ぶ。</u>
    a. **一緒に遊ぶ**予定を立てるためにグループ外電話をします。
        i. **共通の興味を見つける**ために**情報交換**します。
        ii. **一緒に遊ぶ**ときに何をするのかを決めます。
    b. 保護者は，少し離れたところで，遊んでいる様子をモニターします。
    c. 遊びは，何か活動をするものにします。
    d. 遊ぶときに，**スポーツマンシップ**の練習をします。
    e. 子どもたちが，ゲストと**情報交換**することを確認します。
        i. **一緒に遊ぶ**時間の50％は**情報交換**に使います。
    f. はじめての遊びの機会には，時間を約2時間までにします（活動による）
2. もし今週そのような場面があったら，"**からかい言葉を受けとめて流す**"練習をする。
    a. 保護者と子どもは，"**からかい言葉を受けとめて流す**"練習をしても良いです。
    b. 保護者と子どもは，子どもがどんな風に**からかい言葉を受けとめて流し**たか話し合う必要があります。
    c. "**からかい言葉を受けとめて流す**"練習は，兄弟でするのも良いでしょう。
3. <u>もし子どもの状況に適していれば，いじめへの対応や，悪い評判を変えるステップを実践する。</u>
    a. 保護者と子どもたちは，子どもが，いじめにどう対応しているかを話し合います。
    b. 保護者と子どもたちは，子どもがどのように悪い評判を変えられるかを話し合います。
4. <u>室外で遊べるスポーツ用具をもってくる。</u>
    a. グループで一緒に遊べるスポーツ用具をもってきます。
    b. 次のようなものはもってきません。
        i. グループのメンバーと一緒に遊びたくないもの。
        ii. 壊れたり，なくしたりすることが心配なもの。

---

保護者向け配布資料は金剛出版ホームページよりダウンロードできます
（ダウンロードの方法は本書巻末をご覧ください）。

## 子どもセッション・セラピストガイド

### 子どもセッション――進行のポイント

　このセッションの目的は，子どもたちに暴力的ないじめへの対策方法を教えることです。このようないじめにはからかい言葉への対応方法は有効ではないので（より悪い状況を招いてしまうことさえあります），リーダーは，仲間からの拒否にどの方法が適切かを見極めるサポートをすることが大切です。子どもたちには，からかい言葉を受けとめて流すというスキルは，言葉によるからかいにのみ使用し，暴力に対してはいじめの対策を使うことを確認しましょう。保護者も同じように指導を受け，いつそれぞれの対応方法を使うかを子どもたちが区別することができるようにサポートします。

　このセッションの2つ目の目的は，悪い評判を変えるための方法を提供することです。評判を変えるのはとても難しいことですし，PEERSが終わってからも続けなければならない長期にわたる取り組みです。このプロセスにおいて保護者は，積極的に子どもたちを支える役割を担っています。悪い評判を変えることができた参加者は，このセッションで提示されたすべてのステップを踏むことが重要だと知らせることが重要です（一部だけでは効果がありません）。

　宿題の振り返りの主な焦点は，"友だちと一緒に遊ぶ"と，"からかい言葉を受けとめて流す"ということにあります。時々，子どもたちはからかい言葉を受けとめて流すスキルを使ったけれど，まだ相手がからかいつづけてくると報告することがあります。これまでの経験から，からかう側は，被害者からの感情的な反応を期待し，それが得られないとからかいをエスカレートさせ，何とか期待した反応を見ようとすることがわかっています。そこでリーダーは子どもたちに，からかう人は過去その人がしたのと同じ反応を期待しているので，しばらくは，そのからかいがひどくなるかもしれないということも伝えます。しかしもし，あなたがからかわれていることを気にしないという態度を見せ，からかい言葉に返す台詞を言いつづけることができれば，最後にはきっと相手はあきらめるでしょうと，子どもたちに説明してください。

### ルールの復習

　このルールは，グループのメンバーが守れていない場合のみ，もう一度説明します。

〈グループの5つのルール〉
1．他のグループメンバーの意見を聞く（他の人が話しているときはしゃべらない）。
2．指示に従う。
3．意見があるときは，手を挙げる。
4．相手を大切にする（からかったり，笑いものにしたり，悪口を言ったりしない）。
5．身体に触らない（たたいたり，けったり，押したり，抱きついたりなど）。

## 宿題の振り返り

◀ ═ NOTE（注）═

宿題へのポイントを与えます——宿題ごとに1つだけではありません。

1. 室外（内）ゲームをもってくる。
   a. グループで一緒に遊ぶためにもってきた室外（内）ゲームを聞く。
      （例：年齢に合ったボードゲーム，カードゲームなど／バスケットボール，サッカーボール，バレーボール，フリスビー）
   b. 適切なものだけ認めます。
   c. 注意がそれるのを防ぐために，コーチは，活動時間までもってきたものを横に置いておきます。
2. "からかい言葉を受けとめて流す"練習をする。
   a. 「今週の宿題のひとつは，"からかい言葉を受けとめて流す"を使う練習をすることでした。私たちは，からかいは10代の子どもたちの間では，とてもよくあることです。だから，ここにいるみんなは，仲間や兄弟，あるいはあなたの保護者との練習を通して，"からかい言葉を受けとめて流す"を使う機会をあったことと思います。今週，この練習をすることができた人は手を挙げてください」
      i. ［注意：この導入は，からかわれている子どもたちのメンツを保つことができます］
   b. 子どもたちに，どのように"からかい言葉を受けとめて流す"を使ったかを発表させます。
      i. 子どもたちに，誰かが自分をからかった具体的な方法を話すことを許しません。その代わり，自分の反応にのみ，焦点を当てます。
   c. もし何か問題が起こったら解決します。
   d. もし，今週どの子も"からかい言葉を受けとめて流す"を使っていなかったら，先に進む前に，いくつかの"からかい言葉を受けとめて流す"台詞を選ばせて発表させ，練習させます。
3. <u>友だちと一緒に遊ぶ。</u>
   a. 「今週の中心の宿題は，友だちと一緒に遊ぶことでした。今週友だちと遊べた人は，手を挙げてください」
      i. 宿題ができた人から始めます。
      ii. 簡単に次のことを尋ねます。
         1. 誰と一緒に遊びましたか？
         2. どこで遊びましたか？
         3. 遊びのプランを立てるのに，グループ外電話をしましたか？
         4. 何をして遊びましたか？
         5. 誰が遊びを選びましたか？（答えは「ゲスト」であるべきです）

6．少なくとも50％の時間は**情報交換**をしましたか？
7．楽しい時間を過ごせましたか？
8．友だちは楽しい時間を過ごせましたか？
9．その相手は，また一緒に遊びたいと思っている人ですか？
      iii．もし何か問題が起こったら解決しましょう。
  4．**スポーツマンシップ**の練習をする
      a．「先週，私たちはスポーツマンシップについて学びました。今週の宿題のひとつは，その練習をすることでした。このことが必要な場面は，皆さんが友だちと一緒に遊ぶときや，学校で体育の時間や，課外活動の場で起こるかもしれません。今週この練習ができた人は，手を挙げてください」
        i．簡単に次のことを尋ねます。
          1．どこで，その練習をしましたか？
          2．あなたがスポーツマンシップに従って行動していることを示すために，何をしましたか？　また何を言いましたか？
       ii．もし何か問題が起きたら解決します。

### 今日のレッスン：「いじめと悪い評判への対応方法」

■「先週私たちは，からかいについて話し合い，仲間から言葉によってからかわれたときにどうすれば良いかについて学びました。これを"からかい言葉を受けとめて流す"といいます。今日は，"からかい言葉を受けとめて流す"が適切でない場面で，何をすべきかについて話します。具体的には，暴力的ないじめにどう対応すれば良いか，評判をどうやって変えるかについて話します。先週と同じように，いじめを実際に受けたときの様子や，そのときの気持ちなどを話すわけではありません。その代わり，いじめられたときに，どうすれば良いかについて焦点を当てます」

■次の質問をします。そして，子どもたちにいくつかの説明を考えさせます。
  －いじめっ子とは何ですか？
    答え：人に攻撃してきたり，おどしたり，暴力をふるったりする人のことです。
  －いじめっ子は，ほかの子どもに何をしますか？
    ■暴力をふるう（例：殴る，押す，ける，つばをかける，たたくなど）。
    ■言葉による攻撃，からかう，おもしろがる，悪いうわさを流す。
    ■経済的に搾取する，何かを盗む，お金をゆすりとる。
    ■相手を利用する，宿題を奪う，自分のために人に何かをさせる。
  －いじめっ子でいることの問題は何ですか？
    答え：いじめっ子は良い友だちがあまりいません。彼らはよくトラブルを起こします。また学校での成績は良くないこともあります。
  －いじめっ子と一緒にいることは，なぜ良くないのですか？
    答え：あなたがトラブルに巻き込まれるかもしれません。人々は，あなたのこともいじ

めっ子だと思うかもしれません。
　－いじめっ子かどうかは，どんなことからわかりますか？
　答え：彼らのほうが評判が悪いこともあります。

## 〈いじめへの対応方法〉

1. **（いじめっ子が近くにいるときは）目立たないようにおとなしくしておく。**
    a．「いじめへの対応方法のひとつは，目立たないようにおとなしくしておくということです。これは，目立たないようにして，自分に注意が向かないように気をつけることです。いじめられているときに，目立たないようにおとなしくしておくのは，なぜ良い考えなのでしょうか？」
    　答え：もしいじめっ子があなたに気がつかなかったら，あなたをいじめる可能性は少なくなります。相手は，他の誰かを探すでしょう。
2. **いじめっ子を避ける。**
    a．「いじめへの別の対応方法は，いじめっ子を避けるということです。これは，そのいじめっ子と出会わないように離れているということです。たとえば，もしあなたが，いじめっ子のロッカーがどこにあるのか知っている場合は，その近くを歩くのを避けましょう。あるいは，そのいじめっ子がランチタイムにどこにいそうかわかっているなら，その場所には入らないようにします。なぜ，いじめっ子を避けることは良い考えなのですか？」
    　答え：もしいじめっ子があなたを探せなかったら，あなたをいじめることは難しいからです。
    b．「また，いじめっ子に話しかけない，あるいは，いじめっ子と友だちになろうとしないということも重要です。一部の人は，自分はいじめっ子に勝つことができると思っていますが，たいていはうまくいきません。その代わり，それはいじめっ子の注意を引くことになります。なぜ，いじめっ子と友だちになろうとするのは悪い考えなのでしょうか？」
    　答え：おそらくうまくいかないからです。それは，単にあなたに注目を集めることになるだけでしょう。相手は，あなたのことをもっといじめることになります。
3. **いじめっ子を怒らせない。**
    a．「もうひとつのいじめへの対応方法のルールは，いじめっ子には"からかい言葉を受けとめて流す"は使わないということです。それは，"からかい言葉を受けとめて流す"は，しばしばいじめっ子を戸惑わせることになり，いじめっ子をもっとイライラさせて何か仕返しをしようと思わせるだけだからです。"からかい言葉を受けとめて流す"は，言葉による嫌がらせだけに使うべきです。暴力をふるうようないじめっ子には使ってはいけません。もし，あなたがどの方法を取ったら良いかわからないときは，保護者の人にどうすべきか意見を尋ねましょう」
    b．次のように尋ねます。「"からかい言葉を受けとめて流す"を，暴力をふるってくる

相手に使うのはなぜ良くないのでしょうか？」

答え：彼らは，仕返しをしようとして，あなたに対してより攻撃的になるかもしれません。

c．「また，いじめっ子をからかうのも良くありません。これもまた，いじめっ子を怒らせることになります。いじめっ子をからかうのは，何が問題ですか？」

答え：彼らは，仕返しをしようととして，あなたに対してもっと攻撃的になるかもしれません。

d．「また，いじめっ子に対して，ふざけた行動をしたり，いじめっ子をおもしろがったりすべきではありません。これは何が問題なのでしょうか？」

答え：あなたに注目を集めることになります。

e．「また，いじめっ子の小さな違反について，大人に報告（告げ口）をし，彼らをトラブルに巻き込まないようにすることは重要です。たとえば，もしいじめっ子が授業中に紙を回すような，小さなルール違反をしていたとしても，そのことには触れるべきではありません。小さなルール違反を報告することは何が問題なのでしょう？」

答え：彼らは仕返しをしようとして，あなたに対してより攻撃的になるかもしれません。

f．説明：「誰かが怪我をしたとき，たとえば学校に何か武器をもってきたり，誰かを叩きのめすと脅したりというときにのみ関わります。もしあなたがいじめっ子のことを報告しなければならない場合は，ほかの人にわからないように，彼らの見えないところでしましょう」〔訳注：仕返しされる可能性が高いと思われる場合は，そのことも大人に伝えて慎重な対応をお願いします〕

4．**他の人たちと一緒にいる。**

a．「いじめへの他の対応方法は，誰かと一緒にいるようにするということです。つまり，一人になることを避けるということです。いじめっ子は，一人でいる人や，守られていない人を選ぼうとします。なぜ，他の人と一緒にいることは重要なのでしょうか？」

答え：もしあなたが誰か（あなたを守ってくれるかもしれない人）と一緒にいたら，いじめっ子が，あなたを選ぶ可能性は低くなります。一方で，もしあなたが一人でいたら，簡単にターゲットになるでしょう。

5．**危険な状態になったときは，大人の助けを求める**（例：親，先生，校長先生など）。

a．「最後に，もしあなたが危険だと感じたら，迷わず大人の人（親，先生，校長先生など）の助けを得るべきです。つまり，もしいじめっ子があなたに暴力をふるってきたり（例：殴る，たたく，ける），あなたを叩きのめすと脅してきたりしたら，大人の助けを求めるべきだということです。なぜそうすることが重要なのですか？」

答え：危険な状況に自分を置いてはいけません。大人は，子どもたちをいじめっ子から守ることができます。いじめっ子が近くにいるときは特に，大人のそばにいるようにしましょう。

■子どもたちに，学校にいる少なくとも一人のいじめっ子を思い出させます（自分がその子

にいじめられていると認める必要はありません)。そして，その子から可能性のあるいじめに対して使える対応方法を少なくとも2つ挙げさせます。
－セッションで説明を受けた対応方法のなかから，自分が使える方法を選ばなければなりません。
－子どもたちが，自分がいじめられていることを認めることは重要ではありません。
－子どもたちは，しばしばいじめっ子の名前（下の名前）を言い合います。
  ・もし子どもが気分が悪くなるようなら，名前は言う必要はありません。
    注意：同じ学校から参加している子どもがいる場合は，学校でその話が伝わると良くないので，名前を挙げるのはやめさせます。
－子どもたちが，いじめの経験を話そうとしたときは，あまりに個人的な内容にならないようにします。
－5つの方法のなかで，特に次の2つの方法を使うようにすすめます。
  ・いじめっ子を避ける。
  ・他の人と一緒にいる。
－グループリーダーは，何か問題が起こったら解決します。

〈悪い評判を変える方法〉

■説明：「これで私たちは，いじめられたときにどうすれば良いかについて，いくつかの方法がわかりました。なぜ一部の人はいじめをするのか，またもしあなたがいじめっ子だったらどうなるかを考えることは大切です。いじめっ子のなかには，悪い評判がある子がいることを知っています。でも，いじめられている子のなかにも，悪い評判の子がいます」
■以下の質問をし，子どもたちにいくつか説明を考えさせましょう。
■悪い評判とは何ですか？
  答え：特定の子に対して，大きな仲間グループによる相手を見下げた悪い見方をすること。それは仲間に従わないというような，その子の性格に関連していることがよくあります（例：一般的でない悪い振る舞い，変わった外見など）。
■いじめっ子だけに悪い評判があるのですか？
  答え：いいえ。からかわれたり，いじめられている子にも，しばしば悪い評判があります。
■どのようなことから悪い評判が生まれるのでしょうか？
  答え
    ・暴力をふるう。
    ・他の人に対して攻撃的。
    ・トラブルを起こす仲間と一緒にいる。
    ・先生や大人に口答えする。
    ・他の子をいじめたり，からかったりする。
    ・学校をサボる。
    ・成績が悪い，宿題をしない，先生の言うことを聞かない。

- 薬物を使っている，お酒を飲んでいる，たばこを吸っている。
- 盗み，器物損壊，法律違反。
- 他の子どもと違った行動をする。
  - 服装が周りと違う。
  - 違う音楽を聴いている。
  - 変わった興味をもっている。
  - 異常にしゃべりまくる。
  - 先生のお気に入りなんでも知っているかのように振る舞う。
  - 普通でない行動をしている（自傷行為，異常なほど怒る，叫ぶ）。
  - 衛生状態が悪い。
  - 感情を爆発させる，癇癪を起こす，泣き叫ぶ。

〈悪い評判を変えるステップ〉

- 説明：「悪い評判を変えることは難しいですし，たいてい時間がかかります。しかし，可能です。悪い評判を変えるために，とても具体的なステップがあります。人々があなたをどう見るかを変えるためには，どのステップも変えたり，省略したりしてはいけません。順序に従ってひとつずつ進めていくことが必要です。あなたがPEERSにいる間にすべてのステップを踏むことは難しいでしょう。しかし，皆さんの保護者も同じステップを教えてもらっているので，プログラムが終わってからも，あなたを助けてくれる準備はできています」

悪い評判を変えるステップを提示します。

1. **目立たないようにおとなしくしておく。**
   a．「評判を変えるための最初のステップは，目立たないようにおとなしくしておくことです。つまりしばらく目立たないように振る舞って，あなたに注意を集めないようにしなければならないということです。こうすることで，新しい仲間に入ろうとする前に，あなたの評判が消えるようにするのです。あなたの悪い評判が広まっているときに，新しいグループに入ろうとするのは，何が問題ですか？」
   答え：あなたの悪い評判を聞いて，あなたと友だちになりたいと思わないかもしれません。

2. **グループに合わせる。**
   a．「評判を変えるための次のステップは，仲間に合わせるということです。これは，あなたがその仲間に合わせるように試みるべきだということです。これは，時に友だちと仲良くなっていくための行動にも関連しています。ほかの友だちと共通の興味を見つけたり，親しい姿勢で振る舞ったりすることです。またこれにはグループ内で目立たないようにすることも含まれます。何か変わった方法で，目立つようなことをするのは避けます。それには，あなたをトラブルに巻き込むような振る舞い，

たとえば，かなり感情的になったり，攻撃的に振る舞ったり，小さな違反を告げ口したり，ということなどがあるでしょう。このような行動は，よく悪い評判につながりやすいものです」

b．注意：子どもたちは，時折個人の違いについて話そうとしますが，このことについて話し合うのはやめます。個性は大切ですが，PEERSのゴールは，子どもたちが友だちを作ってその良い関係を維持していくことです。一般的にそれは，思春期の子どもたちが仲間に合わせようとする様子と重なります。

3．あなたの評判を変えるために，外見を変える。

a．「人々に，あなたがもう評判が悪くなるようなことをしないと知らせる一番早い方法は，あなたの外見を変えることです。PEERSでは，外見を変えると評判が変わると説明しています。つまり時には，他の友だちに合わせるために，外見を変える必要があるかもしれないということです。これは，あなたがなりたいと思っているタイプの人のファッションに目を向けることになるかもしれません。もし，あなたがグループに合うようにしたいと思うなら，仲間に合わない目立ったファッションは避けるべきです。また，髪型も仲間に合わせるために変えると良いかもしれません。10代の子どもたちは，あなたの外見について何か良くなったと気づいたら，どうしますか？」

　　答え：彼らはあなたの変化に近づき，質問をしはじめるでしょう。彼らはあなたの何かが違うことに気づいて，多くの場合はそれについてコメントを言うでしょう。

b．説明：「外見を変えることによって，あなたは前向きな注目を集めます。しかし，これは，しばらくの間，あなたが目立たないようにしておとなしくしていた時期を経てのみ可能となります。あなたの外見を変えることで，他の人たちに，あなたの何かが新しく変わったと知らせることになります。でも，表面だけ取り繕っているとしたら，評判を変えることはないでしょう。だから，いったん人々があなたがこれまでと違うことに気づいたら，あなたはそれを証明しなければなりません。それは，まず多くの場合，あなたの前の評判を受け入れることから始まります。なぜ，外見を変えることだけでは，あなたの評判を変えるのに十分ではないのでしょうか？」

　　答え：もし，以前の評判を受け止めず，あなたが人々から好ましくないと思われているところを変えなければ，誰もあなたが変わったとは信じないでしょう。

4．あなたのこれまでの評判を受け止める。

a．「評判を変える次のステップは，あなたのこれまでの評判を受け止めるということです。それは，あなたの評判について何か真実があればそれを認めるということです。人々がいったんあなたの何かが違うと気づいたら，あなたが変わったこと，そしてそれを証明する機会を望んでいることを知らせましょう。たとえば，あなたの前の悪い評判について，次のように言うと良いでしょう。「人が自分のことをそんな風に言っていたことを知ってるよ。でも，今は違うんだ」。なぜ，以前の評判を受け入れることが大切なのですか？」

b．説明：「もし彼らがあなたについて信じていることが事実でないと，『きみは僕のこ

とを知らないだけだよ』『絶対それは違うよ』と言って証明しようとしても，彼らは，あなたが今は違うということをあまり信じないだろうし，評判も変わらないでしょう」

5．新しいグループや仲間を見つける。

　　a．「評判を変える最後のステップは，新しい仲間やグループを探すということです。あなたの評判は，しばしばあなたが一緒にいる人によって決まっていることがあります。いったん，あなたの悪い評判が消えたら，あなたの評判を知らない，あるいは気にしていない友だち，そして共通の興味をもっている友だちを見つけましょう。あなたが合いそうなグループ，友だちを作りたいと思うグループを考えます。あなたは，友だちができる可能性のある新しい場所，たとえば新しいクラブや，チーム，若者グループなど，新しい場へ行く必要があるかもしれません」

　　　　説明：「評判を変えるためには，これらのすべてのステップを踏む必要があることを覚えておきます。このうち，1つか2つをするのでは，あなたの評判は変わりません。評判を変えることは難しいけれど可能だと覚えておきましょう」

### 宿題の説明

■次のように言って宿題を簡単に説明します。

「今週の大事な宿題は，1人以上の友だちと一緒に遊ぶことです。誰かに電話をしてプランをする必要があるかもしれません。この一緒に遊ぶ際に，もし，ゲームやスポーツをするなら，皆さんにスポーツマンシップの練習をしてほしいと思います。からかいは子どもたちの間で，とてもよくあることです。だから，もしかした今週そのような場面に出会うかもしれません。そのときは"からかい言葉を受けとめて流す"を使って練習してほしいと思います。それから，来週グループで一緒に遊ぶための室内ゲームをもってきてください。では，もう一度今週の宿題を言います」

－①1人以上の友だちと一緒に遊ぶ。
　・遊ぶプランを立てるためにグループ外電話をしましょう。
　・何をして遊ぶか情報交換をしましょう。
　・もし関連があれば，スポーツマンシップの練習をします。

－②いじめや悪い評判を変えるステップを実践する（そのような状況があれば）。

－③もし今週誰かにからかわれたら，今日選んだ"からかい言葉を受けとめて流す"台詞を練習する。

－④室外スポーツの用具をもってくる。
　・グループやペアでする外遊びの用具をもってきます。
　　（例：バスケットボール，サッカーボール，バレーボール，フリスビー，ハンドボール，フットボール）
　・一人遊びの用具は認められません。

## 子どもたちのアクティビティ：「スポーツマンシップ＆室外活動」

◀ ═ NOTE（注）═

ルールについては"子どもたちのアクティビティガイド"を見ましょう。

- 子どもたちは，室外で遊ぶゲームやスポーツをします。
- ゲームは子どもたちがもってきたものか，スタッフが用意した適切なスポーツ用具から選びます。
- 危険ことや激しいことでないかぎり，何をして遊ぶかは子どもたちに選ばせます。
- 一人で遊ぶものは選ばせません。
- 子どもたちは，スポーツマンシップ練習のためのゲームをしている間にポイントをもらいます。
  - 友だちを褒める。
  - 審判をしない。
  - コーチにならない。
  - 一緒に使ったり，交代したりする。
  - 遊びに飽きてきたら，変えることを提案する。
  - ごまかし（不正行為）をしない。
  - ルールに従ってプレイする。
  - 競争にこだわりすぎない。
  - 自分が勝っても，自慢しない。
  - 自分が負けたとき，ふてくされたり，怒ったりしない。
  - ゲーム（試合）の終わりには，"良いゲームだったね"と言う。
  - 誰かがケガをしたら，助けたり，気を遣ったりする。
- グループリーダーとコーチは，子どもたちがスポーツマンシップを使っているときはポイントを与えます。

## 保護者との合流タイム

- 子どもたちに保護者と合流するように伝えます。
  - 子どもたちが，それぞれの保護者の横に立つか座るかするようにします。
  - 静かにして，グループに集中するようにします。
- 簡単に，子どもたちのセッションでの様子を伝えます。
  - 「今日は，いじめにどう対応するかについて考えました。いじめに対応するときのルールを教えてくれる人はいますか？」［子どもたちにルールを出させましょう。もし出にくい場合は，ヒントになることを提示できるようにしておきます］
  - **目立たないようにおとなしくしておく。**
  - **いじめっ子を避ける。**

- いじめっ子を怒らせない。
  - 言葉でのからかいにのみ, "からかい言葉を受けとめて流す"を使います。暴力をふるう子には使いません。
- 他の人たちと一緒にいる。
- 危険な状態になったときは, 大人の助けを求める。特に, いじめっ子が近くにいるときは, 大人のそばにいる。
■「今日はまた, 評判を変えることについて話しました。誰か, 評判を変えるための最初のステップを教えてくれますか？」
- 目立たないようにおとなしくしておく。
- グループに合わせる。
- あなたの評判を変えるために外見を変える。
- あなたのこれまでの評判を受け止める。
- 新しいグループや仲間を見つける。
■「今日は, また室外ゲームやスポーツをして遊びました。このグループの皆さんはスポーツマンシップに従って遊ぶことができていましたね。お互い拍手しましょう」
■ 来週までの宿題をもう一度確認します。
■ 必要であれば, それぞれの家庭と次のことについて個別に話します。
 - 一緒に遊ぶ場所, 遊びのプラン, 誰が集まるか, 一緒に遊んでいるときの保護者の役割。
 - 来週もってくるスポーツの道具は何にするか。

## 子どもたちのアクティビティガイド

### "スポーツマンシップと室外活動"

### 準備物
■ 子どもたちがもってきた室外スポーツ用具やゲーム。
■ 子どもがもってくるのを忘れてきたときのために, 一緒に使えるスポーツ用具を準備しておく。
 - サッカーボール
 - バスケットボール
 - ハンドボール
 - フィリスビー

### ルール
■ 子どもたちが遊び場所に移動できたら, 何をして遊ぶかを話し合わせます。
 - 可能な遊びの例
   - バスケットボール
   - サッカー

- ハンドボール
- フリスビー
  - もしプレイヤーの人数が多い場合は，複数のゲームをさせましょう。
- 遊び（試合）のルールを説明します。
  - すべてのスポーツにおいて"ノーコンタクト（接触しない）"というルールがあります。
    - 強く相手の体にタッチしたり，相手に迫ったり，ボールを無理やり奪ったりしません。
  - サッカーやバスケットボールでは，ボールをパスしなければなりません。
  - スポーツマンシップが守れていない場合は，警告を受けます。
- コーチは，必要に応じて子どもたちにそのゲームのルールを思い出させます。
  - もし意見の違いが生じたとしても，審判のように振る舞うのはやめましょう。
  - スポーツマンシップを守ることで，子どもたちがそれぞれの違いを受け止めるように励まします。
- リーダーとコーチは，子どもたちにスポーツマンシップを守ることと，他のプレイヤーを褒めるように，定期的に声をかける必要があるかもしれません。
- スポーツマンシップのルールが守れていたときは，ポイントを与えましょう。
  - 友だちを褒める。
  - 審判をしない。
  - コーチにならない。
  - 一緒に使ったり，交代したりする。
  - 遊び（ゲーム）に飽きてきたら，変えることを提案する。
  - ごまかし（不正行為）をしない。
  - ルールに従ってプレイする。
  - 競争にこだわりすぎない。
  - 自分が勝っても，自慢しない。
  - 自分が負けたとき，ふてくされたり，怒ったりしない。
  - ゲーム（試合）の終わりには"良いゲームだったね"と言う。
  - 誰かが怪我をしたら，助けたり，気を遣ったりする。
- コーチは，なぜその子どもがポイントを受け取ったのかを伝えます。
  （例"ジョンはチームメートを褒めることができたので，ポイントをもらえます"）
  - "スポーツマンシップ・ポイント表"に，ポイントを記録しましょう（Appendix G）。
  - 誰かがポイントをもらったときには，他の子どもたちがわかるように大きな声で伝えます。
    - このような場面での子どもたち同士を社会的に比較することは，他の子どもたちにも相手を褒めたり，スポーツマンシップを守ったりするように励ますことにつながります。

# 14 セッション12
## 思いのすれ違いへの対応方法

### 保護者 セッション・セラピストガイド

**保護者セッション――進行のポイント**

　このセッションまでに，友だちと一緒に遊ぶ経験を積み重ねていれば，保護者は子どもが自宅に招待した相手と友だちになれる可能性があるかどうか考えることができるでしょう。保護者には，子どもが友だちと一緒に遊んだ出来事を振り返り，子どもにとって遊ぶ段取りをすることがどれだけ容易だったか，またその相手に対してどれくらい心地良いと（望ましいのは，単に心地良いだけでなく楽しかったか）感じているのかについて，話してもらいます。発達に遅れのある（特に自閉スペクトラム症の）子どもたちは，似たような特徴のある子どもと遊ぶほうが心地良いと感じることが多いようです。

　プログラムのここ数回のセッションでは，お互いに好意をもっていて，信頼している相手と一緒に遊ぶプランを立てることに焦点を当てているので，誰かと対立するような機会は少なくなっているかもしれません。研究によると，子どもたちはどれだけ互いの意見が対立したかということより，その際の感情的な側面や解決に重きをおいているというエビデンスがあります（Lauresen & Kopla, 1995）。つまり，相手と話し合うことで問題が解決できれば，怒りの感情が少し抑えられるのです。そこで本セッションでは，この視点を取り入れて，友だちと思いがすれ違って対立したときにどう対応すれば良いかを教えています。子どもたちが仲間と思いがすれ違うような場面で，この簡単なスキルを使うように指導します。

　このセッションのテーマ"思いのすれ違いへの対応の仕方"を，子どもたちは学んだ直後から実際の場面で使うことができるでしょう。他のすべてのセッションと同様に，セッション以外の場で練習することができればより大きな指導効果が現れるでしょう。もし，対立を伴うような仲間との関わりがもてていないときは，教えられたスキルを使ってみる機会がないかもしれません。そのような場合は，保護者は家庭で（ロールプレイを使って）子どもとスキルの練習をしましょう。兄弟間での実際の対立場面を活かすことも可能です。そして，子どもの友だち関係のなかで実際に対立することがあったら，配布資料を使って復習してからチャレンジさせましょう。

### 宿題の振り返り

1. **友だちと一緒に遊ぶ。**
   a. 遊んでいる様子について以下のことを振り返ります。
      ⅰ．活動中心だったかどうか？
      ⅱ．少し離れたところから，保護者がモニターしたか？
      ⅲ．2時間以内だったか？（活動による）
   b. もしその場があれば，子どもが**スポーツマンシップ**の練習ができたかをチェックします。
   c. 子どもたちが，ゲストと**情報交換**し，**共通の興味**が見つかったかを確認します。
      ⅰ．一緒に遊ぶ時間の50%は**情報交換**をします。

2. **いじめと悪い評判への対応を実践する。**
   a. もしその場があれば，保護者に報告してもらいます。
      ⅰ．子どもがいじめにどう対応したか。
      ⅱ．子どもがどのように悪い評判を変えたか。
         1. 目立たないように，おとなしくしておく。
            a．仲間に合わせようとしてみる。
            b．仲間から目立たないようにしてみる。
         2. 評判を変えるために外見を変える。
         3. それまでの評判を受け止める。
         4. 新しいグループや仲間を見つける。
   b. 何か問題が起こったら解決します。

3. **"からかい言葉を受けとめて流す"練習をする。**
   a. 保護者が子どもと**"からかい言葉を受けとめて流す"**練習をしたかどうか，チェックします（これは宿題ではありません）。
   b. 保護者に，どのように子どもが**"からかい言葉を受けとめて流す"**を使っていたかを報告してもらいます。
      ⅰ．**"からかい言葉を受けとめて流す"**ことは，仲間や兄弟との間で使われたかもしれません。
   c. 何か問題が起こったら解決します。

4. **室外で遊べるスポーツ用具をもってくる。**
   a. グループで一緒に遊べる室外で遊べるスポーツ用具をもってきます。
   b. 適切なものだけを認めます。

### 今日のレッスン:「思いのすれ違いへの対応方法」

- 保護者向け配布資料を配る。
- 説明:「今日私たちは,思いのすれ違いや議論にどう対応すれば良いかについて話し合います。子どもたちの間での思いのすれ違いは,普通によくあることですし,時々すれ違いがあっても,友だち関係が終わることにはなりません。しかしながら,子どもがそのことによる友だち関係へのマイナス影響を小さくするためにはどうすべきか,思いのすれ違いに対応する方法を知っておく必要があります」
- 保護者向け配布資料を読む。

● 思いのすれ違いにどう対応すれば良いか
1. **気持ちを落ち着かせる。**
    a. 落ち着く。
    b. 慌てない。
        i. 深呼吸をして,ゆっくり数を数える必要があるかもしれません。
        ii. 話しはじめる前に,落ち着くための時間を取る必要があるかもしれません。
2. **まず,相手の意見を聞く。**
    a. まず,相手の意見を聞く。
    b. これは,意見の違いが何なのかを理解するのに役立ちます。
    c. 聞くことは,コミュニケーションの大事な部分であり,相手の視点を理解することを助けてくれます。
3. **相手の人が言ったことを繰り返す。**
    a. あなたが相手の話を聞いているということを知らせるために,相手があなたに言ったことを,繰り返して伝えるようにしましょう。
    b. 普通は「それは〜のようですね」という言い方で繰り返します。
        i. 戸惑わせてしまったようですね。
        ii. 怒らせたみたいだね。
        iii. 気持ちを傷つけてしまったんだね。
    c. 例
        i. 「あなたが私についての冗談を言うと,腹が立ちます」
           返す言葉:「あなたを怒らせてしまったようですね」
        ii. 「あなたが私をからかうと,嫌な気持ちになります」
           返す言葉:「私が言った言葉が,あなたを嫌な思いにさせてしまったようですね」
        iii. 「あなたが私のことについて冗談を言うとイライラします」
           返す言葉:「あなたをイライラさせてしまったみたいだね」
        iv. 「あなたが皆の前で私のことを笑うと,辛い気持ちになります」
           返す言葉:「あなたを辛い気持ちにさせてしまったんだね」

v．「あなたがそういうことをいうと困ってしまいます」
      返す言葉：「あなたを困らせてしまったみたいだね」
   vi．「あなたが他の人々に私の秘密をばらしてしまったので，悲しかったです」
      返す言葉：「あなたの気持ちを傷つけてしまったみたいですね」

4．**自分の意見を説明する。**
   a．もし何か誤解があったら，あなた側の意見を説明します。
   b．相手が間違っていると言うのは避けます。
      ⅰ．これは単に相手を戸惑わせ，その議論をエスカレートさせるだけです。
   c．落ち着いて，あなた側の意見を説明します。

5．**ごめんなさいと言う。**
   a．誰かが怒ったり，悲しんだり，戸惑ったりしているときは，ごめんねと言うことは役立ちます。
   b．ごめんなさいと言うことは，あなたが何か間違ったことをしたと認めるという意味ではありません。
   c．あなたは，相手にそのように感じさせてしまったことに対して，ごめんなさいと言うことができます。
      例
      1．「あなたを嫌な気持ちにさせてごめんなさい」
      2．「あなたを困らせてごめんね」
      3．「あなたを怒らせてごめんね」
      4．「あなたの気持ちを傷つけてごめんね」
      5．「こんなことになってごめんね」

6．**問題解決を試みる。**
   a．相手に，これから何を変えていこうとしているのかを伝えます。
      例：
      1．「もうあなたを戸惑わせることがないようにするよ」
      2．「あなたについての冗談を言わないようにするね」
      3．「またあなたを困らせないようにします」
   b．相手に，あなたにどうしてほしいと思っているのかを尋ねます（もし，自分が何を変えればいいかわからない場合）。
      例
      1．「あなたが元気になるためには，何をすれば良いでしょう？」
      2．「私にどうしてほしいですか？」
      3．「これを直すためには，何をすれば良いですか？」
   c．あなたが相手にしてほしいと思っていることを提案します（もし，あなたが相手に対して困っている場合）。
      例
      1．「もしあなたがもう同じことをしなければ，それで良いです」

2．「あなたが，また私を困らせないような気をつけてくれたら良いのです」
3．「私のことを，これ以上からかうことがなくなれば良いです」
d．もし，その問題を解決できないときは──
　ⅰ．自分を落ち着かせます。
　ⅱ．仮に相手が間違っていても，相手が間違っていると認めることを期待してはいけません。
　　1．目指すところは，相手の人に謝らせたり，間違っていると認めさせたりすることではありません。
　　2．ゴールは，思いのすれ違いを終わらせることです。

### 宿題の説明

保護者グループリーダーは宿題の説明をし，何か予測される問題があれば，保護者と一緒に解決します。

1. <u>友だちと遊ぶ。</u>
   a．**一緒に遊ぶ**予定を立てるためにグループ外電話をします。
   　ⅰ．**共通の興味**を見つけるために**情報交換**します。
   　ⅱ．**一緒に遊ぶ**ときに何をするのかを決めます。
   b．保護者は，少し離れたところで，遊んでいる様子をモニターします。
   c．遊びは，何か活動をするものにします。
   d．遊ぶときに，**スポーツマンシップ**の練習をします。
   e．子どもたちが，ゲストと**情報交換**することを確認します。
   　ⅰ．一緒に遊ぶ時間の50％は情報交換に使います。
   f．はじめての遊ぶ場合は，時間を約2時間までにします（活動による）。
2. （もし今週そのような場面があったら）**からかい言葉を受けとめて流す**練習をする。
   a．保護者と子どもは，**からかい言葉を受けとめて流す**練習をしましょう。
   b．保護者と子どもは，子どもがどんな風に**からかい言葉を受けとめて流す**たか話し合う必要があります。
   　ⅰ．**からかい言葉を受けとめて流す**練習は，仲間や兄弟でするのも良いでしょう。
3. （もし子どもの状況に適切なら）**いじめへの対応や悪い評判を変える**ステップを実践する。
   a．保護者と子どもは，その子どもがどのようにいじめに対応すれば良いかを話し合います。
   b．保護者と子どもは，その子どもがどのように悪い評判を変えることができるかを話し合います。
4. <u>室外のスポーツ用具をもってくる。</u>
   a．グループで一緒に室外で遊べるスポーツ用具をもってきます。

            i．一人遊びのゲームや道具は外します。
        b．次のようなものはもってきません。
            i．グループのメンバーと一緒に遊びたくないもの。
            ii．壊れたり，なくしたりすることが心配なもの。
    5．もし今週そのような場面があれば，**思いのすれ違いに対応する**練習をする。
        a．保護者と子どもたちは，子どもが思いのすれ違いにどう対応したかを話し合います。
            i．兄弟間での思いのすれ違いがあるとき，練習をすることができるでしょう。
        b．保護者と子どもたちは，ロールプレイをして練習してもよいでしょう。

■ NOTE（注）

PEERSの卒業式は2週間後です！


## PEERSの卒業式についての提案

### 子どもセッション
- 卒業パーティは子どもたちのものなので，子どもセッションの部屋で行われることを説明します。
- 保護者に，卒業パーティのためのお菓子をもってきてもらうように声をかけます。
- お菓子は子どもたち用ですが，保護者が保護者グループのためにもってくることも歓迎します。
- PEERSチームは，夕食と飲み物を用意します（たいていピザとソーダです）。
- 子どもたちがパーティの間見るDVDをいくつか用意します。
- 子どもたちが選んで遊べるようにいくつかのゲームも用意します。
- 子どもたちに，映画を見るか，何かをするかを意見を聞きます。
- 卒業パーティでは，子どもたちは卒業のご褒美を受け取ります。
    〔訳注：食事の用意や卒業のごほうびは，必ず必要だということではありません〕

### 保護者セッション
- 保護者は，いつも通りの保護者セッションに参加します。
- 保護者グループリーダーは，PEERS終了後，どのようにスキルを維持していくかについて提案をします。

### 卒業式
- 式は，保護者の部屋で行われます（あるいは，他の大きな部屋）。
- 保護者や家族が式に参加することは歓迎します。
- 卒業式では，卒業証書を受け取ります。
- プライバシーを守るために，カメラやビデオは禁止します。

- 式が始まるまでは，家族の追加メンバーについては，守秘義務を守るために部屋の外のロビーで待ってもらいます。

> **NOTE（注）**
>
> 12セッションか13セッションで，卒業に関するお便りを保護者に配布することをおすすめします。そこには，卒業式の日時や上記の項目から必要なことや，プログラム終了後のアセスメント（質問紙など）のことなどを書きます。

## 子どもセッション・セラピストガイド

### 子どもセッション──進行のポイント

　このセッションの目的は，仲間との思いのすれ違いを解決するためのスキルを教えることです。10代の子どもたちの間で誤解が生じたり，意見が違ったりすることは普通によく起こります。頻繁に起こるのでなければ，そのことですぐ友だち関係が終わってしまうことはないでしょう。しかしながら，言い合いになったとき，それにうまく対応できるスキルをもっていない子どもたちの場合は，友だち関係をやめようとする可能性があります。これは，自閉スペクトラム症の若者の特性かもしれません。というのも，彼らは現状を固定的にとらえ，柔軟性が乏しい傾向があるからです。このセッションで重要なのは，子どもたちに，時折仲間と意見や思いがすれ違っても友だち関係をやめる必要はないということを理解させることです。適切な問題解決方法を使うと，時折すれ違いがあっても友だち関係は維持できます。しかしながら，特定の友だちと頻繁に意見や思いの対立がある場合は，自分にとってその友だち選択が適切かどうかを再検討する必要があるかもしれません。

　そして，このセッションではじめてプログラムが終わりに近づいていることを伝えます。セッションの終わりに，子どもグループリーダーは，残りあと2セッションだということを知らせます。この報告に驚く子もいれば，がっくりした様子を見せる子も多いでしょう。グループ内では，このセッションになる頃には，お互いが親しくなっていて，これからは定期的に会えなくなるということを敏感に受けとめてしまう子も少なくはありません。グループの仲間とセッション以外で交流したり，遊びの計画を立てたりしても良いかという質問が出てくることもあります。このプログラムでは，セッションが継続しているときにグループのメンバーと交流することを禁止していますが，セッションがすべて終了して保護者が認めた場合には，お互い連絡を取り合うことになるかもしれません。しかし，このプログラムはフレンドマッチンググループ（友だちグループ内で見つけるためのもの）ではないので，PEERSスタッフがこの過程に関わらないようにすることは大切です。

### ルールの復習

　このルールは，グループのメンバーが守れていない場合にだけ，もう一度説明します。

〈グループの5つのルール〉
1．他のグループメンバーの意見を聞く（他の人が話しているときはしゃべらない）。
2．指示に従う。
3．意見があるときは，手を挙げる。
4．相手を大切にする（からかったり，笑いものにしたり，悪口を言ったりしない）。
5．身体に触らない（たたいたり，けったり，押したり，抱きついたりなど）。

## 宿題の振り返り

◀━ NOTE（注）━

宿題へのポイントを挙げます――宿題ごとに1つだけではありません。

1. 室外（内）ゲームをもってくる。
   a. グループで一緒に遊ぶためにもってきた室外（内）ゲームを聞く。
   （例：年齢に合ったボードゲーム，カードゲームなど／バスケットボール，サッカーボール，バレーボール，フリスビー）。
   b. 適切なものだけ認めます。
   c. 注意がそれるのを防ぐために，コーチは，活動時間までもってきたものを横に置いておきます。
2. **いじめや悪い評判への対応**を実践する。
   a. 「今週の宿題のひとつは，いじめへの対応を実践することでした。もし今週この対策を1つ以上使うことがあった人は手を挙げてください」
      i. 子どもたちにいじめに対応するためにしたことを報告させます。
      ii. 何か問題が起こったら解決します。
      iii. もし今週いじめの対応策を使わなかったという子がいたら，自分が使う方法を（もう一度）発表します。
   b. 「別の宿題は，あなたの評判を変えるためのステップを始めることでした。今週，自分の評判を変えるために何かした人は手を挙げてください」
      i. 子どもたちに，評判を変えるためにしたことを報告させます。
         1. ［注意：この宿題について何かしたことを報告する子どもは少ないです。いたとしても悪い評判のある子どもが，次のステップに進めるようになるまで，しばらく目立たないように，おとなしくしているという段階でしょう］
      ii. もし子どもが今週このスキルを使うか場がなかったら，ステップを復習しましょう。
         1. **目立たないように，おとなしくしておく。**
         2. **グループに合わせる。**
            a. そのグループに合わせるようにする。
            b. そのグループのなかで，目立たないようにする。
         3. **あなたの評判を変えるために外見を変える。**
         4. **これまでの評判を受け止める。**
         5. **新しいグループや仲間を見つける。**
3. **からかい言葉を受けとめて流す。**
   a. 「今週の宿題のひとつは，"からかい言葉を受けとめて流す"練習をすることでした。私たちは，からかいは10代の子どもたちの間では，とてもよくあることだと知っています。だから，ここにいる皆さんは，仲間や兄弟，あるいはあなたの親との練習

を通して，"からかい言葉を受けとめて流す"を使う機会もったことでしょう。今週，この練習をすることができた人は手を挙げてください」
    i ．［注意：この導入は，からかわれている子どもたちのメンツを保つことができます］
  b．子どもたちに，どのように"からかい言葉を受けとめて流す"を使ったかを発表させます。
    i ．子どもたちが，誰かにからかわれたときの具体的な様子を話すことは認めません。その代わり，自分の反応に焦点を当てます。
  c．もし何か問題が起こっていたら解決します。
  d．もし，今週どの子も"からかい言葉を受けとめて流す"を使っていなかったら，先に進む前に，いくつかの"からかい言葉を受けとめて流す"ための台詞を発表させて，練習させます。

4 ．<u>一緒に遊ぶ。</u>
  a．「今週の中心の宿題は，友だちと一緒に遊ぶことでした。今週友だちと遊べた人は，手を挙げてください」
    i ．宿題ができた人から始めます。
    ii．簡単に次のことを尋ねます。
       1 ．誰と一緒に遊びましたか？
       2 ．どこで遊びましたか？
       3 ．遊びのプランを立てるのに，グループ外電話をしましたか？
       4 ．何をして遊びましたか？
       5 ．誰が遊びを選びましたか？（答えは「ゲスト」であるべきです）
       6 ．少なくとも50％の時間は情報交換をしましたか？
       7 ．楽しい時間を過ごせましたか？
       8 ．友だちは楽しい時間を過ごせましたか？
       9 ．その相手は，また一緒に遊びたいと思っている人ですか？
    iii．もし何か問題が起こったら解決しましょう。

## 今日のレッスン：「思いのすれ違いへの対応方法」

■「今日，私たちは思いのすれ違いや議論にどう対応すればいいかを話し合います。友だちと思いがすれ違うことは普通にありますし，時々そういうことがあっても友だち関係が終わってしまうわけではありません。しかしながら，もしあなたがある友だちと頻繁に感情的な対立があるとしたら，その友だちがあなたにとって合っている友だちかどうかを考える必要があるでしょう。時々意見が違うのは普通のことですが，そのことによるマイナスの影響を小さくするために，思いのすれ違いに適切に対応する方法を知っておくことはとても大切です」

■思いのすれ違いに対応するステップを提示します。

1. **まず気持ちを落ち着かせる。**
    a．「友だちとの思いのすれ違いに対応する最初のステップは，自分の気持ちを落ち着かせることです。これは，落ち着いて，戸惑いを見せないということです。深呼吸をしてゆっくり数を数えたり，話す前にしばらく時間を取ってクールダウンしたりすると良いでしょう。なぜ意見の対立している場では，落ち着くことが大事なのですか？」
    答え：もしあなたが落ち着きを失ったら，あなたは後悔するようなことを言ってしまったり，友だち関係を悪くしてしまったりすることになるかもしれないからです。
2. **相手の話を聞く。**
    a．「友だちとの思いのすれ違いに対応する次のステップは，聞くことです。私たちは，自分の意見を述べる前に，まず相手サイドの意見を聞く必要があります。なぜ，まず相手の話を聞くことが大切なのでしょうか？」
    答え：聞くことは，コミュニケーションの大切な部分です。相手の視点を理解するのに役立ちます。
3. **相手の言ったことを繰り返す。**
    a．次のステップは，相手の言ったことを繰り返して相手に伝え，あなたが話を聞いているということを知らせます。相手の言ったことを繰り返して伝えることは，なぜ大切なのですか？
    答え：それは相手にあなたが話を聞いていること，そして相手のことを大事に思っていること，相手に聞いてもらったという実感を与えることになります。
    b．説明：「たいていは「それは〜のようですね」という言い方で，繰り返します」
        ⅰ．戸惑っているようですね。
        ⅱ．怒っているみたいだね。
        ⅲ．気持ちを傷つけてしまったみたいだね。
    c．例
        ⅰ．「あなたが私についての冗談を言うと，腹が立ちます」
            返す言葉：「あなたを怒らせてしまったようですね」
        ⅱ．「あなたが私をからかうと，嫌な気持ちになります」
            返す言葉：「私が言った言葉が，あなたを嫌な思いにさせてしまったようですね」
        ⅲ．「あなたが私のことについての冗談を言うとイライラします」
            返す言葉：「あなたをイライラさせてしまったみたいだね」
        ⅳ．「あなたが皆の前で私のことを笑うと，辛い気持ちになります」
            返す言葉：「あなたを辛い気持ちにさせてしまったんだね」
        ⅴ．「あなたがそういうことを言うと困ってしまいます」
            返す言葉：「あなたを困らせてしまったみたいだね」
        ⅵ．「あなたが他の人々に私の秘密をばらしてしまったので，悲しかったです」
            返す言葉：「あなたの気持ちを傷つけてしまったみたいですね」

4．**自分の意見を説明する。**
   a．「もし何か誤解があったら，次のステップはあなた側の意見を説明することです。多くの人は，最初にこのステップを踏もうとします。しかしあなたが落ち着き，相手の意見に耳を傾け，相手の言ったことを繰り返すまで自分の意見を述べるのは待ちましょう。あなたが，自分の意見を説明するとき，相手のことを間違っていると言うのは避けるべきです。その代わり，落ち着いてあなたの話をします。なぜ，相手の言っていることが間違っているというのは避けるほうが良いのでしょうか？」
     答え：これは相手を単に戸惑わせるだけで，議論がエスカレートするからです。相手の人が賛成してくれることはあまりありません。あなたに対してもっと怒ることになりがちです。

5．**ごめんなさいと言う。**
   a．「友だちとの思いのすれ違いを解決する次のステップは，ごめんなさいと言うことです。誰かが怒っていたり，悲しんでいたり，戸惑っていたりするとき，ごめんなさいということは役立ちます。なぜ，そのような場合に，ごめんなさいということが大切なのですか？」
     答え：なぜなら，その人は，気分を害していて，あなたに自分がそんな風に感じていることについて，あなたに悪いと思っていると認めてほしいと思っているからです。議論は，あなたが何らかの方法で謝らなければ終わらないことがよくあります。
   b．説明：「ごめんなさいと言うのは，あなたが間違ったことをしたと認めることではありません。相手にそう感じさせたことに対して"ごめんね"と言うことになります」
     例
      1．「あなたを嫌な気持ちにさせてごめんなさい」
      2．「あなたを困らせてごめんね」
      3．「あなたを怒らせてごめんね」
      4．「あなたの気持ちを傷つけてごめんね」
      5．「こんなことになってごめんね」

6．**問題解決を試みる。**
   a．「友だちとの思いのすれ違いに対応する最後のステップは，問題を解決することを試みるということです。これは，いくつかの方法でできるでしょう」
    ⅰ．**相手に，これから何を変えていこうとしているのかを伝えます。**
      例
       a．「もうあなたを戸惑わせることがないようにするね」
       b．「あなたについての冗談を言わないようにするね」
       c．「またあなたを困らせないようにします」
    ⅱ．**相手に，あなたにどうしてほしいと思っているのかを尋ねます**（もし，自分が何を変えれば良いかわからない場合）。
      例
       a．「あなたの気持ちを楽にするために何ができるかな？」

            b．「どうすれば良いですか？」
            c．「仲直りするにはどうしたら良い？」
        iii．**あなたが相手の人にしてほしいと思っていることを提案します**（もし，あなたが相手に対して戸惑っているとしたら）。
            例
            a．「あなたが同じことをしなければ，もう大丈夫です」
            b．「あなたが，これから私を困らせないように気をつけてくれたらうれしいです」
            c．「これ以上私のことをからかうことがなくなると良いです」
    b．もし，問題を解決することができない場合は，気持ちを落ち着かせるようにしましょう。
        説明：「もしあなたがその問題を解決できなかったとしても，気持ちを落ち着かせるようにしましょう。仮に相手が間違っていたとしても，相手が自分の間違いを認めることを期待してはいけません。あなたが目指すことは，相手が誤りを認めて謝ることではありません。ゴールは，思いのすれ違いや対立を終わらせるようにすることです」

### ロールプレイ

- グループリーダーとコーチは，思いのすれ違いについての適切なロールプレイを見せます。
    - 思いのすれ違いに対応する流れを，ステップごとに1つずつ取り出してロールプレイし，追加ステップを加えながら，見せていきます。
    - 子どもたちに起こりがちな議論について，一つひとつ新しいステップを追加していきながら，ロールプレイをすると説明します。
        - こうすることによって，それぞれのステップの大切さをわかりやすく示すことができます。
    - 最初の2つのステップは，**気持ちを落ち着かせること**と，まず**相手の話を聞くこと**だと説明します。
        - 「これを見て，どのステップを踏んでいるかを教えてください」と言って始めましょう。

#### 適切なロールプレイの例1

**ステップ①②：まず落ち着いて，相手の話を聴く。**

コーチ　：（リーダーの名前）さん，今僕すごく腹が立っているんだ。友だちから聞いたんだけど，僕がいないところで悪口言ってたって。数学のテストで僕が悪い点数だったら，めちゃくちゃ落ち込んでるって，みんなに言ったんだって？

リーダー：（落ち着いて，感情的にならないで聴く）
　　　コーチ　：そんなことみんなに言うなんて信じられないよ。それは内緒だろ？　これでみんなに知られちゃったし。なんてかっこ悪いんだ。
　　　リーダー：（落ち着いて，感情的にならないで聴く）

- 「では終わります。さて，私はどのステップに従っていましたか？」
  答え：気持ちを落ち着かせて，まず相手の言うことを聞いていました。
- 「これで議論は終わったように思いますか？」
  答え：いいえ。
- 次のステップは，相手の言ったことを繰り返すことであると説明します。
  - 「これを見て，どのステップに従っているかを教えてください」

### 適切なロールプレイの例2

**ステップ③：相手が言ったことを繰り返す。**

　　　コーチ　：（リーダーの名前）さん，今僕すごく腹が立っているんだ。友だちから聞いたんだけど，僕がいないところで悪口言ってたって。数学のテストで僕が悪い点数だったら，めちゃくちゃ落ち込んでるって，みんなに言ったんだって？
　　　リーダー：（落ち着いて，感情的にならないで聴く）
　　　コーチ　：そんなことみんなに言うなんて信じられないよ。それは内緒だろ？　これでみんなに知られちゃったし。なんてかっこ悪いんだ。
　　　リーダー：僕がきみのテストの点のことをみんなに言ったから怒ってるんだね。
　　　コーチ　：ああ，怒っているよ！　あれは内緒だって言っただろ？　誰にも話すべきじゃなかったんだ。もう今じゃ，みんな僕の成績を知って，笑いものにしてるよ。
　　　リーダー：（申し訳なさそうにしている）

- 「これで終わります。それでは，私はどのステップに従っていましたか？」
  答え：**気持ちを落ち着かせて，まず相手の言うことに耳を傾け，相手の言ったことを繰り返して伝えていました。**
- 「議論は終わったように思いますか？」
  答え：いいえ。
- 次のステップは，**あなたの意見を説明すること**であると，説明します。
  - 「これを見て，どのステップに従っているかを教えてください」

### 適切なロールプレイの例3

**ステップ④：自分の意見を説明する。**

コーチ ：(リーダーの名前)君，今僕すごく腹が立っているんだ。友だちから聞いたんだけど，僕がいないところで悪口言ってたって。数学のテストで僕が悪い点数だったら，めちゃくちゃ落ち込んでるって，みんなに言ったんだって？

リーダー：(落ち着いて，感情的にならないで聴く)

コーチ ：そんなことみんなに言うなんて信じられないよ。それは内緒だろ？　これでみんなに知られちゃったし。なんてかっこ悪いんだ。

リーダー：僕がきみのテストの点のことをみんなに言ったから怒っているんだね。

コーチ ：ああ，怒っているよ！　あれは内緒だって言っただろ？　誰にも話すべきじゃなかったんだ。もう今じゃ，みんな僕の成績を知って，笑いものにしてるよ。

リーダー：(申し訳なさそうにしている)内緒だって思ってなかった。それに，いないところで悪口を言うつもりもなかった。だって，もうみんな知ってるって思ってたから。みんながそのことできみのことを笑い者にしようとするなんて思いもしなかったんだ。

コーチ ：とにかく，きみが悪いよ。きみが何も言わなかったら，何も起こってないんだから。

リーダー：(申し訳なさそうにしている)

- 「これで終わります。それでは，私はどのステップに従っていましたか？」
  答え：**気持ちを落ち着かせ，まず相手の言うことに耳を傾け，相手の言ったことを繰り返して伝えて，自分の意見を説明していました。**
- 「議論は終わったように思いますか？」
  答え：いいえ。

－次のステップは，「**ごめんなさい**」と言うことであると，説明します。
- 「これを見て，どのステップに従っているかを教えてください」

### 適切なロールプレイの例4

**ステップ⑤：「ごめんなさい」と言う。**

コーチ ：(リーダーの名前)さん，今僕すごく腹が立っているんだ。友だちから聞いたんだけど，僕がいないところで悪口言ってたって。数学のテストで僕が悪い点数だったら，めちゃくちゃ落ち込んでるって，みんなに言ったん

　　　　　だって？
リーダー：（落ち着いて，感情的にならないで聴く）
コーチ　：そんなことみんなに言うなんて信じられないよ。それは内緒だろ？　これでみんなに知られちゃったし。なんてかっこ悪いんだ。
リーダー：僕がきみのテストの点のことをみんなに言ったから怒っているんだね。
コーチ　：ああ，怒っているよ！　あれは内緒だって言っただろ？　誰にも話すべきじゃなかったんだ。もう今じゃ，みんな僕の成績を知って，笑いものにしてるよ。
リーダー：（申し訳なさそうにしている）内緒だって思ってなかった。それに，いないところで悪口を言うつもりもなかった。だって，もうみんな知ってるって思ってたから。みんながそのことできみのことを笑い者にしようとするなんて思いもしなかったんだ。
コーチ　：とにかく，きみが悪いよ。きみが何も言わなかったら，何も起こってないんだから。
リーダー：（申し訳なさそうにしている）嫌な思いにさせて，ごめんね。内緒話を広げるつもりはなかったんだ。
コーチ　：（少し怒りをおさえて）でも，そうしてしまったんだよ。もう今となっては何もかも遅いけどね。

- 「これで終わります。それでは，私はどのステップに従っていましたか？」
  答え：**気持ちを落ち着かせ，まず相手の言うことに耳を傾け，相手の言ったことを繰り返して伝えて，自分の意見を説明し，ごめんなさいと言っていました。**
- 「議論は終わったように思いますか？」
  答え：いいえ。

−次のステップは，**問題解決を試みる**ことであると，説明します。

- 「これを見て，どのステップに従っているかを教えてください」


### <u>適切なロールプレイの例5</u>

**ステップ⑥：問題解決を試みる。**

コーチ　：（リーダーの名前）君，今僕すごく腹が立っているんだ。友だちから聞いたんだけど，僕がいないところで悪口言ってたって。数学のテストで僕が悪い点数だったら，めちゃくちゃ落ち込んでるって，みんなに言ったんだって？
リーダー：（落ち着いて，感情的にならないで聴く）
コーチ　：そんなことみんなに言うなんて信じられないよ。それは内緒だろ？　これでみんなに知られちゃったし。なんてかっこ悪いんだ。
リーダー：僕がきみのテストの点のことをみんなに言ったから怒っているんだね。

コーチ　：ああ，怒っているよ！　あれは内緒だって言っただろ？　誰にも話すべきじゃなかったんだ。もう今じゃ，みんな僕の成績を知って，笑いものにしてるよ。
リーダー：（申し訳なさそうにしている）内緒だって思ってなかった。それに，いないところで悪口を言うつもりもなかった。だって，もうみんな知ってるって思ってたから。みんながそのことできみのことを笑い者にしようとするなんて思いもしなかったんだ。
コーチ　：とにかく，きみが悪いよ。きみが何も言わなかったら，何も起こってないんだから。
リーダー：（申し訳なさそうにしている）嫌な思いにさせて，ごめんね。内緒話を広げるつもりはなかったんだ。
コーチ　：（少し怒りをおさえて）でも，そうしてしまったんだよ。もう今となっては何もかも遅いけどね。
リーダー：きみの言う通りだよ。だけど，そんなことになるとは思ってなかったんだ。これからもっと気をつけるね。きみのいないところで何か言うことはしないと約束するよ。
コーチ　：（少し間を置いて）うん，もういいよ（まだ少しイラっとしながらも，少し落ち着いて言う）。

- 「これで終わります。それでは，私はどのステップに従っていましたか？」
  答え：**気持ちを落ち着かせ，まず相手の言うことに耳を傾け，相手の言ったことを繰り返して伝えて，自分の意見を説明し，ごめんなさいと言ってから，問題を解決する試みをしていました。**
- 「議論は終わったように思いますか？」
  答え：はい。今できることは終わりました。お互いなぜすれ違っていたかが理解できたと思います。
- それぞれのステップは，どれも1つだけではうまくいかないということを説明します。
  - このステップは，すべてを流れに沿って実施されたときのみ，うまくいきます。
  - もし，1つでもステップを飛ばしたら，議論は完全には解決しないでしょう。
    〔訳注：すべてのステップを実施しても相手が納得してくれないこともあります。しかし，すれ違いに誠実に対応するために，あなたはすべきことに取り組みました。しばらく様子を見て，それでも解決しない場合は，その友だちが自分に合っているかどうか考えてみても良いでしょう〕

〈新しいストラテジー――あなたからすれ違いを解決するためのステップ〉
1．落ち着く。
2．良い時間／場所を持つ。
3．自分たちだけで話したいと伝える。
4．あなたの思いを伝える（Iメッセージを使って）。

5．（相手の思いを）聞く。
6．相手の言ったことを繰り返す。
7．相手にどうしてほしいかを伝える。
8．問題解決を試みる。

### 行動リハーサル

- 子どもたちグループリーダーとステップに従って練習します。
  - グループリーダーは，子どもが何かステップを間違っていたら声かけをします。
  - 思いのすれ違いへの対応方法のステップを間違えないように，子どもはホワイトボードに書かれているステップを自由に見ることができます。
  - 行動リハーサルでは，それぞれの子どもによって異なる場面設定をします。子どもの間でよくありがちな議論の例を使いましょう。
    - 例
      - あなたが友だちをからかったので，友だちは傷ついている。
      - あなたに秘密をばらされたので，友だちは怒っている。
      - あなたが廊下にいるときに，友だちから無視されたように感じたので戸惑っている。
      - 友だちから電話をするように言われていたのに，あなたはかけなかったので，その友だちは怒っている。
      - あなたが友だちをチームのメンバーに選ばなかったので，友だちは裏切られたように感じている。
      - あなたが，友だちの嫌いな人と一緒に出かけたので，友だちは怒っている。
      - あなたが友だちを誕生会に招待しなかったので，友だちは傷ついている。
      - 人々が友だちをからかっているときにあなたが笑ったので，友だちは怒っている。
      - あなたがランチタイムに友だちの席を確保しておかなかったので，友だちは戸惑っている。
      - 誰かが友だちのことを批判しているときに，あなたが助けにきてくれなかったので，友だちは裏切られた気持ちになっている。

## 宿題

- 次のように言って宿題を簡単に説明します。
  「今週の大事な宿題は，1人以上の友だちと一緒に遊ぶことです。誰かに電話をして計画を立てる必要があるかもしれません。一緒に遊ぶ際に，もし，ゲームやスポーツをするなら，皆さんにスポーツマンシップの練習をしてほしいと思います。からかいは子どもたちの間で，とてもよくあることです。だから，もしかしたら今週そのような場面があるかもしれません。そのときは"からかい言葉を受けとめて流す"という方法を使って練習してほしいと思います。それからもし，使える場面があったら，いじめと悪い評判への対応策を練

習しましょう。そして，もし今週あなたが友だちや兄弟と議論になることがあったら，思いのすれ違いへの対応方法のステップを使ってください。保護者の人と練習しても良いですね。

来週は，グループで一緒に遊ぶための室外ゲームかスポーツの道具をもってきてください。では，もう一度今週の宿題を言います」

- ①1人以上の友だちと一緒に遊びます。
  - 電話をかけて，何を一緒にするかを話しましょう。
  - 何をするかについて，情報交換をしましょう。
  - もし場に合えば，スポーツマンシップの練習をしましょう。
- ②もしそのような場面があれば，いじめや悪い評判を変えるステップを実践しましょう。
- ③セッションで決めた"からかい言葉を受けとめて流す"台詞を使う練習してください。
- ④思いのすれ違いへの対応方法をステップに従って練習しましょう。
- ⑤来週グループで遊ぶための室外ゲームやスポーツ用具をもってきます。

## 卒業についてのお知らせ

- 子どもたちに，PEERSの卒業が2週間後であることを知らせます。
- 卒業パーティは子どもたちのものであり，子どもセッションの部屋で行われることを説明します。
- 保護者に，卒業パーティのためのお菓子をもってきてもらうことを歓迎します。
- お菓子は子どもたち用ですが，保護者が保護者グループのためにもってくることも歓迎します。
- PEERSチームは，夕食と飲み物を用意します（たいていピザとソーダです）。
- 子どもたちがパーティの間見るDVDをいくつか用意します。
- 子どもたちが選んで遊べるように，いくつかのゲームも用意します。
- 子どもたちに，映画を見るか，何かをするかを意見を聞きます。
- 卒業パーティでは，子どもたちは卒業のご褒美を受け取ります。

〔訳注：食事の用意や卒業のごほうびは，必ず必要だということではありません〕

## 保護者セッション

- 保護者は，いつも通りの保護者セッションに参加します。
- 保護者グループリーダーは，このグループの後どうするかの提案を言います。

## 卒業式

- 式は，保護者の部屋で行われます（あるいは，大きな部屋）。
- 保護者やその家族が式に参加することは歓迎します。
- 卒業式では，卒業証書を受け取ります。
- プライバシーを守るために，カメラやビデオは禁止します。

- 式が始まるまでは，家族の追加メンバーについては，守秘義務を守るために部屋の外のロビーで待ってもらいます。

## 子どもたちのアクティビティ：「スポーツマンシップ＆室外活動」

◢ NOTE（注）

ルールについては，"子どもたちのアクティビティガイド"を見ましょう。

- 子どもたちは，室外でゲームやスポーツをします。
- ゲームは子どもたちがもってきたものか，スタッフが用意した適切なスポーツ用具から選びます。
- 危険だったり，激しいものだったりしないかぎり，子どもたちに何をして遊ぶかは選ばせます。
- 一人で遊ぶものは選ばせません。
- 子どもたちはスポーツマンシップ練習のためのゲームをしている間にポイントをもらいます。
  - 友だちを褒める。
  - 審判をしない。
  - コーチにならない。
  - 一緒に使ったり，交代したりする。
  - 遊びに飽きてきたら，変えることを提案する。
  - ごまかし（不正行為）をしない。
  - ルールに従ってプレイする。
  - 競争にこだわりすぎない。
  - 自分が勝っても，自慢しない。
  - 自分が負けたとき，ふてくされたり，怒ったりしない。
  - ゲーム（試合）の終わりには，"良いゲームだったね"と言う。
  - 誰かがケガをしたら，助けたり，気を遣ったりする。
- グループリーダーとコーチは，子どもたちがスポーツマンシップを使っているときはポイントを与えます。

## 保護者との合流タイム

- 子どもたちに保護者と合流するように伝えます。
  - 子どもたちが，それぞれの保護者の横に立つか座るかするようにします。
  - 静かにして，グループに集中するようにします。
- 簡単に，子どもたちのセッションでの様子を伝えます。
  - 「今日は，議論や思いのすれ違いへの対応方法について考えました。思いのすれ違いを解

決する最初のステップを教えてくれる人はいますか？」[子どもたちにすべてのステップを出させましょう。もし出にくい場合は，ヒントになることを提示できるようにしておきます]
- 気持ちを落ち着かせる。
- まず，相手の意見を聞く。
- 相手の言ったことを繰り返す。
- 自分の意見を説明する。
- ごめんなさいと言う。
- 問題解決を試みる。
- もし問題の解決ができないときは，気持ちを落ち着かせる。
■「今日は，室外ゲームやスポーツをして遊びました。グループのみなさんはスポーツマンシップに従って遊ぶことができました。お互い拍手しましょう」
■来週までの宿題を，もう一度確認します。
■必要であれば，個別に各家庭と次のことについて話をします。
- 一緒に遊ぶ場所，遊びのプラン，誰が集まるか，一緒に遊んでいるときの保護者の役割。
- 来週もってくる室外ゲームやスポーツの道具は何にするか。

## 宿題

1. **友だちと遊ぶ。**
   a．**一緒に遊ぶ**予定を立てるためにグループ外電話をします。
      ⅰ．**共通の興味**を見つけるために**情報交換**します。
      ⅱ．**一緒に遊ぶ**ときに何をするのかを決めます。
   b．保護者は，少し離れたところで，遊んでいる様子をモニターします。
   c．遊びは，何か活動をするものにします。
   d．遊ぶときに，**スポーツマンシップ**の練習をします。
   e．子どもたちが，ゲストと**情報交換**することを確認します。
   ⅰ．一緒に遊ぶ時間の50％は**情報交換**に使います。
   f．初めての遊びの機会には，時間を約2時間までにします（活動による）。
2. （もし今週そのような場面があったら）**からかい言葉を受けとめて流す**練習をする。
   a．保護者と子どもは，**からかい言葉を受けとめて流す**練習をするとよいでしょう。
   b．保護者と子どもは，子どもがどんな風に**からかい言葉を受けとめて流した**か話し合う必要があります。
      ⅰ．**からかい言葉を受けとめて流す**練習は，仲間や兄弟でするのが良いでしょう。
3. （もし子どもの状況に適切なら）**いじめへの対応や悪い評判を変える**ステップを実践する。
   a．保護者と子どもは，その子どもがどのようにいじめに対応すれば良いかを話し合います。

b．保護者と子どもは，その子どもがどのように悪い評判を変えることができるかを話し合います。
4．<u>室外で遊べるスポーツ用具をもってくる</u>。
　　　a．グループで一緒に遊べる室外のスポーツ用具をもってきます。
　　　　　ⅰ．一人遊びのゲームや道具は外す。
　　　b．次のようなものはもってきません。
　　　　　ⅰ．グループのメンバーと一緒に遊びたくないもの。
　　　　　ⅱ．壊れたり，なくしたりすることが心配なもの。
5．（もし今週そのような場面があれば）思いのすれ違いに対応する<u>練習をする</u>。
　　　a．保護者と子どもたちは，子どもが思いのすれ違いにどう対応したかを話し合います。
　　　　　ⅰ．兄弟間での思いのすれ違いがあるとき，練習をすることができるでしょう。
　　　b．保護者と子どもたちは，ロールプレイをして練習しても良いでしょう。
〔訳注：宿題2・3・5については，実際にそのような場面がない場合は，保護者と復習し，家庭で練習しましょう。そのことにより，現実にそのような場面に直面したときに対応できるようになります〕

---

"子どもたちのアクティビティガイド" はセッション11を参照。
**[296-297ページ]**

# 15 セッション13
## うわさやゴシップへの対応方法

### 保護者 セッション・セラピストガイド

**保護者セッション——進行のポイント**

　宿題の振り返りは，前回のセッションに引き続き，子どもが自分でプランや準備をして友だちと一緒に遊ぶことに焦点を当てています。子どもが友だちと一緒に遊べるように，保護者はグループリーダーからのサポートが必要なので，セッションでは丁寧に振り返りをします。

　今回のセッションは，うわさ話に適切に対応する方法がテーマです。ゴシップは，他者のうまくいかなかった出来事について知らせてくれたり，思春期の子どもにはもちろん，大人にとっても，普通のコミュニケーションのひとつだったりします。後者については，週刊誌などのゴシップがいかに人気かをみれば明らかでしょう。人は同じ失敗を避けるために，他人の良くない例からより学ぶので，ゴシップは否定的な内容が多いです（Baumeister, Zhang, & Vohs, 2004）。うわさ話（誰かについての否定的な情報）は，ゴシップという形で始まります。研究によると，うわさを否定すると，そのうわさがより本当だと思われてしまうようです。つまり，最も良くないのは，そのうわさがなぜ真実でないか，またどれだけそのうわさの元が信頼できないかについて，激しく議論することだと言われています（Bordia, DiFonzo, Haines, & Chaseling, 2005）。この章で論じられているうわさを否定する方法には，ゴシップを広げた人に立ち向かうということは含まれていません。ゴシップを広げている人に立ち向かうと，仕返しを招くことになりがちです。このセッションで子どもたちは，間接的に元のうわさを否定し，同時にそのゴシップの信頼性を下げる"自分についてのうわさを広げる"という方法を学びます。

　いじめや思いのすれ違いを扱った前のセッションと同様に，このレッスンの内容を身につけるのは，現在広がっているうわさ話やゴシップに，子どもが気づいたときが一番効果的です。子どもが社会的な場面を避けていたり，孤立していたりする場合には，仲間からうわさ話やゴシップのターゲットになるほど注意を向けられることが少ないので，このセッションはあまり関係がないかもしれません。PEERSが終わった後，このような問題が表に出てくるときまで，保護者はこの配布資料を取っておくと良いでしょう。

> **宿題の振り返り**

1. <u>友だちと**一緒に遊ぶ**。</u>
    a．遊んでいる様子について以下のことを振り返ります。
        ⅰ．活動中心だったかどうか？
        ⅱ．少し離れたところから，保護者がモニターしたか？
        ⅲ．2時間以内だったか？（活動による）
    b．もしその場があれば，子どもが**スポーツマンシップ**の練習ができたかをチェックします。
    c．子どもたちが，ゲストと**情報交換**し，**共通の興味**が見つかったか確認します。
        ⅰ．一緒に遊ぶ時間の50％は**情報交換**をします。
2. **思いのすれ違いへの対応方法**を練習する。
    a．保護者に，子どもが今週**思いのすれ違いへの対応**方法を練習したかどうかを報告してもらいます。
        ⅰ．これは，実際に友だちや兄弟の間で本当に思いのすれ違いがあったとき，または保護者とロールプレイによって練習されているでしょう。
3. **いじめと悪い評判への対応**を実践する。
    a．もしその場があれば，保護者に報告してもらいます。
        ⅰ．子どもがいじめにどう対応したか。
        ⅱ．子どもがどのように悪い評判を変えたか。
            1．**目立たないように，おとなしくしておく。**
            2．**仲間に合わせる。**
                a．仲間に合わせようとしてみる。
                b．仲間から目立たないようにしてみる。
            3．**評判を変えるために外見を変える。**
            4．**それまでの評判を受け止める。**
            5．**新しいグループや仲間を見つける。**
    b．もし何か問題が起こったら解決する
4. "**からかい言葉を受けとめて流す**"練習する。
    a．保護者が子どもと"**からかい言葉を受けとめて流す**"練習をしたかどうか，チェックします（これは宿題ではありません）。
    b．保護者に，どのように子どもが"**からかい言葉を受けとめて流す**"方法を使っていたかを報告してもらいます。
        ⅰ．"**からかい言葉を受けとめて流す**"は，仲間や兄弟との間で使われたかもしれません。
    c．もし何か問題が起こったら解決します。
5. **室外ゲームやスポーツ道具をもってくる。**
    a．グループで一緒に遊べる室外ゲームやスポーツ道具をもってきます。

b．適切なものだけを認めます。

### 今日のレッスン：「うわさやゴシップへの対応方法」

- 保護者向け配布資料を配る。
- 説明：「うわさやゴシップは，中学校や高校ではとても普通にあることです。ゴシップが生まれることを防ぐために，保護者や子どもたちができることはあまりありません。しかしながら，なぜ人々がうわさをするのか，またあなたの子どもがうわさのターゲットになったらどうすべきかを知っておくことは役に立ちます」
- 次のことを説明します。
  - うわさ話やゴシップは，**社会的な武器**です。
    - 意地悪な思いから広まることが多いです。
    - 中学校や高校では，普通によくあります。
  - うわさやゴシップは，時々他者を傷つけるために使われます。
    - 仕返しというやり方で使われることがあります。
    - 好きでなかったり，うらやましかったりする人の評判を傷つけるために使われます。
    - 脅しのために使われます（例：「もし言う通りにしなかったら，みんなに～と言うぞ」）。
  - うわさやゴシップは，10代の子どもにとって，単に会話の一部だということもよくあります。
    - 一部の子どもたちにとってうわさを広げることは，次のような目的があります。
      - 注目を集めるため。
      - 自分が重要であると感じるため（例：他の人が誰も知らないことを知っている）。
- うわさは，真実ではないと証明するのがとても難しいです。
  - うわさが真実でないと完全に証明することはできません。
  - うわさをおもしろがることで，そのうわさの信憑性を下げようとすることはできます（例：「そのうわさを信じている人がいるなんて」と，驚いて見せる）。
  - このスキルを使うことで，あなたはそのうわさを間接的に否定することになり，ゴシップを流した人の信頼性を下げることになるでしょう。
  - これは，ゴシップの効果を小さくし，しばしばそのうわさを消していくことになります。

### うわさやゴシップの対応方法のルール

- 「さあ，これでなぜ子どもたちがゴシップを広げるかについてわかりました。周りの人が子どもたちのうわさを広げる可能性を少なくしていくために何ができるかを知っていると役に立ちます」
- 保護者に，配布資料を読んでもらいます。

- **ゴシップのターゲットになることを避ける方法**
  - <u>うわさ話をする人と友だちになることを避ける。</u>
    - うわさ話をする人は，人の噂を言って他の人たちに広げることが好きな人たちです。
  - <u>ゴシップを言う人を怒らせない（刺激しない）。</u>
    - ゴシップを言う人やその友だちの秘密やうわさを言ったり，おもしろがったりしません。
    - これをすると，相手を刺激し，仕返しされることになります。
  - <u>他の人のうわさ話を広げない。</u>
    - あなたのゴシップを流している人たちに仕返しをすることは避けます。
    - 一般的に考えて，人のうわさ話を広げることはやめましょう。
      - 人を傷つけます。
      - 人々はあなたと友だちになりたいと思わないでしょう。

- **あなたがうわさのターゲットになっているときにすること**
  - 「子どもたちが，うわさやゴシップの対象にならないようにがんばったとしても，なってしまうことはあります。だから私たちは，そんな場合にその影響を小さくするために何ができるかを知っておく必要があるでしょう。うわさやゴシップのターゲットになっているときは何ができるかについて，とても具体的なルールがあります」
  - <u>戸惑っている（動揺している）ことを見せない。</u>
    - ゴシップに対して感情的にならず，できるだけ中立的な姿勢になるようにします。
    - もしあなたが戸惑っていることを人に見せたら——
      - 防衛的に見えます。人々は，そのうわさは本当なのだと思うでしょう。
      - うわさ製造工場に燃料を投入することになります。
      - 人々は，あなたがどんなに戸惑っているかについてうわさを広げはじめるでしょう。
  - <u>うわさやゴシップを広げている人に立ち向かわない。</u>
    - 単に対立を深めるだけでしょう。
      - その人は，あなたについてのうわさ話をもっと広げようとするかもしれません。
      - その結果，議論やけんかになるかもしれません。
      - その人は，今まで以上に，あなたのうわさを広げる正当な理由があると感じるでしょう。
    - うわさを広げる人は，しばしばあなたが立ち向かってくることを待っています。
  - <u>うわさやゴシップを広げている人を避ける。</u>
    - うわさを広げている人と，距離を取ります。
    - うわさを広げている人は，あなたが立ち向かってくることを期待しているかもしれません。
      - あなたが立ち向かうことで相手を満足させてはいけません。
        - ※これは，もっとうわさが生まれることになり，うわさ製造工場に燃料を投入することになります。
  - <u>うわさやゴシップに対して最初に考える行動は，たいていどれも間違っていると心に留めておく。</u>
    - 誰かがうわさを広げていたら，私たちはそのうわさを否定し，間違っていることを議論

しなければという気持ちになります。
- あなたが防衛的になったら，それを聞いた相手は，そのうわさが真実だと思うでしょう。
− ゴシップを言っている人に，立ち向かいたくなるかもしれません。
- もしあなたが，そのゴシップを言っている人を戸惑わせたら，うわさ製造機に燃料を注ぎ，新たなスキャンダルを生むことになるだけでしょう。
− あなたがそのうわさで戸惑ったり，落ち込んでいたりする姿を見せたくなるかもしれません。
- もしあなたが戸惑っている様子を見せたら，罪の意識を感じているように見えるので，そのゴシップに火をつけることになるでしょう。
− 学校に行きたくなくなって，隠れていたいと思うかもしれません。
- これは，ゴシップにより火をつけることになるだけでしょう。

■ **誰がそんなうわさを信じたり，気にしたりするだろうかと驚いたように振る舞う。**
− うわさがいかに馬鹿げているか驚いているという印象を与えます。
− これは，間接的にそのうわさが本当だということを否定することになります。
− これは，そのゴシップを広げた人の信用を傷つけることにもなります。
- 例
  ■「誰がそんなこと信じるかなあ。馬鹿げてるよ」
  ■「そんなことを言っているなんて信じられないよ。笑い話だね」
  ■「誰かがそんなことを信じるなんて思えないね。いい加減にしてほしいよ」
− これは，そのゴシップの重要性と信ぴょう性を下げることになります。

■ **あなた自身についてのうわさを流す。**
− あなた自身がどのうわさをどう思っているかといううわさを流します。
− 実際に，今うわさが広がっていることを認めますが，それがいかに馬鹿げているかを伝えます。
- これはまた，間接的にそのうわさが真実ではないということを伝えることになります。
- それによって，あなたはゴシップを広げている人の信用を（本人に立ち向かうことなく）傷つけることになり，ほかの人がそのうわさを広げる可能性は少なくなるでしょう。
− 特に，あなたの味方である友だちに伝えます。
− 他の人がそれを聞き取れるところで，このうわさを流します。
- 例
  ■「私のうわさ，聞いた？　なんて馬鹿げた話なんだろう」
  ■「他の人が私のことを何て言ってるか，聞いた？　そんなことを信じる人がいるなんておかしいよ」
  ■「私のうわさ，信じてる？　あまりにもつまらないよね」
− こうすることで，しばしばうわさは消えていきます。なぜなら――
- ゴシップを流している人が，愚かに見えるからです。
- 人々は，そのうわさを広げつづけることは少なくなります。なぜなら，広げている人たち自身が愚かに見えてくるからです。

あなた自身についてのうわさを流すステップ
1．聴衆がいる場所を選ぶ。
2．あなたの味方になってくれる友だちに伝える。
3．そのうわさがあることは認める。
「＿＿＿＿っていううわさ聞いた？」
4．誰がそんなうわさを信じたり，気にしたりするだろうと驚いて見せる。
5．他の味方になってくれる友だちにも，同じように伝える。
■保護者は，子どもがうわさやゴシップのターゲットになって困っているかどうかについて，順番に話します。
■このセッションで提示された方法に従って，これから先のうわさやゴシップの良くない影響を最小限にしていくために何ができるか，保護者と話し合います。

### 宿題の説明

保護者グループリーダーは，宿題の説明をし，何か考えられる問題があれば，保護者と一緒に解決します。

1. もし今週そのような場面があったら，**うわさやゴシップへの対応方法**を実践する。
    a．子どもたちは，うわさやゴシップを言う人たちを避けましょう。
    b．もし適切な場面があったらうわさの対応方法を使ってみます。
2. 友だちと**一緒に遊ぶ**。
    a．**一緒に遊ぶ**予定を立てるためにグループ外電話をします。
        ⅰ．共通の興味を見つけるために**情報交換**します。
        ⅱ．**一緒に遊ぶ**ときに何をするのかを決めます。
    b．保護者は，少し離れたところで，遊んでいる様子をモニターします。
    c．遊びは，何か活動をするものにします。
    d．遊ぶときに，**スポーツマンシップ**の練習をします。
    e．子どもたちが，ゲストと**情報交換**することを確認します。
    f．**一緒に遊ぶ**時間の50％は，**情報交換**しましょう。
    g．はじめて遊ぶ機会には，時間は約2時間以内にします（活動による）。
3. もし今週そのような場面があったら，**からかい言葉を受けとめて流す**練習をする。
    a．保護者と子どもは，**からかい言葉を受けとめて流す**練習をしたいかもしれません。
    b．保護者と子どもは，子どもがどんな風に**からかい言葉を受けとめて流し**たか話し合う必要があります。
        ⅰ．**からかい言葉を受けとめて流す**練習は，仲間や兄弟でするのが良いでしょう。
4. (もし子どもの状況に適切なら)**いじめへの対応や悪い評判を変える**ステップを実践する。
    a．保護者子どもと，子どもがどのようにいじめに対応すれば良いかを話し合います。

b．保護者は子どもと，子どもがどのように悪い評判を変えることができるかを話し合います。
5．(もし今週そのような場面があれば) **思いのすれ違いに対応する**練習をする。
a．保護者は子どもとは，子どもが思いのすれ違いにどう対応したかを話し合います。
　ⅰ．兄弟間で実際に思いのすれ違いがあるとき，練習をすることができるでしょう。
b．保護者と子どもたちは，ロールプレイをして練習すると良いでしょう。

> **NOTE(注)**
> PEERSの卒業式は来週です！

## PEERSの卒業式についての提案

### 子どもセッション
- 卒業パーティは子どもたちのものであり，子どもセッションの部屋で行われることを説明します。
- 保護者に，卒業パーティのためのお菓子をもってきてもらうように声をかけます。
- お菓子は子どもたち用ですが，保護者が保護者グループのためにもってくることも歓迎します。
- PEERSチームは，夕食と飲み物を用意します（たいていピザとソーダです）。
- パーティの間に見るDVDをいくつか用意します。
- 子どもたちが選んで遊べるように，いくつかのゲームも用意します。
- 子どもたちに，映画を見るか，何かをするか意見を聞きます。
- 卒業パーティでは，子どもたちは卒業のご褒美を受け取ります。

### 保護者セッション
- 保護者は，いつも通りの保護者セッションに参加します。
- 保護者グループリーダーは，PEERSの終了後スキルを維持するためにどうすれば良いのかを提案します。

### 卒業式
- 式は，保護者の部屋で行われます（あるいは，大きな部屋）。
- 保護者やその家族が式に参加することは歓迎します。
- 卒業式では，卒業証書を受け取ります。
- プライバシーを守るために，カメラやビデオでの撮影は禁止します。
- 式が始まるまでは，家族の追加メンバーについては，守秘義務を守るために部屋の外のロビーで待ってもらいます。

> **NOTE（注）**
>
> 12セッションか13セッションで、卒業についてのお便りを配布しましょう。そこには、卒業式の日時や卒業式について必要なことや、プログラム終了直後のアセスメント（質問紙）のことなどを書きます。

---

保護者向け配布資料は金剛出版ホームページよりダウンロードできます
（ダウンロードの方法は本書巻末をご覧ください）。

### 子どもセッション・セラピストガイド

## 子どもセッション――進行のポイント

　このセッションの目的は，子どもたちがうわさやゴシップのターゲット（標的）になったとき，その状況に対応するのに必要なスキルを身につけさせることです。子どもたちは，うわさを流している人に立ち向かうのは効果がないということを学びます。それよりも，誰かがそんな話を信じていることに"驚いているように振る舞う"ことで，間接的にうわさは真実ではないこと，またそのうわさ自体が馬鹿げていると思わせることが一番です。この方法は，相手がうわさを流しつづけることはあまりカッコ良くないと思わせることにもなるでしょう。子どもたちはまた，自分がゴシップのターゲットになっているときには"自分自身のうわさを広げる"ことを学びます。これは，うわさを（間接的に）信用できないものにし，立ち向かわずにゴシップを流している相手のことも信頼できないと思わせることになります。

　社会的な場面を避けていたり，孤立したりしている子どもたちにとっては，このスキルはそれほど関係がないかもしれません。しかしながら，悪い評判があることで，長い間，周りから拒否されつづけてきた子どもたちにとって，これは，社会的に困難な状況を和らげてくれる重要なスキルでしょう。

### ルールの復習

　このルールは，グループのメンバーが守れていない場合のみ，もう一度説明します。

〈グループの5つのルール〉
1．他のグループメンバーの意見を聞く（他の人が話しているときはしゃべらない）。
2．指示に従う。
3．意見があるときは，手を挙げる。
4．相手を大切にする（からかったり，笑いものにしたり，悪口を言ったりしない）。
5．身体に触らない（たたいたり，けったり，押したり，抱きついたりなど）。

### 宿題の振り返り

◀ NOTE（注）

宿題へのポイントを与えます――宿題ごとに1つだけではありません。

1．室外で遊ぶスポーツ用具をもってくる。
　　a．もってきた室外で遊べるスポーツ用具か何かを聞く。
　　　（例：バスケットボール，サッカーボール，バレーボール，フリスビー）
　　b．適切なものだけ認めます。

c．注意がそれるのを防ぐために，コーチは，活動時間までもってきたものを横に置いておきます。
2．**思いのすれ違いへの対応を練習する。**
　　a．「宿題のひとつは，今週もしそのような場面があれば，友だちや兄弟と思いのすれ違いへの対応方法を練習することでした。もしかしたら，お家の人とロールプレイで練習したかもしれません。今週練習する機会があった人は，手を挙げてください」
　　　ⅰ．宿題ができた人から始めます。
　　　ⅱ．次のことを簡単に尋ねます。
　　　ⅲ．もし練習をしていなかったら，次のステップを振り返ります。
　　　　1．気持ちを落ち着かせる。
　　　　2．まず，相手の話を聞く。
　　　　3．相手の言ったことを繰り返して伝える。
　　　　4．あなたの意見を説明する。
　　　　5．ごめんなさいと言う。
　　　　6．問題解決を試みる。
3．**いじめや悪い評判への対応を実践する。**
　　a．「今週の宿題のひとつは，いじめへの対応を練習することでした。もし今週この対策を1つ以上使うことがあった人は手を挙げてください」
　　　ⅰ．子どもたちにいじめに対応するためにしたことを報告させます。
　　　ⅱ．何か問題が起こったら解決します。
　　　ⅲ．もし今週いじめの対応策を使わなかったという子どもがいたら，自分が使う方法を（もう一度）発表します。
　　b．「他の宿題は，あなたの評判を変えるためのステップを始めることでした。今週，自分の評判を変えるために何かした人は手を挙げてください」
　　　ⅰ．子どもたちに，評判を変えるためにしたことを報告させます。
　　　　1．注意：このことで何かしたことを報告する子どもは少ないだろうと思います。悪い評判のある子どもは，次のステップに進めるようになるまで，しばらくは目立たないように，おとなしくすると良いでしょう。
　　　ⅱ．もし子どもが今週何も使っていなかったら，ステップを復習しましょう。
　　　　1．目立たないように，おとなしくしておく。
　　　　2．グループに合わせる。
　　　　　a．そのグループに合わせるようにする。
　　　　　b．そのグループのなかで，目立たないようにする。
　　　　3．評判を変えるために外見を変える。
　　　　4．これまでの評判を受け止める。
　　　　5．新しいグループや仲間を見つける。
4．**"からかい言葉を受けとめて流す"練習をする。**
　　a．「今週の宿題のひとつは，"**からかい言葉を受けとめて流す**"を使う練習をすること

でした。からかいは10代の子どもたちの間では，とてもよくあることですね。だから，ここにいるみんなは，仲間や兄弟，あるいはあなたの親との練習を通して，"**からかい言葉を受けとめて流す**"を使う機会をあったと思います。今週，この練習をすることができた人は手を挙げてください」
    i．注意：この導入は，からかわれている子どもたちのメンツを保つことができます。
  b．子どもたちに，どのように"**からかい言葉を受けとめて流す**"を使ったかを発表させます。
    i．子どもたちに，誰かが自分をからかった具体的な方法を話すことは認めません。その代わり，スキルを使ってみてどうだったかということに焦点を当てます。
  c．もし何か問題が起こったら解決します。
  d．もし，今週どの子も"**からかい言葉を受けとめて流す**"を使っていなかったら，先に進む前に，いくつかの"**からかい言葉を受けとめて流す**"台詞を発表させて，練習させます。
5．**友だちと一緒に遊ぶ。**
  a．「今週の中心の宿題は，友だちと一緒に遊ぶことでした。今週友だちと遊べた人は，手を挙げてください」
    i．宿題ができた人から始めます。
    ii．簡単に次のことを尋ねます。
      1．誰と一緒に遊びましたか？
      2．どこで遊びましたか？
      3．遊びのプランを立てるのに，グループ外電話をしましたか？
      4．何をして遊びましたか？
      5．誰が遊びを選びましたか？（答えは「ゲスト」であるべきです）
      6．少なくとも50％の時間は情報交換をしましたか？
      7．楽しい時間を過ごせましたか？
      8．友だちは楽しい時間を過ごせましたか？
      9．その相手は，また一緒に遊びたいと思っている人ですか？
    iii．もし何か問題が起こったら解決しましょう。

## 今日のレッスン：「うわさやゴシップへの対応方法」

■「うわさやゴシップは，中学校や高校ではとても普通にあることです。そのうわさやゴシップが広がることを防ぐために，あなたができることはあまりありません。しかしながら，なぜ人々がうわさをするのか，またあなたがうわさのターゲットになったらどうすべきかを知っておくことは役に立ちます」

■次のことを説明します。
  －うわさやゴシップは，**社会的な武器**です。

- 意地悪な思いから広がることが多いです。
- 中学校や高校では，普通によくあります。
  - うわさやゴシップは，時に他者を傷つけるために使われます。
- 仕返しというやり方で使われることがあります。
  - ◆ 彼らがした何かへの仕返しとして使われます。
- 好きでなかったり，うらやましかったりする人に対してのその評判を傷つけるために使われます。
- 脅しのために使われます（例：「もし言う通りにしなかったら，みんなに〜と言うぞ」）。
- うわさやゴシップは，10代の子どもにとっては，会話の一部だということはよくあります。
  - ゴシップを広げることは，一部の子どもたちにとっては次のような目的があります。
    - ◆ 注目を集めるため。
    - ◆ 自分が重要であると感じるため（例：他の人が誰も知らないことを知っている）。
- うわさが真実ではないと証明するのは，とても難しいです。
  - 完全にうわさが真実でないと証明することはできません。
  - うわさをおもしろがることで，そのうわさの信憑性を下げることはできます。
    - ◆ このスキルを使うことで，あなたはそのうわさを間接的に否定することになり，ゴシップを流した人の信頼性も下がることになるでしょう。
    - ◆ これによって，うわさの効果を下げ，時にその**うわさを消していく**ことになります。

## うわさやゴシップへの対応方法のルール

### ゴシップのターゲットになることを避ける方法

「さあ，これでなぜ子どもたちがゴシップを広げるかがわかりました。そこで私たちは，人々がゴシップを広げる可能性を減らすために何ができるか知っておくと役に立ちます」

- ■ **うわさやゴシップを言う人と友だちになることを避ける**（気軽な交流も含まれます）。
  - 「最初のルールは，うわさやゴシップを言う人とは友だちになることを避けるということです。ゴシップを言う人は，人のうわさやゴシップを言って他の人たちに広げることが好きな人たちです。そのような人と友だちになることは，何が問題ですか？」
    - 答え：もし彼らがあなたに怒るような出来事があったら，あなたのうわさを広げる可能性があります。つまり，ゴシップを言う人を信頼するのは難しいでしょう。ほかの人は，あなたがゴシップを言う人と一緒にいるとわかると，あなたと友だちになりたいと思わないかもしれません。
- ■ <u>ゴシップを言う人を怒らせない。</u>
  - 「次のルールは，ゴシップを言う人を怒らせないということです。つまり，ゴシップを言う人や友だちの秘密やゴシップを言ったり，うわさをおもしろがったりしないということです。ゴシップを言う人を怒らせることは何が問題ですか？」

- 答え：これをすると，相手を刺激し，仕返しをされることになるだけです。あなたはゴシップのターゲットになりがちです。

■ **他の人のうわさを広げない。**
- 「最後のルールは，他の人のうわさを広げないということです。つまり，あなたのゴシップを流している人たちに対して仕返しをすることは避けるということです。一般的に言って，人のうわさを広げることは避けます。ほかの人のうわさを広げるべきではないのは，なぜですか？」
  - 答え：それは，人を傷つけるからです。人々はあなたと友だちになりたいと思わないでしょう。

## あなたがうわさやゴシップのターゲットになっているときにすること

「私たちが，うわさやゴシップの対象にならないようにがんばったとしても，なってしまうことがあります。だから私たちは，そんな場合にその影響を小さくするために何ができるかを知っておく必要があるでしょう。うわさゴシップのターゲットになっているときは何ができるかについて，とても具体的なルールがあります」

■ **戸惑っている（動揺している）ことを見せない。**
- 「1つ目のルールは，戸惑っていることを見せないということです。あなたが戸惑っていることを人に見せることは何が問題ですか？」
  - 答え：もし，あなたが戸惑っている様子を見せたら，防衛的に見えるでしょう。人々はあなたが何かを隠していると思います。それはうわさ製造工場に燃料を投入することになります。人々は，あなたがどんなに戸惑っているかについてうわさを広げはじめるでしょう。ゴシップに対して感情的にならず，できるだけ中立的な姿勢になるようにします。

■ **うわさやゴシップを広げている人に立ち向かわない。**
- 「2つ目のルールは，うわさを広げている人に立ち向かわないということです。つまり，もしあなたのうわさが広がっていたら，それを広げている人に立ち向かわないということです。単に対立を深めることになります。うわさやゴシップを広げている人に立ち向かうことは何が問題ですか？」
  - 答え：その人は，あなたについてのうわさをもっと広げようとするかもしれません。その結果，議論やけんかになるかもしれません。その人は，今まで以上にあなたのうわさを広げる正当な理由があると感じるでしょう。

■ **うわさやゴシップを広げている人を避ける。**
- 「もうひとつのルールは，うわさやゴシップを広げている人を避けるということです。つまり，もしあなたが，あなたのうわさを広げている人を知っていたら，その人と，距離を取るということです。なぜそうすることは良い考えなのでしょう？」
  - 答え：うわさを広げている人は，あなたが立ち向かってくることを期待しているかも

しれません。どんなタイプの向き合い方をしても，うわさ製造工場に燃料を投入することになります。もし，あなたがうわさをしている人を避けたら，もう対立はなく，うわさが追加させることはないでしょう。

- **うわさやゴシップに対して最初に考える行動は，たいていどれも間違っていると心に留めておく。**
  - 誰かがうわさを広げていたら，私たちはそのうわさを否定し，間違っていることを議論しなければという気持ちになります。
    - あなたが防衛的になったら，それを聞いた相手は，うわさが真実だと思うでしょう。
  - ゴシップを言っている人に立ち向かいたくなるかもしれません。
    - もしあなたが，そのゴシップを言っている人を戸惑わせたら，うわさ製造機に燃料を注ぎ，新たなスキャンダルを生むことになるだけでしょう。
  - あなたがそのうわさで戸惑ったり，落ち込んだりしている姿を見せて，わかってほしいと思うかもしれません。
    - もし戸惑っていたら，あなたが罪の意識を感じているように見えるので，そのゴシップに火をつけるでしょう。
  - 学校に行きたくなくなり，隠れたいと思うかもしれません。
    - ゴシップにより火をつけることになるだけでしょう。

- **驚いたように振る舞う。**
  - 「もうひとつのルールは，驚いたように振る舞うということです。これは，あなたについてのうわさやゴシップが広がっていることを耳にしたとき，その話がいかに馬鹿げているか驚いているという印象を与えます。つまり，間接的にそのうわさが事実ではないということを伝えることになります。そのゴシップを広げた人の信用を傷つけることにもなります」
    - 例
      - 「誰がそんなこと信じるかなあ。馬鹿げているよ」
      - 「そんなことを言っているなんて信じられないよ。笑い話だね」
      - 「誰かがそんなことを信じるなんて思えないね。いい加減にしてほしいよ」
  - 「驚いたように振る舞うのはなぜ良い考えなのでしょう？」
    - 答え：それによって，うわさがつまらないものに見えてくるからです。人々はあまりそのうわさを信じなくなります。つまり人々はそのうわさを広げつづけようとはしなくなるでしょう。

- **あなた自身についてのうわさを流す。**
  - 「もうひとつの重要なルールは，自分についての最初のうわさは信用性がないといううわさを流すということです。これは，実際に，今うわさが広がっていることは認めますが，それがいかに馬鹿げているかを伝えます。これはまた，間接的にそのうわさが真実ではないと伝えることになります。それによって，あなたはうわさを広げている人の信用を（本人に立ち向かうことなく）傷つけることになり，ほかの人がそのうわさを広げる可能性は少なくなるでしょう。特に，あなたの味方である友だちには伝えます。ほかの人が

それを聞き取れるところで，このうわさを流すと良いでしょう」
- 言う言葉の例
    - 「私についてのうわさ話聞いた？　なんて馬鹿げた話なんだろう」
    - 「人が私のことをなんて言っているか聞いた？　そんなことを信じる人がいるなんておかしいよ」
    - 「私のうわさ，信じてる？　あまりにもつまらないよね」
- 説明：「自分はそのうわさを気にしていないといううわさを流すことで，しばしばうわさは消えます。というのも，ゴシップを流している人が，愚かに見えるからです。その結果人々が，うわさを広げつづけることは減っていきます。なぜなら，自分たちも愚かに見えてしまうからです。たとえ，そのうわさが真実だったとしても，あなたが驚いているように振る舞うことで，うわさのパワーを小さくさせることができます」

あなた自身についての気にしていないといううわさを流すステップ
1. 聴衆がいる場所を選ぶ。
2. あなたの味方になってくれる友だちに伝える。
3. そのうわさがあることは認める。
    「＿＿＿＿＿っていううわさ聞いた？」
4. 誰がそんなうわさを信じたり，気にしたりするだろうと驚いて見せる。
5. 他の味方になってくれる友だちにも，同じように伝える。

### ロールプレイ

- グループリーダーとコーチは，自分自身のうわさを流す適切なロールプレイを見せます。
    - 適切なロールプレイの例
        - 「そのうわさ話は，あなたがテストでカンニングしたというものです」
          返す言葉：「そんなうわさ話信じられる？　私がどんなふうにカンニングしたかって言っている人がいるんだ。なんてつまらないんだろう」
        - 「そのうわさ話は，あなたが学校をさぼり，外出禁止になったというものです」
          返す言葉：「このうわさ話聞いた？　僕が学校をサボったから外出禁止になったって言っている人がいるんだ。馬鹿みたいだよ」
        - 「あなたが，親友と大げんかをしたというものです」
          返す言葉：「やあ，私が親友と大げんかしたっていううわさ聞いた？　つまらないなあ。いい加減にしてほしいよ」

### 行動リハーサル

- 子どもたちに，うわさやゴシップへの対応方法の練習をさせます。
- グループリーダーは，子どもたちに，彼らについてのうわさが広がっていて，自分につい

てのうわさを流す必要があると知らせます。
－子どもたちの生活面でよくあるいろいろな例を使いましょう。
－例
- 「そのうわさは，あなたがある教科の単位を落としたというものです」
- 「そのうわさは，あなたが先生に口答えをして，居残りさせられたというものです」
- 「そのうわさは，あなたが ＿＿＿＿＿ さん（名前）のことを好きだというものです」
- 「そのうわさは，あなたが遅刻して，罰を受けたというものです」
- 「そのうわさは，あなたが友だちの陰口を言ったというものです」
- 「そのうわさは，あなたが ＿＿＿＿＿ さん（名前）を嫌いだというものです」
- 「そのうわさは，あなたが卒業できないかもしれないというものです」
- 「そのうわさは，あなたが許可なく親の車を運転したというものです」
- 「そのうわさは，あなたがクラブをやめさせられたというものです」
- 「そのうわさは，あなたが ＿＿＿＿＿ さん（名前）をデートに誘ったというものです」

### 宿題の説明

■次のように言って宿題を簡単に説明します。
「今週の大事な宿題は，1人以上の友だちと一緒に遊ぶことです。誰かに電話をして計画を立てる必要があるかもしれません。一緒に遊ぶ際に，もしゲームやスポーツをするなら，スポーツマンシップの練習をしてください。からかいは子どもたちの間では，とてもよくあることです。もしかしたら今週そのような場面に出会うかもしれませんね。そのときは"からかい言葉を受けとめて流す"というのを使って練習してほしいと思います。それから，いじめと悪い評判への対応策を練習しましょう。そして，今週もしあなたが友だちや兄弟と議論になることがあったら，思いのすれ違いへの対応方法のステップを使いましょう。保護者の人と練習しても良いのです。また，もし機会があれば，うわさへやゴシップの対策を使います。では，もう一度今週の宿題を言います」
－①1人以上の友だちと一緒に遊びます。
- 電話をかけて，何を一緒にするかを話しましょう。
- 何をするかについて，情報交換をしましょう。
- もし活動に合えば，スポーツマンシップの練習をしましょう。

－②もしそのような場面があれば，いじめや悪い評判を変えるステップを練習しましょう。
－③セッションで決めた"からかい言葉を受けとめて流す"台詞を練習してください。
－④議論への対応方法をステップに従って練習しましょう。
－⑤もしそのような場面があれば，うわさへの対応方法の練習をします。

### 卒業についてのお知らせ

- 子どもたちに，PEERSの卒業が1週間後であることを知らせます。
- 卒業パーティは子どもたちのものであり，子どもセッションの部屋で行われることを説明します。
- 保護者に，卒業パーティのためのお菓子をもってきてもらうことは歓迎します。
- お菓子は子どもたち用ですが，保護者が保護者グループのためにもってくることも歓迎します。
- PEERSチームは，夕食と飲み物を用意します（たいていピザとソーダです）。
- 子どもたちがパーティの間見るDVDをいくつか用意します。
- 子どもたちが選んで遊べるようにいくつかのゲームも用意します。
- 子どもたちに，映画を見るか，何かをするか意見を聞きます。
- 卒業パーティでは，子どもたちは卒業のご褒美を受け取ります。

### 保護者セッション

- 保護者は，いつも通りの保護者セッションに参加します。
- 保護者グループリーダーは，PEERS終了後スキルを維持していくために何をすべきかについて提案します。

### 卒業式

- 式は，保護者の部屋で行われます（あるいは，別の大きな部屋）。
- 保護者やその家族が式に参加することは歓迎します。
- 卒業式では，卒業証書を受け取ります。
- プライバシーを守るために，カメラやビデオ撮影は禁止します。
- 式が始まるまでは，家族の追加メンバーについては，守秘義務を守るために部屋の外のロビーで待ってもらいます。

## 子どもたちのアクティビティ：「スポーツマンシップ＆室外活動」

> **NOTE（注）**
> ルールについては，"子どもたちのアクティビティガイド"を見ましょう。

- 子どもたちは，アウトドアのゲームやスポーツをします。
- アウトドアゲームは子どもたちがもってきたものか，スタッフが用意した適切なスポーツ用具から選びます。
- 危険だったり，激しいものだったりしないかぎり，子どもたちに何をして遊ぶかは選ばせます。
- 一人で遊ぶものは選ばせません。

- 子どもたちはスポーツマンシップ練習のためのゲームをしている間にポイントをもらいます。
  - 友だちを褒める。
  - 審判をしない。
  - コーチにならない。
  - 一緒に使ったり，交代したりする。
  - 遊びに飽きてきたら，変えることを提案する。
  - ごまかし（不正行為）をしない。
  - ルールに従ってプレイする。
  - 競争にこだわりすぎない。
  - 自分たちが勝っても，自慢しない。
  - 自分が負けたとき，ふてくされたり，怒ったりしない。
  - ゲーム（試合）の終わりには，"良いゲームだったね"と言う。
  - 誰かがケガをしたら，助けたり，気を遣ったりする。
- グループリーダーとコーチは，スポーツマンシップを使っているときはポイントを与えます。

## 保護者との合流タイム

- 子どもたちに保護者と合流するように伝えます。
  - 子どもたちが，それぞれの保護者の横に立つか座るか，するようにします。
  - 静かにして，グループに集中するようにします。
- 簡単に，子どもたちのセッションでの様子を伝えます。
  - 「今日は，うわさやゴシップへの対応方法について学びました。うわさやゴシップに対応するルールはいくつもありましたね。うわさやゴシップのターゲットになることを避けるためのルールは何でしたか？」［子どもたちにすべてのルールを出させましょう。出にくい場合は，ヒントになることを提示できるようにしておきます］
  - うわさをする人と友だちになることは避ける。
  - うわさをする人を怒らせない。
  - 他の人のうわさを広げない。
- 「自分がターゲットになっているうわさへの対応方法のルールは何でしたか？」［子どもたちにすべてのルールを出させましょう。出にくい場合は，ヒントになることを提示できるようにしておきます］
  - 戸惑っていることを見せない。
  - ゴシップを言う人に立ち向かわない。
  - ゴシップを言う人を避ける。
  - 驚いたように振る舞う。
  - 自分自身のうわさを流す。

- ■「今日は，自分自身のうわさを流す練習しました。みんなとてもよくがんばりました。お互い拍手をしましょう」
- ■来週までの宿題をもう一度確認します。
- ■必要であれば，各家庭と次のことについて個別に話します。
    - 一緒に遊ぶ場所，遊びのプラン，誰が集まるか，一緒に遊んでいるときの保護者の役割。
    - 来週もってくるアウトドアゲームやスポーツの道具は何にするか。

## 宿題

1. (もし今週そのような場面があったら) <u>うわさやゴシップへの対応方法</u>を実践する。
    a. 子どもたちは，うわさを言う人たちを避けるようにすべきです。
    b. もし適切なら，うわさの対応方法を使ってみます。
2. 友だちと<u>一緒に遊ぶ</u>。
    a. 一緒に遊ぶ予定を立てるためにグループ外電話をします。
        i. 共通の興味を見つけるために情報交換します。
        ii. 一緒に遊ぶときに何をするのかを決めます。
    b. 保護者は，少し離れたところで，遊んでいる様子をモニターします。
    c. 遊びは，何か活動をするものにします。
    d. 遊ぶときに，スポーツマンシップの練習をします。
    e. 子どもたちが，ゲストと情報交換することを確認します。
    f. 一緒に遊ぶ時間の50％は情報交換に使います。
    g. はじめての遊びの機会には，時間を約2時間までにします（活動による）。
3. (もし今週そのような場面があったら) <u>からかい言葉を受けとめて流す</u>練習をする。
    a. 保護者と子どもは，からかい言葉を受けとめて流す練習をしたいかもしれません。
    b. 保護者と子どもは，子どもがどんな風にからかい言葉を受けとめて流した話し合う必要があります。
        i. からかい言葉を受けとめて流す練習は，仲間や兄弟でするのが良いでしょう。
4. (もし子どもの状況に適切なら) <u>いじめへの対応や悪い評判を変える</u>実践をする。
    a. 保護者と子どもは，どのようにいじめに対応すれば良いかを話し合います。
    b. 保護者と子どもは，どのように悪い評判を変えることができるかを話し合います。
5. (もし今週そのような場面があれば) <u>思いのすれ違いに対応</u>する練習をする。
    a. 保護者と子どもたちは，子どもが思いのすれ違いにどう対応したかを話し合います。
        i. 兄弟間での思いのすれ違いがあるときに，練習をすることができるでしょう。
    b. 保護者と子どもたちは，ロールプレイをして練習しても良いでしょう。

---

"子どもたちのアクティビティガイド" はセッション11を参照。
[296-297ページ]

# 16 | セッション14
## プログラムの終了と卒業

### 保護者 セッション・セラピストガイド

#### 保護者セッション――進行のポイント

　宿題の振り返りでは，子どもたちが計画して"友だちと一緒に遊ぶ"ことにこれまで通り継続して焦点を当てつづけます。保護者は，まだリーダーからのアドバイスを望んでいます。遊びの様子について具体的に報告する時間を取りましょう。

　本セッションの主な焦点は，このプログラムを終えるということです。これに対して多くの保護者は，PEERSは終わったばかりで卒業証書のインクがまだ乾かないくらいなのに，今後参加できる別のプログラムはないかを調べようとします。もし，このプログラムに参加したことが良い結果をもたらしていたとしたら，もうトレーニングを継続する必要はないでしょう。すでに基本的なスキルについて指導しましたし，友だちと関係作りをするためにどう振る舞うか記してきました。保護者と子どもは協力して自分に合うグループを見つけ，すでに友だち関係が始まっているはずです。このような友だち関係は，子どもが自分に合う仲間に入り，そこで社会性を育てるコーチを受け，新しい友だち関係を見つける場を探しつづけることで，より発展していくでしょう。また保護者は，友だち関係を深めていく方法，思いのすれ違いへの対応方法，悪い評判を変えること，うわさやゴシップへの対応方法，仲間からのからかいやいじめへの対応方法などについて，子どもをどうサポートすれば良いかを学びました。あと残された課題は，これらの大切なポイントについてもう一度保護者と子どもたちと話をし，卒業式とともに正式にこのプログラムを終了することです。このセッションでは，PEERSの主な内容について簡単な復習をするだけで，もう新しい学習はありません。

#### 終了後の質問紙の記入

　プログラム終了直後のアセスメント（質問紙の記入）のために十分な時間を取りましょう。これらの質問紙は，プログラム開始直前のアセスメントで使ったものと同じです。結果を測る尺度としておすすめできるものについては，第2章を参照してください。

## 宿題の振り返り

1. **友だちと一緒に遊ぶ。**
    a. 遊んでいる様子について以下のことを振り返ります。
        i. 活動中心だったかどうか？
        ii. 少し離れたところから，保護者がモニターしたか？
        iii. 2時間以内だったか？（活動による）
    b. もし遊びのなかで機会があれば，子どもが**スポーツマンシップ**の練習ができたかをチェックします。
    c. 子どもたちが，ゲストと**情報交換**し，**共通の興味**が見つかったか確認します。
        i. 一緒に遊ぶ時間の50%は**情報交換**をします。

2. **思いのすれ違いへの対応方法**の練習をする。
    a. 保護者に，子どもが今週**思いのすれ違いへの対応方法**を練習したかどうかを報告してもらいます。
        i. これは，実際に友だちや兄弟を本当の思いのすれ違いが合ったときに実施されるか，保護者とのロールプレイで練習しているかもしれません。

3. **いじめと悪い評判への対応**を実践する。
    a. もしその場があれば，保護者に報告してもらいます。
        i. 子どもがいじめにどう対応したか。
        ii. 子どもがどのように悪い評判を変えたか。
            1. **目立たないように，おとなしくしておく。**
            2. **仲間に合わせる。**
                a. 仲間に合わせようとしてみる。
                b. 仲間から目立たないようにしてみる。
            3. **評判を変えるために外見を変える。**
            4. **それまでの評判を受け止める。**
            5. **新しいグループや仲間を見つける。**
    b. もし何か問題が起こったら解決する

4. **からかい言葉を受けとめて流す**練習をする。
    a. 保護者が子どもと"**からかい言葉を受けとめて流す**"練習をしたかどうか，チェックします（これは宿題ではありません）。
    b. 保護者に，どのように子どもが"**からかい言葉を受けとめて流す**"を使っていたかを報告してもらいます。
        i. "**からかい言葉を受けとめて流す**"ことは，仲間や兄弟との間で使われたかもしれません。
    c. もし何か問題が起こったら解決します。

5. **うわさやゴシップへの対応方法**を実践する。
    a. もしそのような場面があったら，保護者に子どもがうわさやゴシップへの対応方法

を使ったどうかを報告してもらいます。
b．もし何か問題が起こったら解決します。

### 今日のレッスン：「これからに向けて——最後のメッセージ」

- 保護者向け配布資料を配る。
- 説明：「今日は，PEERSの最後のセッションです。ただし，グループが終わるということは，皆さんのこれまでの取り組みも終わるということではありません。今日は，これから皆さんの子どもたちがこれから友だちを作り，その関係を続けていくために何をすべきかに焦点を当てていきたいと思います」

● **これからに向けて——最後のメッセージ**
1. 課外活動について
    a．子どもが友だちを作るために，課外活動（学校の授業以外の活動）に参加することは非常に重要なことです。
    b．同じ時期に少なくとも1つの課外活動に参加することを推奨します。
        i．同時期に1つ以上の活動は，子どもによっては負荷が大きいかもしれません。
    c．もしあなたの子どもが学校で悪い評判があるとしたら，学校以外の地域などでの課外活動を探す必要があるかもしれません。
    d．保護者は，子どもの興味に基づいた課外活動について子どもと話し合い，どれに参加するのかを決めます。
    e．保護者は，子どもが選べるようにオプションを考える必要があるかもしれません。
    f．課外活動は，子どもが他の子どもたちと定期的に関われるものであるべきです。
    g．保護者は，子どもがこれらの活動に確実に申し込みをする責任があります。
        i．子どもが自分で申し込むのを待つべきではありません。
        ii．一部の保護者には，子どもが課外活動に参加することを義務づける必要があるでしょう。一方で他の保護者は，子どもたちに強く提案するだけで良いかもしれません（子どもの様子に応じて対応を検討してください）。
    h．新しい活動を提示する際には，子どもに「参加したい？」と言うより，「どれに参加したい？」と尋ねましょう。
2. 友だちと一緒に遊ぶこと
    a．子どもが定期的に友だちと一緒に遊ぶのは，とても大切なことです。
    b．一緒に遊ぶことは，子どもが友だち関係を築き，親しくなっていくための方法です。
    c．あなたの子どもが，新しい子どもと友だちになろうとしているときは，保護者は，最初の頃は子どもの様子をさりげなく見ることができる自宅で一緒に遊ぶように励ましましょう。
        i．新しい友だちが，子どもに適切な相手であるかを確認します（例：からかったり，無視したり，言い合いになったり，あなたの子どもをトラブルに巻き込ん

だりしない)。
  d． 多くの10代の子どもたちは，平均して1週間に1〜2回，友だちと遊んでいます。
    ⅰ． 私たちは，子どもが少なくとも週に1〜2回，友だちと遊ぶことを1つの目標にしています。
  e． ある子どもとはじめて一緒に遊ぶ場合は，約2時間以内にしましょう（活動による）。
    ⅰ． 子どもたちが友だち関係を継続していければ，一緒に遊ぶ時間は長くなっても構いません。
3． <u>からかいといじめについて</u>
  a． 保護者は，子どもたちが仲間からのからかいやいじめに対応することをサポートしなければなりません。
  b． "からかい言葉を受けとめて流す"方法
    ⅰ． 返す言葉は短く簡単で，あなたが気にしていないという印象を与えるものにします。
    ⅱ． 例
      1． だから!?
      2． どんなふうにでも。
      3． 大したことないよ。
      4． それで!?
      5． それがどうしたっていうの？
      6． へ〜，それで？
      7． それで，言いたいことは？
      8． 何がおもしろいか教えてくれる？
      9． 私が気にすると思う？
      10． それって，おもしろい？
      11． どうしてそんなこと気にするかなあ？
      12． 肩をすくませ，首をかしげて，その場を離れます。
      13． 呆れた表情で目をくるっと回して，その場を離れます。
  c． いじめへの対応
    ⅰ． 目立たないように，おとなしくする。
    ⅱ． いじめっ子を避ける。
    ⅲ． いじめっ子を怒らせない。
      1． "からかい言葉を受けとめて流す"は，言葉でのからかいに対してのみ使い，暴力的な相手には使いません。
    ⅳ． 他の人たちと一緒にいる。
    ⅴ． 危険な状態になったときは，大人の助けを求める。
  d． 子どもが学校でいじめられていたり，からかわれたりしているとき
    ⅰ． 子どもに，からかわれていることや，いじめられていることでどう感じているかを簡単に話し合わせます。

- ii．子どもが，どのようにからかいやいじめに対応したかを，聞き取りながら判断します。
- iii．もし，子どもが正しいステップに従っていなかったら，子どもとその状況に対応する別の方法を話し合いましょう。
- iv．子どもと，将来そのような場面での別の対応の仕方について話し合います（例：ルールやステップに従う）。
- v．もしあなたの子どもがいじめで危険な状態あると思われる場合は，すぐ学校とコンタクトを取りましょう。

4．悪い評判を変えること
- a．（もし必要であれば）子どもの評判を変えることを助けてあげるのは，大人の責任です。
- b．子どもの良くない評判を変えるために，今取り組んでいることについて話し合いをつづけたいと思われるでしょう。
- c．今回紹介した悪い評判を変えるためのステップを覚えておいて，子どもとの話し合いのときには提示しましょう。
    - i．目立たないように，おとなしくしておく。
    - ii．グループに合わせる。
    - iii．評判を変えるために，あなたの外見を変える。
    - iv．あなたのこれまでの評判を受け止める。
    - v．新しいグループや仲間を見つける。
- d．子どものうわさがおさまるのを待っている間，学校以外の友だちが見つかる場所を探すのを助けてあげてください。

5．PEERSのスキル
- a．新しい友だちを作るために，PEERSで学んだスキルを使うように励ましてください。
- b．新しい友だちを作る一番良い時期は，新年度（新しい学年の始まり）が始まったときです。
- c．これから，時々子どもと保護者向け配布資料を見ながら，思いのすれ違い，うわさへの対応，からかいやいじめへの対応，悪い評判の変え方など，必要なスキルを思い出させて復習しましょう。

■質問があれば受け付けます。
■これから先，何か質問があったら電話で尋ねても良いことを伝えます。

### 保護者と子どもの合流タイム・卒業式

■保護者と子どもたちは，卒業式のために合流します（約15分間を当てます）。
■保護者に，守秘義務のために写真を撮ることは許されていないことを確認します。
  ーこのグループセッションが終わったら，自由に写真を撮って構いません。

- 保護者グループリーダーと子どものグループリーダーが卒業式を進行します。
  - 保護者と子どもは，隣同士で座るか立つかします。
  - スタッフチームは，一列になって前に立ちます。
  - まず保護者グループリーダーが，保護者と子どものこれまでの努力をたたえます。
    - グループ全体に向けて，子どもたちが成長したことについてコメントをします。
      - グループメンバー個別のコメントはしません。
  - 次に子どもグループリーダーが，保護者と子どものこれまでの努力をたたえます。
    - グループ全体に向けて，成長したことについて追加のコメントをします。
      - グループメンバー個別のコメントはしません。
  - 子どもグループリーダーが，卒業式の開始を伝えます。
    - 式の進行について説明します。
      - 名前を呼ばれたら，子どもは部屋の前に出てきて卒業証書を受け取ります。
      - みんなで拍手をして，その人をたたえましょう。
      - 子どもグループリーダーは，子どもに証書を渡して，握手します。
      - 子どもは，スタッフと握手をします。
      - みんなで拍手をし，お互いをたたえます。
  - 子どもグループリーダーが，卒業証書を渡します。
    - 部屋の前に，それぞれの子どもを呼び，卒業証書を渡します。
    - 子どもがスタッフ全員と握手するようにします。
    - グループ全員に，それぞれの子どもに拍手をするように励まします。
- プログラムを卒業した証書を手渡されたら――
  - このグループに来てくれたことを感謝します。
  - 保護者や子どもたちが見せてくれた素晴らしい進歩について，最後の簡単なコメントを伝えます。
  - 家族に，このグループが終わったからといって，スキルを使うことが終わるわけではないことをもう一度伝えます。
  - ここで学んだことをこれからも練習しつづけることで，友だちを作りやその関係を維持することになると励ましましょう。
  - 参加者の皆さんのこれからの活躍を祈ります。
  - 保護者のなかに，個人的にグループリーダーに感謝の気持ちを伝えたいと思う人もいるでしょう。

## 子ども セッション・セラピストガイド

### 子どもセッション――進行のポイント

　最後のセッションの目的は，プログラムの期間中とてもがんばった子どもたちの努力をねぎらうことと，プログラムを楽しく終了し，卒業のお祝いをすることです。子どもたちは，プログラムの期間，宿題に取り組んだり，グループの活動に参加したり，ルールに従ったりすることで，卒業パーティと卒業プレゼントのためのポイントを貯めてきました。

　子どもたちの多くは卒業パーティを楽しんで，お祭りムードになります。しかしながら，誰の目にも明らかなほどプログラムが終わることを心配したり，悲しんだりする子が，たいてい1～2名はいるでしょう。グループリーダーはこの反応に共感することは大切ですが，それぞれの子どもたちが見せた成長の方に目を向けるほうが，子どもたちにとって助けになるでしょう。

　また，次は何があるのかと尋ねる子もいます。なかには，またグループに戻ってきたいと話す子もいますし，グループのメンバーと再び会おうという子もいるでしょう。プログラムが終われば，子どもたち同士交流するのは自由ですが，グループリーダーがそれを手助けするようなことはしません。再会することで何か悪いことが起こることは少ないですが，それがプログラムで学んだ効果を増すことになるかどうかは明らかではありません。

### 質問紙への回答

　プログラム終了直後のアセスメント（質問紙の記入）実施のために十分な時間を取ります。これらの質問紙は，プログラム開始直前のアセスメントで使ったものと同じです。結果を測る尺度としておすすめできるものについては，第2章を参照してください。

### 宿題の振り返り

- ■簡単に誰が宿題をやってきたかどうかを確認し，がんばったことを認めます。
    - －この振り返りに，5分以上はかけません。
        1. うわさやゴシップへの対応。
        2. 思いのすれ違いへの対応。
        3. いじめや悪い評判への対応。
        4. "からかい言葉を受けとめて流す"。
        5. 友だちと一緒に遊ぶ。
- ■重要な問題が起こっていない限り，細かいところには踏み込みません。できている場合には，取り組んだことに対してポイントを与えます。
- ■宿題を終えたことへのポイントは，それぞれの子どもの最終合計ポイントに加えます。
- ■子どもたちはセッションの最後に，貯めたポイントの順序に応じた卒業プレゼントをもらいます。

## 子どもたちのアクティビティ

### 卒業パーティ

- 子どもたちは，しばしば自分たちで選んだ映画を見たり，ゲームをしたり，おしゃべりをして楽しみます。
  - 映画はG（General Audience），あるいはPG（Parental Guidance Suggested：子どもが見る場合は，保護者の付き添いが推奨されている映画）分類の映画から選ぶように，できればチーム（スタッフ）がそのリストにある映画を準備しましょう。
    - 子どもたちに，どの映画を見たいか，意見を聞いて希望の多いものを選びます。
- 子どもたちは，時に映画について話したり，冗談を言ったりすることを楽しむでしょう。
  - いくつかのゲームを用意して，子どもたちが好きなものを選べるようにしましょう。
- ピザや飲み物などを準備すると良いでしょう。
- ほかのお菓子などは，保護者に用意してもらいます。
- 子どもたちは，自宅で仲間と一緒に遊ぶ場面のように，映画やゲームの間，しゃべったり，お互い関わりをもったりするように励まします。
- これらの活動は，10代の子どもたちがパーティや一緒に約束して遊ぶときによくする，人気のあるものから選びました。

### 卒業プレゼント

- 卒業式の約5〜10分前に卒業プレゼントを渡すので，ポイントの高い人から順番に名前を発表します。
  - 子どもたち全員が，卒業プレゼントをもらいます。
  - 個々のポイント数は，公表しません。
  - 卒業プレゼントは，素早く選ばせます。
  - 子どもたちに，お互い拍手をするように促します。
  - すべての子どもたちがプログラムでがんばったことをたたえます。

## 保護者との合流タイム・卒業式

- 保護者と子どもたちは，卒業式のために合流します（約15分間を，式と別れの挨拶に当てます）。
- 保護者に，守秘義務のために写真を撮ることは許されていないことを確認します。
  - このグループセッションが終わったら，自由に写真を撮って構いません。
- 保護者と子どものグループリーダーが卒業式を行います。
  - 保護者と子どもは，隣同士で座るか立つかします。
  - スタッフチームは，一列になって前に立ちます。
  - まず保護者グループリーダーが，保護者と子どもたちのこれまでの努力をたたえます。
    - グループ全体に向けて，子どもたちの成長した様子についてコメントをします。

    - ■ グループメンバー個別のコメントはしません。
  - 次に子どもグループリーダーが，保護者と子どもたちのこれまでの努力をたたえます。
    - グループ全体に向けて，子どもたちの成長した様子について追加のコメントをします。
      - ■ グループメンバー個別のコメントはしません。
  - 子どもグループリーダーが，卒業式の開始を伝えます。
    - 式の進行について説明します。
      - ■ 名前を呼ばれたら，子どもは前に出てきて卒業証書を受け取ります。
      - ■ みんなで拍手をして，その人をたたえましょう。
      - ■ 子どもグループリーダーは，子どもに証書を渡して握手をします。
      - ■ 子どもは，スタッフと握手をします。
      - ■ みんなで拍手をし，お互いをたたえます。
  - 子どもグループリーダーが，卒業証書を渡します。
    - それぞれの子どもの名前を呼び，部屋の前方で卒業証書を渡します。
    - 子どもがスタッフ皆と握手するようにします。
    - グループ全員に，それぞれの子どもに拍手をするように励まします。
- ■ プログラムの卒業証書を手渡したら——
  - このグループに来てくれたことを感謝します。
  - 参加者の皆さんが見せてくれた素晴らしい進歩について最後の簡単なコメントを伝えます。
  - このグループが終わったからといって，スキルを使うことが終わるわけではないことをもう一度伝えます。
  - ここで学んだことをこれからも練習しつづけることで，友だち作りやその関係を維持することになると励ましましょう。
  - 参加者の皆さんのこれからの活躍を祈ります。
  - 保護者のなかには，個人的にグループリーダーに感謝の気持ちを伝えたいと思う人もいるでしょう。

# 17 ケーススタディ

## ▌事例1：マーティン

　マーティン（仮名）は，14歳の白人の男の子でした。マーティンの保護者は，幼児期，彼の表出言語が少ないことや，社会認識の弱さを心配していました。そして3歳のとき，彼はCalifornia Regional Centerで自閉症と診断されます。その後，集中的な早期療育を受け，彼の言語力は伸びていきました。PEERSに申し込んだ当時，マーティンの表出・受容言語スキルは，標準的は発達基準を軽く越え，認知機能も年齢平均を大きく上回るものになっていました。保護者によると，彼は通常学級在籍で優秀な生徒ですが，クラスメートから社会的に拒否される経験を何度もしているということでした。実際，彼には友だちはなく，よくからかわれているようでした。

　インテーク面談での彼は，友だちは欲しいけれど見つけられると思っていないようでした。これまで何度も友だちを見つけようとしたけれど"誰も自分と遊びたいと思っていなかった"ので，もうあきらめたとマーティンは話していました。また，これまでにクラスメートからよくからかわれたエピソードについても語りました。そんな話をしているときの彼の様子は，明らかに動揺して怒っていました。本人の話では，彼の中学校は小規模校で，彼が政治の話（これは彼の限局的な関心であり，社会的な場面での深刻な困難さでもある）をすると，周りの生徒からからかわれたそうです。彼は強い政治的な信条をもっていただけでなく，自分の意見を受け入れてくれない相手には，頑なに公然と反発しました。彼は知っている人に時々話しかけては，しつこく相手の政治的な信念について知りたがりました。もし相手がマーティンの意見に反することを言おうものなら，彼は誰の目にも明らかなほど興奮し，反論を始めるのでした。

　マーティンが政治的な議論になると熱くなってしまう傾向は，PEERSの最初のセッションでも見られました。行動リハーサルの場面で，ほかの子どもたちがビデオゲームや映画の話をしようとしているなかで，彼は会話の内容をすぐに政治的な話題にしてしまいました。彼はニクソン大統領やレーガン大統領を褒めたたえる長い武勇伝を話そうとするのですが，聞いているほうにはとても退屈でした。会話の目的は"情報交換や共通の興味を見つけること"であるというエクササイズは，マーティンにとって大きな衝撃でした。

　そしてマーティンは，ついに政治以外の話題を見つけました。しばらくして彼は，映画や好きなテレビ番組について（ほかの子どもたちのように）おしゃべりをする楽しさに気づきます。最終的には政治的なことはほとんど触れず，行動リハーサルのほとんどの時間を政治以外のテーマで話ができるようになりました。ただし，ひとつ例外がありました。マーティンは，Colbert Report（保守的なトークショーで政治的な風刺番組）が特に大好きでした。彼はColbert Reportで扱われ

ている政治的な風刺を本当のことだと信じていて，そこに意図されているユーモアについては全く理解していなかったのです。そこで，私たちスタッフチームは，マーティンがこのテレビ番組の風刺的な側面について理解できるように彼と話し合いました。その結果，彼は番組について適切な形で仲間と会話することができるようになりました。

　マーティンは，会話スキルを改善していく過程（例：会話を独り占めしない，政治以外のテーマについて情報交換する，仲間との共通の興味を見つける）で，学校のディベートチームに入ります。彼にとってこのディベートチームは，政治の信条について同じように政治に興味をもっているほかの子どもたちとディスカッションできる理想的な場となりました。マーティンは，人にはそれぞれ異なる視点があるということの大切さを少しずつ理解し，お互いの意見を尊重しながら，適切なマナーで異なる意見にチャレンジしていく方法を見つけました。彼は同じ興味をもった新しい友だちを見つけるようになりました。彼は毎週のPEERSで，ディベートの前後にほかのメンバーと会話に入る／抜けるスキルを使っていると報告してくれました。メンバーとは，すでにお互いの共通の興味がわかっているので，会話がしやすいことにも気づきました。また，ディベートチーム内の別々の仲間と，数回うまく一緒に遊ぶことができました。そしてマーティンはついに10代はじめての誕生パーティを企画し，チームのほぼ全員である10人が参加して，とても楽しく過ごすことができたのです。ディベートもしました！

　プログラム前と後のアセスメント（プログラムを受けたことによる評価）では，彼は大きな進歩を見せてくれました。友だち関係の質についての自己評価やソーシャルスキルの知識，そして自尊感情が改善しました。同様に，保護者による評価では，ソーシャルスキルが向上し，本人が誘って友だちと遊んだ回数が増えていました。

　マーティンと保護者は，3カ月後フォローアップのアセスメントにもう一度来てくれました。マーティンが回答したソーシャルスキルの知識と友だち関係の質，保護者の観察によるソーシャルスキルは，プログラム終了直後のレベルを維持していて，彼の自尊感情のレベルはかなり上がり，自分が誘って友だちと遊ぶ回数は増加し，誘われて遊ぶ回数も以前より増えていました。しかしながら保護者の話によると，マーティンはまだ時折"会話の独り占めをしない"ということを，特に政治的なテーマでディスカッションするときには思い出させることが必要だということでした。また，仲間と議論や対立したときの解決場面では，定期的な保護者の手助けが必要でした。議論は政治的な姿勢に関するものがほとんどですが，マーティンには時に誰かと意見の違いがあったとしても，必ずしも友だち関係を失うことにはならないということを思い出させるようにしています。

## 事例2：ティナ

　ティナ（仮名）は，13歳のアジア系アメリカ人の女子です。彼女については，保護者と教員が社会性に大きな課題をあると心配していたのですが，10歳のときにアスペルガー障害と診断されました。ティナは，勉強もできる行儀の良い子どもでしたが，社会的にかなり孤立していました。診断を受けた当時，ティナが友だちと遊ぶことは全くなく，友だちもいませんでした。また，クラスメートの誕生パーティに呼ばれることもありませんでした。ティナは，自閉スペクトラム症

の同年齢の子どもたち向けのソーシャルスキルプログラムに，約1年間，毎週通いました。このプログラムは，保護者が介入しないものだったので，グループで何をしているのか，保護者にはほとんどわかりませんでした。しかしながら，彼女はそのプログラムによって，グループメンバー数名と友だちになることができたということでした。

　PEERSのインテーク面談時，ティナは大規模な公立中学校の通常学級に在籍していました。保護者は，彼女が小学校から中学校への進学する際，新しい環境への適応が難しかったことや，友だちを作るのに困難があるということがわかったと話していました。彼女の小学生時代からの数少ない友だちは，別の学校に進学したり，新しい友だちを見つけたりしていました。保護者の話では，中学校に入学すると，教師から"社会性が未熟"で"変わっている"と言われるようになり，彼女は再び社会的な場を避けるようになったそうです。ティナは，小学校時代は社会的な場面での関わりは主に遊びそのものに焦点が当たっていたので，まだ友だちと関われていたのですが，中学校では会話を中心とした交流となり，自分はそれが苦手だと感じていると話しました。

　ティナはPEERSの最初の数セッションでは全く目立たず，話し合いに進んで参加することはありませんでした。しかし，指名されたときは思慮深い返答をし，ほかのメンバーとの行動リハーサルでは積極的に活動していました。グループの仲間との会話スキルの練習で，ティナがアニメとマンガ本に興味をもっていることがわかりました（読むのも描くのも）。幸運なことにグループの2人が同じような興味をもっていて，それが3人での会話をスムーズにしてくれました。新しい会話のスキルを使いつづけるよう励ますために，最初の数回のグループ内電話では，ティナがこのメンバーとパートナーになるように組み合わせをしました。まもなくティナの父親は保護者セッションで，ティナが喜んで電話をしていること，そして彼女の双方向会話の力に非常に驚いていることを話しました。それはこれまで父親が，あまり知らなかったティナの姿でした。彼は，ティナはこれまで友だち関係ではいつも人の後についていくほうだったと振り返りました。彼女は友だちとの会話で，自ら話すことはほとんどなかったのです。ティナは，共通の興味を見つけることを目指す会話なんてしたことがありませんでした。その結果，彼女のことを知っている子たちは（彼女の興味と同じことに興味があったとしても），彼女がアニメやマンガ本を好きだということをほとんど知りませんでした。

　共通の興味を見つけることが会話の目標であると心に留めることで，ティナの会話スキルはすぐに上達し，同じアニメ好きの仲間を見つけることができました。ティナは保護者の手助けも得て，学校にマンガクラブがあることを知り入部しました。彼女は少しずつほかの子どもとも友だちになり，PEERSが終わる頃には，定期的に友だちと集まってコミケに行ったり，マンガ本屋に一緒に行ったりするようになっていきました。

　3カ月後のフォローアップの効果評定をする面談で，ティナは，新しい友だちとも定期的に会って遊ぶようになり，マンガクラブのメンバーからパーティにも誘われたと報告してくれました。彼女はもう知っている人と会話をすることに，不安を感じることはなくなっていました。両親によると，ティナはもう孤立していないということでした。また，アニメやマンガへの興味がきっかけとなって，アートクラスに申し込んだと知らせてくれました。アートクラスに参加することを通して，同じようにマンガを描くことが好きな新しい友だちと出会うことができました。ティナの社会性に関わる主な課題には，会話で同じテーマを繰り返してしまうことや，積極的に会話

に入ろうとはしないということがありました。両親の話では，ティナはPEERSを受けて大きく成長したものの，まだ時々会話のテーマを変えることを思い出させる必要があるということでした。彼女のアニメに対する強い関心は，そのことについて執拗に話し続けたいという願いとなり，それは時々友だちをイライラさせることになっていました。加えて，ティナはまだよく知らない人に対しては恥ずかしがり，新しい場所で会話に入るスキルを使うことにはまだ積極的ではないということでした。しかしながら，保護者の適切なコーチングによって，ティナは少しずつこれらの面でも成長を続けていきました。

## 事例3：ダニエル

　ダニエル（仮名）は，16歳のラテン系男子です。保護者は彼の言語力が発達年齢に応じたものではないことを心配していましたが，14歳のときに彼は自閉症という診断を受けました。幼い頃のダニエルは，両親によると"人と関わらず，孤立していた"ようです。彼は自分のニーズを満たそうとする場面以外では，ほとんどしゃべらなかったのです。数年にわたり集中的に行動療法や言語指導などを受けたことで，ダニエルの言語スキルは伸びましたが，社会性の課題は継続していました。PEERSに申し込んだ頃，彼は通常学級に在籍し，リソースクラスでは宿題ができるように1日1時間の追加授業を受けていました。

　ダニエルは，淡々とした，あまり抑揚のなく，知っていることを少し自慢するような話し方をしました。歩き方はぎこちなく，粗大運動機能は弱く不器用でした。彼の担任は，クラスメートは彼のことを"変わっている"と思っていると話していました。

　ダニエルはインテーク面談の際，PEERSにとても参加したいと言いました。彼は，友だちを作りたいけれど，どうすれば良いかわからないと話しました。彼は，よく孤独感に襲われ，時々落ち込んで，別人になりたいと思っていました。社会的な場面での困難さについて話し合っているとき，彼が「周りの子たちは僕に対して，他の子と違う扱いをするんだ。からかってくる子もいるけど，ほとんどの人は僕のことを無視するよ」と言いました。

　ダニエルは不自然な話し方をするけれど，PEERSではほかのメンバーと楽しそうに話していました。彼はコンピュータゲームやビデオゲームについて，ほかの子どもたちとよく話していましたが，特に話したいことは，かなり彼の限局的な興味（オンラインゲーム：World of Warcraft）に基づいたものでした。彼は，プレイヤーが"アバター"のキャラクターをストーリーに沿って演じコントロールするという，このマルチプレイヤー・オンライン・ロールプレイゲームに夢中になっていました。ダニエルは，PEERSのメンバーの一人がWorld of Warcraftを好きで，そのことが行動リハーサルやグループの会話の共通テーマになるとわかったときは興奮していました。そして課外活動を選ぶ際には，高校で行われているビデオゲームクラブに入りました。そこで彼は，同じ興味をもった他の友だちに会うことができたのです。宿題の振り返りで父親は，彼がこのクラブで知り合った仲間とWorld of Warcraftについてほぼ1時間おしゃべりを楽しんでいたという，グループ外電話の成功体験について話しました。父親は，ダニエルが電話で情報交換ができたことを喜んでいる一方で，ほとんどの会話の内容がファンタジーの世界に関するものだったことを心配していました。子どもグループリーダーはダニエルに，次の電話では少なくとも25％

の会話はWorld of Warcraft以外の話題について情報交換すること，という追加の宿題を出しました。彼はこの提案に賛成し，ついに好きな映画やテレビ番組に関する他の話題も会話に入れることができるようになりました。そしてPEERSで最初の友だちとの遊びの機会をもつというセッションに入る頃には，彼は友だちとさまざまな話題で話せるようになっていて，数少ない親しい友だちとの関係を楽しんでいました。

　3カ月後のフォローアップ面談で，ダニエルの両親は，彼が学校のビデオゲームクラブで知り合った新しい3人の友だちと定期的に遊んでいることを報告してくれました。彼は友だちの家で同じような興味をもつ仲間と出会って，新しい友だち関係を広げ，グループでの遊びにも誘われていました。会話のテーマを時々変えることや，オンラインのファンタジー世界についてだけ話すのは避けるように両親がダニエルに思い出させることがまだ必要ですが，全般的な彼の友だち関係スキルは大いに改善したと思われました。

# 文　献

Altman, I, & Taylor, D. (1973) *Social penetration : The development of interpersonal relationships.* New York : Holt, Rinehart Winston.

Baumeister, R.F., Zhanf, L., & Vohs, K.D. (2004) Gossip as cultural learning. *Review of General Psychology, 8,* 111-121.

Baxter, A. (1997) The power of friendship. *Journal of Development Disabilities, 5-2,* 112-117.

Bordia, P., DiFonzo, N., Haines, R., & Chaseling, E. (2005) Rumor denials as persuasive message : Effects of personal relevance, source, and message characteristics. *Journal of Applied Social Psychology, 35,* 1301-1331.

Buhrmester, D. (1990) Intimacy of friendship, interpersonal competence, and adjustment during preadolescence and adolescence. *Child Development, 61,* 1101-1111.

Coie, J.D., Dodge, K.A., & Kupersmidt, J.B. (1990) Peer group behavior and social status. In S.R. Asher & J.D. Coie (Eds.) *Peer rejection in childhood* (pp.17-59). New York : Cambridge University Press.

Coie, J.D.,& Kupersmidt, J.B. (1983) A behavioral analysis of emerging social status. *Child Development,* 54, 1400-1416.

Crick, N.R., & Ladd, G.W. (1990) Children's perceptions of the outcomes of social strategies : Do the ends justify being mean? *Developmental Psychology, 26,* 612-620.

Dodge, K.A., & Schundt, D.C., Schocken, I., & Delugach, J.D. (1983) Social competence and children's sociometric status : The role of peer group entry strategies. *Merrill-Palmer Quarterly, 29,* 309-336.

Emerich, D.M., Creaghead, N.A., Grether, S.M., Murray, D., & Grasha, C. (2003) The comprehension of humorous materials by adolescents with high-functioning autism and Asperger's syndrome. *Journal of Autism and Developmental Disorders, 33,* 253-257.

Frankel, F. (1996) *Good friends are hard to find : Help your child find, make, and keep friends.* Los Angeles : Perspective.

Frankel, F., Erhardt, D., Renenger, K., & Pataki, C. (in press) Child knowledge of key peer relationship behaviors : Relationship with teacher-reported social skills. Manuscript submitted for publication.

Frankel, F., Gorospe, C.M., Chang, Y., & Sugar, C.A. (in press) Mother's report of play dates and observation of school playground behavior of children having high-functioning autism spectrum disorders. Manuscript submitted for publication.

Frankel, F., & Mintz, J. (in press) measuring the quality of play dates. Manuscript submitted for publication.

Frankel, F., & Myatt, R. (2003) *Children's friendship training.* New York : Brunner-Routledge.

Frankel, F., & Myatt, R., Whitham, C., Gorospe, C.M., & Laugeson, E. (in press) A controlled study of parent-assisted children's friendship training with children having autism spectrum disorders. *Journal of Autism and Developmental Disorders.*

Frankel, F., & Simmons, J.Q. (1992) Parent behavioral training : Why and when some parents drop out. *Journal of Clinical Child Psychology, 21,* 322-330.

Frankel, F., Sintons, M., & Wilfley, D. (2007) Social skills training and the treatment of pediatric overweight. In W.T. O'Donohue, B.A. Moore, & B.J. Scott (Eds.) *Handbook of pediatric and adolescent obesity treatment* (pp.105-116). New York : Routledge.

Garvey, C. (1984) *Children's talk.* Cambridge, MA : Harvard University Press.

Gralinski, J.H., & Kopp, C. (1993) Everyday rules for bahavior : Mother's requests to young children.

Developmental Psychology, 29, 573-584.

Gresham, F.M., & Elliott, S.N. (2008) *Social Skills Improvement System (SSIS) Rating Scale Manual*. Minneapolis, MN : Pearson Education.

Hartup, W.W. (1993) Adolescents and their friends. In B. Laursen (Ed.) *Close friendships in adolescence* (Series : New directions for child and development) (W. Damon, series Ed.), Number 60, 3-22, San Francisco : Jossey Bass.

Hibbs, E.D., Clarke, G., Hechtman, L., Abikoff, H., Greenhill, L., & Jensen, P. (1997) Manual development for the treatment of child and adolescent disorders. *Psychopharmacology Bulletin, 33,* 619-629.

Hodges, E.V.E., & Perry, D.G. (1999) Personal and interpersonal antecedents and consequences of victimization by peers. *Journal of Personality and Social Psychology, 76,* 677-685.

Laugeson, E.A., Frankel, F., Mogil, C., & Dillon, A.R. (2009) Parent-assisted social skills training to improve friendships in teens with Autism Spectrum Disorders. *Journal of Autism and Developmental Disorders, 39,* 596-606.

Larsen, B., & Koplas, A.L. (1995) What's important about important conflicts? Adolescents' perceptions of daily disagreements. *Merrill-Palmer Quarterly, 41,* 536-553.

Little, L. (2001) Peer victimization of children with Asperger Spectrum Disorders. *Journal of the American Academy of Child and Adolescent Psychiatry, 40,* 995-996.

Marlowe, D.B., Kirby, K.C., Festinger, D.S., Husband, S.D., & Platt, J.J. (1997) Impact of comorbid personality disorders and personality disorder symptoms on outcomes of behavioral treatment for cocaine dependence. *Journal of Nervous and Mental Disease, 185,* 483-490.

Marriage, K.J., Gordon, V., & Brand, L. (1995) A social skills group for boys with Asperger's syndrome. *Australian and New Zealand Journal of Psychiatry, 29,* 58-62.

McGuire, K.D., & Weisz, J.R. (1982) Social cognition and behavior correlates of preadolescent chumship. *Child Development, 53,* 1478-1484.

Miller, P.M., & Ingham, J.G. (1976) Friends, confidants, and symptoms. *Social Psychiatry, 11,* 51-58.

O'Connor, M.J., Frankel, F., Paley, B., Schonfeld, A.M., Carpenter, E., Laugeson, E., & Marquardt, R. (2006) A controlled social skills training for children with fetal alcohol spectrum disorders. *Journal of Consulting and Clinical Psychology, 74,* 639-648.

Olweus, D. (1993) Bullies on the playground : The role of victimization. In C.H. Hart (Ed.) *Children on playground* (pp.45-128). Albany : State University of New York Press.

Perry, D.G., Kusel, S.J., & Perry, L.C. (1988) Victims of aggression. *Developmental Psychology, 24,* 807-814.

Perry, D.G., Williard, J.C., & Perry, L.C. (1990) Peer perceptions of the consequences that victimized children provide aggressors. *Child Development, 61,* 1310-1325.

Philips, C.A., Rolls, S., Rouse, A., & Griffiths, M.D. (1995) Home video game playing in schoolchildren : A study of incidence and patterns of play. *Journal of Adolescence, 18,* 687-691.

Putallaz, M., & Gottman, J.M. (1981) An interactional model of children's entry into peer groups. *Child Development, 52,* 986-994.

Rubin, Z., & Sloman, J. (1984) How parents influence their children's friendships. In M. Lewis (Ed.) *Beyond the dyad* (pp.223-250). New York : Plenum Press.

Shantz, D.W. (1986) Conflicts, aggression and peer status : An observational study. *Child Development, 57,* 1322-1332.

Thurlow, C., & Mckay, S. (2003) Profiling "new" communication technologies in adolescence. *Journal of Language and Social Psychology, 22,* 94-103.

Van Bourgondien, M.E., & Mesibov, G.B. (1987) Humor in high functioning autistic adults. *Journal of Autism and Developmental Disorders, 17,* 417-424.

Warm, T.R. (1997) The role of teasing in development and vice versa. *Journal of Developmental and Behavioral Pediatrics, 18,* 97-101.

Wolfberg, P.J., & Schuler, A.L. (1993) Integrated paly ground : A model for promoting the social and cognitive dimensions of play in children with autism. *Journal of Autism and Developmental Disorders, 23,* 467-489.

# Appendices

**評価尺度**
    Appendix A：ソーシャルスキルに関する知識——子ども向け質問紙（TASSK）
    Appendix B：遊びの様子に関する質問紙——保護者用（QPQ-P）
                   遊びの様子に関する質問紙——子ども用（QPQ-A）

**セッション資料**
    Appendix C：電話スケジュール表
    Appendix D：欠席予定表
    Appendix E：グループ内電話パートナー表
    Appendix F：PEERSポイント記録表
    Appendix G：PEERSスポーツマンシップ・ポイント表
    Appendix H：PEERS宿題取り組み表
    Appendix I：卒業パーティのお知らせ

# Appendix A

## ソーシャルスキルに関する知識──子ども向け質問紙（TASSK）*

以下の文章には，友だちを作ることや，その友だち関係を続けるために必要なことが書いてあります。

それぞれの文章を読むと，その続きには選択肢があります。2つの選択肢から良い答えだと思うほうの□に印をつけてください。1つの項目について，1つだけ答えを選びましょう。

1：会話で一番重要なことは
　　□情報交換すること
　　□必ず相手が笑って，笑顔でいること
2：会話で目指していることは
　　□相手に自分のことを好きになってもらうこと
　　□お互いの共通の興味を見つけること
3：お互いがおしゃべりをする（双方向会話）ためのルールのひとつは
　　□一方的に質問する人になること
　　□一方的に質問する人にならないこと
4：あなたがはじめて誰かに出会ったときに大切なのは
　　□おもしろおかしくしていること
　　□まじめに振る舞うこと
5：あなたが友だちに電話をかけるときに大切なのは
　　□相手に，あなたの氏名と学校名を伝えること
　　□電話をかけた簡単な理由を伝えること
6：あなたが友だちに電話をするとき
　　□前ぶれもなくいきなりかけることは避けたほうが良い
　　□ほとんど相手に話をさせておくほうが良い
7：冗談を言ったあとで，注意を払うと良いことは
　　□相手が笑っているかどうか
　　□あなたのユーモアに対して相手がどんな反応をしたか
8：誰かがあなたの冗談を笑ってくれたとしたら，それは**必ず**あなたの冗談が良かったという証拠だ
　　□その通りである
　　□いつもそうだとは限らない
9：次のような人と友だちになるのは，**いつも**良い考えである
　　□あなたより人気のある人
　　□あなたと興味が合う人

---

＊ Test of Social Skills Knowledge（Frankel, F., Erhardt, D., Renenger, K., & Pataki, C., 2009）を著者の許可により修正。

10：仲間や多くの人と一緒にいることは良い考えである。なぜなら
　　□あなたが人気者になりやすくなるから
　　□いじめからあなたを守ってくれるから
11：会話に加わろうとするとき，**最初**にすると良いのは
　　□会話している様子を見て，どんな話をしているかを聞くこと
　　□みんなが話していることについて，意見を述べること
12：会話に加わるときは，次の場面を待つと良い
　　□あなたが会話に入れるように誘ってくれるとき
　　□会話の間（話がとぎれて誰も話していないタイミング）
13：もしあなたが会話に加わろうとして，そこにいる人たちがあなたを無視したら
　　□会話からそっと抜ける
　　□あなたの言葉を相手が確実に聞こえるようにする
14：もしあなたが10回異なる場面で会話に入ろうとしたとき，拒否される可能性は平均して
　　□10回中7回
　　□10回中5回
15：あなたが友だちを家に呼んで遊ぶとき
　　□友だちに，あなたが何をして遊びたいかを言う
　　□何をするかは，友だちに選んでもらう
16：あなたが友だちと家で遊んでいるときに，別の仲良しの友だちから突然電話がかかってきたら
　　□その友だちも遊びに来るように誘う
　　□「今忙しいから，後でまた電話をかけなおすよ」と伝える
17：10代の若者が一緒にスポーツをしたい相手は
　　□試合で点を入れることができる，そのスポーツが得意な人
　　□自分たちのことを褒めてくれる人
18：もし人がルールを守って遊ばないときは
　　□きちんとルールを思い出させる
　　□審判のように注意するのは良くない
19：もしほかの子どもがあなたをからかったり，悪口を言ったりしたら
　　□からかい言葉を受けとめて流す
　　□大人に言う
20：もし誰かがあなたをからかったら，一番良いのは
　　□その人を無視して，その場を去ること
　　□相手の言ったことを気にしていないように振る舞うこと
21：もし誰かにいじめられたら，**最初**にすると良いのは
　　□大人の助けを求めること
　　□いじめる子と関わるのを避けること

22：もしあなたが，自分についての悪い評判を変えようとするなら
　　□しばらくおとなしく目立たないようにする
　　□自分のことをよく知ってもらえるようにする
23：友だちと思いがすれ違って議論になりそうになったら，**最初**にすると良いのは
　　□相手の意見を聞いて落ち着くこと
　　□あなたの思いを説明すること
24：あなたと友だちとの間で思いのすれ違いが起こって，友だちがそのことを批判してきたら
　　□誤解が生じたことについてごめんねと言う
　　□相手が信じてくれるまで，自分の思いを説明する
25：もし誰かが，あなたについて真実でないうわさを広げたとしたら
　　□そのうわさを流した相手を問いつめる
　　□（うわさが真実でなさそうだと思わせるような）あなたについてのうわさを広める
26：もし誰かが，あなたのいないところであなたの良くないうわさを言ったとしたら
　　□あなたがそのうわさで傷ついていることを，相手に知らせる
　　□そんなうわさを誰が信じるだろうと，驚いてあきれているように振る舞う

# ソーシャルスキルに関する知識──子ども向け質問紙（TASSK）

## 実施にあたって

- TASSKは，子どものソーシャルスキルの知識を評価するための質問紙です。
- TASSKは，子どもが自分で回答します。
    - 明確な言語発達の遅れや読むことに障害がある子どもには，文章を読み上げることをおすすめします。
    - 集団の場面，個別場面，どちらで実施しても構いません。
- TASSKは，プログラムの効果を見るために，実施前，実施直後，フォローアップ時に使うことができます。
- TASSKの26個の項目は，子どもセッションのレッスン内容から選んでいます。
    - 各セッションのレッスン内容から，2つずつを取り出しています。
- これらの項目は，ソーシャルスキルレッスンの中心となるものです。

## 回答

**計算方法**：太字で書かれた項目が，正しい回答です。正解1つにつき，1ポイントを与えます。合計点数は0〜26点の範囲となります。点数が高いほど，子どもがソーシャルスキルのマナーについて，より多くの知識をもっているということを表しています。

1：会話で一番重要なことは
   - ☐ **情報交換すること**
   - ☐ 必ず相手が笑って，笑顔でいること

2：会話で目指していることは
   - ☐ 相手に自分のことを好きになってもらうこと
   - ☐ **お互いの共通の興味を見つけること**

3：お互いがおしゃべりをする（双方向会話）ためのルールのひとつは
   - ☐ 一方的に質問する人になること
   - ☐ **一方的に質問する人にならないこと**

4：あなたがはじめて誰かに出会ったときに大切なのは
   - ☐ おもしろおかしくしていること
   - ☐ **まじめに振る舞うこと**

5：あなたが友だちに電話をかけるときに大切なのは
   - ☐ 相手に，あなたの氏名と学校名を伝えること
   - ☐ **電話をかけた簡単な理由を伝えること**

6：あなたが友だちに電話をするとき
   - ☐ **前ぶれもなくいきなりかけることは避けたほうが良い**

　　　　　□ほとんど相手に話をさせておくほうが良い
　7：冗談を言ったあとで，注意を払うと良いことは
　　　　　□相手が笑っているかどうか
　　　　　**□あなたのユーモアに対して相手がどんな反応をしたか**
　8：誰かがあなたの冗談を笑ってくれたとしたら，それは**必ず**あなたの冗談が良かったという証拠だ
　　　　　□その通りである
　　　　　**□いつもそうだとは限らない**
　9：次のような人と友だちになるのは，いつも良い考えである
　　　　　□あなたより人気のある人
　　　　　**□あなたと興味が合う人**
10：仲間が多くの人と一緒にいることは良い考えである。なぜなら
　　　　　□あなたが人気者になりやすくなるから
　　　　　**□いじめからあなたを守ってくれるから**
11：会話に加わろうとするとき，最初にすると良いのは
　　　　　**□会話している様子を見て，どんな話をしているかを聞くこと**
　　　　　□みんなが話していることについて，意見を述べること
12：会話に加わるときは，次の場面を待つと良い
　　　　　□あなたが会話に入れるように誘ってくれるとき
　　　　　**□会話の間（話がとぎれて誰も話していないタイミング）**
13：もしあなたが会話に加わろうとして，そこにいる人たちがあなたを無視したら
　　　　　**□会話からそっと抜ける**
　　　　　□あなたの言葉を相手が確実に聞こえるようにする
14：もしあなたが10回異なる場面で会話に入ろうとしたとき，拒否される可能性は平均して
　　　　　□10回中7回
　　　　　**□10回中5回**
15：あなたが友だちを家に呼んで遊ぶとき
　　　　　□友だちに，あなたが何をして遊びたいかを言う
　　　　　**□何をするかは，友だちに選んでもらう**
16：あなたが友だちと家で遊んでいるときに，別の仲良しの友だちから突然電話がかかってきたら
　　　　　□その友だちも遊びに来るように誘う
　　　　　**□「今忙しいから，後でまた電話をかけなおすよ」と伝える**
17：10代の若者が一緒にスポーツをしたい相手は
　　　　　□試合で点を入れることができる，そのスポーツが得意な人
　　　　　**□自分たちのことを褒めてくれる人**
18：もし人がルールを守って遊ばないときは
　　　　　□きちんとルールを思い出させる
　　　　　**□審判のように注意するのは良くない**

19：もしほかの子どもがあなたをからかったり，悪口を言ったりしたら
　　□**からかい言葉を受けとめて流す**
　　□大人に言う
20：もし誰かがあなたをからかったら，一番良いのは
　　□その人を無視して，その場を去ること
　　□**相手の言ったことを気にしていないように振る舞うこと**
21：もし誰かにいじめられたら，最初にすると良いのは
　　□大人の助けを求めること
　　□**いじめる子と関わるのを避けること**
22：もしあなたが，自分についての悪い評判を変えようとするなら
　　□**しばらくおとなしく目立たないようにする**
　　□自分のことをよく知ってもらえるようにする
23：友だちと思いがすれ違って議論になりそうになったら，最初にすると良いのは
　　□**相手の意見を聞いて落ち着くこと**
　　□あなたの思いを説明すること
24：あなたと友だちとの間で思いのすれ違いが起こって，友だちがそのことを批判してきたら
　　□**誤解が生じたことについてごめんねと言う**
　　□相手が信じてくれるまで，自分の思いを説明する
25：もし誰かが，あなたについて真実でないうわさを広げたとしたら
　　□そのうわさを流した相手を問いつめる
　　□**（うわさが真実でなさそうだと思わせるような）あなたのうわさを広める**
26：もし誰かが，あなたのいないところであなたの良くないうわさを言ったとしたら
　　□あなたがそのうわさで傷ついていることを，相手に知らせる
　　□**そんなうわさを誰が信じるだろうと，驚いてあきれているように振る舞う**

# Appendix B

## 遊びの様子に関する質問紙——保護者用（QPQ-P）*

あなたのお子さんの友人関係について教えてください。私たちは，お子さんが自分から誘って**一緒に遊ぶ**友だちについて**のみ**知りたいと考えています。宿題だけを一緒にする友だちは含まれません。

お子さんが自分から誘って友だちと一緒に遊んだことは，最近の1カ月間で何回ありましたか？（＿＿＿＿回）

お子さんが一緒に遊んだ友だちの**名前**（**ファーストネーム**）を教えてください。

もしこの期間に，お子さんが友だちと一緒に遊ぶ機会がいなかった場合は，空欄のままにしておいてください。

| 友だちの名前（　　　　　　） | 友だちの名前（　　　　　　） |
| 友だちの名前（　　　　　　） | 友だちの名前（　　　　　　） |
| 友だちの名前（　　　　　　） | 友だちの名前（　　　　　　） |
| 友だちの名前（　　　　　　） | 友だちの名前（　　　　　　） |

**お子さんが最近友だちを家に呼んで一緒に遊んだときの子どもたちの様子について**

最近あなたが目にしたり，様子を聞いたりしたお子さんと友だちとの遊びの場面を思い出して，そのときの様子を表していると思う番号に○をつけてください。

|  | 全く当てはまらない | 少し当てはまる | まあまあ当てはまる | かなり当てはまる |
|---|---|---|---|---|
| 1. 彼らは，お互い関わることなく，別々に遊んでいた | 0 | 1 | 2 | 3 |
| 2. 彼らは，ゲームや自分の持ちものなどを一緒に使わなかった | 0 | 1 | 2 | 3 |
| 3. 彼らは，お互い相手を困らせた | 0 | 1 | 2 | 3 |
| 4. 彼らは，お互い相手と言い合いになった | 0 | 1 | 2 | 3 |
| 5. 彼らは，お互い相手のことを批判したり，からかったりした | 0 | 1 | 2 | 3 |
| 6. 彼らは，お互いに偉そうに振る舞った | 0 | 1 | 2 | 3 |
| 7. 彼らは，友だちとの遊びに，兄弟姉妹が突然加わることを許した | 0 | 1 | 2 | 3 |
| 8. 彼らは，友だちと遊んでいるときに，予定してなかった友だちが加わることを認めた | 0 | 1 | 2 | 3 |

*著者Frankel & Mints（2008）の許可を得て編集。

| | 全く当て はまらない | 少し 当てはまる | まあまあ 当てはまる | かなり 当てはまる |
|---|---|---|---|---|
| 9. 彼らは，問題を解決するのに親の助けが必要だった | 0 | 1 | 2 | 3 |
| 10. 彼らは，お互い相手をイライラさせた | 0 | 1 | 2 | 3 |

友だちの家で遊んだこと

　お子さんが友だちの家で一緒に遊んだことは，<u>最近の1カ月間</u>で何回ありますか？（＿＿＿＿回）

　お子さんが友だちの家に遊びに行ったことを思い出してください。お子さんが呼ばれて一緒に遊んだ友だちの名前（ファーストネーム）を教えてください。宿題を一緒にしただけの友だちは含まれません。もしこの期間，お子さんが相手の家で一緒に遊ぶ機会がなかった場合は，空欄のままにしておいてください。

友だちの名前（　　　　　　　　　　）　　友だちの名前（　　　　　　　　　　　　）
友だちの名前（　　　　　　　　　　）　　友だちの名前（　　　　　　　　　　　　）
友だちの名前（　　　　　　　　　　）　　友だちの名前（　　　　　　　　　　　　）
友だちの名前（　　　　　　　　　　）　　友だちの名前（　　　　　　　　　　　　）

## ▌遊びの様子に関する質問紙──子ども用（QPQ-A）*

　あなたが自分から誘って友だちと一緒に遊んだことは，<u>最近の1カ月間</u>で何回ありましたか？（＿＿＿＿回）

　あなたが一緒に遊んだ友だちの**名前（ファーストネーム）**を教えてください。宿題をするためだけに来た友だちは含まれません。もしこの期間，友だちと一緒に遊ぶ機会がなかった場合は，空欄のままにしておいてください。

友だちの名前（　　　　　　　　　　）　　友だちの名前（　　　　　　　　　　　　）
友だちの名前（　　　　　　　　　　）　　友だちの名前（　　　　　　　　　　　　）
友だちの名前（　　　　　　　　　　）　　友だちの名前（　　　　　　　　　　　　）
友だちの名前（　　　　　　　　　　）　　友だちの名前（　　　　　　　　　　　　）

あなたが最近友だちを家に呼んで一緒に遊んだ様子について

　最近あなたが呼んで友だちとの遊んだ場面を思い出してください。そのときの様子を表していると思う番号に○をつけてください。

|   | 全く当て はまらない | 少し 当てはまる | まあまあ 当てはまる | かなり 当てはまる |
|---|---|---|---|---|
| 1. 私たちは，お互い関わることなく，別々に遊んでいた | 0 | 1 | 2 | 3 |
| 2. 私たちは，ゲームや自分の持ちものなどを一緒に使わなかった | 0 | 1 | 2 | 3 |
| 3. 私たちは，お互い相手を困らせた | 0 | 1 | 2 | 3 |
| 4. 私たちは，お互い相手と言い合いになった | 0 | 1 | 2 | 3 |
| 5. 私たちは，お互い相手のことを批判したり，からかったりした | 0 | 1 | 2 | 3 |
| 6. 私たちは，お互いに偉そうに振る舞った | 0 | 1 | 2 | 3 |
| 7. 私たちは，友だちとの遊びに，兄弟姉妹が突然加わることを許した | 0 | 1 | 2 | 3 |
| 8. 私たちは，友だちと遊んでいるときに，予定してなかった友だちが加わることを認めた | 0 | 1 | 2 | 3 |
| 9. 私たちは，問題を解決するのに親の助けが必要だった | 0 | 1 | 2 | 3 |
| 10. 私たちは，お互い相手をイライラさせた | 0 | 1 | 2 | 3 |

## 友だちの家で遊んだこと

あなたが友だちの家で一緒に遊んだことは，最近の1カ月間で何回ありますか？（＿＿＿＿回）

あなたが友だちの家に遊びに行ったことを思い出してください。あなたが呼ばれて一緒に遊んだ友だちの名前（ファーストネーム）を教えて書いてください。宿題を一緒にしただけの友だちは含めません。もしこの期間，あなたが相手の家で一緒に遊ぶ機会がなかった場合は，空欄のままにしておいてください。

友だちの名前（　　　　　　　　）　　友だちの名前（　　　　　　　　　　）
友だちの名前（　　　　　　　　）　　友だちの名前（　　　　　　　　　　）
友だちの名前（　　　　　　　　）　　友だちの名前（　　　　　　　　　　）
友だちの名前（　　　　　　　　）　　友だちの名前（　　　　　　　　　　）

## 遊びの様子に関する質問紙

実施にあたって
- QPQ-Pは，回答所要時間は約5分です。保護者はそれぞれ自分で記入します。
- QPQ-Aは，回答所要時間は約5分です。ほとんどの子どもは自分で回答することができますが，読みや言語理解等に困難がある場合は，質問紙を読み上げます。

計算方法（保護者用・子ども用）
- プログラムの効果を評価するために使うスコア
    - 最近の1カ月間に子どもが**自分で呼んで**一緒に遊んだ回数
    - 最近の1カ月間に子どもが**自分で呼んで**一緒に遊んだ異なる友だちの数
    - 最近の1カ月間に子どもが**呼ばれて**友だちの家で一緒に遊んだ回数
    - 最近の1カ月間に子どもが**呼ばれて**一緒に遊んだ異なる友だちの数
- 2〜7，9，10の項目の点数の合計が，"対立スコア"となります。スコアが3.5以上の場合は，対立が多いことを示しています。

# Appendix C

## ▍電話スケジュール表（保護者用）

　これは，グループ内電話の宿題をするために使用する電話の割り当て表です。この表を，各週の電話の相手と，電話で話すスケジュール（日時）を記録するために使ってください。もしあなたが，宿題のためには表に記載されている電話番号以外の番号を使いたいという場合は，スタッフにお知らせください。

| 子どもの名前 | 電話番号 | 第1週目<br>（日時） | 第2週目<br>（日時） | 第3週目<br>（日時） | 第4週目<br>（日時） | 第5週目<br>（日時） | 第6週目<br>（日時） |
|---|---|---|---|---|---|---|---|
| | | | | | | | |
| | | | | | | | |
| | | | | | | | |
| | | | | | | | |
| | | | | | | | |
| | | | | | | | |
| | | | | | | | |
| | | | | | | | |
| | | | | | | | |
| | | | | | | | |

# Appendix D

## ▍欠席予定表

　保護者と子どもの両方がPEERSのセッションに**毎週参加**することは，とても重要だと考えています。しかしながら，どうしても欠席しなければならないセッションがわかっている場合は，下の表の予定欄に記入してください。

子どもの名前：＿＿＿＿＿＿＿＿＿＿＿＿＿＿＿＿＿＿＿＿＿＿＿＿＿＿＿＿＿＿＿＿＿
保護者の名前：＿＿＿＿＿＿＿＿＿＿＿＿＿＿＿＿＿＿＿＿＿＿＿＿＿＿＿＿＿＿＿＿＿

| セッション | 月　　日 | 欠席の予定 |
|:---:|:---:|:---:|
| 1 | ／ |  |
| 2 | ／ |  |
| 3 | ／ |  |
| 4 | ／ |  |
| 5 | ／ |  |
| 6 | ／ |  |
| 7 | ／ |  |
| 8 | ／ |  |
| 9 | ／ |  |
| 10 | ／ |  |
| 11 | ／ |  |
| 12 | ／ |  |
| 13 | ／ |  |
| 14 | ／ | 卒業 |

　すでにわかっている欠席について事前に確認をしているのは，もし特定のセッションに欠席者が多い場合に，スケジュールの再検討をするためです。

もし，欠席する予定がある場合は，<br>
この用紙を2回目のグループセッションに持参してください。

# Appendix E

## ■ グループ内電話パートナー表

### 第1週目

かける人 _____　　受ける人 _____
かける人 _____　　受ける人 _____
かける人 _____　　受ける人 _____
かける人 _____　　受ける人 _____
かける人 _____　　受ける人 _____

### 第2週目

かける人 _____　　受ける人 _____
かける人 _____　　受ける人 _____
かける人 _____　　受ける人 _____
かける人 _____　　受ける人 _____
かける人 _____　　受ける人 _____

### 第3週目

かける人 _____　　受ける人 _____
かける人 _____　　受ける人 _____
かける人 _____　　受ける人 _____
かける人 _____　　受ける人 _____
かける人 _____　　受ける人 _____

### 第4週目

かける人 _____　　受ける人 _____
かける人 _____　　受ける人 _____
かける人 _____　　受ける人 _____
かける人 _____　　受ける人 _____
かける人 _____　　受ける人 _____

### 第5週目

かける人 _____　　受ける人 _____
かける人 _____　　受ける人 _____
かける人 _____　　受ける人 _____
かける人 _____　　受ける人 _____
かける人 _____　　受ける人 _____

### 第6週目

かける人 _____　　受ける人 _____
かける人 _____　　受ける人 _____
かける人 _____　　受ける人 _____
かける人 _____　　受ける人 _____
かける人 _____　　受ける人 _____

# Appendix F

## PEERSポイント記録表

| 名　前＼セッション | 1 | 2 | 3 | 4 | 5 | 6 | 7 | 8 | 9 | 10 | 11 | 12 | 13 | 14 | 合計 |
|---|---|---|---|---|---|---|---|---|---|---|---|---|---|---|---|
|  |  |  |  |  |  |  |  |  |  |  |  |  |  |  |  |
|  |  |  |  |  |  |  |  |  |  |  |  |  |  |  |  |
|  |  |  |  |  |  |  |  |  |  |  |  |  |  |  |  |
|  |  |  |  |  |  |  |  |  |  |  |  |  |  |  |  |
|  |  |  |  |  |  |  |  |  |  |  |  |  |  |  |  |
|  |  |  |  |  |  |  |  |  |  |  |  |  |  |  |  |
|  |  |  |  |  |  |  |  |  |  |  |  |  |  |  |  |
|  |  |  |  |  |  |  |  |  |  |  |  |  |  |  |  |
|  |  |  |  |  |  |  |  |  |  |  |  |  |  |  |  |
|  |  |  |  |  |  |  |  |  |  |  |  |  |  |  |  |
| 合　計 |  |  |  |  |  |  |  |  |  |  |  |  |  |  |  |

# Appendix G

## PEERS スポーツマンシップ・ポイント表

| 名　前 | セッション 9 | セッション 10 | セッション 11 | セッション 12 | セッション 13 | 合　計 |
|---|---|---|---|---|---|---|
|  |  |  |  |  |  |  |
|  |  |  |  |  |  |  |
|  |  |  |  |  |  |  |
|  |  |  |  |  |  |  |
|  |  |  |  |  |  |  |
|  |  |  |  |  |  |  |
|  |  |  |  |  |  |  |
|  |  |  |  |  |  |  |
|  |  |  |  |  |  |  |
| 合　計 |  |  |  |  |  |  |

# Appendix H

# PEERS宿題取り組み表

| セッション NO. | 1 | 2 | 3 | 4 | 5 | 6 | 7 | 8 | 9 | 10 | 11 | 12 | 13 | 14 |
|---|---|---|---|---|---|---|---|---|---|---|---|---|---|---|
| 月 日 | / | / | / | / | / | / | / | / | / | / | / | / | / | / |

宿題の内容（C＝全てできた，P＝部分的にできた，I＝全くできなかった）

| 子どもの名前（年齢/学年） | 出席/遅刻 | 活動用具ゲームの自分のもの | 情報交換保護者との | 電話グループ内 | 電話グループ外 | ユーモア反応を見るもの | 友だちが見つかるところ | 会話に入る/抜ける | スポーツマン シップ一緒に遊ぶ | からかい言葉を受けとめて流す | いじめ悪い評判 | 思いすれ違いうわさの対応 | コメント欄 |
|---|---|---|---|---|---|---|---|---|---|---|---|---|---|
| | | | | | | | | | | | | | |
| | | | | | | | | | | | | | |
| | | | | | | | | | | | | | |
| | | | | | | | | | | | | | |
| | | | | | | | | | | | | | |
| | | | | | | | | | | | | | |
| | | | | | | | | | | | | | |
| | | | | | | | | | | | | | |

# Appendix I

## 祝 卒業
## GRADUATION

[　　月　　日　　曜日　]

終了質問紙記入：[　　時　　分～　　]
卒業パーティ　：[　　時　　分～　　]

　[　　月　　日]は，PEERS最後のセッションとなります。
　はじめに，保護者と子どもたちの皆さんにPEERS終了直後の質問紙を書いていただきますので，いつもより30分早くお越しください。

　子どもたちが卒業パーティをしている間，保護者は14回目のセッションをし，プログラムのまとめをします。その後，全員が集まり，簡単な卒業式を行います。

　各ご家庭から，パーティのためのおやつなどをおもちいただけましたらありがたいです。

守秘義務がありますので，当日の写真撮影はご遠慮ください。

# 監訳者あとがき

　PEERSは，幅広いソーシャルスキルの領域のなかでも，友だち作りとその良い関係を維持していくために必要なスキルを育てることを目指しているプログラムです。このプログラムを作ったUCLA Semel Instituteでは，ソーシャルスキルは科学であるとして，自閉スペクトラム症や社会性に課題を抱えている子どもたちのためのソーシャルスキルトレーニング（SST）について研究をしています。そして，友だちの作り方は天賦の才によるものではなく，スキルとして身につけることができるものだということを明確にしたうえで，具体的なスキルを提示しています。
　では，なぜこのPEERSを日本に取り入れたいと考えたのか。私は臨床心理士として，幼児期から思春期の子どもやその保護者や教職員への相談業務に携わってきました。発達障害に関わる相談が年々多くなるにつれ，求められる対応が一筋縄ではいかず，長期にわたる支援が必要となるケースが増えてくるようになります。個々に応じた支援方法を模索するうち，相談室で待つのではなく，予防の視点で何かできないものかと考えるようになりました。友だちがいない孤独感から自己肯定感がもてず，社会的な関わりを避けるようになる子どもたちに出会います。このような心理状態を経験することは，思春期ではそれほど珍しいことではないかもしれません。しかし発達障害が絡むことで，問題はより深刻な様相を呈することになります。周りの理解や支援だけに対応を求めるのではなく，子どもたち自身の力を育てたい，そう感じているときに出会ったのがPEERSでした。マニュアルに沿って指導すれば，友だち作りのためのソーシャルスキルトレーニングがどこでも可能となるなら，これほど魅力的なことはありません。北米で作成されたプログラムですが，世界各国で研究・実践は広がっており，日本でも2015年に実施した研究により，その効果が認められています（現在投稿準備中）。

　PEERSは他のSSTと何が違うのでしょうか？　私は，PEERSのCertified Providerとなり（2015年春），それ以来子どもセッションセラピストとしてセッションを実施し，現在も継続しています。その経験も交えながらPEERSの特徴を簡単に述べたいと思います。
　まず大事なことは，自閉スペクトラム症をはじめとする社会性に課題のある子どもたちが苦手とするスキルにフォーカスしているということです。発達障害のさまざまな特性のなかでも，人との関係に課題を抱えてしまいがちな子どもたちにとって，本人の何気ない行動が，周りの人には変わっていると思われたり，反対に多くの人にはやり過ごせることでも，本人はこだわりや不安から前に進めなくなってしまったりします。スキルを学ぶことで，具体的な状況は時によって異なるものの，ある程度どう行動すれば良いのかがわかります。その結果，不安がかなり和らぎ，ルールに沿ってやってみようという勇気が行動につながり成功体験となる，そんな様子をセッションで何度も目にしてきました。
　2つ目は，思春期の子どもたちを対象にしたプログラムだということです。幼児期から児童期

を対象にしているSSTは，さまざまな療育機関や医療機関等で行われていますが，思春期向けのものはあまりないのではないでしょうか。思春期という時期だからこそ，大きくなってしまう悩みや不安があります。一方，この時期になっているからこそ，自分の課題に気づきはじめ，自分でも力をつけたいと考えることができます。つまり思春期は，ソーシャルスキルを意識的に身につけるということが可能になる発達段階だということです。インテーク面談で「友だち作りのスキルを学びたいですか？」という質問に「はい」と明確に答えられる参加者ほど学ぶ意欲が高く，課題意識がはっきりしていると感じます。そして，ソクラテス式問答法によるディスカッションで，なぜそのスキルが有効なのかを考えながら進めるので，子どもたちはスキルの意味や効果を知ることができ，より使ってみようという思いになっていきます。

3つ目は，PEERSにはスキルを般化していくための仕組みがあるということです。それは，①保護者が保護者セッションに参加し，家庭で子どもをどうサポートすれば良いかを学ぶこと，②毎回課される宿題に親子で取り組み，翌週にはその宿題にどのように取り組んだかという振り返りに重きが置かれていること，③子どもたちは，毎回のセッションでロールプレイを見るだけでなく，行動リハーサルを通して自分のやり方がどうかというフィードバックを受けられること，などです。ソーシャルスキルは，その方法がわかるだけでは実際の場面で自然に使えるようになるのは難しいでしょう。実際にやってみて，それがどうだったかを振り返り，フィードバックも受けながら，身につけていくというプロセスが必須なのです。

最後に，プログラムの効果が科学的に証明されているということが何より重要な特徴でしょう。日本のみならず，世界各国でソーシャルスキルをトレーニングするさまざまなプログラムが実施されていますが，そのなかでエビデンスが認められているものはまだわずかです。PEERSの各セッションの構成や提示されているスキルには，研究によってそれが有効であると認められた理由があります。まずは可能な限り，マニュアルをアレンジすることなく実践してください。そうすれば，なぜ14セッションがあるのか，なぜこの構成になっているのか，なぜエビデンスがあるのか，それが実感できることと思います。

各セッションは，およそ以下の流れになっています——①宿題の振り返り→②本日のレッスン→③ロールプレイ→④行動リハーサル→⑤子どもたちのアクティビティ→⑥宿題の説明→⑦保護者との合流タイム。全体を通して，重要なスキルが〈バズワード〉で示されています。各バズワードが指導者と子どもたちや家族の間で共通言語となるので，具体的なルールやステップをセッション中だけでなく，家庭でも繰り返しリマインドすることができます。そして保護者セッションも子どもセッションも，宿題の振り返りにしっかりと時間をかけます。これによって，それぞれの参加者がルールに沿って練習できているかをフィードバックすることができるので，〈般化〉が促されます。またこのフィードバックを通して，行動リハーサルとともに，グループセッションでありながら〈個別のニーズに合った指導〉ができるような仕組みになっているのです。

本書は，プログラムを実施する際に指導者が使うマニュアルですが，日本で最初に出版されたPEERSを紹介している書籍に『友だち作りの科学——社会性に課題のある思春期・青年期のためのSSTガイドブック』があります（金剛出版［2017］）。これはPEERSの内容を，保護者や思春

期から青年期の当事者向けにわかりやすくまとめたものです。プログラムに参加したいけれど，近くにその場がないというとき，スキルを学ぶ手助けをしてくれます。本人が自分で読んでトライし，身につけることもできます。大学で起業家を育てている指導者の方から，『友だち作りの科学』をさりげなく学生さんの目につくところに置いているという話を聞きました。発達障害があるなしにかかわらず，また思春期だけでなく青年期／成人期の人たちにとっても，一歩を踏み出すツールになると期待しています。

　この日本語版PEERSマニュアルを出版するまでに，多くの方々のお力があったことに，ここで感謝申し上げたいと思います。大阪大学大学院連合小児発達学研究科博士課程の研究指導をしてくださった金沢大学の大井学先生，愛媛大学の三浦優生先生。お二人には，このPEERSを研究のテーマとして選ぶことから始まり，翻訳・実践や研究分析・論文執筆に至るまで，非常に丁寧にご指導いただきました。両先生との出会いがなければ，私がPEERSと出会うことも，このようにPEERSを日本で紹介することもできなかったでしょう。本当に感謝の思いでいっぱいです。また博士課程の研究においては，谷池雅子先生，毛利育子先生をはじめとする大阪大学大学院連合小児発達学研究科の先生方にも，大きなお力添えとご指導をいただきました。ありがとうございました。PEERSの保護者・当事者向けの書籍『友だち作りの科学』は，アスペ・エルデの会の代表で中京大学の辻井正次先生のご指導のもと，自閉症研究に携わっておられる執筆者の先生方のお力により出版されました。また本マニュアルが出版される頃には，アスペ・エルデの会主催でPEERSのCertified Providerの資格が取れるワークショップが日本初開催されることになっています。それは確実に，このプログラムが日本で広がる第一歩となることでしょう。PEERSはチームとして専門家の協働が必要です。現在大阪で継続実施しているPEERSチームのスタッフである，田中和美先生，赤塚望先生，村上琴代先生，三木立志先生，宮川紀子先生，山口早苗先生，黒川澄明先生，山城佐恵香先生，西紀子先生，松岡比早子先生。子どもたちの力を育てるプログラムなら是非チャレンジしてくださいと後押ししてくださった教育委員会（当時）の田辺元美先生。その他にも多くの先生方や友人に力をいただきました。そして，これまでプログラムに参加してくださったすべてのご家族の皆様に心から感謝しています。子どもたちがセッションを重ねるごとに見せてくれる成長や，それを精一杯支えようとされる保護者の姿勢に，私たちはたくさんのことを学ばせていただいています。皆さんがいたから，PEERSは続けることができています。UCLAのPEERSチームも，実践を通して見えてきたことをカリキュラムに修正として加えており（今回の日本語版には現時点での修正を反映しています），内容は今後も進化していくだろうと言われています。このことからも，PEERSが一方的な教示でなく，セラピストと参加者が相互作用し，より良いものを目指しつづけているプログラムであることがわかります。

　そして，PEERSの製作者であるアメリカUCLAのDr. Laugesonには，多くのご指導を受けました。PEERSの3つのプログラム（Adolescent／School-based／Young Adult）のCertified Providerになるトレーニング，研究指導，日本語版を作成する際の細かなご助言・多くのご示唆に心から感謝しています。彼女は，Clinical PsychologistとしてPEERSの実践を積み重ねている臨床家であり，長年自閉症研究を続けておられる世界的な研究者です。実際のセッションを見学させていただいたとき，子どもたちに深い愛情溢れる視線で接しながら，明確な方向性をもって指導して

おられる姿勢に感銘を受けました。またPEERSを通じて世界中の子どもたちの力を育てるために，すでに数十カ国でトレーニングワークショップや講演会を行っておられます。その姿は，多くの臨床家や研究者にとって素晴らしいロールモデルとなっています。彼女はPEERSに参加した家族に対する思いを，著書のなかで次のように述べています。「人生において何が大事かを思い出させてくれ，この仕事に導いてくれている，私たちが幸運にも関わらせていただいた家族の皆さんに感謝しています。私の心に感動と，この仕事に想像以上の深い意味合いを持たせてくれました。本当にありがとう」。私自身も，PEERSと出会い，PEERSを通して多くの家族や支援者の皆さんと繋がるなかで，このメッセージと同じ想いを深く抱くようになりました。

　最後に，家族への感謝の言葉を添えて，あとがきを締めくくりたいと思います。博士課程の研究から，PEERSの実践，『友だち作りの科学』と本マニュアルの日本語版出版まで，家族の理解とサポートがなければ続けていくことはできませんでした。壁にぶつかるたびに，どれほど家族の励ましに支えられたことでしょう。研究も実践も，一人ではとうてい不可能だということを痛感する毎日でした。そういう意味では，上に述べたすべてのPEERSに関わってくださっている皆さんと家族を含めた全員がPEERSチームです。本当に，本当にありがとう。

　どの子にも，私たちにも，発達にそれぞれの個性があります。そして，それは当たり前のことなのです。一人ひとりの個性が生きづらさとならないように，PEERSマニュアル日本語版の出版をひとつの節目として，このプログラムを新しい仲間（PEERS）を広げながら，これからもチームで実践・研究に取り組んでいけたら，こんなに嬉しいことはありません。

　本書を出版するにあたり，PEERSの素晴らしさに共感していただき，企画から校正・編集とすべての行程でご尽力くださいました金剛出版の編集者である藤井裕二様に心から感謝しています。本当にありがとうございました。

監訳者を代表して<br>
山田智子

※本書の各セクションの「保護者セッション・セラピストガイド」で紹介されている「保護者向け配布資料」は金剛出版ホームページからダウンロードできます。下記のURLにアクセスしてダウンロードしてください。

URL = http://kongoshuppan.co.jp/files/1660_1.pdf

**監訳者略歴**

## 山田 智子 | やまだ ともこ

UCLA PEERS Certified Provider（Adolescent & School Based & Young Adult Program）。臨床心理士，特別支援教育士。京都教育大学非常勤講師。大阪府公立学校チーフスクールカウンセラー。教育相談員。大阪大学大学院大阪大学・金沢大学・浜松医科大学・千葉大学・福井大学：連合小児発達学研究科（博士後期課程）単位取得満期退学。サンタクララ大学大学院（米国カリフォルニア州）カウンセリング心理学修士。

**主要編著書** 『友だち作りの科学――社会性に課題のある思春期・青年期のためのSSTガイドブック』（監訳・金剛出版［2017］），『アセスメントと支援の方法』（編著［2011］）『子どもを育てる連携プレー』（編著［2011］）『子どもが使えるセルフ・ヘルプ』（編著［2011］）『高機能自閉症・アスペルガーの子どもへのサポート＆指導事例集』（共編著［2007］）『ADHDの子どもへのサポート＆指導事例集』（共編著［2007］）『LDの子どもへのサポート＆指導事例集』（共編著［2007］）（以上，学事出版）。

## 大井 学 | おおい まなぶ

京都大学大学院教育学研究科博士課程中退。教育学博士。愛媛大学助手／講師，金沢大学教育学部助教授／教授，九州大学大学院人間環境学府客員教授，大阪大学大学院連合小児発達学研究科教授。

論文にQuantitative aspects of communication impairments assertained in a large national survey of Japanese children（Journal of Autism and Developmental Disorders, 2017）など，著書に『子どもと話す――心が出会うINREALの会話支援』（共編・ナカニシヤ出版［2004］），『特別支援教育における言語・コミュニケーション・読み書きに困難がある子どもの理解と支援』（共編著・学苑社［2011］），『自閉症の倫理学――彼らの中で，彼らとは違って」（監訳・勁草書房［2013］），『自閉症の発達科学――発達科学ハンドブック10』（共編・新曜社［2018］）など。

## 三浦 優生 | みうら ゆい

国際基督教大学大学院教育学研究科修士課程修了，京都大学大学院理学研究科博士課程満期退学。教育学修士。金沢大学子どものこころの発達研究センター特任助教，大阪大学大学院連合小児発達学研究科助教，愛媛大学教育・学生支援機構英語教育センター講師。

主著に『自閉症という謎に迫る――最先端研究報告』（分担執筆・小学館［2013］），『自閉スペクトラムの発達科学――発達科学ハンドブック10』（分担執筆・新曜社［2018］）など。

## 友だち作りのSST
### 自閉スペクトラム症と社会性に課題のある
### 思春期のためのPEERSトレーナーマニュアル

2018年11月20日　初刷
2021年11月20日　2刷

著者─────エリザベス・A・ローガソン　フレッド・フランクル
監訳者────山田智子　大井 学　三浦優生
訳者─────山田智子

発行者────立石正信
発行所────株式会社 金剛出版
　　　　　　〒112-0005 東京都文京区水道1-5-16　電話 03-3815-6661
　　　　　　振替 00120-6-34848

装幀◉山田知子［chichols］
装画◉須山奈津希
本文組版◉石倉康次
印刷・製本◉三報社印刷

©2018 Printed in Japan　ISBN978-4-7724-1660-3 C3011

# 友だち作りの科学

社会性に課題のある
思春期・青年期のための
SSTガイドブック

エリザベス・A・ローガソン 著　辻井正次・山田智子 監訳

B5判　並製　280頁　定価3,080円

## おもな目次

**第Ⅰ部　さあ準備しましょう**
- 第1章　なぜ思春期の子どもたちにソーシャル・スキルを教えるのか？

**第Ⅱ部　友だち関係を育て維持していくための科学**
- 第2章　よい友だちを見つけることと選ぶこと
- 第3章　よい会話［基礎編］
- 第4章　会話を始めること・会話に入ること
- 第5章　会話から抜けること
- 第6章　ネット上でのコミュニケーションをうまくやりこなすこと
- 第7章　よいスポーツマンシップをみせること
- 第8章　上手に友だちとの集まりを楽しむこと

**第Ⅲ部　仲間との対立や仲間からの拒否に対処するための科学 ── 実践的な方法**
- 第9章　口論や意見のすれ違いへの対応
- 第10章　からかいへの対応
- 第11章　ネット上のいじめを報告する
- 第12章　うわさやゴシップを最小限にとどめる
- 第13章　暴力的ないじめを避ける
- 第14章　悪い評判を変えること

**The Science of Making Friends**
Helping Socially Challenged Teens and Young Adults

## 科学的根拠にもとづくSSTプログラムでステップ・バイ・ステップの友だち作りを親子でいっしょに実践しよう！

価格は10％税込です。